Renzo De Marchi - Francesca Ferrara - Giulia Dottor

I Viaggi di Mister Fogg

NUOVA EDIZIONE

GLI SCENARI DELLA GEOGRAFIA

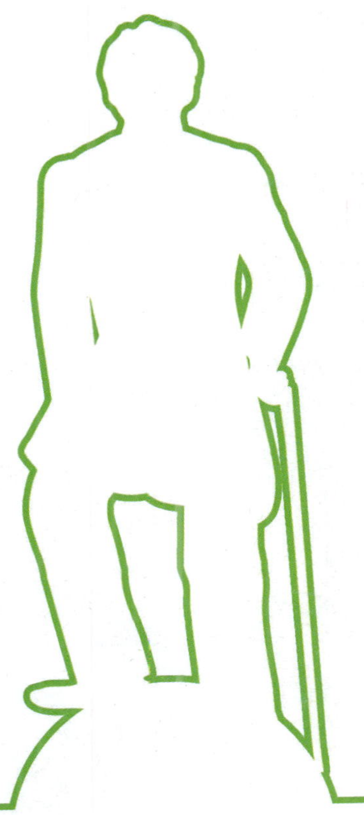

Corso di Geografia per la Scuola Secondaria di 1° grado

Volume 2

EGI European Geographic Institute
Gruppo Editoriale il capitello

HA INIZIO IL VIAGGIO

Per vincere la scommessa, Mister Fogg e il suo domestico francese Passepartout non hanno tempo da perdere. Eccoli nel momento in cui stanno per lasciare Londra.

Entrarono nella grande sala della stazione. Qui Phileas Fogg diede ordine a Passepartout di prendere due biglietti di prima classe per Parigi. Poi, voltandosi indietro, scorse i suoi cinque colleghi del Reform Club.

Alle 8 e 40 Phileas Fogg e il domestico salirono nel medesimo scompartimento. Alle 8 e 45 il treno si mise in moto con un fischio acuto.

Lasciando Londra, Phileas Fogg non sospettava certo il grande clamore che la sua partenza avrebbe provocato. La notizia della scommessa si diffuse dapprima nel Reform Club, causando un certo scalpore fra i membri di quel circolo illustre; poi dal club questa emozione passò ai giornali attraverso i reporter, e dai giornali ai lettori di Londra e di tutto il Regno Unito.

La «questione del giro del mondo» venne commentata, discussa, esaminata. Alcuni presero le parti di Phileas Fogg, altri – e furono presto la maggioranza – si schierarono contro di lui. Quel giro del mondo da compiere non in teoria e sulla carta, e in così poco tempo, con i mezzi di trasporto in uso, era un'impresa non solo impossibile, ma anche insensata!

Il «Times», lo «Standard», l'«Evening Star», il «Morning Chronicle» e altri venti giornali ad alta tiratura si dichiararono contro Mister Fogg. Solo il «Daily Telegraph» lo sostenne in una certa misura. In generale, Phileas Fogg venne considerato maniaco, pazzo, e i suoi colleghi del Reform Club furono criticati per aver accettato questa scommessa, che era chiaramente dovuta a un indebolimento delle facoltà mentali del suo autore.

Sulla questione apparvero articoli molto appassionati, ma logici.

Si sa che gli inglesi hanno sempre nutrito un grande interesse per tutto ciò che riguarda la geografia, per cui non c'era lettore, di qualunque classe sociale, che non divorasse le colonne dedicate al caso Phileas Fogg.

Nei primi giorni alcuni spiriti audaci – in gran parte donne – furono dalla sua parte, soprattutto dopo che l'«Illustrated London News» ebbe pubblicato il suo ritratto, preso da una fotografia conservata negli archivi del Reform Club. Alcuni gentiluomini osavano dire: «Beh, perché no? Dopotutto si sono viste cose anche più straordinarie!».

Ma il 7 ottobre, sul Bollettino della Società reale di geografia apparve un lungo articolo che trattava la questione da tutti i punti di vista, dimostrando chiaramente la follia dell'impresa. Per poter portare a termine l'impresa si sarebbe dovuta ammettere una concordanza addirittura miracolosa fra gli orari di partenza e quelli di arrivo, concordanza che non esisteva e non poteva esistere. A rigore, in Europa, dove si tratta di percorsi non troppo lunghi…

DICONO CHE SONO MATTO.
MA VEDREMO CHI HA RAGIONE!
DA CINQUE ANNI NON VEDEVO IL MIO PAESE...
PARIGI! RIVEDREI VOLENTIERI LA MIA CITTA', MA MISTER FOGG HA TANTA FRETTA...

CI RECHEREMO IN ITALIA, FINO AL PORTO DI BRINDISI. LA' PRENDEREMO UN PIROSCAFO CON CUI ATTRAVERSEREMO IL MEDITERRANEO. VEDREMO PAESAGGI MOLTO DIVERSI DA QUESTO.
POI LASCEREMO SIA L'ITALIA SIA L'EUROPA.
CI VORRA' MOLTO?
NO.
CERTO, L'EUROPA E' UN PICCOLO CONTINENTE.

Più tardi, durante una breve sosta del viaggio, Mister Fogg e Passepartout riprendono il dialogo.

ALLORA DALL'ITALIA! MI E' SEMPRE PIACIUTA L'ITALIA, CON I SUOI MARI, LE MONTAGNE, LE COLLINE, LA GENTE...
ORA PASSEREMO A DESCRIVERE TUTTE LE CARATTERISTICHE DEL RESTO DELL'EUROPA: CI SONO POSTI E SITUAZIONI CHE TU NEANCHE TI IMMAGINI!
IO GIA' MI VEDO SCOPRIRE L'EUROPA PASSO PASSO...
SE ANCHE PASSEPARTOUT E' D'ACCORDO, ALLORA E' PROPRIO VENUTO IL MOMENTO DI COMINCIARE IL NOSTRO VIAGGIO!

VIAGGIO 1

La Penisola iberica

La Penisola iberica è la regione più occidentale d'Europa. Ha un'estensione di circa 595 000 km² ed è separata dal resto del continente dalla catena montuosa dei Pirenei. A sud, solo 14 km di mare la dividono dalle coste africane.

Comprende la **Spagna**, il **Portogallo**, il piccolo stato di **Andorra**, sui Pirenei, e il promontorio di **Gibilterra**, dominio britannico.

La sua posizione geografica di collegamento tra Atlantico e Mediterraneo e tra Europa e Africa l'ha resa, fin dall'antichità, centro di scambi commerciali. Abitata da fenici, greci e romani, fu in seguito conquistata dagli arabi; ognuno di questi popoli ha lasciato impronte della propria cultura e civiltà nelle tradizioni locali e nelle forme d'arte e d'architettura, che attraggono turisti da tutto il mondo.

I grandi navigatori spagnoli e portoghesi, che esplorarono i continenti asiatico e africano e scoprirono le lontane terre d'America, inaugurarono un'epoca di splendore e di ricchezza, in cui la Penisola iberica divenne centro di scambi marittimi tra le nuove colonie d'oltreoceano e il Vecchio Continente.

Alla perdita di tutte le terre conquistate in passato fece seguito un lungo periodo di decadenza economica e politica, culminata con le dittature militari del XX secolo.

Solo da pochi anni sia la Spagna (con maggiore rapidità) sia il Portogallo (più faticosamente) stanno superando una situazione di arretratezza sociale ed economica. L'ingresso nell'Unione Europea ha facilitato lo sviluppo e l'introduzione di forme di economia e di industria più moderne.

Spagna

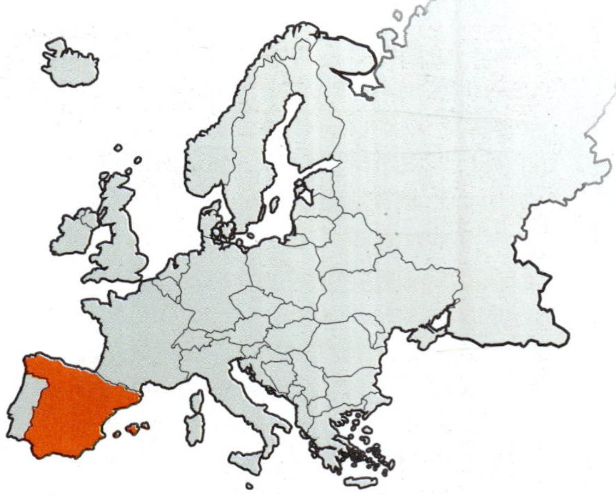

- Quali dominazioni subì nell'antichità la Spagna?
- In quale periodo conobbe la massima espansione?
- Quando e per quali ragioni cominciò il suo declino?
- Quali sono i principali avvenimenti del Novecento?

La **bandiera** spagnola è composta da due strisce orizzontali rosse divise da una striscia centrale gialla. All'interno compare lo stemma dello stato, formato a sua volta dagli stemmi di Castiglia (un castello d'oro su sfondo rosso), Léon (un leone rampante color porpora), Aragona (quattro strisce rosse verticali su sfondo oro), Navarra (catene d'oro su sfondo rosso) e Granada (una melagrana con due foglie verdi).

Dagli antichi colonizzatori al dominio degli arabi

Dopo essere stata abitata anticamente dagli iberi e dai celti, tra l'XI e il V secolo la Spagna venne colonizzata prima dai fenici, poi dai greci e dai cartaginesi. Nel III secolo a.C. divenne possedimento dei romani, che la dominarono fino al V secolo d.C.

Dopo la caduta dell'Impero romano, la regione fu invasa dai visigoti, che si diffusero su gran parte del territorio integrandosi con le popolazioni locali. Il loro regno durò per quasi due secoli.

Nel 714 la Spagna fu conquistata dagli arabi: Cordoba divenne la capitale del califfato, che conobbe un periodo di grande vitalità culturale ed economica. (1) Nell'XI secolo i sovrani dei regni cristiani del nord (Navarra, Léon, Castiglia e Aragona) iniziarono la *riconquista*, costringendo i "mori", nel 1260, a rifugiarsi nel Califfato di Granada. Nel 1479, grazie al matrimonio di Isabella di Castiglia e Ferdinando d'Aragona (avvenuto dieci anni prima), si riuniscono i due regni e nel 1492 avviene la definitiva sconfitta degli arabi.

L'impero coloniale e l'inizio del declino

Dall'anno della scoperta dell'America, la Spagna divenne una grande potenza, grazie alle numerose e ricche nuove colonie d'oltreoceano. Ma dal 1588, anno in cui la *Invencible Armada* spagnola venne sconfitta dagli inglesi, iniziò il declino, con la perdita di una grande quantità di possedimenti terrieri. Nonostante un tentativo di ripresa sotto il governo dei Borboni, nel XVIII secolo, la Spagna nei primi decenni dell'Ottocento perse le ultime colonie dell'America meridionale.

Gli avvenimenti degli ultimi due secoli

Nel XIX secolo ebbe inizio un lento sviluppo industriale; cominciarono inoltre a diffondersi le idee socialiste. Nel 1931 venne abolita la monarchia e proclamata la repubblica; tuttavia, nel 1936, il generale Francisco Franco, dopo una sanguinosa guerra civile durata tre anni, instaurò un regime di dittatura, che durò fino alla sua morte, nel 1975.

Dopo di lui la Spagna ritornò alla monarchia e fu proclamato re Juan Carlos di Borbone. Nel 1978 fu votata la Costituzione, che affida la funzione legislativa al Parlamento (*Cortes*). Oggi la Spagna è un paese democratico e in rapido sviluppo economico e sociale; dal 1986 fa parte dell'Unione Europea.

La curiosità

Il 26 aprile 1937, durante la guerra civile spagnola, Guernica, piccola città dei Paesi Baschi, fu bombardata e devastata dall'aviazione tedesca corsa in appoggio di Francisco Franco. Nello stesso anno, Pablo Picasso descrisse in questo dipinto la brutalità dell'evento, la disperazione della guerra e la disumanità dei bombardamenti di civili.

1 La moschea di Cordoba

Nella parte meridionale della Spagna sono presenti numerosi monumenti che testimoniano la dominazione araba e donano alla zona un fascino particolare. Uno dei capolavori di architettura meglio conservati è la *mezquita*, o moschea, di Cordoba, la più vasta del mondo dopo quella della Mecca. La *mezquita* fu costruita tra l'VIII e il X secolo. Il suo perimetro esterno è un quadrilatero delle dimensioni di 180 m x 130 m. All'interno della sala di preghiera 774 colonne di granito, diaspro e marmo policromo, a sostegno di 1312 arcate, la dividono in 19 navate longitudinali e 36 trasversali: una vera e propria foresta di colonne! Dal XIII secolo parte della moschea fu trasformata in chiesa cristiana; dopo la *reconquista* venne edificata al suo interno una cattedrale cattolica e nel XVII secolo il minareto diventò un campanile.

Il territorio

> Quali territori appartengono alla Spagna?
> Quali sono i rilievi principali?
> Quali fiumi scorrono sul territorio spagnolo?
> Come si presenta il clima?

SUPERFICIE:
505 957 km²

Un paese vasto

La Spagna è per estensione il quarto stato d'Europa, dopo la Federazione Russa, l'Ucraina e la Francia.
Confina a nord con la Francia e Andorra, a ovest con il Portogallo e a sud con Gibilterra, dominio inglese. È bagnata dal Mar Mediterraneo e dall'Oceano Atlantico.
Appartengono alla Spagna anche le città di **Ceuta** e **Melilla**, sulle coste del Marocco, e gli arcipelaghi delle **Baleari**, nel Mediterraneo, e delle **Canarie**, nell'Oceano Atlantico. Le Baleari, per lo più montuose, comprendono le isole di Maiorca, Minorca, Ibiza e Formentera. Le Canarie sono sette isole di natura vulcanica, in cui prevalgono zone boscose che si estendono dai monti sino alle coste.

Un territorio in gran parte montuoso

Quasi metà del territorio è occupata da un ampio **altopiano** semiarido, dell'altitudine media di 600-800 m, chiamato *Meseta*, che in spagnolo significa "tavola". Questo altopiano è percorso centralmente da alcune catene di **monti**, la **Sierra** *de Gredos* e la *Sierra de Guadarrama*, che formano insieme la **Cordigliera** *Centrale* e dividono la Meseta in Meseta settentrionale, o Vecchia Castiglia, e Meseta meridionale, o Nuova Castiglia.
Quasi l'intero perimetro dell'altopiano è occupato da montagne, a eccezione della zona occidentale, dove il territorio scende a scalini fino al Portogallo. A nord vi sono i *Pirenei*, che segnano il confine con la Francia. Il loro prolungamento naturale sono i *Monti Cantabrici*, che si sviluppano parallelamente alla costa atlantica. Procedendo verso sud si incontrano i *Monti Iberici*. A segnare il confine meridionale della Meseta vi sono la *Sierra Morena* e la *Cordigliera Betica*, dove si trovano le vette più elevate della Spagna. Appartiene però alla *Sierra Nevada*, che si snoda lungo la costa meridionale, il *Monte Mulhacén* (3478 m), la cima più alta della penisola.

Utilizzazione del suolo

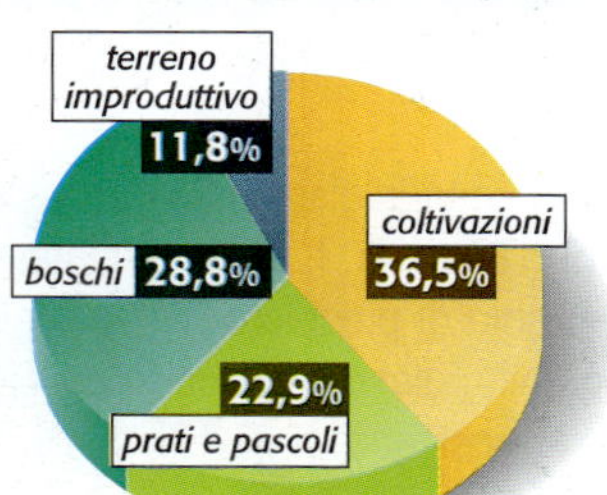

Pianure, fiumi e coste

Le **pianure** sono rare e occupano solo l'11% del territorio: la più importante è la *pianura dell'Andalusia*, che si affaccia sul Golfo di Cadice, nella parte sud-occidentale della Spagna.
I **fiumi** sono per lo più a carattere torrentizio. I più importanti sono l'*Ebro*, che divide i Monti Iberici dai Pirenei e sfocia nel Mar Mediterraneo, e il *Guadalquivir*, che attraversa la pianura dell'Andalusia e sfocia nell'Oceano Atlantico. Il *Duero*, il *Tago* e la *Guadiana* nascono in territorio spagnolo e proseguono il loro corso in Portogallo, dove raggiungono l'Atlantico.
Quasi tutto il perimetro della Spagna è formato da **coste**, di aspetto diverso a seconda della zona. La costa atlantica è caratterizzata da profonde insenature, dette *rias*; quella mediterranea è per lo più bassa e uniforme, a eccezione della regione della Catalogna e della Costa del Sol, dove i monti si affacciano sul mare. Le coste meridionali sono generalmente basse e paludose.

Le varietà del clima

Data la diversa conformazione del territorio, il **clima** varia da zona a zona.
Le coste settentrionali presentano un clima di tipo *atlantico*, con inverni miti e piovosi ed estati fresche. I Monti Cantabrici impediscono ai venti umidi di penetrare all'interno della Meseta, dove il clima è *continentale*, con inverni freddi ed estati molto calde e aride. A sud e nelle Baleari il clima è *mediterraneo*, con inverni miti e poco piovosi ed estati calde. Nelle Canarie il clima è *secco*.

dizionario

Altopiano: è un'ampia zona pianeggiante di altitudine mediamente elevata (almeno 300 m) rispetto al livello del mare.
Sierra: dal latino *serra*, che significa "sega", indica una catena montuosa caratterizzata da numerose creste seghettate, tipica della Spagna e dell'America meridionale.
Cordigliera: termine di origine spagnola (*cordillera*, da *cordilla*, cioè "piccola corda"), con il quale vengono indicate estese catene montuose.

1 Gibilterra e Andorra

Gibilterra (foto a lato) si trova all'estremità meridionale della Spagna, di fronte alla costa africana. È formata da un piccolo promontorio roccioso, esteso 6,5 km², proteso nel Mediterraneo. Occupata nel 1704 dalla Gran Bretagna, nel 1969 ottenne una maggiore autonomia, pur rimanendo sotto il dominio britannico. La Spagna ne rivendica il possesso, in quanto abitata per circa l'80% da popolazione di origine spagnola.
I circa 29 000 abitanti vivono nella capitale. L'economia di Gibilterra si basa sull'attività legata al porto marittimo, sul e industrie tessili e alimentari e sul turismo.

Il **Principato di Andorra** si estende per 468 km² al confine tra Francia e Spagna. Il territorio è formato dal versante meridionale dei Pirenei: è quindi quasi interamente montuoso.
La popolazione, di poco più di 72 000 abitanti, è costituita solo per il 36,7% da andorrani di origine catalana; un'elevata percentuale è formata da spagnoli (quasi il 40%), mentre più bassa è la presenza portoghese (11,5%) e francese (6,5%).
Nella capitale, *Andorra la Vella* (22 035 ab.), risiede un terzo della popolazione.
Il territorio montuoso offre come sole risorse economiche la pastorizia e la selvicoltura. Il turismo e le attività finanziarie costituiscono la fonte principale di ricchezza.

> Quali principali gruppi etnici compongono la popolazione spagnola?

> Quali lingue e religioni sono maggiormente diffuse?

> Dove si trova la capitale?

> Quali sono le altre città più importanti?

Popolazione e città

- POPOLAZIONE: **42 744 000 ab.**
- DENSITÀ: **84 ab./km²**
- CAPITALE: **Madrid** (5 103 000 ab.)
- FORMA DI GOVERNO: **monarchia costituzionale**
- MONETA: **euro**
- LINGUA: **spagnolo (castigliano), catalano, basco, gallego**
- RELIGIONE: **cattolica**

Gruppi etnici diversi

La popolazione, che supera i 42 milioni di abitanti, è composta da gruppi etnici di origini e culture differenti. I motivi sono storici: la Spagna fu abitata dagli iberi e dai celti, poi da fenici, greci e romani. Durante le invasioni barbariche subì l'influenza dei vandali, e, in seguito, l'arrivo dall'Africa di berberi, arabi ed ebrei.
Oggi si possono individuare cinque gruppi etnici con derivazioni latine e uno del tutto particolare. Ai primi appartengono i *galleghi* (che vivono nella Galizia, nel nord della Spagna), i *castigliani* (che abitano la Castiglia, nella zona centrale e nord-occidentale del paese), gli *andalusi* (provenienti dall'Andalusia, la zona più meridionale), i *catalani* (che vivono in Catalogna, regione che confina a nord-est con la Francia), e infine gli *aragonesi* (di Aragona, a nord della Catalogna). Uniche e antichissime sono invece le origini dei *baschi*, che vivono al nord, tra la costa atlantica e i Pirenei, e conservano tradizioni singolari e un forte desiderio autonomista; la loro lingua, il basco o *euskera*, non ha radici **indoeuropee**.

Lingue e religioni

La **lingua** nazionale è lo *spagnolo* (castigliano). Sono presenti minoranze di lingua catalana, basca e gallega.
La maggioranza della popolazione è di **religione** *cattolica*.

Le città principali

La capitale, **Madrid** (5 103 000 ab. con l'**agglomerato urbano**), sorge sulle rive del Manzanarre, affluente del Tago. Fondata nel IX secolo, fu scelta dal re Filippo II come capitale al posto di Toledo (1561) per la sua posizione centrale, nella Meseta. Da allora divenne polo di attrazione economico, culturale e artistico e furono costruiti splendidi giardini e grandiosi edifici, quali l'*Escorial*, palazzo-monastero eretto da Filippo II nelle vicinanze della città. Famoso in tutto il mondo è il Museo del Prado, in cui sono conservati dipinti di pittori come Velàzquez, El Greco, Goya, Rubens e Bosch. Servita da un'ampia rete metropolitana, oggi Madrid è il maggior nodo ferroviario del paese ed è dotata di un moderno aeroporto.
Seconda città spagnola per numero di abitanti è **Barcellona** (1 582 738 ab.), capitale industriale del paese e capoluogo della regione autonoma della Catalogna. Il suo porto sul Mediterraneo è uno dei più attivi d'Europa e la sua vicinanza con la Francia (circa 164 km) l'ha resa da sempre punto di collegamento tra la Penisola iberica e il continente europeo. È una moderna metropoli, in cui sono visibili i grandi interventi di ristrutturazione effettuati nel 1992, in occasione dei Giochi olimpici. Conserva però, in prossimità del porto, l'antico quartiere attorno alla cattedrale gotica, e le *ramblas,* caratteristici viali costellati di negozi e bancarelle e rallegrati da musicisti e mimi.
Valencia (780 653 ab.) è situata sulla riva destra del fiume Guadalaviar, a 4 chilometri dal Mediterraneo. Sorge in una fertilissima pianura, la *huerta*, e per questo motivo è centro di un fiorente mercato agricolo e di numerose industrie di lavorazione (filatura e tessitura di seta e canapa, **industrie molitorie**, distillerie, tabacco).
Siviglia (709 975 ab.), centro commerciale e industriale della Spagna meridionale, è il capoluogo dell'Andalusia, regione ricca di tradizioni storiche e folcloristiche. I suoi monumenti, i palazzi, le decorazioni testimoniano la dominazione araba.
Sono numerosi i centri ricchi di monumenti storici e architettonici; tra essi Saragozza, Bilbao, Màlaga, Granada, Toledo, Còrdoba e Pamplona. (1)

dizionario

Indoeuropee: vengono chiamate così le lingue, sia europee sia asiatiche, che hanno in comune alcuni elementi.

Agglomerato urbano: insieme di città e centri minori che, allargandosi progressivamente, formano un unico grande spazio urbano.

Industria molitoria: industria specializzata nella macinazione dei cereali.

1 Santiago de Compostela

a

In Spagna si trova quella che nel Medioevo era considerata la terza meta di pellegrinaggio dopo Gerusalemme e Roma: Santiago de Compostela. Da ogni parte del mondo e in qualsiasi periodo dell'anno milioni di pellegrini raggiungono la città, che sorge su un'altura circondata dal verde (**a**). Un'antica tradizione vuole che proprio qui, nell'813, sia stata scoperta la tomba dell'apostolo Giacomo, grazie all'indicazione di alcune stelle. All'inizio questo luogo fu chiamato Campus Stellae, e il borgo Santiago (che in spagnolo significa "San Giacomo"). Il re Alfonso II vi fece costruire una basilica, che divenne meta religiosa e sede vescovile. Ancora oggi è famoso il Camino de Santiago, sentiero che attraversa la Spagna del nord dai Pirenei fino alla Galizia, percorso sin dal Medioevo dai pellegrini cattolici (**b**), e lungo il quale monasteri e ospizi offrivano ricovero ai viaggiatori. Risale all'XI secolo l'Ordine militare e religioso di Santiago de Compostela, nato per proteggere, lungo il cammino, i fedeli dagli assalti dei mori. A Santiago si possono ammirare magnifici monumenti di ogni epoca e stile: romanico, gotico, rinascimentale, barocco e neoclassico. Su tutti domina, con le due torri barocche, la Cattedrale (**c**), circondata da palazzi affacciati sulla "plaza de España".

b

c

Visitare Madrid

Palacio Real

È il sontuoso palazzo reale, in origine costruito come fortezza su un promontorio affacciato sul Manzanarre. In seguito a un incendio, avvenuto nel 1734, venne trasformato in un vero e proprio palazzo per volere di Filippo V. Per la trasformazione occorsero ben 26 anni di lavori. La famiglia reale abitò qui fino al 1931. L'attuale famiglia reale vive a palazzo Zarzuela, meno sfarzoso e fuori Madrid. Il Palacio Real è ancora utilizzato per le cerimonie di stato.

Plaza Mayor

È una grande piazza rettangolare interamente circondata da edifici in stile tipico castigliano. Venne costruita tra il 1617 e il 1619 e fu il luogo in cui si svolsero molti eventi importanti: parate, corride, esecuzioni, processi, cerimonie religiose e celebrazioni della vita di corte.

Parque del Retiro

Qui una volta sorgeva il Real Sitio del Buen Retiro, un complesso di edifici costruito nel XVII secolo per Filippo IV. Oggi di quel complesso rimangono solo alcune parti, ma il grande parco (che venne aperto al pubblico nel 1869) è uno dei luoghi più frequentati della città: è il posto ideale per rilassarsi all'aria aperta.

Plaza de Toros de Las Ventas

È una delle arene più belle di Spagna. Costruita nel 1929, è da visitare qualunque sia la vostra opinione sulla corrida, un'antica e seguitissima manifestazione, oggi molto discussa perché ritenuta crudele, che vede fronteggiarsi un uomo e un toro, e che di solito termina con la morte del toro. La corrida si tiene qui da maggio a ottobre.

I musei

A Madrid sono molti e contengono opere preziose. I più importanti sono: Museo del Prado, Centro de Arte Reina Sofia, Museo Thyessen Bornemisza, Museo Arqueologico Nacional.

Carta d'identità

- NOME: Madrid
- DATA DI NASCITA: Fondata nell'852 d.C., quando Mohammed I, Emiro di Córdoba, costruì qui una fortezza. Il suo primo nome fu Mayrit, poi divenne Magerit e infine Madrid
- INDIRIZZO: Spagna
- ALTITUDINE: 668 m s.l.m.
- SUPERFICIE: 607 km^2
- POPOLAZIONE: 3 092 760 ab. (5 103 000 ab. con l'aggl. urbano)

La gente

I madrileni sono persone molto allegre e amanti della vita notturna: non cenano mai prima delle 10 di sera, e dopo cena escono e si incontrano con gli amici, passando da un locale all'altro fino all'alba. Per questo la "movida" – cioè la vita notturna – di Madrid è famosissima.

I primati

Madrid è la più alta capitale d'Europa: si trova infatti a 668 m sul livello del mare. Inoltre si trova vicino a importanti catene montuose: basta fare pochi chilometri per poter andare, d'inverno, a sciare sulle piste innevate della Sierra de Guadarrama.

La curiosità

I madrileni "autentici", cioè nati e cresciuti a Madrid, vengono chiamati "gatos" (gatti). Questo nome indica le loro abitudini nottambule: come i gatti amano infatti gironzolare per la città fino a tarda notte. Si dice che il soprannome sia stato utilizzato per la prima volta nel 1085, quando un soldato di Alfonso VI scalò agilmente le formidabili mura della città. "Guardate – gridò un commilitone – si muove come un gatto!"

Da non perdere

I diversi stili di architettura dei palazzi storici e l'arte. Madrid ha molti celebri musei: nel Museo del Prado si possono vedere le più importanti opere dell'arte spagnola, il Museo Thyessen Bornemisza contiene una collezione che mostra la storia dell'arte occidentale a partire dal XIV secolo, e il Centro de Arte Reina Sofia è un museo di arte moderna. All'interno di quest'ultimo si può vedere il celebre Guernica di Picasso, dipinto realizzato nel 1937 dopo il bombardamento della cittadina basca.
Inoltre, da non perdere sono anche le osterie (tabernas), che servono ottime tapas (spuntini), e la vita notturna.

DOSSIER

La Spagna: un paese di anziani?

In Spagna si vive a lungo e nascono pochi bambini: il risultato è l'invecchiamento della popolazione, solo in parte compensato dall'immigrazione

Campioni di... vecchiaia!

La Spagna è il paese europeo con la più alta **speranza di vita**: un neonato spagnolo può, cioè, aspettarsi di vivere un numero medio di anni più elevato che in qualsiasi altro stato d'Europa. La speranza di vita in Spagna supera infatti gli 80 anni, contro, ad esempio, i 70 circa in Ungheria. Se poi ci si sposta in altri continenti, la differenza è impressionante: ad Haiti ci si può aspettare di vivere fino a circa 50 anni, mentre in Zambia si superano appena i 32, poco meno di quanto accadeva in Spagna all'inizio del XX secolo.
Ad alzare nettamente la media sono le donne spagnole, "destinate" a raggiungere gli 83 anni contro i 77 anni dei maschi.
La faccenda è strana se si considera che in Spagna la percentuale dei fumatori è assai più elevata rispetto agli altri paesi europei e che, nonostante questo, i morti per malattie cardiovascolari sono veramente pochi. Gli esperti ritengono che ciò che salva gli spagnoli e consente loro di invecchiare più degli altri sia la **dieta mediterranea**, un'alimentazione che fa uso di pochi grassi, e compensa in parte il vizio del fumo.
Poiché la sua popolazione vive più a lungo, la Spagna è al vertice in Europa per quanto riguarda l'aumento del numero di anziani, come evidenzia il rapporto Pfizer sull'invecchiamento della popolazione nel nostro continente.

Più anziani e meno bambini

Accanto all'invecchiamento della popolazione spagnola,

Vivere in salute

Oggi si vive di più, ma non è detto che la salute sia sempre al meglio.
Mediamente in Europa l'aspettativa di vita in salute si attesta intorno ai 69, 83 anni, cioè circa otto anni prima del termine della propria vita. Ciò significa che di norma un europeo, negli ultimi otto anni della sua vita, è colpito da malattie e acciacchi. Poiché gli spagnoli vivono più a lungo degli altri, secondo alcune ricerche si devono aspettare di avere qualche problema di salute già a partire dagli ultimi 10 anni di vita.

L'immigrazione in Spagna oggi

Attualmente gli stranieri presenti in Spagna sono oltre tre milioni. Si tratta di persone provenienti dall'America latina e dalle regioni del Magreb, ma ora sempre più spesso anche dai paesi dell'Est europeo. Molti di essi coprono dei posti di lavoro che richiedono una bassa qualifica lavorativa. Principalmente vengono occupati nel settore dei servizi, dell'edilizia o dell'agricoltura.

a partire dagli anni Sessanta si è verificato un fenomeno molto preoccupante, vale a dire la drastica **diminuzione della natalità**, che ha portato il paese a dimezzare il numero dei bambini nati ogni mille abitanti. Oggi sono solo 9, contro i 21 del 1960; il dato viene confermato dal fatto che le donne spagnole, in media, hanno solo un figlio. Si stima che andando avanti così nei prossimi cinquant'anni la popolazione spagnola passerà dagli attuali quarantadue milioni a poco più di trenta.
I motivi sono molti: innanzitutto il diverso stile di vita della società contemporanea, ma specialmente il ruolo sempre più importante ottenuto dalle donne nel mondo del lavoro, cosa, questa, che rende sempre più difficile riuscire a conciliare lavoro e famiglia.

La risorsa dell'immigrazione

Se si uniscono i dati sull'invecchiamento della popolazione e sulla diminuzione della natalità, si può prevedere che nel prossimo futuro la Spagna sarà un **paese tendenzialmente vecchio**, con tutto ciò che può derivare dal punto di vista sia economico che sociale. Anche perché, essendo un paese in crescita economica, la mancanza di popolazione e quindi di manodopera ha già cominciato a pesare.
Per questo motivo, l'**immigrazione** nord africana sta diventando sempre più una risorsa fondamentale. Già ora, infatti, alcuni lavori vengono svolti soltanto dagli immigrati; si tratta per lo più di attività manuali che non prevedono una qualificazione. Ma in futuro, qualora invecchiamento e scarsa natalità dovessero continuare a caratterizzare la Spagna, è probabile che gli immigrati possano iniziare a sostituire questo "popolo di pensionati" anche nelle attività più qualificate.

Attività

1. Rispondi, a voce, alle seguenti domande.

- **a)** Che cosa si intende per "speranza di vita"?
- **b)** Secondo gli esperti, che cosa permette agli spagnoli di vivere più a lungo?
- **c)** Vivere di più vuol dire anche vivere meglio?
- **d)** Quale altro fenomeno caratterizza la popolazione spagnola? Quali sono le cause?
- **e)** Perché l'immigrazione rappresenta una risorsa?

2. Rifletti.

Credi che il problema della Spagna possa essere risolto in qualche modo? Quali problematiche pensi possano essere legate al rapporto tra invecchiamento della popolazione e immigrazione? Pensi che l'invecchiamento e la diminuzione delle nascite riguardino anche l'Italia?

Economia e società

> Come si presenta in generale l'economia spagnola?
> Quali sono le risorse principali del settore primario?
> Quali sono le risorse del sottosuolo?
> Quali sono le industrie più sviluppate?
> Quali caratteristiche presenta il settore terziario?

- POPOLAZIONE ATTIVA: **39,7%**
- OCCUPATI NEI DIVERSI SETTORI:
  - **PRIMARIO: 5%**
  - **SECONDARIO: 29%**
  - **TERZIARIO: 66%**
- IN CERCA DI OCCUPAZIONE: **10,8%**

Un paese in rapido sviluppo

La Spagna ha avuto un rapido sviluppo sociale, politico ed economico dopo la morte del dittatore Franco e la salita al trono del re Juan Carlos. Notevole è stato il cambiamento anche a seguito dell'ingresso nella CEE, avvenuto nel 1986, che ha avvicinato la Spagna ai paesi europei più avanzati. Nonostante ciò, anche a causa del ritardo nella modernizzazione delle strutture, è tra i paesi con il tasso di disoccupazione più alto all'interno dell'Unione Europea.

Le risorse del settore primario

L'**agricoltura** occupa una buona fascia della popolazione attiva; il clima, la diversa possibilità di irrigazione e la presenza di **latifondi** (soprattutto nella Meseta) e di **minifondi** (diffusi nel nord) hanno però caratterizzato in modo differente sia i metodi di coltivazione sia i prodotti.
Nella zona umida e fresca del nord si producono *patate*, *barbabietole da zucchero*, *mais*, *ortaggi*, *mele* e *tabacco*.
Nella Meseta, dove il clima è secco e le precipitazioni scarse, abbondano *frumento*, *orzo* e *avena* e, verso le coste del Mediterraneo, *uliveti*, *vigneti* e *mandorleti*. Importante è la produzione e l'esportazione di *agrumi*, specie nelle province di Valencia e Castellón.
Al sud il clima molto caldo permette la produzione di *cotone*, *canna da zucchero*, *datteri* e *banane*.
Notevole è anche il patrimonio boschivo, specialmente per la produzione di *sughero*.
L'**allevamento** più diffuso è quello degli *ovini* (importante è l'allevamento delle pecore di razza merino) e dei *caprini* (in totale circa 27 milioni di capi). I *bovini* sono diffusi nella zona settentrionale, piovosa e ricca di foraggio, dove sono allevati sia per la produzione di carne sia, in numero limitato, per gli spettacoli della corrida. Numerosi sono gli allevamenti di *suini*, mentre più modesti sono quelli dei *cavalli*.
La **pesca** è molto sviluppata, specie sulle coste atlantiche. *Sardine*, *acciughe* e *tonni* sono lavorati dalle industrie conserviere.

dizionario

Latifondo: grande proprietà terriera lasciata incolta, a pascolo, o caratterizzata da un'agricoltura estensiva.

Minifondo: appezzamento di terreno di dimensioni modeste.

Combustibili fossili: sostanze naturali che si sono formate nel corso delle ere geologiche come risultato della trasformazione di materia organica (resti di organismi animali o vegetali di epoche remote conservati nel sottosuolo). Sono facilmente infiammabili e adatti quindi a essere usati per il riscaldamento o per la produzione di energia.

Un ricco sottosuolo

La Spagna è ricca di risorse del **sottosuolo**. Oltre ai **combustibili fossili**, come *carbone* e *lignite*, sono presenti giacimenti di *ferro*, *zolfo*, *piombo*, *zinco*, *rame*, *uranio* e *magnesite*. Il paese è uno dei maggiori produttori mondiali di *mercurio* e importante è l'attività di estrazione di *salgemma* e di *sali potassici*.
L'**industria** ha avuto un incremento soprattutto negli ultimi anni. Le risorse minerarie favoriscono l'industria *estrattiva* e *siderurgica*. Gli investimenti stranieri hanno reso l'industria *meccanica* una delle attività in crescita, specie nel settore automobilistico (FIAT, General Motors, Mercedes, Daewoo). Nella zona di Barcellona sono presenti industrie *tessili* (cotonifici), *chimiche* (fertilizzanti, gomma) e *petrolchimiche*. L'industria *alimentare* lavora i prodotti agricoli.
Fiorente è l'**artigianato** legato alla lavorazione di cuoio, sughero e legno.

Turismo e comunicazioni

Il settore **terziario** ha avuto un grande sviluppo grazie al *turismo*. Oltre che dal patrimonio artistico, i turisti sono attratti dal clima, dalle spiagge e dalle buone strutture alberghiere. Elementi di richiamo sono inoltre gli spettacoli folkloristici, tra cui le danze popolari e la corrida. (1)
Le **vie di comunicazione** ferroviaria, stradale e autostradale sono in fase di ampliamento. Hanno registrato una forte crescita i collegamenti aerei; gli aeroporti principali si trovano a Madrid e Barcellona. Numerosi sono i porti marittimi, tra cui quello di Barcellona, Valencia e Bilbao.

1 La corrida

Una delle più tipiche manifestazioni folkloristiche spagnole è la *corrida de toros* ("corsa dei tori"). Le sue radici risalgono all'antichità, come divertimento riservato ai nobili; in seguito ha coinvolto tutte le classi sociali.
Lo "spettacolo" inizia con la sfilata delle squadre dei toreri, preceduti dai valletti a cavallo (*alguaciles*); i loro costumi sono sfarzosi e colorati. Il toro entra quindi nell'arena. Prima è affrontato dai *peones*, che sventolano le loro cappe e lo incitano a correre per inseguirli; poi intervengono i *picadores* a cavallo, che con lance appuntite (dette *pica*) feriscono in più punti l'animale; in seguito scendono nell'arena i *banderilleros*, che conficcano le banderillas, delle bandierine appuntite, sul dorso del toro. Infine viene la volta del *matador* o *espada*, armato di spada e di un drappo rosso; questi, dopo aver effettuato passi e figure caratteristiche per incitare e fiaccare ulteriormente la bestia, infligge con la spada il colpo mortale.
Da qualche tempo la corrida, che in realtà rappresenta una lunga agonia per il toro e sottopone gli uomini a gravi rischi, è oggetto di critiche, soprattutto da parte delle nuove generazioni.

La Spagna a tavola

Il piatto spagnolo più conosciuto è la **paella**, talmente ricco da costituire da solo un pasto completo. Il principale ingrediente è il riso allo zafferano, condito con pesce, frutti di mare, pezzetti di manzo o pollo, verdure e legumi. La versione più tradizionale è la *paella alla valenciana*, ma vi sono differenti ricette per ogni regione.
Famoso è anche il **gazpacho** andaluso, una zuppa fredda di pomodori, peperoni, cetrioli e cipolle, condita con aglio, olio e aceto, che viene per lo più servita in tavola in estate.

Il personaggio

Miguel de Cervantes (1547-1616) è uno dei più celebri scrittori spagnoli; è ricordato soprattutto come autore del *Don Chisciotte della Mancia*, in cui narra le avventure del cavaliere e del suo servitore Sancho Panza.
Tra i passi più famosi del romanzo, vi è quello in cui il nobile Don Chisciotte affronta con la lancia dei mulini a vento, scambiandoli per giganti ostili. Ancora oggi è possibile vedere mulini a vento nella Mancia, terra della Nuova Castiglia, nel sud-est della Meseta; questi mulini sono usati sia per macinare il grano sia per pompare l'acqua dalle falde sotterranee e utilizzarla per irrigare i campi.
Nella Plaza de España, a Madrid, un monumento a Cervantes sovrasta le statue di Don Chisciotte in sella al cavallo Ronzinante e di Sancho Panza che cavalca il suo asino.

I paesi baschi e l'ETA

L'ETA è una organizzazione di lotta armata che ha usato e usa la violenza e gli attentati per sostenere l'indipendentismo basco.

Il popolo basco

I baschi sono un popolo particolare: capelli castani, statura relativamente alta rispetto ai vicini iberici, naso a uncino. Parlano una lingua originale, chiamata *euskera*, e vivono sui Pirenei, nella Vasconia, detta anche Euskadi. Il passato di questa regione trova le proprie origini in due stati: il primo, a nord dei Pirenei, in Francia, chiamato Ducato di Vasconia; il secondo in Spagna, chiamato Regno di Navarra. La loro è una storia frammentata, dove l'unico momento di vera nazionalità risale alla decadenza dell'Impero romano, quando i baschi si unirono per respingere il popolo germanico.

La nascita dell'ETA

Negli anni Cinquanta, durante la dittatura di Francisco Franco, la Spagna si trova ad affrontare una grave crisi economica dovuta all'inflazione. Il governo decide il blocco dei salari e delle assunzioni.
Gli operai, gli studenti, i professionisti, pesantemente colpiti dalla crisi, iniziano a manifestare la loro opposizione al regime del dittatore. Nel 1952 un gruppo di studenti del PNV (Partido Nacionalista Vasco) si riunisce per pubblicare un bollettino d'informazione intitolato "Ekin" (che significa "fare, azione"): in esso si esprime una forte coscienza dell'oppressione nazionale e un grande interesse per la lingua basca. Nel 1957 questo gruppo fonda l'ETA, *Euskadi Ta Askatasuna*, che in italiano significa "Patria Basca e Libertà".
Per due anni l'ETA si limita a scritte rivoluzionarie sui muri delle principali città spagnole e alla collocazione di bandiere basche nelle vie del centro; poi inizia la lotta armata per l'indipendenza di Euskadi dalla Spagna. Alla base della lotta c'è la volontà di un popolo di mantenere e preservare la propria identità, intesa come lingua, tradizioni e storia. Lo strumento è però spesso la violenza, che colpisce molte persone innocenti.

Le tappe della lotta armata

Il primo attentato compiuto dall'ETA ha luogo il 18 agosto 1961, quando viene fatta esplodere una linea ferroviaria su cui viaggiano dei seguaci

di Franco; da quel momento a oggi si contano un migliaio di morti.
Lo stato risponde al terrorismo con le forze di polizia, attraverso centinaia di arresti, condanne penali, controlli frequenti presso le fabbriche e le scuole, senza riuscire però a fermare l'ETA.
Nel 1979 i Paesi Baschi ottengono finalmente lo Statuto di autonomia, ma gli attentati proseguono.
Nel dicembre 1999 migliaia di spagnoli, stanchi di sangue e violenza, scendono in piazza in decine di città per manifestare la loro volontà di pace.
Nel marzo del 2006 l'ETA proclama il "cessate il fuoco", facendo così intendere di essere disposto a trattare con il governo spagnolo, ma la tregua non dura che pochi mesi. Il 30 dicembre 2006 un attentato all'aeroporto Barajas di Madrid riapre le ostilità, e nel giugno 2007 l'ETA dichiara la fine del "cessate il fuoco".
La soluzione del contrasto sembra ancora lontana, nonostante la maggior parte degli spagnoli speri nel raggiungimento di una pace duratura e senza ulteriori vittime.

Il documento fondamentale dell'ETA

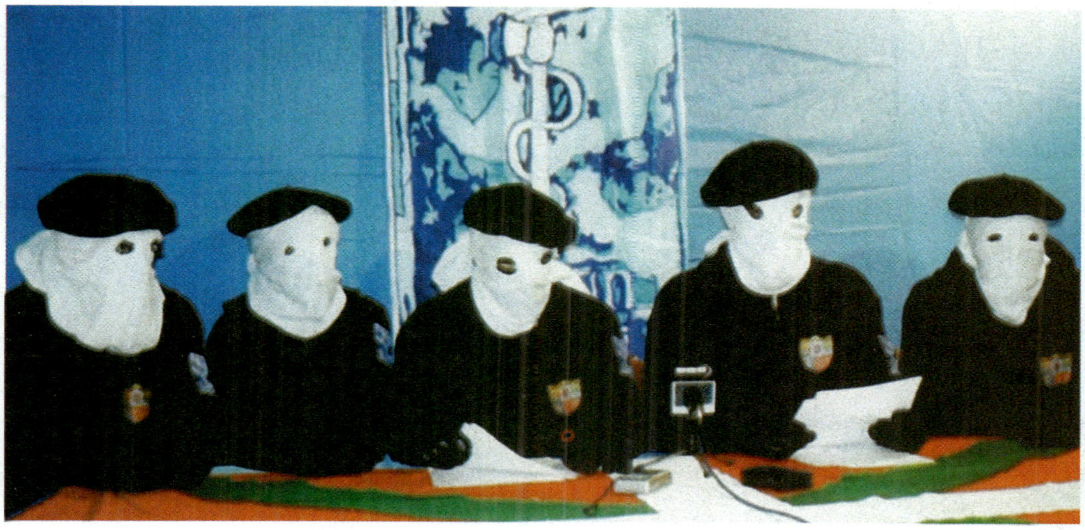

Nel giugno del 1962 vengono diffusi i *Principi*, primo testo ufficiale di costituzione dell'ETA. Ecco alcuni punti di questo documento:

«ETA è un Movimento Rivoluzionario Basco di liberazione nazionale, creato nella Resistenza Patriottica e indipendente da ogni altro partito o organizzazione. ETA proclama che il popolo basco ha lo stesso diritto di tutti gli altri popoli all'autogoverno e afferma che, per ottenere questo, devono essere usati tutti i mezzi più adatti a seconda delle circostanze storiche. [...]
ETA, nell'attuale quadro politico, chiede per Euskadi lo stabilirsi di un regime democratico ed effettivamente rappresentativo sul piano politico, socio-economico e culturale, in modo da sviluppare in ogni momento i valori positivi del popolo basco. La garanzia ferma ed effettiva dei diritti dell'uomo: libertà d'espressione, di riunione, libertà sindacali, libertà di culto e di credo religioso. [...] L'integrazione federalista europea, sempre che questa sviluppi le nazionalità e abbia come scopo la promozione politica, sociale, economica e culturale degli individui e dei popoli. Rifiuta l'europeismo che pretende di costruire l'Europa sulla base degli attuali Stati e dell'europeismo fondato sull'interesse e il mantenimento di posizioni privilegiate. [...] L'organizzazione di una campagna internazionale per il ritorno in patria dei baschi disseminati nel mondo. [...]
Per ETA il pilastro di una società giusta è la democratizzazione della cultura. Per questo tutti i cittadini baschi avranno la possibilità reale di accedere ai livelli più alti di cultura. L'insegnamento sarà gratuito e obbligatorio sino a 16 anni. [...]
L'ETA esige per Euskadi la proclamazione dell'Euskera come unica lingua nazionale.»

(da Luigi Bruni, *Storia dell'ETA*, Tranchida Editori)

Attività

1. Rispondi, a voce, alle seguenti domande.

- **a)** Dove si trovano i paesi baschi?
- **b)** Che cos'è l'ETA e quando è nata?
- **c)** Che cosa chiede?
- **d)** Quali strumenti usa?

2. Rileggi il documento fondamentale dell'ETA e discuti con i tuoi compagni.

Su quali punti siete d'accordo? Quali affermazioni ritenete sbagliate?

- Quali principali avvenimenti hanno caratterizzato la storia del Portogallo?
- Che cos'è la "Rivoluzione dei garofani"?
- Dove si trova il Portogallo?
- Come si presenta il suo territorio?

Portogallo

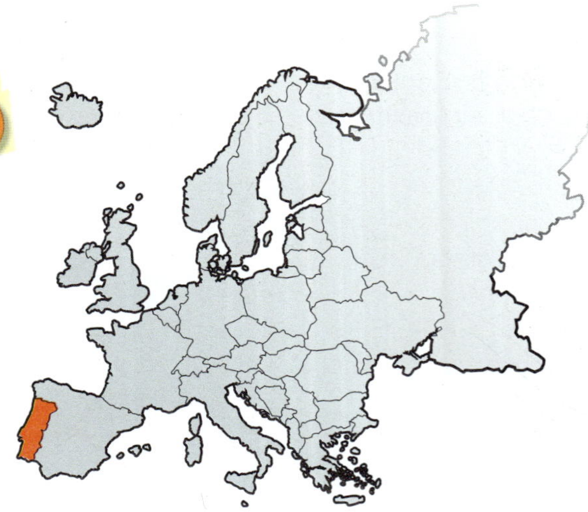

SUPERFICIE:
92152 km²

La **bandiera** portoghese è formata da due bande verticali; tra esse vi è una sfera armillare (strumento usato per l'orientamento in mare), su cui è sovrapposto uno scudo. Nello scudo, che rappresenta l'espansione portoghese durante le grandi scoperte geografiche, sono disegnati sette castelli d'oro e cinque scudi blu, ognuno con cinque monete bianche.

La storia

Dall'antichità alle grandi spedizioni atlantiche

La regione, abitata fin dall'antichità dai lusitani, nel II secolo a.C. venne occupata dai romani. Subì poi le invasioni dei suebi, dei visigoti e degli arabi; riuscì a sconfiggere questi ultimi nel XII secolo.
Il periodo più fiorente è legato alle grandi spedizioni atlantiche del XV secolo; la scoperta di terre lontane offrì nuove opportunità di commercio in Africa, Asia e Brasile. (1)

Il dominio spagnolo e gli avvenimenti recenti

Dal 1581 al 1668 il Portogallo fu dominio spagnolo: ebbe così inizio la decadenza economica, con la perdita di gran parte delle colonie. Nell'Ottocento, l'invasione dell'esercito napoleonico aggravò lo stato di miseria, a cui fece seguito la perdita del dominio portoghese sul Brasile.
Nel 1910 fu abolita la monarchia e dichiarata la repubblica, ma nel 1926 s'instaurò una dittatura militare, con Antonio de Oliveira Salazar e, dopo di lui, Marcello Caetano. La "Rivoluzione dei garofani" del 1974 portò alla proclamazione di una repubblica democratica.
Dal 1986 il Portogallo è membro dell'Unione Europea. Negli ultimi anni ha conosciuto una notevole crescita economica e sociale.

Il territorio

La nazione più occidentale d'Europa

Il Portogallo è la nazione più occidentale d'Europa. **Confina** a nord e a est con la Spagna; a sud e a ovest è bagnato dall'Oceano Atlantico.
Appartengono al Portogallo le 9 **isole** dell'arcipelago delle *Azzorre*, nell'Oceano Atlantico, e le 4 isole dell'arcipelago di Madeira, a circa 500 km dalla costa marocchina.
Le principali **catene montuose** si estendono nella zona nord-orientale. La più importante è la *Serra da Estrela* (1991 m), al confine con la Spagna. Per lo più i monti portoghesi comprendono cime dolci, con altitudini sempre più modeste procedendo verso sud, dove i monti cedono il posto a colline. (2)
Le **pianure** occupano quasi il 50% del territorio. Si sviluppano nella zona centrale, in corrispondenza dei principali fiumi, e nella fascia costiera; la più importante è la *pianura dell'Alentejo*, a sud del fiume Tago.

Fiumi, coste, climi

I **fiumi** più importanti sono il *Minho*, il *Douro*, il *Mondego* (che nasce nella Serra da Estrela), il *Tago* (che attraversa Lisbona) e la *Guadiana*. Le **coste** si sviluppano per circa 850 km e sono per lo più basse e rettilinee, a eccezione di una grande insenatura formata dall'estuario del Tago. Il **clima** è *umido-atlantico* sulle coste, mentre diventa *continentale* verso l'interno. A nord la temperatura raggiunge valori molto bassi e sono frequenti le precipitazioni. A sud il clima è *secco*, con estati molto calde. Il clima è più umido, ma più mite, sulle isole.

1 Un paese di navigatori

Il Portogallo ha dato le origini a navigatori tra i più illustri d'Europa. Nel XV secolo, su veloci e resistenti caravelle, e in seguito su pesanti navi da carico, i galeoni, Vasco da Gama, Bartolomeo Diaz e Ferdinando Magellano solcarono l'Atlantico alla scoperta delle Indie, dell'Africa e del Brasile. Furono i primi a servirsi dell'astrolabio, un antico strumento usato dai marinai per determinare l'altezza degli astri sull'orizzonte.

2 Il parco della Serra de Arrabida

Una delle zone più incantevoli della regione dell'Estremadura è il Parco nazionale della Serra de Arrabida. Si estende per una superficie complessiva di circa 10 800 ettari, quasi interamente coperta da verdi foreste e popolata da volpi, gatti selvatici, linci, lontre, tassi e da una delle più numerose colonie di cicogne esistenti in Europa.
Al suo interno, immerso nella natura, sorge un convento del XV secolo dei padri Cappuccini, in perfetto stato di conservazione.

> Come si distribuisce la popolazione?
> Quali sono le città più importanti?
> Come si presenta attualmente l'economia del paese?
> Quali sono le risorse principali?

Popolazione, economia e società

- POPOLAZIONE: **10 475 000 ab.**
- DENSITÀ: **114 ab./km²**
- CAPITALE: **Lisbona** (3 447 173 ab.)
- FORMA DI GOVERNO: **repubblica presidenziale**
- MONETA: **euro**
- LINGUA: **portoghese**
- RELIGIONE: **cattolica**
- POPOLAZIONE ATTIVA: **50,7%**
- OCCUPATI NEI DIVERSI SETTORI:
  - **PRIMARIO: 10%**
  - **SECONDARIO: 38%**
  - **TERZIARIO: 52%**
- IN CERCA DI OCCUPAZIONE: **6,7%**

Popolamento e migrazioni

La popolazione risiede in gran parte nella fascia costiera e lungo i fiumi Douro e Tago. Scarsamente abitate sono le zone montuose dell'interno. In passato, le difficili condizioni economiche hanno determinato una costante emigrazione verso l'America del Nord, il Brasile e i paesi europei più industrializzati.

La **lingua** nazionale è il *portoghese*. La **religione** prevalente è quella *cattolica*, con minoranze protestanti, musulmane ed ebree.

Le città principali

La capitale, **Lisbona** (3 447 173 ab. con l'agglomerato urbano), sorge su sette colli sulle rive del Tago, che qui si allarga a formare un bacino detto "Mar della Paglia". Di origine fenicia e poi colonia romana e araba, subì un violento terremoto nel 1755; fu ricostruita in gran parte nella seconda metà del Settecento.

Seconda città per numero di abitanti è **Porto** (263 131 ab.), di origine romana. Sorge sulla sponda destra del Douro ed è famosa per il vino omonimo. Conserva monumenti medioevali e rinascimentali.

Altre città importanti sono **Coimbra** (104 489 ab.), (1) **Setùbal** (91 108 ab.) e **Braga** (112 039 ab.).

Un'economia in via di sviluppo

Il Portogallo è stato caratterizzato in passato dall'arretratezza economica, causata dalla lunga dittatura, dalla forte emigrazione e dalla distanza dal centro dell'Europa industrializzata. Con l'ingresso nell'Unione Europea il paese ha imboccato la strada dello sviluppo.

L'**agricoltura** è l'attività prevalente, nonostante sia talvolta praticata con metodi arretrati e sia ostacolata dalla presenza di latifondi a sud e minifondi a nord. La coltivazione principale è quella della *vite*, specie nelle zone collinari e lungo i fiumi. Tra i vini più conosciuti vi sono il porto, il moscato di Setùbal e il madeira. Nella regione del Douro sono presenti *uliveti*, mentre più a sud si coltivano *cereali*, *ortaggi* e *barbabietole da zucchero*. Ancora più a sud sono diffusi gli *agrumeti* e i *frutteti*. Il Portogallo è inoltre uno dei maggiori produttori mondiali di *sughero*.

L'**allevamento** di *ovini* e *caprini* è diffuso nel centro e nel sud. Nel nord, più ricco di pascoli, si allevano *bovini*. In espansione è l'allevamento dei *suini* e numerosi sono gli *animali da cortile*.

Importante risorsa economica è la **pesca** di *sardine*, *acciughe* e *tonni*. Sulle coste dell'Estremadura si allevano *ostriche* e *aragoste*.

Industria, terziario e comunicazioni

Tra le **risorse minerarie** vi sono **tungsteno**, *pirite*, *carbone* e *uranio*; scarseggiano però le industrie di trasformazione. Le principali centrali idroelettriche si trovano sul fiume Douro, ma sono insufficienti per soddisfare il fabbisogno del paese.

L'attività delle **industrie** *siderurgiche* e *metallurgiche* è limitata alle città di Lisbona e Porto. In via di sviluppo sono i comparti *chimico*, *elettronico* e *meccanico*; diffuse sono le industrie *tessili* e *alimentari*. Di antica tradizione è l'**artigianato**. (2)

Un'importante voce del **terziario** è rappresentata dal *turismo*, favorito dalle bellezze naturali e artistiche, dalle spiagge, dalla buona ricezione alberghiera e dal clima mite. Redditizio è il **commercio** marittimo.

Le vie di **comunicazione** stradali e ferroviarie non sono molto sviluppate.

I principali porti sono Lisbona, Leixões, Setùbal.

dizionario

Tungsteno: sostanza utilizzata soprattutto per i filamenti delle lampadine e nella preparazione di leghe di metalli.

1 Coimbra

Coimbra è famosa in tutto il mondo per la sua università, fondata nel 1290; l'aula magna è abbellita con "azulejos" del XVII secolo e nella sua biblioteca sono custoditi ben 15 000 volumi, alcuni di valore inestimabile. Fondata dai romani sul fiume Mondego, Coimbra fu dominio arabo e, in seguito, divenne la prima capitale del Portogallo, fino al 1245. È formata dalla città alta, più antica e sede dell'università, e dalla città bassa, moderna e commerciale.

2 La ceramica azulejos

A Lisbona si trova il Museo Nazionale dell'Azulejo, caratteristica piastrella di ceramica, generalmente di forma quadrata, in cui predomina il colore azzurro e che decora gran parte delle facciate di chiese e palazzi in tutto il Portogallo. Il nome deriva probabilmente dal termine arabo *azzuleycha*, che significa "tessere di mosaico", anche se qualcuno trova dei riferimenti nella parola spagnola *azul*, che significa "azzurro".
Altri famosi prodotti dell'artigianato portoghese sono i ricami di Guimaraes, i merletti di Peniche, gli oggetti in cuoio e le calzature.

Il personaggio

Uno dei più noti scrittori portoghesi è **Fernando Pessoa** (1888-1935). Nato a Lisbona, cominciò giovanissimo a scrivere poesie. Fondò anche circoli letterari e numerose riviste. La sua capacità di impiegare nella scrittura stili diversi e la sua personalità complessa lo portarono a comporre poesie sia utilizzando il suo nome, sia firmandosi con oltre una ventina di altri nomi. Ciò contribuì a creare il mito dello scrittore. In gran parte le sue opere furono pubblicate dopo la morte.

SCENARI

L'Algarve

L'Algarve è una regione che si estende nel **sud del Portogallo**, dal fiume Guadiana, al confine con la Spagna, al fiume Alentejo, che la delimita a nord. La sua superficie ricopre quasi 5000 km^2, e la regione è abitata da circa 400 000 persone. Tutta la sua costa, lunga 160 chilometri, si affaccia sull'Oceano Atlantico. **1**
Il paesaggio è caratterizzato da altopiani di modesta altitudine, non superiore ai 400 m. **2**
Il nome Algarve deriva dall'arabo *al-gharb al-andaluz*, che significa "giardino dell'Occidente"; durante la dominazione araba quest'area faceva parte dell'Andalusia musulmana. Gli arabi, che nel sud della penisola iberica avevano i loro centri principali, vi diffusero le scienze, la medicina, le tecnologie, l'architettura.
Per la sua posizione strategica, affacciata sull'Oceano Atlantico, ma vicina allo stretto di Gibilterra e al Mediterraneo, l'Algarve fu anche un importante centro per la navigazione e i commerci. Da Cabo de São Vicente, che si trova all'estremità occidentale, e dalla cittadina di Lagos partivano numerose spedizioni portoghesi alla scoperta di nuovi mondi.
Oggi l'Algarve è soprattutto un'importante **meta turistica**, sia per i portoghesi sia per il turismo nord-europeo, grazie alle sue spiagge, al clima mite, ai paesaggi naturali, ai numerosi alberghi e centri attrezzati. **3**
La città principale è **Faro**, capitale della regione, sede anche di un aeroporto. Altri centri balneari sono Albufeira, Vilamoura, Praia da Rocha, Lagos e Portimão.

Attività

Vero o falso? Traccia una X sul quadratino corrispondente.

- **a)** L'Algarve è la regione meridionale del Portogallo. V F
- **b)** Si affaccia a est sul Mediterraneo e a ovest sull'Oceano Atlantico. V F
- **c)** Durante la dominazione araba in Algarve si diffusero le scienze, la medicina, le tecnologie, l'architettura. V F
- **d)** Fu un importante centro per la navigazione e i commerci. V F
- **e)** Oggi la più importante risorsa economica dell'Algarve è rappresentata dal turismo. V F

2 Alle spalle della linea costiera si estende la Serra de Monchique, di modesta altitudine, ma con paesaggi naturali molto suggestivi.

1 La costa si suddivide in tre regioni distinte: il Sotavento ("sotto il vento"), che si estende dalla foce della Guadiana a Faro ed è caratterizzato da spiagge sabbiose e pianeggianti; il Barlavento ("sopra il vento"), che presenta spiaggette racchiuse da imponenti dirupi; l'estremità occidentale, da Lagos a São Vicente, più brulla ed esposta ai forti venti dell'Atlantico.

4 La pesca rappresenta un'importante risorsa dell'Algarve: le acque sono infatti ricche di pesce.

3 La regione dispone di spiagge e paesaggi naturali bellissimi ed è la principale meta turistica del Portogallo.

1. COMPLETA **la carta della Penisola iberica collocando correttamente:**

a) gli stati che ne fanno parte;

b) i seguenti elementi geografici: Mar Mediterraneo, Oceano Atlantico, stretto di Gibilterra, Pirenei, Meseta, Cordigliera Centrale, Sierra Nevada, Ebro, Guadalquivir, Duero, Tago, pianura dell'Alentejo.

2. COMPLETA **il testo.**

Gibilterra si trova all'estremità .... della Spagna, di fronte alla costa .... È formata da un piccolo promontorio roccioso, proteso nel .... Occupata nel 1704 dalla ...., nel 1969 ottenne una maggiore autonomia. La .... ne rivendica il possesso. La sua economia si basa su ....

Il Principato di Andorra si estende al confine tra .... Il territorio è quasi interamente .... Circa il 40% degli abitanti è formato da .... Nella capitale, ..., risiede un terzo della popolazione. Il territorio offre come sole risorse economiche ....; la fonte principale di ricchezza è rappresentata da ....

Spagna

3. RISPONDI **alle seguenti domande.**

a) Quali popolazioni abitarono anticamente la Spagna? ....

b) Quali cambiamenti portò in Spagna la scoperta delle nuove terre americane? ....

c) Quando iniziò il declino spagnolo? ....

d) Che cosa successe nel 1936? ....

e) Qual è l'attuale situazione politica ed economica della Spagna? ....

4. INDICA **se le seguenti affermazioni, che descrivono la popolazione e le città spagnole, sono vere o false.**

a) La popolazione spagnola supera gli 82 milioni di abitanti. V F

b) L'alternanza di dominazioni diverse è all'origine della varietà di gruppi etnici e culture che caratterizza la Spagna. V F

c) I principali gruppi etnici con derivazioni latine sono i galleghi, i castigliani, gli andalusi, i baschi e i catalani. V F

d) I baschi vivono al sud, nella regione compresa tra la Catalogna e lo stretto di Gibilterra. V F

e) La lingua nazionale è lo spagnolo (castigliano). V F

f) La maggioranza della popolazione è di religione protestante. V F

g) La capitale, Madrid, è anche il principale porto del paese. V F

h) Seconda città spagnola per numero di abitanti è Barcellona, capitale industriale del paese e capoluogo della regione della Catalogna. V F

i) Valencia è il capoluogo dell'Andalusia, regione ricca di tradizioni storiche e di monumenti che ricordano la dominazione araba. V F

5. INDICA le voci principali dell'economia spagnola, suddivise nei diversi settori elencati.

Agricoltura ....

....

Allevamento e pesca ....

....

Sottosuolo ....

....

Industria ....

....

Terziario ....

....

Portogallo

6. **SCEGLI tra le alternative proposte quella che ritieni corretta.**

Il Portogallo, abitato fin dall'antichità dai *fenici* / *lusitani*, nel II secolo a.C. venne occupato dai *romani* / *greci*. Subì poi le invasioni dei suebi, dei visigoti e *dei turchi* / *degli arabi*, che furono sconfitti nel XII secolo.

Il periodo più fiorente è legato alle grandi spedizioni atlantiche del *XV* / *XIX* secolo; la scoperta di terre lontane offrì nuove opportunità di commercio in Africa, Asia e *Oceania* / *Brasile*.

Dal 1581 al 1668 il Portogallo fu dominio *spagnolo* / *francese*: ebbe così inizio la decadenza economica, aggravata nell'Ottocento *dall'invasione dell'esercito napoleonico* / *dalla rivoluzione industriale*.

Nel 1910 fu dichiarata la *repubblica* / *monarchia*, ma nel 1926 si instaurò una dittatura militare, guidata da *Juan Carlos* / *Antonio de Oliveira Salazar*. La "Rivoluzione dei garofani" del *1974* / *1954* portò alla proclamazione di una repubblica democratica.

Dal 1986 il Portogallo è membro *del Commonwealth* / *dell'Unione Europea*.

7. **COMPLETA il testo, che descrive la popolazione e le principali città del Portogallo.**

La popolazione risiede in gran parte nella .... e lungo i fiumi .... Poco abitate sono le zone .... In passato, le difficili condizioni economiche hanno determinato una costante emigrazione verso ....

....

La lingua nazionale è il ...., la religione prevalente è quella ...., con minoranze

....

La capitale, ..., sorge sulle rive del .... Di origine fenicia e poi colonia romana e araba, subì un .... nel 1755; fu ricostruita in gran parte nella ....

Seconda città per numero di abitanti è ...., di origine romana. Sorge sulla sponda destra del .... ed è famosa per ....

Altre città importanti sono: ....

8. **RISPONDI alle seguenti domande.**

a) Quali sono le cause dell'arretratezza economica del Portogallo? ....

....

....

b) Qual è l'attività economica prevalente? ....

c) Quali sono gli allevamenti più diffusi? Sapresti indicare le zone in cui sono distribuite le diverse specie di animali di allevamento e spiegare il motivo della loro localizzazione? ....

....

....

....

d) Quali sono le principali risorse del sottosuolo? ....

....

e) Quali sono le industrie portoghesi in via di sviluppo?

....

f) Quali sono le voci più importanti del settore terziario?

....

....

....

CONFRONTI

Ballare e cantare nella Penisola iberica

Ogni regione del mondo ha le proprie danze e i propri canti, che spesso non sono solo un'occasione per stare insieme o per divertirsi, ma che rappresentano anche uno strumento attraverso cui un popolo esprime i propri sentimenti, la propria cultura, i contatti che ha avuto nel tempo con altre civiltà. I balli e i canti sono dunque un importante documento per conoscere un popolo, e nello stesso tempo sono parte del patrimonio e dell'identità di ogni persona.

Il **flamenco** è la musica che più caratterizza l'Andalusia, una regione della Spagna del sud. Già nei versi dei poeti latini Marziale e Giovenale si descrivono il canto e il ballo delle ragazze di Cadice; il flamenco unisce quindi radici molto antiche con tradizioni arabo-andaluse.
L'origine di questo genere musicale è popolare, e ancora oggi il flamenco è cantato e ballato nelle feste in famiglia, ma si può trovare anche nei locali e nei teatri.
Il flamenco può essere solo cantato, oppure accompagnato dalla chitarra e dalla danza, e spesso dal ritmo delle nacchere, dal battito delle mani o dalle incitazioni a voce. I temi musicali e le parole dei canti sono allegri o malinconici.
Tipici sono i costumi con cui si balla: gonne colorate dalle lunghe balze e a pois per i motivi più allegri, costumi meno sgargianti per i temi più tristi. I ballerini indossano scarpe con chiodi sulla punta e sul tacco, che battute a terra producono un particolare suono, lo "zapeteo", usato per sottolineare il canto.

Nella Catalogna, regione della Spagna nord-orientale, il ballo tipico è la **sardana**, una sorta di girotondo che ha radici nell'antica Grecia. La sardana si balla in cerchio, tenendosi per mano e facendo piccoli passi; è ballata nelle strade e nelle piazze, e non è necessario indossare particolari costumi. È normalmente accompagnata da un piccolo gruppo di musicisti che suonano strumenti di ottone, e che sono guidati da una specie di flauto, la "flaviol". Nel gruppo è presente anche il tamburo.
La sardana è, per gli abitanti della Catalogna, un simbolo della loro identità e delle loro tradizioni; proprio per questo, durante la dittatura di Francisco Franco, era stata proibita.

Nei paesi baschi si ballano la **danza delle spade** e l'**aurresku**.

La danza delle spade (o *ezpata dantza*) è solitamente eseguita durante le grandi feste religiose (come il Corpus Domini o San Giovanni) o, in passato, durante le celebrazioni organizzate in onore dei reali, e coinvolge un grande numero di ballerini, normalmente un multiplo di 4 (dai 16 ai 100). I ballerini si dividono in due gruppi: uno porta spade grandi e uno spade corte. Talvolta la danza viene eseguita in processione, ed è guidata da un capitano, che si pone di fronte al gruppo.

L'aurresku è una danza cerimoniale di origine antica, accompagnata dal suono del flauto a becco e del tamburello. Il suo nome deriva dal primo danzatore, chiamato appunto *aurresku*. Un tempo veniva definita anche "danza della catena", perché i ballerini la eseguivano tenendosi per mano.

La musica più tipica del Portogallo è il **fado**. Questa parola ha origine nel latino, dal termine "fatum", che significa "destino"; e in effetti rappresenta un tipo di canzone, composta in strofe, in cui il tema ricorrente è la sottomissione umana al fato.
Nasce nel XIX secolo nella città di Lisbona, e da qui poi si diffonde in tutto il Portogallo; le sue rime esprimono la sofferenza della partenza degli emigranti per viaggi oltreoceano, la nostalgia degli uomini per la propria terra natia, l'amore delle loro donne, l'incertezza nel futuro. La tipica cantante di fado è vestita con un lungo abito nero e il suo canto lamentoso è spesso accompagnato dalla melodia di due chitarre.

E tu?

- **a)** Nel tuo paese o nella tua regione si ballano danze tradizionali caratteristiche? In quali circostanze?
- **b)** I tuoi nonni conoscono dei balli che si danzavano quando erano giovani, e che ora non sono più diffusi?
- **c)** Conosci qualche canzone popolare della tua regione o del tuo paese di origine che abbia gli stessi temi del fado (povertà, necessità di emigrare, nostalgia della patria, desiderio di libertà e di giustizia, ...)?
Prova a intervistare i tuoi genitori e i tuoi nonni, chiedendo loro se ne conoscono e trascrivi i testi.

VIAGGIO

2 La regione francese e il Benelux

Fanno parte della **regione francese** la **Francia**, che è lo stato più esteso; il piccolo **Principato di Monaco**, che si trova all'interno dello stato francese; il **Belgio**, il **Granducato di Lussemburgo** e i **Paesi Bassi**, che insieme hanno dato vita al Benelux, un'unione di tipo economico il cui nome è formato dalle lettere iniziali dei paesi che la compongono (*Belgique*, *Nederland*, *Luxembourg*).

La regione francese ha un'economia avanzata e moderna e un alto tenore di vita; i paesi che ne fanno parte sono densamente popolati.

Il territorio, in gran parte pianeggiante, ha favorito lo sviluppo dell'agricoltura, praticata in modo intensivo e con tecniche all'avanguardia.

Industria e commercio sono alla base dell'economia e costituiscono anche un richiamo per i lavoratori stranieri, in parte provenienti dalle ex colonie. I trasporti sono favoriti da una fitta rete di canali navigabili. Intensi sono gli scambi con l'Europa settentrionale (Gran Bretagna, Danimarca, Penisola scandinava) attraverso il Mare del Nord e il Canale della Manica. Sviluppati sono anche i servizi e il turismo, grazie alle molte bellezze naturali e artistiche. I paesi della regione francese sono stati anche il primo nucleo dell'Europa unita: nel 1957, infatti, hanno costituito, con l'Italia e l'allora Repubblica Federale Tedesca, il MEC (Mercato Comune Europeo), un'unione economica e commerciale che eliminava le barriere doganali. Si ponevano così le premesse per la nascita della Comunità Economica Europea, che dal 1993 ha assunto la denominazione di Unione Europea.

- Quali avvenimenti hanno portato alla nascita del regno franco?
- Che cosa accadde in Francia nel XVII e nel XVIII secolo?
- Quali vicende hanno caratterizzato l'Ottocento?
- Quando è avvenuta la perdita delle colonie?

Francia

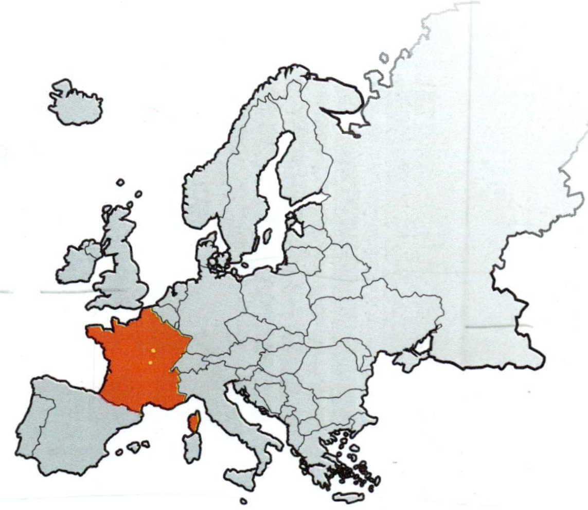

Il **tricolore** francese risale al tempo della Rivoluzione, quando ai colori della bandiera di Parigi (blu e rosso), fu aggiunto il bianco della casa reale. I tre colori ricordano la storia di Francia: il blu richiama il mantello di S. Martino, santo venerato dai Merovingi; il rosso si riferisce a S. Dionigi, primo vescovo di Parigi; il bianco era il colore dell'insegna di Giovanna d'Arco.

Dalle antiche popolazioni alla nascita del regno franco

Nell'antichità la regione francese era abitata da liguri e iberi, a cui subentrarono popolazioni di origine celtica, poi chiamate "galli" dai romani. Nel I secolo a.C. Giulio Cesare conquistò la regione e assoggettò le popolazioni, introducendo la cultura romana. Il dominio romano durò fino alla metà del IV secolo d.C., quando incominciarono le invasioni dei popoli germanici, tra i quali prevalsero i franchi, a cui la regione deve il suo nome.

I franchi si convertirono al cristianesimo e, sotto la guida di Carlo Magno, il regno franco si trasformò in un impero, premessa per la nascita di un grande stato, la Francia.

La Rivoluzione francese e il governo di Napoleone Bonaparte

Nel XVII secolo, soprattutto durante il regno di Luigi XIV, il Re Sole, la Francia divenne una grande potenza europea, grazie a una solida monarchia e alla conquista di ricche colonie in America. (1)

Nel Settecento si manifestò la crisi economica e sociale che alla fine del secolo sfociò nella Rivoluzione francese. Le idee rivoluzionarie portarono all'abolizione dei privilegi feudali e alla dichiarazione dell'uguaglianza tra i cittadini.

Nel 1792 fu proclamata la repubblica. Le altre monarchie europee, sentendosi minacciate dall'esempio francese, mossero guerra alla Francia repubblicana. In questo periodo emerge la figura del generale Napoleone Bonaparte, che si fece incoronare imperatore nel 1804 e sottomise l'Europa al dominio francese. Fu poi sconfitto a Waterloo e morì in esilio.

Dal dominio coloniale alla Francia contemporanea

Nell'Ottocento, dopo alterne vicende, la Francia estese il suo dominio coloniale in Asia e Africa.

Durante la Seconda guerra mondiale il paese fu occupato dall'esercito tedesco; molti patrioti francesi fuggiti all'estero, sotto la guida del generale De Gaulle, parteciparono alla Resistenza. Il 6 giugno 1944 gli Alleati sbarcarono in Normandia, dando inizio alla liberazione.

Dopo la fine della guerra alcuni paesi colonizzati si ribellarono: la Francia combatté contro Indocina e Algeria e perse gran parte delle sue colonie.

Oggi la Francia è una repubblica presidenziale ed è uno dei paesi più avanzati e ricchi d'Europa.

La curiosità

Uno dei più noti simboli di Parigi e dell'intera Francia è la Tour Eiffel. Progettata dall'ingegnere Gustave Eiffel, fu costruita in soli 816 giorni, e terminata nel 1889 per l'Esposizione universale.

La torre, interamente in ferro, è alta 320 metri. Fino al 1929, quando fu completato il Chrysler Building di New York, fu la struttura più alta del mondo.

È composta da 15 000 travi d'acciaio e da 1665 scalini. Per costruirla sono stati impiegati ben due milioni e mezzo di bulloni. È stato calcolato che se si fondesse la Torre Eiffel ne uscirebbe una lastra di ferro alta appena 5 cm e larga quanto la base della torre.

1 La reggia di Versailles

Durante i primi anni del suo regno, Luigi XIV stabilì la sede della corte a Parigi nel palazzo del Louvre, anche se lui e il suo seguito si spostavano di città in città. Il palazzo del Louvre però si rivelò piuttosto scomodo e il re decise di ordinare la costruzione di una nuova grande reggia a Versailles, a circa 12 chilometri da Parigi, dove si stabilì la corte dal 1682.
I lavori per la costruzione del complesso durarono cinquant'anni e vi parteciparono tutti i migliori artisti dell'epoca.
La sua imponenza finì per creare problemi: le cucine, ad esempio, erano molto distanti dalle sale da pranzo e le vivande arrivavano sempre fredde!
Anche i bellissimi giardini erano lontani e per raggiungerli bisognava camminare a lungo sotto il sole o la pioggia!
L'edificio rimase inutilizzato dal 1789 al 1837, quando Luigi Filippo decise di farne un museo, tuttora aperto al pubblico.

Il territorio

SUPERFICIE:
543 965 km²

› Dov'è situata la Francia?

› Quali sono i rilievi più importanti?

› Come si presenta il sistema idrografico?

› Quali climi caratterizzano la Francia?

Un paese nel cuore dell'Europa

La Francia è situata nel centro dell'Europa. La sua posizione geografica tra Mare del Nord, Oceano Atlantico e Mar Mediterraneo le ha permesso di comunicare e commerciare facilmente sia con l'Europa del Nord sia con i paesi del Mediterraneo: ha quindi avuto molta importanza per il suo sviluppo economico e per la sua storia.
La Francia **confina** a est con Italia, Svizzera, Germania, Lussemburgo e Belgio; a sud con la Spagna. È bagnata a settentrione dal Mare del Nord, del quale fa parte il Canale della Manica che la separa dalla Gran Bretagna, a ovest dall'Oceano Atlantico, a sud dal Mar Mediterraneo.
Appartengono alla Francia la *Corsica*, un'isola che si trova nel Mar Mediterraneo, a nord della Sardegna, e alcune ex colonie. Le principali sono: le isole di Guadalupa e Martinica nelle Antille, la Guyana francese nell'America meridionale, l'isola di Réunion nell'Oceano Indiano (dipartimenti d'oltremare: DOM); la Nuova Caledonia e la Polinesia francese nel Pacifico (territori d'oltremare: TOM).

Monti e pianure

Parte del territorio è occupata dal *Massiccio Centrale*. Quattro importanti **catene montuose** segnano i confini francesi: *Pirenei*, *Alpi*, *Giura* e *Vosgi*. I Pirenei segnano il confine con la Spagna: il versante francese è molto ripido e questo ha reso difficili le comunicazioni tra i due paesi. La catena delle Alpi è ricca di valichi e trafori, che da secoli mettono in comunicazione il territorio francese con quello italiano. Le vette più elevate si trovano nelle Alpi (più di 4000 m) e nei Pirenei (3000 m).
Nella parte occidentale del paese si estende una grande **pianura** di origine alluvionale, cioè creata dai fiumi, interrotta solo da rilievi collinari.

Il sistema idrografico e le coste

La Francia è ricca di **fiumi** che sono in gran parte navigabili, perché scorrono in un territorio pianeggiante e sono collegati tra loro da una serie di canali artificiali.
Il fiume più lungo è la *Loira* (1020 km), che nasce dal Massiccio Centrale; lungo le sue rive si trovano bellissimi castelli. Il fiume più ricco di acqua è il *Rodano*, perché è alimentato dai ghiacciai delle Alpi svizzere, da cui nasce; la sua valle si estende fra il Massiccio Centrale e le Alpi ed è l'unico fiume di rilievo che sfocia nel Mar Mediterraneo.
Altri fiumi sono: la *Senna*, che attraversa Parigi; il *Reno*, che per un tratto segna il confine con la Germania; la *Garonna*, che sfocia con un ampio estuario nell'Atlantico; la *Mosa* e la *Mosella*, affluenti del Reno.
Nel territorio francese non ci sono grande **laghi**: alcuni, di origine vulcanica, si trovano nel Massiccio Centrale.
Le **coste** si sviluppano per oltre 3000 km e si presentano con aspetto vario. A nord sono generalmente basse e sabbiose; solo un tratto del Canale della Manica è caratterizzato dalle **falesie**.
La costa atlantica è bassa e uniforme. Le coste meridionali sono piatte e paludose a ovest, rocciose e frastagliate a est.

Climi e ambienti diversificati

La Francia è un paese dal **clima** assai diversificato e questo spiega la grande varietà di ambienti naturali e di prodotti agricoli.
Il clima è *atlantico*, con inverni miti ed estati fresche, nella zona pianeggiante a ovest, che risente dell'influenza della **Corrente del Golfo**; *continentale* all'interno; *mediterraneo* nella regione meridionale; *alpino* sui rilievi più elevati.

dizionario

Falesia: alta parete rocciosa molto ripida, a strapiombo sul mare.

Corrente del Golfo: è una corrente marina calda. Nasce dal Golfo del Messico e, dopo avere attraversato l'Oceano Atlantico, mitiga il clima delle coste del nord Europa.

1 Il Principato di Monaco

Il Principato di Monaco è il più piccolo stato del mondo dopo la Città del Vaticano. Si affaccia sul Mar Mediterraneo, quasi al confine con l'Italia.

Pur essendo costituito in gran parte da centri abitati (i principali sono *Monaco*, che è la capitale, e *Montecarlo*), verso l'interno si trovano anche alcune aree coperte da boschi e foreste.

La sua economia si basa sulle attività del terziario: banche e attività finanziarie sono favorite dal sistema fiscale, che agevola l'afflusso di capitali dall'estero. Un'altra fonte di ricchezza è rappresentata dai turisti, attirati dalle lussuose località balneari e dal Casinò di Montecarlo.

Il Principato è governato dal 1297 dalla famiglia Grimaldi.

Popolazione e città

> Dove si concentra la popolazione francese?
> Quali lingue e religioni sono maggiormente diffuse?
> Qual è la capitale francese e come si presenta?
> Quali sono le altre principali città della Francia?

- POPOLAZIONE: **60 327 000 ab.**
- DENSITÀ: **111 ab./km^2**
- CAPITALE: **Parigi** (9 794 000 ab.)
- FORMA DI GOVERNO: **repubblica presidenziale**
- MONETA: **euro**
- LINGUA: **francese (ufficiale), varie minoranze linguistiche**
- RELIGIONE: **cattolica, musulmana, protestante**

Una popolazione concentrata nella regione parigina

La densità di popolazione in Francia non è mediamente molto alta: esistono infatti zone industriali densamente abitate e regioni quasi spopolate.
La popolazione francese si accresce non soltanto per le nuove nascite, ma anche per l'alto numero di immigrati che ogni anno vanno a lavorare in Francia.
La maggior parte della popolazione vive nei centri industriali e il 20% si concentra nell'Île de France, la regione parigina. Il governo francese negli anni scorsi si è posto l'obiettivo di migliorare i servizi e la qualità della vita in molte città, per alleggerire il numero di abitanti che vivono a Parigi e nel suo circondario.

Lingue e religioni

La **lingua** ufficiale è il *francese*, ma sono presenti minoranze etniche che parlano altre lingue: un *dialetto tedesco* ai confini con la Germania, il *corso*, simile all'italiano, in Corsica, (1) *catalano* e *spagnolo* ai confini con la Spagna, una *lingua celtica* in Bretagna.
La **religione** maggiormente professata (76,2%) è quella *cattolica*, seguita da quella *musulmana* e da quella *protestante*.

Le città principali

Molte città francesi sono sorte lungo i fiumi o lungo i canali che li mettono in comunicazione. Sono quindi città nate e sviluppate per motivi economici e commerciali.
Parigi (9 794 000 ab. con l'agglomerato urbano), la capitale della Francia, è attraversa dal fiume Senna. È una città industriale: le maggiori industrie del paese hanno stabilimenti nella sua periferia. Hanno sede a Parigi grandi banche, compagnie di assicurazioni e organizzazioni internazionali come l'**Unesco**. Parigi è famosa in tutto il mondo per i suoi monumenti e musei: la Tour Eiffel, simbolo della città; il Louvre, uno dei musei più famosi nel mondo; il Panthéon, tomba dei "grandi" di Francia; la cattedrale di Notre-Dame; il teatro dell'Opéra; l'Arco di Trionfo. È abbellita da parchi e giardini: il più famoso è il Bois de Boulogne. Parigi è una città multietnica in cui vivono persone provenienti da ogni parte del mondo.
Lione (1 348 832 ab.) è, con l'agglomerato urbano, la seconda città francese per numero di abitanti. Fondata dai romani alla confluenza fra Rodano e Saona, è un centro industriale nel quale già anticamente si lavorava la seta. Oggi le industrie producono fibre sintetiche.
Marsiglia (1 349 772 ab.) è il principale porto francese. (2) Sorge sul Mediterraneo, nella regione della Provenza, ed è sede di grandi impianti petroliferi e cantieri navali. È conosciuta anche per la produzione di saponi.
Lilla (1 000 900 ab.) si trova in pianura, vicino a un grande bacino carbonifero, ed è un centro famoso per la lavorazione delle fibre tessili. Fu fondata nell'XI secolo dai conti di Fiandra.
Bordeaux (753 931 ab.) è sede di industrie tessili e metallurgiche e di cartiere. È rinomata per la produzione di vini. Il suo porto era particolarmente attivo nel XVIII secolo, quando la Francia possedeva colonie in America.
Tolosa (761 090 ab.) si trova nel sud e vi hanno sede industrie che si occupano di produzione e ricerca aerospaziale.
Nizza (888 784 ab.) è una località di villeggiatura sul Mediterraneo, in Costa Azzurra. Per alcuni secoli fu italiana.
Strasburgo (427 245 ab.) si trova sul Reno ed è un importante **porto fluviale**. La città è sede del Parlamento europeo. (3)

dizionario

Unesco: Organizzazione delle Nazioni Unite per l'Educazione, la Scienza e la Cultura. Il suo scopo è promuovere la collaborazione tra nazioni nei campi dell'educazione, della ricerca scientifica, della cultura.
Porto fluviale: porto situato lungo un fiume.

1 La Corsica

La Corsica è la terza isola del Mediterraneo dopo Sicilia e Sardegna, dalla quale dista solo pochi chilometri. La sua lingua ufficiale è il francese; molti abitanti, però, parlano un dialetto italico che è un intreccio tra sardo, ligure e toscano.
In questa regione è particolarmente avvertito il problema dell'indipendenza dalla Francia. Nella sua storia passata la Corsica è stata occupata, ceduta e riconquistata molte volte: dai cartaginesi, dai romani, dai bizantini e dai longobardi. Passò sotto il dominio dei franchi e fu spesso invasa e saccheggiata dai saraceni. Vennero poi pisani e genovesi. Nel secolo XVIII scoppiò una rivolta contro la Repubblica di Genova, che cedette la Corsica alla Francia. Questa represse fermamente ogni tentativo d'indipendenza.
Attualmente la Corsica è una regione che gode di una particolare autonomia, ma sono attivi alcuni movimenti politici che si battono per una forma maggiore di libertà.

2 Il porto di Marsiglia

Il porto di Marsiglia è non solo il primo della Francia ma anche del Mediterraneo. Si trova in una baia naturale il cui ingresso è protetto da alcune isole. È specializzato nel commercio di petrolio, cereali, agrumi e frutti tropicali.
Il porto ha aumentato la sua attività dopo le conquiste coloniali e con l'apertura del canale di Suez, nel 1869.

3 Una città... europea

Il processo di unione dell'Europa è iniziato prima a livello economico, con l'adesione di sei paesi (divenuti poi 15), e solo in seguito a livello politico.
Attualmente i cittadini appartenenti ai paesi membri eleggono direttamente il Parlamento europeo, che ha sede a Strasburgo.
La foto a lato mostra il complesso del Palais d'Europe, in cui ha sede il Consiglio d'Europa e dove si riunisce il Parlamento europeo.

Visitare Parigi

Il Palais Royal

Fu costruito come teatro privato nella residenza del Cardinale Richelieu. Dopo la sua morte divenne proprietà della casa reale. Dal 1660 fu utilizzato da Molière per le sue rappresentazioni e poi trasformato in teatro dell'Opera. Bruciò completamente nel 1763 e fu ricostruito nel 1780. Dal 1793 metà di quello che era il palazzo reale, il Palais du Louvre, è adibito a museo.

L'Arc de Triomphe

Si trova all'inizio del viale Champs Èlysées. Voluto da Napoleone nel 1806 per celebrare la battaglia di Austerlitz, e concluso nel 1836 sotto il regno di Luigi Filippo, si ispira agli antichi archi di trionfo romani. Nel 1920 fu collocata alla sua base la tomba del Milite ignoto e una fiamma perenne in memoria delle vittime della Prima guerra mondiale.

I musei

A Parigi sono moltissimi; noto in tutto il mondo è il Louvre, in cui sono contenute più di 300 000 opere che vanno dalle più antiche civiltà al XIX secolo. Dal 1989, si può accedere al Museo dalla Piramide di vetro, una grande struttura progettata dall'architetto Ieoh Ming Pei, che ospita ristoranti, gallerie, negozi, librerie e un auditorio. Altrettanto celebre è il Musée d'Orsay, ricavato dall'omonima stazione ferroviaria in disuso e inaugurato nel 1986. Vi si trova una rinomata collezione di Impressionisti quali Manet, Monet, Pissarro, Renoir, Degas, e post-impressionisti come Van Gogh, Gauguin, Cézanne.

Carta d'identità

- NOME: Paris
- DATA DI NASCITA: Fondata nel III secolo a.C. da una tribù di galli, fu poi conquistata nel 52 a.C. dai romani, che la chiamarono *Lutezia*. Occupata dai franchi nel V secolo d.C., prese il nome attuale, diventando la capitale del regno merovingio nel 508.
- INDIRIZZO: Francia
- ALTITUDINE: 58-130 m s.l.m
- SUPERFICIE: 105 km^2
- POPOLAZIONE: 2 142 800 ab. (9 794 000 ab. con l'aggl. urbano)

Il Sacre Coeur

È uno dei simboli di Parigi. La basilica, caratterizzata da tre cupole bianche, è situata sulla collina di Montmartre, che è anche il ritrovo degli artisti di strada, soprattutto pittori, di Parigi. La costruzione fu iniziata nel 1871, ma a causa dell'instabilità del terreno venne ultimata solo nel 1910. Molto suggestiva è la scalinata per la quale si accede a questo luogo panoramico di grande fascino.

Il Beaubourg

Opera architettonica avveniristica di Renzo Piano e Richard Roger, è un immenso edificio rettangolare in acciaio e vetro con strutture tubolari a vista di diversi colori che corrono lungo il suo perimetro. Accoglie un importante centro di interesse culturale, il Centre Pompidou, costituito di padiglioni espositivi, spazi per eventi e mostre e una vasta biblioteca.

Notre Dame

È una maestosa cattedrale gotica che sorge sull'Île de la Cité, isolotto in mezzo alla Senna. La sua costruzione iniziò nel 1161, sulla base di una preesistente basilica cristiana, ma il completamento non avvenne prima del 1300. Nel corso dei secoli fu gravemente danneggiata, ma varie opere di ricostruzione l'hanno restituita al suo splendore.

La gente

I parigini sono molto orgogliosi della loro città. Per questo, sono portati a esaltarne tutti gli aspetti, e a considerarla la città più bella e importante del mondo. Questo atteggiamento viene definito *"grandeur"*.

I primati

L'arco di Trionfo è il più grande d'Europa: la sua apertura è così larga che una volta un aereo vi volò attraverso.
La prima rete di treni ad alta velocità (Tgv, Train Grande Vitesse) fu la tratta Parigi-Lione, inaugurata nel 1981, conseguendo il record di velocità ferroviaria del tempo (381 km/h).

La curiosità

Un sarto parigino, il signor Reichelt, soprannominato *"l'homme oiseau"*, cioè l'uomo-uccello, si lanciò dalla Torre Eiffel nel 1912 per sperimentare un prototipo di paracadute costituito di ali artificiali, ma si schiantò a suolo.

Da non perdere

Montmartre, la più alta collina di Parigi, è un quartiere di deliziose piazzette e stradine tortuose, che si guadagnò fama mondiale grazie alla comunità di artisti come Monet, Van Gogh e Picasso che vi abitarono. Altrettanto pittoresco è il Marais, l'antico quartiere ebraico, multietnico borgo divenuto di recente tra i più alla moda. Qui si trova il museo Pablo Picasso, che ospita molte opere dell'artista spagnolo. Da visitare anche i numerosi mercati delle pulci, nei quali sono in vendita piccoli tesori d'antiquariato. Sotto il suolo della città si estende inoltre una rete di gallerie di impressionante vastità: la Parigi sotterranea, fatta di catacombe e reti fognarie, richiama speleologi e appassionati del mistero e può essere percorsa grazie a visite guidate. Anche il Cimetière du Père Lachaise, il più grande tra i cimiteri monumentali parigini, è meta di visitatori che vanno a rendere omaggio ai molti personaggi illustri che vi riposano.

Economia e società

> Perché la Francia è una grande potenza economica?

> Quali sono le sue risorse più importanti?

> Come si presenta la Francia dal punto di vista delle vie di comunicazione?

- POPOLAZIONE ATTIVA: **44,7%**
- OCCUPATI NEI DIVERSI SETTORI:
  - PRIMARIO: 4%
  - SECONDARIO: 21%
  - TERZIARIO: 75%
- IN CERCA DI OCCUPAZIONE: **9,7%**

Una grande potenza economica

La Francia è una delle maggiori potenze economiche europee e mondiali.
Tra le molte attività che caratterizzano la sua economia, l'**agricoltura** e le industrie alimentari collegate occupano un posto importante. Ciò è dovuto alla presenza di un suolo collinare e pianeggiante, naturalmente fertile, e al clima diversificato, che rende possibile coltivare prodotti agricoli di ogni tipo. Tra i prodotti principali vi sono *cereali* (grano, orzo e mais), *barbabietole da zucchero*, *patate*, *girasoli*, *frutta* e *ortaggi*.
La Francia è denominata "paese del vino": in tutto il mondo sono conosciuti i *vini* che si producono con le varie qualità di vite coltivate nelle zone mediterranee, nella Borgogna, nella Champagne (1) e nella regione di Bordeaux.
L'**allevamento** è favorito dalla presenza di pascoli. Al primo posto si trovano *bovini* e *suini*, ma rilevante è anche l'allevamento di *ovini*, *caprini* e *volatili*, in particolare *oche*, da cui si ricava un rinomato pâté. L'allevamento alimenta una fiorente industria casearia.
La **pesca** è abbastanza diffusa, ma non è sufficiente a soddisfare la richiesta interna e la Francia deve perciò importare **prodotti ittici**. Tra le specie tipiche ci sono i *crostacei* e le *ostriche*, mentre nel Mare del Nord si pratica la pesca di *merluzzi* e *tonni*.

Risorse del sottosuolo e industria

Il **sottosuolo** della Francia è ricco di minerali di *ferro*, **bauxite**, *carbone*, *gas naturale* e *uranio*. Per far fronte al fabbisogno energetico la Francia ha scelto di utilizzare *energia nucleare*, grazie alla disponibilità di uranio.
Lo sviluppo dell'**industria** (2) è stato favorito dalla ricchezza del sottosuolo (le prime industrie sorsero in prossimità delle miniere), dalla posizione geografica che facilita gli scambi commerciali e dai legami che la Francia ha mantenuto con le ex colonie, fonti di materie prime.
Le industrie più importanti appartengono ai settori *siderurgico* (lavorazione di ferro e acciaio), *meccanico* (autoveicoli, come Peugeot e Renault, aerei, apparecchiature elettroniche), *chimico* (coloranti, fertilizzanti, prodotti farmaceutici, cosmetici e fotografici), *alimentare* (vini, liquori, formaggi). Un altro settore molto importante è quello della *moda*, che esporta i suoi prodotti in tutto il mondo e occupa molti lavoratori.

Attività finanziarie, turismo e vie di comunicazione

Il settore **terziario** ha accolto parte della popolazione che occupava il settore primario e ha conosciuto una rapida espansione.
Gran parte degli addetti al terziario francese sono occupati in *banche*, *attività finanziarie* e *commerciali*. Il commercio è favorito dalle vie di comunicazione, che sono molto sviluppate.
Il *turismo* è un'importante fonte di reddito, perché la Francia è ricca di città storiche, di località montane e balneari, di parchi e bellezze naturali che attirano ogni anno migliaia di visitatori da tutto il mondo.
La Francia è dotata di ottime **vie di comunicazione** *marittime*, *ferroviarie*, (3) *stradali* e *fluviali*. I collegamenti con la Gran Bretagna sono stati favoriti, dal 1994, dall'apertura dell'*Eurotunnel*, un tunnel sottomarino nel Canale della Manica. Intenso è anche il *traffico aereo*, che può contare su diversi aeroporti internazionali.

dizionario

Prodotti ittici: prodotti derivati dal pesce o da altri animali che vivono o vengono allevati in acque marine o dolci.

Bauxite: minerale utilizzato nella produzione dell'alluminio. Il suo nome deriva da Baux, una località della Provenza dove nel 1821 si sono scoperti i primi giacimenti.

1 Una regione famosa nel mondo

Champagne non è solo un notissimo vino francese, ma è soprattutto il nome della regione in cui sono coltivati i vigneti da cui lo si produce. Si tratta quasi sempre di un vino bianco, ma può essere anche rosato; è prodotto con il metodo perfezionato da un abate benedettino: Dom Pierre Pérignon. Il metodo consiste nel fare fermentare il vino in bottiglia (metodo *champenois*).

2 L'industria francese

Le industrie in Francia sono molto sviluppate, anche grazie alla notevole disponibilità di energia elettrica. Quest'ultima è prodotta sia mediante centrali idroelettriche, che utilizzano acqua proveniente dai ghiacciai delle Alpi, sia dalle centrali nucleari, che coprono più dei due terzi dell'energia elettrica totale.

3 Il TGV

Il TGV (*train à grande vitesse*, cioè "treno ad alta velocità") è uno dei vanti della Francia. Con questo treno velocissimo, che in alcuni tratti può raggiungere quasi i 400 chilometri l'ora, è possibile attraversare il paese in pochissimo tempo. Grazie al TGV tutte le principali città francesi, anche quelle ai confini del territorio, sono strettamente collegate con la capitale.

Il personaggio

Uno dei personaggi francesi più conosciuti al mondo è **Napoleone Bonaparte**.
In realtà, il famoso condottiero e imperatore è francese quasi per caso: nacque infatti ad Ajaccio, in Corsica, nel 1769, appena un anno dopo la firma del Trattato di Versailles, con il quale la Repubblica di Genova lasciava quest'isola alla Francia.

Napoleone compì gli studi militari a Parigi, e conobbe una rapida e brillante carriera: durante la Rivoluzione francese divenne generale e poi, nel 1804, si incoronò imperatore dei francesi.
Sconfitto a Waterloo nel 1815, morì in esilio a Sant'Elena, un'isola dell'Oceano Atlantico, il 5 maggio 1821.

La città fortificata di Carcassonne

Abbarbicata su uno sperone roccioso sopra il fiume Aude, vicino al confine con la Spagna, si erge la famosa città fortificata di **Carcassonne**. 1
Le prime tracce di insediamenti umani nella regione risalgono al 3500 a.C. Attorno all'800 a.C. la collina di *Carsac* divenne un importante luogo di scambi commerciali. 4 La posizione strategica tra Penisola iberica e Francia, tra Atlantico e Mediterraneo ha reso la città un importante presidio militare fin dall'epoca romana e quindi un luogo spesso al centro di sanguinose guerre e di conflitti religiosi. 2
Secondo la leggenda, l'imperatore **Carlo Magno** cercò di conquistarla nell'VIII secolo, quando era in mano agli arabi venuti dalla Spagna. Nel primo scontro, il principe arabo **Balaak** rimase ucciso e la vedova, **Donna Carcas**, non risolvendosi ad arrendersi, indossò l'armatura del marito e prese il comando dell'esercito. Dopo cinque anni di guerra, rimasta sola a difendere la città, ebbe l'idea di costruire dei manichini di paglia che fece appostare in corrispondenza delle mura perché il nemico pensasse che vi erano ancora molti soldati. Inoltre prese un maiale e lo buttò giù dalle mura, per far credere di avere viveri a sufficienza per i suoi uomini e che la città traboccasse ancora di ricchezze. A quel punto Carlo Magno cominciò a pensare che il conflitto non sarebbe mai terminato, e decise di togliere l'assedio. Donna Carcas allora suonò il corno e uno dei cavalieri gridò: «Carcas sonne!» (Carcas suona!); da qui deriverebbe il nome della città.
Nell'XI secolo divenne una potente viscontea che dominava la bassa Linguadoca. I **catari**, perseguitati durante le crociate contro gli eretici, vi trovarono rifugio nel 1209. Nel XIV secolo l'Inquisizione continuò la sua lotta contro i catari e Carcassonne divenne uno dei centri di questa lotta sanguinaria.
La fortezza venne aggiunta alla lista dei Patrimoni dell'umanità dell'UNESCO nel 1997 ed è oggi una delle mete del turismo internazionale. 3

2 Le mura merlate dai 5 ai 7 metri di altezza e le numerose torri di guardia dai tetti aguzzi hanno garantito per secoli la difesa di tutto il territorio.

1 La fortezza si trova su uno sperone roccioso sopra il fiume Aude. Le fortificazioni consistono di una doppia cerchia di mura e di 53 torri.

Attività

Vero o falso? Traccia una ✗ sul quadratino corrispondente.

- **a)** La città fortificata di Carcassonne si trova vicino al confine con la Germania. V F
- **b)** Per la sua posizione strategica la città è importante fin dall'epoca romana. V F
- **c)** L'imperatore Carlo Magno riuscì a conquistarla. V F
- **d)** Secondo la leggenda, deve il suo nome a Donna Carcas, che difese la città dall'esercito carolingio. V F
- **e)** I catari, perseguitati dalle crociate contro gli eretici, vi trovarono rifugio nel 1209. V F

4 Intorno alla città fortificata si estende una campagna con numerosi vigneti. Carcassonne è infatti un importante centro di produzione vinicola.

3 All'interno delle mura, nel cuore della fortezza, si trovano il castello e il borgo vecchio, caratterizzato da un intricato reticolo di strade, i cui percorsi tortuosi terminano in piccole piazze.

DOSSIER

Ambiente e turismo in Francia

La Francia ha una lunga tradizione di tutela dell'ambiente. La capacità di conservare e valorizzare il proprio patrimonio naturale è tra i fattori che hanno reso questo paese la prima meta turistica del mondo.

Una lunga tradizione di tutela dell'ambiente

La Francia vanta una lunga tradizione in fatto di **salvaguardia dell'ambiente**: fin dal Medioevo, infatti, furono stabiliti i primi provvedimenti per proteggere alcune foreste dallo sfruttamento eccessivo.

Le prime leggi vere e proprie per la tutela ambientale risalgono però agli anni Trenta del secolo scorso, mentre il primo parco naturale nazionale fu istituito nel 1963 nella regione del Rhône-Alpes.

Oggi, l'11,7% del territorio francese è soggetto a tutela, grazie alla creazione di parchi nazionali e regionali e di aree protette sia boschive, sia lacustri, fluviali e costiere.

La Francia è inoltre fra i paesi più attivi in materia ambientale, e ha sottoscritto i più importanti accordi internazionali per la salvaguardia delle specie in estinzione, la tutela delle foreste e dei mari, la protezione dello strato di ozono e per combattere l'inquinamento atmosferico.

La regione del Rhône-Alpes

Tra le zone francesi maggiormente attente al proprio patrimonio naturale vi è la regione del Rhône-Alpes, una vasta area che si estende al confine con la Svizzera e l'Italia, e che comprende le città di Lione e Grenoble. Oltre a possedere il primo **parco nazionale** di Francia, quello della Vanoise, vanta il più grande numero di parchi e riserve naturali del paese: attualmente, più del 16% del suo territorio è protetto.

La regione, che è in buona parte montuosa, presenta una flora e una fauna particolar-

Le foreste francesi

Oltre il 27% del territorio francese (circa 15 milioni di ettari) è coperto di boschi: la Francia possiede infatti la più importante foresta dell'Europa occidentale.

Fino all'inizio del XIX secolo, questo manto boschivo è stato massicciamente sfruttato e depredato. Oggi però la foresta sta riguadagnando terreno nonostante la minaccia delle piogge acide, sia grazie al rimboschimento artificiale, sia per la spontanea espansione della flora.

Le piante più presenti sono le latifoglie (castagni, faggi, querce, carpini) e, a quote più elevate, le conifere.

mente ricche: si contano infatti 6000 specie vegetali e 383 specie animali, tra cui numerose specie protette.
Piante caratteristiche delle aree alpine sono il cardo blu, la stella alpina, le orchidee e undici specie di tulipani selvatici. Tra gli animali più curiosi, oltre allo stambecco e al camoscio, sono presenti l'urogallo, il castoro, che vive sulle rive del Rodano, la lontra e l'unica specie di tartaruga acquatica francese, che si può trovare nelle acque del fiume Isère.

Natura e turismo

La varietà di paesaggi naturali fa sì che la Francia sia uno dei primi paesi al mondo per il "**turismo verde**". Se infatti molti stranieri scelgono questo paese come meta dei propri viaggi grazie ai suoi monumenti e alle città d'arte, numerosi sono anche coloro che visitano i suoi parchi e le località montane e costiere.
Questa ricchezza di attrattive ha fatto sì che dal 1989 la Francia sia il primo paese al mondo per le presenze internazionali, che raggiungono circa 80 milioni di unità l'anno; ad esse si sommano 40 milioni di turisti francesi, che si spostano ogni anno all'interno del proprio paese.
Il turismo è così diventato una voce di primaria importanza per l'economia francese, contribuendo per il 9% al PIL nazionale, con cifre che superano i 130 miliardi di euro l'anno.
Naturalmente, alla base di questo successo ci sono state la capacità dei francesi di creare strutture ricettive (la Francia presenta un'offerta di oltre 20 milioni di posti letto), una buona reputazione in campo gastronomico, ma soprattutto l'attenzione per l'ambiente e la valorizzazione del territorio.

La Camargue

La Camargue è una regione che si estende nel sud della Francia, lungo la costa mediterranea. La ricchezza di ambienti naturali incontaminati e la suggestione dei paesaggi fanno sì che questa regione sia una delle mete preferite dal turismo.
Qui sono numerose le aree palustri, in cui il fenicottero ha trovato un habitat ideale, anche grazie ai programmi di protezione di cui è oggetto. Tra le specie caratteristiche della Camargue vi sono anche i cavalli, spesso allevati allo stato brado.

Attività

1. Rispondi, a voce, alle seguenti domande.

- **a)** Perché si può affermare che la Francia ha una lunga tradizione nella protezione dell'ambiente?
- **b)** Quale regione francese si distingue per l'attenzione al proprio patrimonio naturale?
- **c)** Quale altra regione francese è una delle mete preferite del "turismo verde"? Che cosa si intende con questa espressione?

2. Rifletti.

- In che modo credi che la protezione dell'ambiente possa produrre anche ricchezza? Discutine con i tuoi compagni, portando come esempio il caso della Francia.

1. COMPLETA **la carta della regione francese e del Benelux, collocando correttamente:**

a) i nomi degli stati che ne fanno parte;

b) i nomi dei mari da cui è bagnata;

c) i seguenti elementi geografici: Massiccio Centrale, Pirenei, Ardenne, Giura, Vosgi, Alpi, Senna, Loira, Rodano, Reno, Mosa.

2. RISPONDI **Che cos'è il Benelux?**

È L'INSIEME DELLE 3 REGIONI DELLA FRANCIA: BELGIO, LUSS

Francia

3. INDICA **se le seguenti affermazioni sono vere o false.**

a) Nell'antichità la regione francese era abitata da liguri e iberi, a cui subentrarono popolazioni di origine celtica. V F

b) La regione fu conquistata da Giulio Cesare nel III secolo d.C. V F

c) Il dominio romano durò fino alla metà del IV secolo d.C., quando incominciarono le invasioni dei popoli germanici, tra i quali prevalsero i franchi. V F

d) I franchi si convertirono al cristianesimo e, sotto Carlo Magno, il regno franco si trasformò in un impero. V F

e) Nel XVII secolo, soprattutto durante il regno del Re Sole, la Francia conobbe un periodo di decadenza e di crisi economica. V F

f) Nel Settecento la crisi economica e sociale sfociò nella Rivoluzione francese. V F

g) Le idee rivoluzionarie portarono all'abolizione dei privilegi feudali e alla dichiarazione dell'uguaglianza tra i cittadini. V F

h) Le altre monarchie europee, sentendosi minacciate dalla Rivoluzione francese, restaurarono sul trono di Francia il re. V F

i) Napoleone Bonaparte si fece incoronare imperatore nel 1804 e sottomise l'Europa al dominio francese, ma fu poi sconfitto a Waterloo. V F

l) Nell'Ottocento la Francia estese il suo dominio coloniale in America e India. V F

4. RIASSUMI **in poche righe gli avvenimenti storici che hanno caratterizzato la Francia nel XX secolo.**

5. RIFLETTI **e rispondi alle domande.**

a) Perché la posizione della Francia è stata importante per l'economia e per la storia di questo paese?

b) Che differenza c'è tra Pirenei e Alpi, per quanto riguarda le comunicazioni con i paesi confinanti?

....

....

....

....

c) Perché i fiumi francesi sono facilmente navigabili?

....

....

....

d) Perché il Rodano è molto ricco di acqua?

....

6. SCRIVI **accanto alle definizioni il termine a cui si riferiscono.**

a) Alta parete rocciosa molto ripida, a strapiombo sul mare: ....

b) Corrente marina calda, che nasce dal Golfo del Messico e, dopo avere attraversato l'Oceano Atlantico, mitiga il clima delle coste del nord Europa: ....

....

7. SCEGLI **tra le alternative proposte quella che ritieni corretta.**

La densità di popolazione in Francia *è* / *non è* mediamente molto alta.

La maggior parte della popolazione vive *nei centri industriali* / *nelle aree rurali*. Il *40%* / *20%* si concentra nella regione parigina.

La lingua ufficiale è il francese, ma sono presenti minoranze etniche che parlano altre lingue: un dialetto tedesco ai confini con *la Germania* / *il Belgio*, il corso, simile *all'italiano* / *allo spagnolo*, in Corsica, catalano e spagnolo ai confini con la Spagna, una lingua *celtica* / *basca* in Bretagna.

La religione maggiormente professata è quella *cattolica* / *protestante*, seguita da quella musulmana e da quella *protestante* / *cattolica*.

8. SCRIVI **accanto a ogni città francese elencata di seguito alcune fra le sue caratteristiche, scegliendole tra quelle proposte. Poi, a voce alta, racconta tutto quello che sai di queste città.**

sede del Parlamento europeo - vini pregiati - capitale - lavorazione della seta - cantieri navali - località di villeggiatura - porto principale - sede di organizzazioni internazionali - lavorazione delle fibre tessili - ricerca aerospaziale - produzione di saponi

Parigi: ....

Lione: ....

Marsiglia: ....

Lilla: ....

Bordeaux: ....

Tolosa: ....

Nizza: ....

Strasburgo: ....

9. RISPONDI **alle domande.**

a) Quali sono i fattori che hanno permesso lo sviluppo dell'agricoltura in Francia? ....

....

....

b) Perché la Francia viene chiamata "paese del vino"?

....

....

c) Di quali minerali è ricco il suolo francese? ....

....

....

d) Quali fattori hanno favorito lo sviluppo industriale in Francia?..

....

....

e) Quali sono le voci più importanti del terziario? ....

....

....

....

Principato di Monaco

10. COMPLETA **il testo, che descrive brevemente il Principato di Monaco.**

Il Principato di Monaco è il più piccolo stato del mondo dopo .... Si affaccia sul Mar ...., quasi al confine con .... I principali centri abitati sono ...., che è la capitale, e .... L'economia si basa sulle .... e sul .... Il Principato è governato dal 1297 dalla famiglia ....

> Quali fatti hanno caratterizzato la storia del Belgio dall'antichità all'indipendenza?

> Quali sono i principali avvenimenti dell'Ottocento e del Novecento?

> Dov'è situato il Belgio?

> Come si presenta il suo territorio?

Belgio

SUPERFICIE:
30 528 km²

Il **tricolore** nero, oro e rosso riprende gli stemmi delle tre regioni storiche del Belgio: il Brabante, le Fiandre, l'Hainaut.
Inizialmente era a strisce orizzontali; nel 1831 furono adottate le bande verticali in omaggio al tricolore francese.

La storia

Dalla conquista romana all'indipendenza

Anticamente il Belgio è abitato da popolazioni di origine celtica; nel 57 a.C. Giulio Cesare conquista queste terre, che vanno sotto il nome di "Gallia Belgica". I belgi restano per secoli sotto il dominio romano. In seguito, nel V secolo, la regione è occupata dai franchi. Nel IX secolo, dopo la morte di Carlo Magno, è coinvolta nella divisione dell'impero carolingio. Nei primi anni del XVI secolo inizia la dominazione spagnola. Intanto si diffonde il protestantesimo: i Paesi Bassi settentrionali (gli attuali Paesi Bassi) si convertono e ottengono in seguito l'indipendenza; quelli del sud (l'attuale Belgio) rimangono cattolici e soggetti al dominio della Spagna. Il paese passa poi sotto il governo francese e successivamente austriaco. Il Belgio subisce il dominio napoleonico (1) e, dopo il Congresso di Vienna, viene unito ai Paesi Bassi. Nel 1830-31 proclama però la sua indipendenza.

Il colonialismo e gli avvenimenti del XX secolo

Verso la fine del XIX secolo inizia l'avventura coloniale del Belgio, che conquista alcuni territori in Africa, sfruttandone le ricchezze minerarie.
Durante le guerre mondiali il Belgio è invaso dalle truppe tedesche. A metà del XX secolo perde tutti i possedimenti africani (Congo, Ruanda e Burundi).

Il territorio

Un piccolo stato tra Francia e Germania

Il Belgio è un piccolo stato, grande poco più della Sicilia, che separa la regione francese dall'area germanica.
Confina a nord-est con i Paesi Bassi, a est con la Germania e il Lussemburgo, a sud e a ovest con la Francia; a nord-ovest, per circa 65 chilometri, è bagnato dal Mare del Nord.
Le sue **coste** sono basse e sabbiose. In alcuni tratti, si trovano sotto il livello del mare. Sono caratteristici della regione i *polder*, terreni prosciugati, protetti da dighe e intensamente coltivati (vedi p. 57).

Un territorio pianeggiante, solcato da fiumi

Il territorio è prevalentemente pianeggiante, con le **pianure** della *Campine* e delle *Fiandre*. Fa eccezione la regione sud-orientale, occupata dal **massiccio** delle *Ardenne*, (2) dalle cime arrotondate, che non supera i 700 metri di altezza.
Il Belgio è percorso da molti **fiumi**. I principali sono: la *Schelda*, che attraversa a nord la pianura delle Fiandre, la *Mosa* e il *Sambre*, che attraversano le Ardenne segnando il confine con i Paesi Bassi.
Sono per lo più fiumi navigabili e collegati da una fitta rete di canali.
Il **clima** è *atlantico*, quindi sono frequenti le piogge in ogni periodo dell'anno. Lungo le coste sono presenti numerosi stagni, che contribuiscono alla formazione della nebbia.

1 Waterloo

Nella pianura a sud di Bruxelles si trova la cittadina di Waterloo. Nel 1815 vi si svolse la celebre battaglia combattuta dalle truppe alleate anglo-prussiane contro il generale francese Napoleone Bonaparte.
La sconfitta di Napoleone ebbe come conseguenza il Congresso di Vienna, che decise la nuova suddivisione dell'Europa.
A Waterloo un museo raccoglie documenti e plastici sulla battaglia.

2 Le Ardenne

L'altipiano delle Ardenne occupa la regione meridionale del Belgio. È in gran parte formato da rocce granitiche erose. I romani chiamavano questa zona *Arduenne silva* (silva significa "bosco"), proprio perché nell'antichità era ricoperta da fitte foreste. Oggi, sulla sua superficie, ai boschi si alternano pascoli e brughiere, cioè terreni coperti da arbusti. Nelle Ardenne fu combattuta, durante la Seconda guerra mondiale, una famosa battaglia. L'esercito tedesco tentò, passando da qui, di raggiungere la città belga di Anversa, ma fu fermato dagli Alleati comandati dal generale americano Patton.

Popolazione, economia e società

> Dove si concentra la popolazione del Belgio?

> Quali sono i principali gruppi etnici?

> Quali sono le città più importanti?

> Di quali risorse economiche dispone il paese?

- POPOLAZIONE: **10 417 000 ab.**
- DENSITÀ: **341 ab./km²**
- CAPITALE: **Bruxelles** (1 004 239 ab.)
- FORMA DI GOVERNO: **monarchia federale costituzionale**
- MONETA: **euro**
- LINGUA: **francese (vallone) e neerlandese (fiammingo), minoranze tedesche**
- RELIGIONE: **cattolica**
- POPOLAZIONE ATTIVA: **40,9%**
- OCCUPATI NEI DIVERSI SETTORI:
  - **PRIMARIO: 2%**
  - **SECONDARIO: 21%**
  - **TERZIARIO: 77%**
- IN CERCA DI OCCUPAZIONE: **7,8%**

Un'alta densità di popolazione

In Belgio la densità di popolazione è elevata: la maggiore concentrazione si ha nelle zone costiere e in quelle settentrionali. Esiste inoltre il fenomeno dell'urbanizzazione rurale: in alcune regioni sono densamente abitate anche le campagne.
Sono presenti due gruppi etnici: i *fiamminghi* e i *valloni*. I fiamminghi parlano il *neerlandese* (olandese), i valloni il *francese*. Esiste anche, nella città di Liegi, una piccola minoranza di lingua *tedesca*.
La popolazione professa in maggioranza la **religione** *cattolica*.

Le città principali

La capitale, **Bruxelles** (*Brussel* in fiammingo, 1 004 239 ab. con l'agglomerato urbano), è un'area bilingue. La città bassa ricorda le città fiamminghe ed è destinata alle attività commerciali; la parte alta è di aspetto francese e racchiude l'antico centro storico. Ospita le sedi di vari organismi internazionali, tra cui l'Unione Europea e la NATO.
Anversa (457 319 ab.) è il principale porto del paese. È anche un centro famoso per il taglio e la lavorazione dei diamanti.
Gand (*Gent*, 229 898 ab.) è una città fiamminga, importante porto fluviale, collegato al mare da una serie di canali.
Liegi (185 608 ab.) si trova nei pressi delle miniere di carbone ed è ricca di industrie estrattive. È conosciuta anche per le fabbriche di armi.
Bruges (*Brugge*, 116 848 ab.) è un importante mercato agricolo. È stata il centro dell'arte fiamminga. (1)
Ostenda (68 365 ab.) è un porto molto attivo, collegato alla Gran Bretagna da una linea di navigazione. Una delle sue attività principali è la pesca.

Un'agricoltura redditizia

Quasi metà del territorio del Belgio è coltivato o adibito a pascolo, anche se sono poche le persone (circa il 2%) che si dedicano all'**agricoltura**. L'attività agricola è comunque molto redditizia perché il lavoro è meccanizzato; si coltivano prodotti adatti al clima e al terreno; sono state realizzate opere di canalizzazione per l'irrigazione dei campi; si svolgono ricerche nel settore delle nuove tecnologie agricole. Si coltivano *ortaggi*, *lino*, (2) *barbabietola* e *orzo*, usato nella produzione di birra. Sono presenti **allevamenti** di *bovini*, che forniscono latte e carne.

Industria, terziario e comunicazioni

L'**industria** è molto sviluppata grazie alle miniere di *carbone*, (3) che hanno incrementato negli anni passati l'*industria siderurgica*, e all'importazione di materie prime dalle ex colonie (Congo). Recentemente molte miniere di carbone sono state chiuse, perché sfruttarle non era più conveniente. Diverse industrie siderurgiche sono state perciò convertite in *meccaniche*, *chimiche* e *petrolchimiche*.
Sono importanti anche le industrie che svolgono un'attività di origine **artigianale**, come la lavorazione di vetro, tessuti e diamanti.
In Belgio hanno sede importanti *banche*, *attività finanziarie* e **imprese multinazionali**. Lo sviluppo del *commercio* è stato favorito dalle ottime **vie di comunicazione** *stradali* e *ferroviarie*, che facilitano gli scambi con l'estero. Il *porto* di Anversa è uno dei più attivi d'Europa; la *navigazione fluviale* è resa possibile dai grandi fiumi e dalla fitta rete di canali.

dizionario

Impresa multinazionale: è un'impresa che opera a livello internazionale, con società dislocate in più stati.

1 L'arte fiamminga

L'arte fiamminga è un insieme di tendenze artistiche che si svilupparono tra il XV e il XVII secolo, particolarmente nel campo della pittura.
Caratteristiche comuni dei pittori fiamminghi sono l'uso di colori molto accesi e luminosi e l'attenzione ai particolari, che vengono esaltati e valorizzati, come si può vedere nel dipinto di Pieter Bruegel il *Banchetto nuziale*.

2 Lino e arazzi delle Fiandre

Il lino è una pianta dalla quale si ricava una fibra tessile attraverso la macerazione del fusto.
Il lino delle Fiandre è particolarmente pregiato; la lavorazione del tessuto, usato per confezionare tovaglie e lenzuola, era già praticata nella regione intorno al 1500.
Le Fiandre sono famose anche per gli arazzi (dal nome della città francese di Arras), drappi di grandi dimensioni, tessuti a mano al telaio, che rappresentano personaggi ed eventi importanti o scene di vita quotidiana.
L'arte degli arazzi si sviluppò tra il XIII e il XVII secolo. L'ultimo laboratorio chiuse nel 1794.

3 Le miniere di carbone in Belgio

Le miniere di carbone de Belgio hanno sempre attirato lavoratori immigrati, tra cui in passato molti italiani.
Il lavoro in miniera è pericoloso, soprattutto quando si svolge in gallerie scavate negli strati profondi del terreno; non sono rari, purtroppo, gli incidenti in cui vengono coinvolti i minatori.

Per saperne di più

- Il termine "fiammingo" significa originario delle Fiandre. La regione delle Fiandre si divide in Fiandra occidentale e Fiandra orientale e corrisponde alla parte settentrionale del Belgio.
- Il termine "vallone" indica l'appartenenza alla Vallonia, regione del Belgio centro-meridionale.
- Il Belgio è una monarchia federale, divisa in tre regioni: le Fiandre, la Vallonia e la zona di Bruxelles. Bruxelles è una città di lingua francese in area fiamminga: per questo è una zona bilingue.

> Quali dominazioni hanno subito i Paesi Bassi nel passato?

> In quale periodo hanno conosciuto il maggiore sviluppo e perché?

> Dove si trovano i Paesi Bassi?

> Come si presenta il territorio?

Paesi Bassi

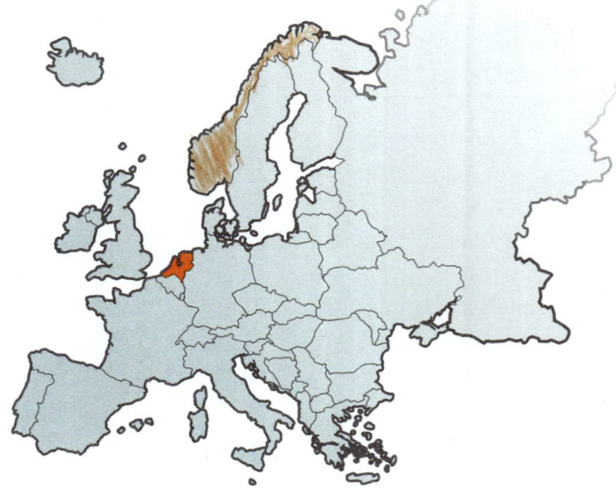

SUPERFICIE:
41 528 km²

Il **tricolore** a strisce orizzontali rossa, bianca e blu nasce nel XVI secolo, quando i Paesi Bassi si resero indipendenti dalla Spagna.
Inizialmente la banda superiore era arancione, ma fu sostituita con il rosso, più visibile durante la navigazione.

La storia

Il dominio romano, i franchi, l'indipendenza

Nel 50 a.C. il territorio degli attuali Paesi Bassi è invaso da Giulio Cesare. La popolazione preesistente, di origine celtica e germanica, vive di caccia e pesca e dai romani impara a costruire le dighe. Dopo la caduta dell'Impero romano la regione è occupata dai franchi e Carlo Magno vi regna fino alla morte. In seguito le varie province si trasformano in piccoli stati sempre in guerra tra loro. Nel 1519 i Paesi Bassi entrano a far parte dei domini dell'imperatore Carlo V. Nel 1581 nasce la repubblica dei Paesi Bassi, che unisce le province del nord, protestanti. Le province del sud rimangono cattoliche sotto il dominio spagnolo e formeranno il Belgio. Nel Seicento i Paesi Bassi diventano uno stato molto ricco e potente, grazie ai commerci con i paesi d'Oriente e a una formidabile flotta. (1)

Dall'invasione di Napoleone alla perdita delle colonie

Nel 1806 Napoleone conquista i Paesi Bassi. Dopo il Congresso di Vienna viene posto sul trono di Olanda e Belgio Guglielmo I, da cui discende l'attuale famiglia reale. Il Belgio si separa nel 1831.
Durante la Seconda guerra mondiale, benché neutrali, i Paesi Bassi sono invasi dall'esercito tedesco. Con la guerra finisce anche il grande impero coloniale: solo le Antille Olandesi fanno ancora parte dei Paesi Bassi.

Il territorio

Un paese affacciato sul Mare del Nord

I Paesi Bassi **confinano** a est con la Germania e a sud con il Belgio. Sono bagnati dal Mare del Nord a nord-ovest.
Le **coste** sono basse, uniformi e orlate di dune. Davanti alla costa, si trovano le isole *Frisone Occidentali*.
Appartengono al paese, ma con particolare autonomia, le Antille Olandesi nell'America meridionale.
Spesso si usa il termine "Olanda" per indicare questo stato, ma in realtà si chiamano Olanda settentrionale e Olanda meridionale solo due delle 13 regioni in cui sono divisi i Paesi Bassi.

Un territorio sotto il mare

I Paesi Bassi sono occupati da una **pianura** inclinata che dall'altopiano delle Ardenne scende verso il mare. Vaste aree si trovano sotto il livello del mare: per questo motivo si chiamano *Nederland*, che significa "terre basse". Il mare e i fiumi hanno formato una striscia di sabbia che ha generato paludi e stagni sulla costa. A volte questa striscia si è staccata dalla terraferma, dando origine a isole. Molte di queste aree sono state "polderizzate". (2) Il resto del territorio non supera i 300 metri.
Il paese è ricco di **fiumi**: i principali sono il *Reno* e la *Mosa*.
Il **clima** è *atlantico* lungo la costa, con un elevato tasso di umidità e piogge frequenti; verso l'interno è *continentale*.

Utilizzazione del suolo

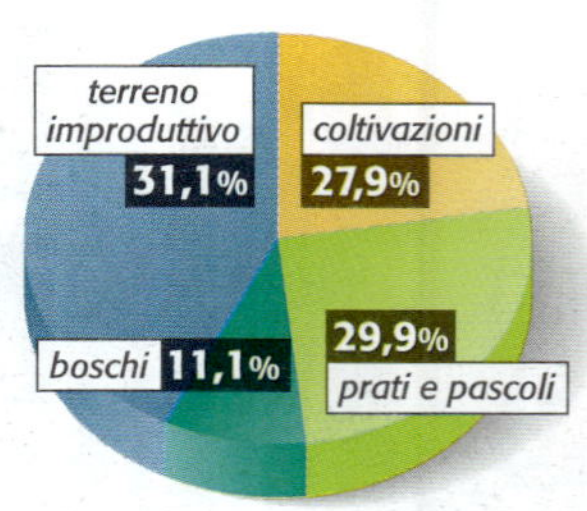

1 Un paese di navigatori

Gli olandesi erano abili navigatori e mercanti. Furono tra i primi in Europa a organizzare i commerci e la navigazione, mettendo in comune navi, uomini e denaro. Nel Seicento, quando nacquero le compagnie di navigazione, quelle olandesi erano le più famose: la Compagnia delle Indie Orientali e quella delle Indie Occidentali.
La flotta olandese era anche molto forte nelle battaglie navali.

2 La "polderizzazione"

I polder (parola che in lingua fiamminga significa "terra prosciugata") sono aree un tempo paludose in cui le acque del mare sono state arginate; il terreno è stato poi bonificato con canali di prosciugamento e irrigazioni. Queste aree costituiscono la metà della superficie dei Paesi Bassi.
Oggi le opere di polderizzazione sono diminuite rispetto al passato, perché sono molto costose.
Inoltre, sempre più forte si sente la necessità di proteggere gli ecosistemi e l'equilibrio naturale delle paludi della costa olandese, rimaste tra le poche zone paludose europee.

> Dove vive la popolazione dei Paesi Bassi?
> Quali sono le lingue e le religioni più diffuse?
> Quali sono le città principali?
> Come si presenta in generale l'economia di questa nazione?
> Quali sono le risorse più importanti?

Popolazione, economia e società

- POPOLAZIONE: **16 258 000 ab.**
- DENSITÀ: **391 ab./km²**
- CAPITALE: **Amsterdam** (1 453 003 ab.)
- FORMA DI GOVERNO: **monarchia costituzionale**
- MONETA: **euro**
- LINGUA: **olandese, frisone**
- RELIGIONE: **cattolica, protestante**
- POPOLAZIONE ATTIVA: **45,9%**
- OCCUPATI NEI DIVERSI SETTORI:
  - PRIMARIO: 3%
  - SECONDARIO: 18%
  - TERZIARIO: 79%
- IN CERCA DI OCCUPAZIONE: **4,6%**

Un paese densamente popolato

La densità di abitanti dei Paesi Bassi è tra le più elevate d'Europa; le zone più popolate sono quelle del nord. Negli ultimi anni l'incremento demografico ha avuto origine dall'alto numero di abitanti delle ex colonie che si sono trasferiti nei Paesi Bassi. La maggior parte della popolazione vive nelle regioni comprese fra Amsterdam, Rotterdam e Utrecht: questa zona ha assunto l'aspetto di una sola grande area urbana, detta Randstad, "città-anello". Nonostante il forte accentramento nelle città, la qualità della vita è tra le migliori in Europa. Il governo è una monarchia costituzionale, **ereditaria in linea femminile**.
La **lingua** ufficiale è l'*olandese*. Al nord, nella Frisia, è parlato il *frisone*, una lingua simile al tedesco.
La **religione** maggiormente professata è quella *cattolica* (31,9%), seguita da quella *protestante* (luterana, 23%).

Le città principali

Amsterdam (1 453 003 ab. con l'agglomerato urbano) è la capitale del paese. È formata da un centinaio di isole collegate fra loro da circa 400 ponti. Per questo motivo è chiamata la "Venezia del nord". È una città portuale, la seconda dopo Rotterdam. Il suo centro storico è ricco di chiese e palazzi.
Rotterdam (1 184 124 ab.) è uno dei porti più attivi del mondo. (1) Sorge in una zona a sette metri sotto il livello del mare; è altamente industrializzata e possiede un grande mercato agricolo e del bestiame.
L'Aia (980 050 ab.) sorge quattro metri sotto il livello del mare ed è protetta da dighe. È la sede del governo e vi risiedono i sovrani.
Utrecht (570 829 ab.) è porto fluviale e importante nodo ferroviario e stradale. Centro culturale e storico molto antico, possiede un'università famosa e una ricca biblioteca.

Un'economia molto avanzata

L'economia dei Paesi Bassi è avanzata in tutti i settori: si tratta di un paese ricco sia perché ha potuto utilizzare le risorse del vasto impero coloniale sia per l'abilità commerciale e imprenditoriale della popolazione.

I terreni destinati all'**agricoltura** sono molto produttivi, grazie alla creazione dei polder, alle opere di fertilizzazione e all'uso di macchinari e tecniche moderne. Le coltivazioni principali sono quelle di *ortaggi* e *fiori*. (2) Altri prodotti agricoli di rilievo sono *cereali*, *patate* e *barbabietole da zucchero*.
Molto sviluppato è l'**allevamento** dei *bovini*. Anche la **pesca**, soprattutto delle *aringhe*, è un settore fiorente.

Industria, commercio e comunicazioni

Per capire l'importanza dell'**industria** olandese (3) basta ricordare tre grandi multinazionali che hanno sede nei Paesi Bassi: Philips (elettronica), Shell (petrolchimica) e Unilever (alimentare). L'industria produce di tutto: *automobili* e *aeroplani*, *materiale ferroviario* e *biciclette*, che sono molto usate. Sviluppati sono inoltre i settori *chimico*, *tessile* e *alimentare*. Importante è la lavorazione dei diamanti.
Il **commercio** è attivo, perché buona parte della produzione agricola e industriale viene esportata. La flotta mercantile olandese è tra le maggiori del mondo. Amsterdam è un importante *mercato finanziario*: vi ha sede la Borsa dei diamanti, che stabilisce ogni giorno il prezzo di queste pietre preziose.
I Paesi Bassi sono dotati di ottime **comunicazioni**: *ferrovie*, *aeroporti*, *porti* e una rete di *canali* interni per la navigazione fluviale.

dizionario
Monarchia ereditaria in linea femminile: monarchia in cui può salire al trono anche una donna.

1 Il porto di Rotterdam

Il porto di Rotterdam è tra i primi al mondo per quantità di merci che transitano. È specializzato nell'importazione di petrolio e nell'esportazione di prodotti finiti.
Accanto al vecchio porto ne è sorto uno nuovo, che può ospitare più di 200 navi.
Dal porto le merci vengono trasportate con navi, chiatte fluviali, ferrovia e su strada. Dal 2000 è in costruzione la Betuweroute, una ferrovia veloce per merci che collega Rotterdam alla Germania.

2 I tulipani

I Paesi Bassi sono i maggiori produttori di bulbi di tulipano, di cui finora hanno creato 3000 varietà.
Il tulipano è originario dell'Asia minore. I Crociati lo scoprirono e lo diffusero nel Nord Europa. Nel XVI secolo giunse nei Paesi Bassi; il terreno e il clima erano ideali per la sua coltivazione, e per un certo periodo il tulipano divenne una vera e propria "moda" tra i nobili del tempo.
Se il tulipano è il re, i Paesi Bassi sono però produttori di fiori di ogni tipo, coltivati in serre o all'aria aperta, in enormi distese colorate.
Ad Harlem si svolge una sfilata di carri addobbati esclusivamente con fiori, mentre all'Aja ha sede una mostra dedicata alle rose, ma ogni paese, anche piccolo, ha il suo mercato dei fiori.

3 L'industria olandese

I Paesi Bassi godono di una buona autonomia energetica, perché da poco sono stati scoperti giacimenti di metano. Inoltre lo stato aiuta, con leggi e interventi economici, le imprese che attraversano periodi di crisi. Anche per questo nei Paesi Bassi sono nate molte industrie.

Il paese dei mulini a vento

I mulini si diffusero in Europa intorno all'anno Mille. Per tutto il Medioevo essi svolsero diverse funzioni: grazie all'azione del vento 2 o dell'acqua, venivano usati per **macinare** grano o segale; in alcuni casi **azionavano macchine più complesse**, come le pompe idrovore, che aspiravano l'acqua dai terreni per prosciugarli. 1
I molteplici usi di tali macchinari li resero strumenti di grande importanza, al centro di una fitta rete di relazioni sociali ed economiche. Spesso infatti appartenevano o dipendevano direttamente da abbazie e da signori feudali; proprio per questo erano legati a particolari diritti (*bannalità*), esattamente come altri elementi del territorio, quali i ponti.
L'avvento dell'energia elettrica portò all'introduzione di macchine più moderne. 4
I mulini a vento ebbero un particolare sviluppo nei **Paesi Bassi**, dove crearono un paesaggio caratteristico. In questo paese vennero utilizzati soprattutto per azionare le pompe che dovevano drenare l'acqua dei terreni costieri, spesso posti sotto il livello del mare, con lo scopo di renderli asciutti e di conseguenza coltivabili (*polder*). 3 L'idea di usare i mulini a vento per drenare il suolo si sviluppò in seguito a tremende e a volte drammatiche inondazioni, come quella del 1421, causata da un maremoto, che inghiottì 60 villaggi interi.
Le tecniche usate per bonificare le terre si perfezionarono nel corso del tempo, così che i mulini olandesi divennero i più richiesti in tutta Europa.
Durante la Seconda guerra mondiale, nei Paesi Bassi i mulini a vento furono usati per trasmettere messaggi in codice ai partigiani che si battevano contro il nazismo. Inoltre, sempre durante la guerra, servirono a fornire energia, quando le linee elettriche non funzionavano.
Nel Settecento nei Paesi Bassi c'erano 7000 mulini a vento. Adesso ne sono rimasti circa un migliaio, alcuni dei quali ancora funzionanti. I mulini a vento vengono aperti e rimessi in attività durante festeggiamenti e celebrazioni particolari.

1 In passato i mulini a vento venivano utilizzati per drenare l'acqua; in questo modo hanno permesso di bonificare una parte del suolo e rendere il terreno coltivabile.

Attività

Vero o falso? Traccia una ✗ sul quadratino corrispondente.

- **a)** I mulini cominciarono a diffondersi in Europa nel Medioevo. V F
- **b)** I mulini a vento ebbero scarsa importanza nella storia europea. V F
- **c)** I mulini a vento contribuirono a modificare il paesaggio. V F
- **d)** Il paese europeo maggiormente modellato dall'azione dei mulini a vento è il Belgio. V F
- **e)** I mulini a vento venivano usati per pompare l'acqua e bonificare il terreno. V F
- **f)** I polder sono terre bonificate dall'acqua e rese coltivabili. V F
- **g)** Con l'avvento dell'elettricità i mulini a vento aumentarono. V F

2 I mulini usano la forza del vento per far funzionare le pompe con cui aspirare l'acqua.
4 I terreni, posti ad altitudine pari o addirittura sotto il livello del mare, sono così protetti dalle inondazioni e possono essere coltivati. Attualmente molte pompe idrovore vengono azionate da motori elettrici o diesel.
3 L'acqua pompata viene convogliata in un canale, che serve per lo scarico delle acque piovane e per evitare allagamenti.

Lussemburgo

? Quali avvenimenti hanno caratterizzato la storia del Lussemburgo?

Come si presenta il suo territorio?

Come si compone e distribuisce la popolazione?

Quali sono le principali risorse dell'economia?

La **bandiera** è tricolore e molto simile a quella dei Paesi Bassi.
Si pensa che la scelta dei colori sia stata influenzata dalla Rivoluzione francese, che aveva scelto come proprio emblema i colori bianco, rosso e blu. La sua origine risale allo stemma dei conti che governarono il paese nel XIII secolo.

Uno "stato cuscinetto"

Il Lussemburgo nasce come **contea feudale** quando, nel 1312, viene eletto imperatore Enrico VII, signore di queste terre. Nel 1354 è trasformato in ducato. Cade sotto il dominio spagnolo, austriaco e poi francese, durante la Rivoluzione. Il Congresso di Vienna, nel 1815, sancisce la nascita del granducato, costituito come "**stato cuscinetto**" tra le grandi potenze europee, assegnandolo al re dei Paesi Bassi Guglielmo d'Orange-Nassau. Nel 1867 diventa indipendente e neutrale, tranne una regione che rimane al Belgio. Durante le due guerre mondiali è occupato dall'esercito tedesco, nonostante la proclamazione di neutralità. Nel 1947 costituisce, con Belgio e Paesi Bassi, il Benelux.

Un territorio collinare

Il granducato, nel cuore del continente, **confina** a ovest e a nord con il Belgio, a est con la Germania e a sud con la Francia. È una regione prevalentemente *collinare*, anche se a nord è occupata in piccola parte dal *massiccio* delle Ardenne. I suoi **fiumi** sono affluenti della *Mosella*. (1) Non ha sbocco sul mare e il suo **clima** è *continentale*.

La popolazione

La popolazione del Lussemburgo è composta da moltissimi immigrati, soprattutto portoghesi e italiani, che sono stati attirati in questo paese dall'occupazione nelle miniere di ferro e carbone e nelle industrie siderurgiche. La maggior parte degli abitanti vive nei grandi centri industriali. La **lingua** ufficiale è il lussemburghese, una lingua di origine tedesca che contiene numerosi termini francesi e olandesi; vengono comunemente usati anche francese e tedesco. La maggior parte della popolazione professa la **religione** cattolica.
Le **città** più importanti sono *Lussemburgo* (126 940 ab.), la capitale, (2) e *Esch-sur-Alzette* (27 891 ab.), nei pressi delle miniere di ferro.

Un'economia basata sul terziario

Nell'economia del Lussemburgo l'**agricoltura** non è molto sviluppata ed è quella tipica dei paesi continentali: si coltivano *cereali*, *patate* e *barbabietole*; sui versanti meridionali delle colline cresce la *vite*. L'**industria**, soprattutto quella *siderurgica*, negli ultimi anni ha ridotto notevolmente gli occupati, anche se la produzione di acciaio è sempre molto alta. Importanti sono anche l'industria *chimica* e quella *tessile*. Il settore economico più sviluppato è comunque il **terziario**: grazie a leggi fiscali particolarmente favorevoli hanno sede in Lussemburgo molte *compagnie assicurative*, *società finanziarie* e *industriali*. (PARADISO FISCALE)

- SUPERFICIE: **2586 km²**
- POPOLAZIONE: **455 000 ab.**
- DENSITÀ: **176 ab./km²**
- CAPITALE: **Lussemburgo** (126 940 ab.)
- FORMA DI GOVERNO: **monarchia costituzionale (granducato)**
- MONETA: **euro**
- LINGUA: **lussemburghese (ufficiale), francese e tedesco**
- RELIGIONE: **cattolica**
- POPOLAZIONE ATTIVA: **41,1%**
- OCCUPATI NEI DIVERSI SETTORI:
  - **PRIMARIO: 1%**
  - **SECONDARIO: 21%**
  - **TERZIARIO: 78%**
- DISOCCUPATI: **4,2%**

dizionario

Contea feudale: territorio governato da un conte, che però doveva obbedienza e sostegno all'imperatore.
Stato cuscinetto: espressione usata dai politici e dagli storici per indicare uno stato, generalmente piccolo, che si trova collocato tra due grandi potenze. La sua funzione è far sì che i due stati maggiori non entrino in conflitto tra loro per questioni di frontiere.

1 La Mosella

Il Lussemburgo non ha sbocco sul mare, ma è collegato al Mare del Nord attraverso il fiume Mosella, che è navigabile e segna per un tratto il confine con la Germania.

2 L'Unione Europea in Lussemburgo

Nonostante la scarsa estensione territoriale, il Lussemburgo è un paese molto importante per l'Europa. È stato infatti tra i sei paesi fondatori della Comunità Europea e nella capitale si trovano le sedi di importanti organismi dell'UE: la Corte di giustizia, la Corte dei conti, la Banca europea per gli investimenti (foto a lato).

Belgio

1. SCEGLI **tra le alternative proposte, quella che ritieni corretta.**

Anticamente il Belgio è abitato da popolazioni di origine *iberica* / *celtica*; nel *57 a.C.* / *57 d.C.* Giulio Cesare conquista queste terre, che vanno sotto il nome di "Gallia belgica".
Nel V secolo, la regione è occupata dai *franchi* / *germani*.
Dopo la morte di Carlo Magno, è coinvolta *nella divisione dell'impero carolingio* / *nella guerra dei cent'anni*.
Nei XVI secolo inizia la dominazione *francese* / *spagnola*.
Intanto si diffonde il protestantesimo: i Paesi Bassi *settentrionali* / *del sud* si convertono e ottengono l'indipendenza; quelli *settentrionali* / *del sud* rimangono cattolici.
Dopo il Congresso di Vienna, il Belgio viene unito *alla Germania* / *ai Paesi Bassi*. Nella prima metà del *XIX* / *XX* secolo proclama la sua indipendenza.
Verso la fine dell'Ottocento il Belgio conquista alcuni territori in *Africa* / *Asia*, che perde però *a metà* / *alla fine* del XX secolo.

2. COMPLETA **il testo, che descrive brevemente il territorio del Belgio.**

Il Belgio è un piccolo stato, grande poco più della ...., che separa la regione francese dall'area ....
Confina a nord-est con ...., a est con ...., a sud e a ovest con ....; è bagnato dal ....
Le sue coste sono ....
Il territorio è prevalentemente .... Fa eccezione la regione sud-orientale, occupata dal ....
Il clima è ....

3. SPIEGA **che cosa sono i polder.**

....
....
....

4. INDICA **se le seguenti affermazioni sono vere o false.**

a) In Belgio la densità di popolazione è elevata. V F
b) La maggiore concentrazione si ha nelle zone collinari del sud del paese. V F
c) Il paese è molto urbanizzato e le campagne sono generalmente spopolate. V F
d) In Belgio sono presenti due gruppi etnici: i fiamminghi e i valloni. V F
e) I fiamminghi parlano il neerlandese (olandese), i valloni il francese. V F
f) La popolazione professa in maggioranza la religione protestante. V F

5. SCRIVI **accanto alle brevi descrizioni, a quale città del Belgio si riferiscono.**

Città fiamminga e importante porto fluviale, collegato al mare da una serie di canali: ....
Capitale del paese e sede di vari organismi internazionali, tra cui la UE e la NATO: ....
Porto molto attivo, collegato alla Gran Bretagna da una linea di navigazione: ....
Città che si trova nei pressi delle miniere di carbone ed è ricca di industrie estrattive: ....
Importante mercato agricolo e centro, in passato, dell'arte fiamminga: ....
Principale porto del paese e centro famoso per la lavorazione dei diamanti: ....

6. RIFLETTI **e rispondi alle domande.**

a) Quali fattori permettono all'agricoltura belga di essere molto redditizia? ....
....
....

b) Che cosa ha favorito lo sviluppo industriale in Belgio?
....
....
....

c) Che cosa ha permesso lo sviluppo del commercio?
....
....

Paesi Bassi

7. COMPLETA **lo schema, indicando accanto a ogni data o periodo l'avvenimento della storia dei Paesi Bassi a cui si riferisce.**

a) 50 a.C.: ....
b) Dopo la caduta dell'Impero romano: ....
....

c) 1519: ...

d) 1581: ...

e) Seicento: ...

f) 1806: ...

g) 1831: ...

h) Seconda guerra mondiale: ...

i) Fine della Seconda guerra mondiale: ...

8. DESCRIVI brevemente il territorio dei Paesi Bassi.

...

9. INDICA se le seguenti affermazioni sono vere o false.

a) La densità di abitanti dei Paesi Bassi è tra le più elevate d'Europa. V F

b) Le zone più popolate sono quelle del sud. V F

c) La maggior parte degli abitanti vive nelle regioni comprese fra Amsterdam, Rotterdam e Utrecht. V F

d) Il governo è una repubblica parlamentare. V F

e) La lingua ufficiale è l'olandese, ma nella Frisia è parlato il frisone, una lingua simile al francese. V F

f) La religione maggiormente professata è quella cattolica, seguita da quella luterana. V F

10. RISPONDI alle domande.

a) Quali città dei Paesi Bassi hanno assunto l'aspetto di un'unica area urbana? Come viene definita? ...

b) Quale città è chiamata la "Venezia del nord"? Perché? ...

c) Qual è il più importante porto dei Paesi Bassi? ...

d) Quale città è sede del governo del paese? ...

11. COMPLETA le seguenti affermazioni.

a) L'economia dei Paesi Bassi è avanzata in tutti i settori perché il paese ...

b) I terreni destinati all'agricoltura sono molto produttivi, grazie ...

c) Il commercio è attivo perché ...

Lussemburgo

12. COMPLETA il testo, che descrive territorio, popolazione ed economia del Lussemburgo.

Il Lussemburgo confina con ... . È prevalentemente ..., anche se a nord è occupato in piccola parte dal massiccio ... I suoi fiumi sono affluenti della ... Il suo clima è ... . La popolazione è composta da moltissimi immigrati, soprattutto ... La maggior parte degli abitanti vive ... . La lingua ufficiale è il lussemburghese, ma vengono comunemente usati anche ... La maggior parte della popolazione professa la religione ...

Le città più importanti sono ..., che è la capitale, e ...

L'agricoltura non è molto sviluppata: si coltivano ... L'industria, soprattutto quella ..., negli ultimi anni ha ridotto notevolmente gli occupati. Il settore economico più sviluppato è il ...

CONFRONTI

Mangiare nella regione francese e nel Benelux

Ormai quasi ovunque in Europa si possono trovare pizzerie, fast food e ristoranti con cucine di qualsiasi parte del mondo. Ogni regione, però, ha i propri piatti e le proprie abitudini alimentari, che hanno origine dalle tradizioni, dalla disponibilità di prodotti locali, dai contatti che questa zona ha avuto con altri paesi. Nella regione francese e del Benelux, ad esempio, si mangia generalmente poca pasta e poco riso (talvolta sono serviti come contorno), ma si possono gustare vari tipi di carne, di pesce, di insaccati e ottimi formaggi.

In Francia, in Belgio e in Olanda l'agricoltura è praticata con metodi avanzati e fornisce una grande varietà di prodotti. Così, anche se di solito le **patate**, cucinate in tutti i modi, la fanno da padrone, la tavola si arricchisce dei colori e dei sapori di numerosi **ortaggi**, cotti o crudi. Molto conosciuta anche da noi è l'**insalata belga**, una varietà di cicoria, con le foglie bianche e strette, a forma di pennello, che fu prodotta per la prima volta proprio in Belgio, a metà dell'Ottocento.

La **cucina francese** è rinomata in tutto il mondo. I libri di ricette abbondano di termini francesi che sono diventati internazionali, da *pâté* a *mousse*, da *brioche* a *omelette* e via dicendo. I vini francesi sono forse i più conosciuti del pianeta, e, in alcuni casi, i più pregiati. La vastità del territorio nazionale ha però contribuito allo sviluppo di molte tradizioni culinarie diverse, ciascuna caratterizzata da prodotti e preparazioni regionali. Si va dalle zuppe di pesce della costa mediterranea ai formaggi delle regioni alpine, dalle minestre con farina di castagne della Corsica alle *crêpes* della Bretagna.

E tu?

- **a)** Conosci qualche ricetta caratteristica della regione in cui vivi o da cui provieni?
- **b)** C'è qualche ingrediente che ricorre di frequente nei piatti della tua regione? Riesci a spiegare perché?
- **c)** Ti è già capitato di assaggiare un piatto originario di un altro paese?
- **d)** C'è qualche pietanza, tipica di zone vicine o lontane, che ti piacerebbe provare?

Un importante elemento della cucina influenzato dalla posizione geografica è il **condimento**. Percorrendo la regione formata dalla Francia e dal Benelux, si troveranno in Corsica e lungo il Mediterraneo cibi conditi con l'olio di oliva. Procedendo verso nord, man mano che il clima si fa più freddo e perciò inadatto alla coltivazione di piante oleose, il burro diventa il condimento per eccellenza. Al nord si utilizzano anche il lardo e lo strutto, soprattutto per insaporire le minestre. In tutta la regione, il burro resta però il "re" della pasticceria!

Il **formaggio** è un ingrediente fondamentale della cucina dei Paesi Bassi, dove si preferiscono piatti semplici e sostanziosi. L'Edam e il Gouda sono i formaggi olandesi tradizionali, che oggi, però, sono prodotti anche in altre parti del mondo. La caratteristica che li rende inconfondibili è la colorazione rossa dello strato di paraffina che li ricopre: questo vale, tuttavia, solo per i formaggi esportati e per quelli prodotti all'estero, mentre i formaggi che restano nei Paesi Bassi raramente sono colorati.

VIAGGIO 3

La regione germanica e alpina

La **regione germanica e alpina**, che comprende **Germania**, **Svizzera**, **Austria** e **Liechtenstein**, si trova nel cuore dell'Europa. I suoi confini naturali sono segnati a sud dalle Alpi, a nord dal Mare del Nord e dal Mar Baltico; a ovest e a est i confini naturali sono meno distinti.

In gran parte di questa regione si parla la lingua tedesca. Qui ha avuto origine e diffusione la Riforma protestante avviata da Lutero. Per le vicinanze culturali e politiche, i paesi di quest'area sono spesso stati legati da alleanze e rapporti economici.

La posizione centrale della regione germanica e alpina le ha consentito, nei secoli, di entrare in contatto con le diverse popolazioni e culture europee. Ancora nella storia recente, la regione si è trovata "a metà", divisa tra i paesi dell'Europa occidentale e quelli sotto l'influenza sovietica. La stessa Berlino, centro della regione germanica, per quasi trent'anni è stata divisa in due da un muro.

Oggi gli stati della regione germanica e alpina sono tra i più ricchi e avanzati d'Europa, anche se non mancano i problemi ancora irrisolti, come l'integrazione dei numerosi immigrati, appartenenti a culture e religioni diverse.

- Che cosa fu e quando nacque il I Reich?
- Quando e dove ebbe luogo la Riforma protestante?
- A seguito di quali avvenimenti venne proclamato il II Reich?
- Quando nacque il III Reich?
- Quali avvenimenti hanno caratterizzato la storia della Germania negli ultimi decenni?

Germania

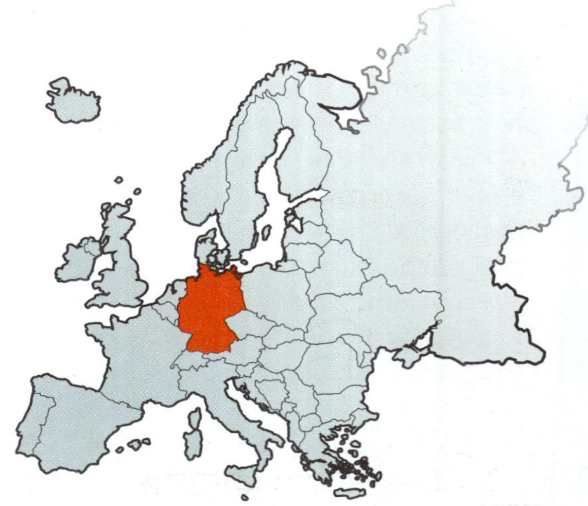

La **bandiera** attuale è stata adottata il 3 ottobre 1990, dopo la riunificazione delle due Germanie. Il nero è il colore dell'Ordine teutonico; il rosso risale a Carlo Magno, e fu poi il colore adottato dalla Lega anseatica; il giallo oro è simbolo imperiale.
I tre colori insieme furono usati forse per la prima volta dalle truppe del barone di Lützow, durante le guerre contro Napoleone.

Le popolazioni antiche, il I Reich e la Riforma protestante

In Germania si stabilirono diversi secoli a.C. popolazioni di origine indoeuropea. I romani, che chiamarono questi popoli "germani", cercarono più volte di sottometterli, ma non riuscirono a oltrepassare il Reno.
Con la caduta dell'Impero romano, nel V secolo d.C., molti territori passarono sotto il dominio dei franchi.
Nel 962, Ottone I di Savoia divenne imperatore del I Reich (primo Regno). In realtà, il territorio restò diviso in feudi indipendenti tra loro, e l'imperatore era solo il feudatario più potente.
Intorno alla metà del XIII secolo nacque, tra due città della Germania del nord, Lubecca e Amburgo, la Lega anseatica. In pochi decenni, le città anseatiche divennero più di 70.
Nel XVI secolo la Germania fu scossa dalla Riforma protestante, avviata dal monaco tedesco Martin Lutero. Scoppiarono, fra cattolici e protestanti, aspre guerre che sfociarono in un lungo conflitto internazionale, la Guerra dei trent'anni, conclusa nel 1648.

La curiosità

La Lega anseatica deriva il suo nome da *Hansa,* termine con cui si indicano le unioni di commercianti nate nel Medioevo per conquistare il controllo dei mercati e tutelarsi meglio dai rischi. Nel XIV secolo la Lega anseatica era la più importante di queste associazioni: controllava infatti il commercio nel Mare del Nord e nel Baltico. Con la scoperta dell'America, che spostò l'asse dei traffici sull'Oceano Atlantico, la Lega anseatica perse importanza, fino a disgregarsi nel XVII secolo.

Nascita e fine del II Reich

Nel XVIII secolo, tra i piccoli stati dell'impero, si mise in luce la Prussia.
Nel 1815 il paese divenne una confederazione di oltre 40 stati indipendenti con capitale Francoforte. La Prussia, grazie all'astuto cancelliere Bismarck, conquistò la supremazia: nel 1871 venne proclamato il II Reich, con a capo il re di Prussia Guglielmo I. La politica espansionistica della Germania e le conquiste coloniali crearono i contrasti con Gran Bretagna e Francia, che furono tra le cause della Prima guerra mondiale.
Il paese uscì sconfitto dalla guerra: l'impero crollò e fu proclamata la Repubblica di Weimar (1919).

Dal III Reich alla Germania contemporanea

Le nazioni vincitrici imposero alla Germania durissime condizioni di pace. Nel 1929 una grave crisi economica contribuì all'affermarsi del Partito nazista, guidato da Hitler, che instaurò una dittatura (III Reich, 1933). L'invasione tedesca degli stati confinanti portò allo scoppio della Seconda guerra mondiale (1939-1945), durante la quale furono sterminati milioni di ebrei.
La Germania subì un'altra sconfitta e venne divisa in due stati: la Repubblica Democratica Tedesca (RDT), a regime comunista, e la Repubblica Federale Tedesca (RFT), a regime democratico. Berlino, che era la capitale dell'impero, fu divisa da un muro in due settori, per evitare che i tedeschi dell'est fuggissero nella RFT.
Dal 1990 la Germania è di nuovo unita. (1)

1 La Porta di Brandeburgo e il crollo del muro

Uno dei monumenti più caratteristici di Berlino e simbolo dell'unità tedesca è la monumentale Porta di Brandeburgo, costruita alla fine del XVIII secolo. Qui la popolazione berlinese si ritrovò il 22 dicembre 1989 per abbattere il muro eretto il 31 agosto 1961 per impedire agli abitanti di Berlino Est, sottoposti al regime comunista, di rifugiarsi a Berlino Ovest. Nel corso degli anni, molti avevano cercato comunque di scavalcare il muro, perdendo la vita sotto i colpi dei soldati del regime comunista.

Verso la fine degli anni Ottanta, il comunismo in Europa crollò quasi ovunque; il 9 novembre 1989 il portavoce del governo comunista della Germania dell'Est dichiarò che i confini con la Germania occidentale erano ufficialmente aperti e il 22 dicembre anche la porta di Brandeburgo venne riaperta. Il muro fu poi abbattuto quasi totalmente (foto nella pagina a lato), salvo alcuni tratti, diventati un monumento a ricordo delle sofferenze del popolo tedesco.

Il territorio

> Dove si trova la Germania?

> In quali regioni si può suddividere il suo territorio dal punto di vista morfologico?

> Quali sono i fiumi e i laghi più importanti?

> Come si presenta il clima?

SUPERFICIE: **357 030 km²**

Nel centro dell'Europa

La Germania è un ampio paese posto al centro dell'Europa. I suoi confini naturali sono segnati a ovest dal fiume Reno e a est dall'Oder e dal suo affluente Neisse, mentre il mare a nord e le Alpi Bavaresi a sud ne completano il perimetro.

A nord la Germania è bagnata dal Mare del Nord e dal Mar Baltico, e **confina** per un breve tratto con la Danimarca. A est è delimitata da Polonia e Repubblica Ceca, a sud da Austria e Svizzera e a ovest da Francia, Lussemburgo, Belgio e Paesi Bassi.

Nel Mare del Nord alcune isole formano l'arcipelago delle *Frisone*, distinte in *Orientali* e *Settentrionali*. Nel Mar Baltico si trova la grande isola di *Rügen*.

Le **coste** sono basse e sabbiose, costellate di dune e interrotte da isolotti e zone paludose.

Tre distinte regioni

Dal punto di vista della **morfologia**, il territorio tedesco si divide in tre regioni:

– la pianura del *Bassopiano Germanico* occupa tutta la **regione settentrionale**: stretta nella zona occidentale e più larga a est, è una pianura di origine glaciale e di formazione molto antica. Sabbiosa e ricca di torbiere vicino alla costa, è coperta da boschi, praterie e terreni coltivati nella parte interna;

– la **zona centrale** è formata da altopiani e colline; i rilievi più significativi sono quelli del *Massiccio Scistoso Renano*, della *Selva di Turingia*, della *Selva di Franconia* e, più a nord, il massiccio dello *Harz* (1142 m);

– nella **parte meridionale** del paese vi sono i monti più alti. Lungo il confine con l'Austria si trovano le *Alpi Bavaresi*, con la più alta vetta tedesca: lo *Zugspitze* (che raggiunge i 2963 m). Le Alpi lasciano spazio verso nord all'*Altopiano Svevo-Bavarese*, ricco di foreste e laghi. A sud-ovest, al confine con la Francia, si trova la *Selva Nera*: una delle più caratteristiche e belle zone montuose d'Europa, famosa per i suoi boschi, castelli, leggende. Procedendo verso est s'incontrano il *Giura Svevo*, il *Giura di Franconia* e, al confine con la Repubblica Ceca, la *Selva Boema* e i *Monti Metalliferi*.

Fiumi e laghi

I **fiumi** sono numerosi e ricchi di acqua, perché alimentati dai ghiacciai e dalle frequenti piogge. Il principale è il *Reno*, che nasce in Svizzera e attraversa il paese da sud a nord, entra nei Paesi Bassi e sfocia nel Mare del Nord. Nei 1326 chilometri percorsi il fiume, che è uno dei più lunghi d'Europa, riceve le acque di importanti affluenti: la *Mosella*, il *Neckar*, il *Meno*, la *Ruhr* e il *Lippe*. Nel Mare del Nord sfociano, con profondi estuari, anche l'*Ems*, il *Weser* e l'*Elba*. Il principale fiume che si getta nel Mar Baltico è l'*Oder*, al confine con la Polonia.

A sud il *Danubio*, dopo aver ricevuto le acque di *Iller*, *Lech*, *Isar* e *Inn*, prosegue il suo corso in Austria, per sfociare poi nel Mar Nero. Gran parte di questi fiumi è navigabile e in alcuni si trovano importanti porti fluviali. Un insieme di canali artificiali, che collegano i principali fiumi, completa la **rete idroviaria**.

In Germania si trovano numerosi **laghi** di origine glaciale. Il più ampio è quello di *Costanza*, condiviso con la Svizzera e, per un breve tratto, con l'Austria.

Un clima vario

Il **clima**, che presenta nel complesso inverni freddi ed estati abbastanza calde, con bruschi passaggi dal caldo al freddo e dal secco all'umido, varia a seconda delle regioni. Nella parte meridionale è di tipo *alpino*, con inverni rigidi, estati fresche e precipitazioni abbondanti. Nella fascia interna è di tipo *continentale*: inverni freddi si alternano a estati afose. A nord, lungo la costa, il clima è *fresco e umido*, anche se sul Mare del Nord è mitigato dall'influenza atlantica.

dizionario

Morfologia: indica lo studio della forma di un territorio.

Rete idroviaria: è l'insieme delle vie di navigazione interna di una regione: fiumi, laghi e canali artificiali che possono essere percorsi da barche e battelli.

Utilizzazione del suolo

Per saperne di più

- Il Mittellandkanal (323 km) è un complesso di canali tra i fiumi Ems ed Elba: costituisce la parte principale del sistema che collega il Reno all'Oder. Il Canale di Kiel (98,7 km) attraversa invece la penisola dello Jutland, mettendo in comunicazione Mare del Nord e Mar Baltico.

La Selva Nera

Lo *Schwarzwald*, o Selva Nera, costituisce una delle aree boschive più vaste e importanti dell'intera Europa centrale. È situato al confine tra Francia, Svizzera e Germania, a est rispetto al corso del fiume Reno, nella regione tedesca meridionale chiamata *Baden Württemberg*, e si estende per una lunghezza di circa 160 chilometri. Qui crescono fitti i pini, gli abeti e i faggi. 1 Anche la flora e la fauna sono ricchissime: nella sola gola creata dal fiume Wutach, una spaccatura lunga una trentina di chilometri, vivono più di 1000 specie diverse di animali e piante.

Nella Selva Nera scorrono numerosi fiumi e corsi d'acqua e si trovano le sorgenti del **Danubio**: sgorgano infatti dalle montagne della Selva Nera il Brigaci (43 km) e il Breg (49 km) che, unendosi, danno origine a questo fiume.

Il territorio è prevalentemente ondulato, costituito da colline di origine erosiva, 2 e raggiunge la sua maggiore altitudine con la vetta del *Feldberg* (1493 m). Sono presenti anche alcune profonde gole scavate nel granito e laghi dalle acque scure e immobili.

La Selva Nera rappresenta uno dei polmoni verdi più importanti del continente europeo, 3 anche se nel corso degli ultimi trent'anni l'inquinamento atmosferico e le piogge acide hanno lasciato sull'ambiente tracce profonde. Più del 30% degli alberi si è ammalato, intaccato da questa forma di avvelenamento, che corrode le gemme e fa cadere aghi e foglie. Per fortuna, sembra che la situazione stia migliorando, grazie a un attento processo di riforestazione e di sostituzione delle piante malate con piante sane.

Attività

Rispondi, a voce, alle seguenti domande.

- **a)** In quale zona della Germania si trova la Selva Nera?
- **b)** Quali elementi naturali caratterizzano il paesaggio?
- **c)** Quale importante fiume europeo nasce da questa zona?
- **d)** Quale grave problema affligge la Selva Nera, come altre foreste nel mondo?

2 In questa regione la foresta conserva ancora un aspetto simile a quello originario. Le colline dal profilo ondulato sono per la maggior parte di origine erosiva.

1 Le cime della Selva Nera sono coperte di foreste di pini, faggi e abeti e rappresentano uno dei polmoni verdi più importanti del continente europeo.
Negli ultimi anni il processo di riforestazione sta cercando di contrastare il deterioramento delle aree boschive.

3 La mano dell'uomo ha modificato solo alcuni aspetti del paesaggio senza stravolgerlo. I segni della presenza umana si vedono nelle abitazioni sparse tra le colline e nel tracciato delle strade.

Popolazione e città

> Come si distribuisce la popolazione tedesca?
> Quali lingue e religioni sono maggiormente diffuse?
> Qual è la capitale?
> Quali altre importanti città e conurbazioni si possono trovare in Germania?

- POPOLAZIONE: **82 531 671 ab.**
- DENSITÀ: **231 ab./km²**
- CAPITALE: **Berlino** (3 388 477 ab.)
- FORMA DI GOVERNO: **repubblica federale**
- MONETA: **euro**
- LINGUA: **tedesco**
- RELIGIONE: **protestante, cattolica, musulmana**

Una popolazione prevalentemente urbana

La Germania è un paese densamente popolato. La popolazione non è distribuita in modo omogeneo. Oltre l'88% degli abitanti vive infatti nelle città, soprattutto della Germania occidentale, dove si trovano le più importanti **concentrazioni industriali**.

La **lingua** nazionale è il *tedesco*, parlato dalla quasi totalità della popolazione.

La **religione** maggiormente professata è quella *protestante* (42,8%). Numerosa è anche la presenza dei *cattolici* (32,1%). La forte immigrazione da stati islamici (soprattutto Turchia e paesi dei Balcani) ha portato alla diffusione della *religione musulmana*, praticata da quasi 2 milioni di persone (2,1%).

La capitale

Dal 1991, dopo la riunificazione delle due Germanie, capitale dello stato tedesco è **Berlino** (3 388 477 ab.). Città di origine medievale, per la sua posizione al centro di un'ampia rete di vie di comunicazione divenne, già nel 1871, capitale dell'Impero tedesco. Durante la Seconda guerra mondiale subì gravi distruzioni, (1) e venne in seguito divisa in due settori, separati da un muro. Oggi Berlino, in gran parte ricostruita, è tornata a essere il centro della vita culturale e uno dei principali poli economici del paese. Tra i monumenti storici importanti vi si trovano il castello di Charlottenburg e la Porta di Brandeburgo. La città ospita inoltre numerosi musei.

Città e conurbazioni

Oltre 80 città tedesche superano i 100 000 abitanti, e circa una dozzina contano più di mezzo milione di residenti.

Dopo la capitale, la seconda città per numero di abitanti è **Amburgo** (1 734 083 ab.). Sorta sull'estuario del fiume Elba, è soprattutto importante per il suo porto, situato all'interno dell'estuario, il principale della Germania e uno dei più attivi in Europa.

Monaco (1 234 700 ab.) è capitale della Baviera, una vasta regione della Germania meridionale. Vi hanno sede numerose banche e società d'assicurazione ed è un rinomato centro culturale, con università e case editrici.

Lungo il corso del fiume Reno vi sono molte città di medie dimensioni, spesso collocate a breve distanza le une dalle altre, così da formare delle conurbazioni. La più vasta è quella della *Ruhr*, regione industriale ai confini con i Paesi Bassi. Qui si trovano (oltre a Essen e Dortmund) **Colonia** (968 600 ab.) e **Düsseldorf** (571 900 ab.), importante città finanziaria, collegata al porto fluviale di **Duisburg** (508 700 ab.).

Sul Reno si trova anche **Bonn** (308 900 ab.), dal 1949 al 1990 capitale della Repubblica Federale Tedesca e importante centro culturale.

Più a sud, alla confluenza del Meno con il Reno, si trovano le città di **Wiesbaden**, **Magonza** e **Francoforte sul Meno** (643 700 ab.), uno dei principali centri finanziari d'Europa e sede del più importante aeroporto tedesco; vi si svolge la Buchmesse, fiera internazionale del libro. (1)

Ancora più a sud, tra il Neckar e il Reno, si trovano le città di **Mannheim**, **Heidelberg** (sede della più antica università tedesca) e **Stoccarda** (588 500 ab.), importante per l'alta tecnologia e l'editoria.

Città di rilievo sono ancora **Dresda** (480 200 ab.), in Sassonia (nell'ex Germania Orientale), un tempo colonia di pescatori slavi, (1) e **Brema** (543 000 ab.), sede del secondo porto tedesco, sull'estuario del fiume Weser.

dizionario

Concentrazione industriale: zona in cui si trovano, a breve distanza, numerose industrie di tipo diverso.

1 Tra memoria e futuro

Molte città tedesche sono state distrutte in gran parte dai bombardamenti della Seconda guerra mondiale. I monumenti rimasti sono diventati così simbolo della sofferenza e della volontà di rinascita del popolo tedesco, e un monito contro le guerre.
Intorno all'edificio medievale del municipio (**a**), si sviluppa il nucleo più antico di **Francoforte sul Meno**. Già fortezza al tempo dei romani, la città divenne residenza di caccia di Carlo Magno e poi libera città imperiale fino all'Ottocento. Tra i personaggi illustri nati nei suoi confini c'è il più grande scrittore tedesco: Goethe. Dopo le distruzioni subite nel corso dell'ultimo conflitto mondiale, Francoforte è oggi una città dall'aspetto moderno, con grattacieli, banche (**b**) e un grande aeroporto internazionale.
Dresda è un'altra città vittima dei bombardamenti del 1945, che hanno raso al suolo tutta la parte antica, risalente al XIII secolo (**c**). Tra i monumenti gravemente danneggiati si ricordano anche le chiese di Santa Sofia e Santa Croce, rispettivamente del XIV e del XV secolo. La città è oggi un importante centro industriale, attivo soprattutto nei settori chimico e della meccanica di precisione.

a

b

Posta sulla Breischeidplatz, a **Berlino**, la Kaiser-Wilhelm-Gedächtniskirsche – la Chiesa del Ricordo – (**d**) è forse il monumento che meglio rappresenta l'incontro fra il tragico passato tedesco e la volontà di ricostruzione. I resti della chiesa, andata in gran parte distrutta durante i bombardamenti a tappeto che hanno raso al suolo Berlino nel 1945, sono stati affiancati da moderne strutture, in cui predominano il vetro e il cemento.

c

d

Visitare Berlino

Reichstag

È il palazzo del Parlamento, inaugurato nel 1894 e poi bruciato nel 1933 dopo la nomina di Hitler a cancelliere del Reich. Rimase in rovina dal dopoguerra fino a che tornò a essere la sede del Parlamento tedesco nel 1999, dopo l'ultimo restauro.

Tiergarten

È un parco, al centro del quale si trova la Siegessäule, una colonna costruita nel 1871 in memoria della vittoria tedesca su Austria e Francia.

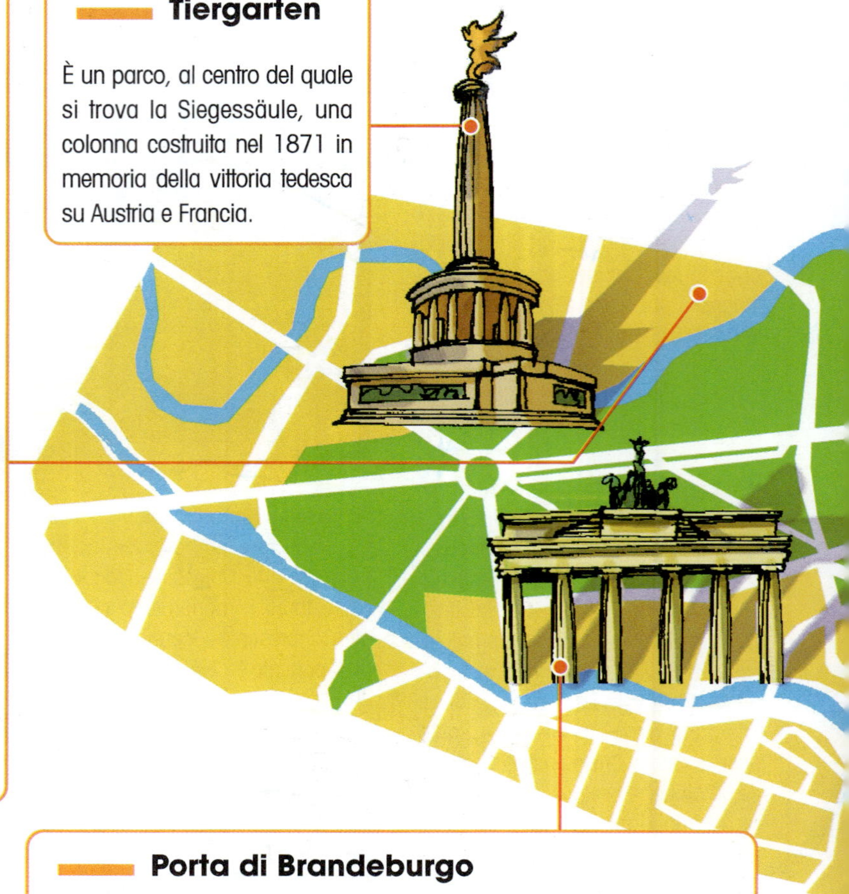

Porta di Brandeburgo

È il monumento più conosciuto di Berlino. Costruita tra il 1788 e il 1791, è formata da 12 colonne doriche, ispirate ai Propilei dell'Acropoli di Atene. Rimasta nella parte orientale della città dopo la costruzione del muro nel 1961, venne chiusa in quell'anno per essere ufficialmente riaperta nel 1989, dopo il crollo del muro.

La gente

Gli abitanti di Berlino, divisi per decenni come la loro città, sono gli eredi di una storia complessa e cruciale, e rispecchiano l'architettura sfaccettata e composita della città stessa, sempre in trasformazione, tanto che si dice: "Parigi è sempre Parigi, Berlino non è mai Berlino".

I primati

La Fernsehturm, la celebre Torre della televisione, con i suoi 368 metri di altezza, antenna compresa, è stata a lungo la costruzione più alta d'Europa; il primato dal 2008 è passato a Mosca, con la Torre della Federazione.

La curiosità

La Torre della televisione si trova su un terreno espropriato durante il periodo della RDT. L'ex-proprietario ora reclama il terreno e pretenderebbe di abbattere la torre.

Da non perdere

Berlino propone un'infinità di percorsi, tutti da visitare. Notevole il quartiere di Tiergarten, dove si trovano l'omonimo parco di 210 ettari, il Kongresshalle, complesso dal noto impianto architettonico a forma di ostrica, originariamente concepito come centro congressi e oggi utilizzato come centro culturale, il Kulturforum, con la sua Gemäldegalerie (pinacoteca). Resa celebre da un film di Vim Wenders è la Siegessäule (Colonna della Vittoria). Nel quartiere Mitte, centro nevralgico della città, si trovano il Gendarmenmarkt (Mercato dei Gendarmi), famosa piazza sulla quale si affacciano importanti edifici, la Nuova Sinagoga, parzialmente distrutta durante la guerra e ora ricostruita, la Nikolaikirche, la più antica chiesa della città, Potsdamer Platz, dalla storia travagliata e che attira migliaia di turisti al giorno. Da visitare è il Checkpoint Charlie, un tempo unico punto di passaggio tra est e ovest. Imperdibile è lo Schloss Charlottenburg, il più grande palazzo storico rimasto a Berlino dopo la guerra. Da visitare sono il Duomo, la Biblioteca Nazionale, il Teatro dell'Opera, e la Philharmonie, sede dell'Orchestra filarmonica.

Musei

Berlino vanta moltissimi musei, tra cui il Museo ebraico e il Museo del muro, ver e propri pezzi di storia; altrettanto interessante è il Museumsinsel (Isola dei Musei), isolotto sulla Sprea che ospita, uno accanto all'altro, l'Altes Museum, l'Alte Nationalgalerie, il Neues Museum, il Bodemuseum e il Pergamonmuseum. Famosissimo è anche l'Ägyptisches Museum und Papyrussammlung (Museo egizio e collezione di papiri).

Fernsehturm

La Fernsehturm è una torre per le antenne televisive che si trova presso Alexanderplatz. Fu costruita nel 1969 nella Berlino est e la sua immagine fu il simbolo della RDT ai tempi della città divisa. La torre, alta 368 m e visibile da ogni punto della città, rimane uno dei simboli di Berlino. All'altezza di 207 m si trova un ristorante panoramico che ruota di 360° ogni mezz'ora.

Alexanderplatz

Una delle piazze più famose di Berlino, fu così chiamata in onore dello zar Alessandro I, in occasione di una sua visita alla città nel 1805. Divenuta nel XIX secolo il maggiore centro commerciale cittadino, fu rasa al suolo dai bombardamenti della Seconda guerra mondiale, per restare dal 1961 nella parte est di Berlino. Fu riprogettata numerose volte nel corso degli anni; oggi ospita l'Orologio del Tempo del mondo, che ruota continuamente mostrando l'ora di tutte le zone della Terra, e la Fontana dell'Amicizia tra i popoli.

Carta d'identità

- NOME: Berlin
- DATA DI NASCITA: Nata nel 1307 dall'unione dei due nuclei originari Berlino e Cölln, nel 1701 divenne residenza imperiale. Rasa al suolo nella Seconda guerra mondiale e tagliata in due da un muro nel 1961, divenne la capitale della Repubblica Democratica Tedesca e perse questo ruolo nella Repubblica Federale Tedesca. Nel 1989, riunita in seguito alla caduta del muro, Berlino tornò a essere la capitale della Germania.
- INDIRIZZO: Germania
- SUPERFICIE: 891,85 km^2
- ALTITUDINE: 34 m s.l.m
- POPOLAZIONE: 3388477 ab.

Economia e società

> Come si presenta in generale l'economia della Germania?

> Quali problemi deve ancora risolvere il paese?

> Quali risorse e ostacoli presenta il settore primario?

> Quali prodotti del sottosuolo e dell'industria possiede la Germania?

> Quali sono le risorse principali del settore terziario?

- POPOLAZIONE ATTIVA: **49,1%**
- OCCUPATI NEI DIVERSI SETTORI:
  - **PRIMARIO: 3%**
  - **SECONDARIO: 26%**
  - **TERZIARIO: 71%**
- IN CERCA DI OCCUPAZIONE: **9,5%**

Una grande potenza economica

La Germania è la maggiore potenza economica d'Europa e una delle prime del mondo. Lo sviluppo dell'industria, l'uso di tecnologie moderne, la posizione centrale favorevole agli scambi commerciali hanno permesso il consolidarsi dell'economia tedesca. Oggi il paese deve risolvere i problemi nati dopo la riunificazione della nazione, in particolare l'arretratezza economica dell'ex Germania dell'Est e la disoccupazione (vedi Dossier a p. 82).

Un'agricoltura ostacolata dal clima

L'**agricoltura** è praticata soprattutto lungo il fertile bacino del Reno e dei suoi affluenti e nella Germania orientale. Anche se vengono utilizzati sistemi meccanizzati e tecniche moderne, la produzione non è tuttavia sufficiente a soddisfare la richiesta interna. Il clima rigido e la scarsità di terreni adatti limitano infatti le coltivazioni.
I principali prodotti sono costituiti da cereali: *segale*, *frumento*, *avena* e *orzo*, usato nella fabbricazione della birra. Importanti sono anche le coltivazioni di *patate*, *barbabietole da zucchero* e **luppolo**. Nelle zone dove il clima è mite crescono *viti* e *alberi da frutta*. I boschi, che coprono oltre il 30% del territorio tedesco, forniscono abbondante *legname*.
Diffuso è l'**allevamento** di *maiali* (26 milioni di capi). Importante è anche l'allevamento di *bovini* (13 milioni di capi), che vengono selezionati accuratamente. La Germania produce infatti grandi quantità di latte, formaggi e salumi, destinati in parte all'esportazione.
Nel Mare del Nord è praticata la **pesca d'altura**, specialmente di *aringhe* e *merluzzi*. Meno importanti sono la **pesca d'acqua dolce** e quella effettuata lungo la costa.

dizionario

Luppolo: pianta utilizzata nella produzione della birra, per renderla più conservabile e aromatica.

Pesca d'altura: pesca che avviene in alto mare, a distanza dalla costa. Spesso riguarda pesci di grosse dimensioni.

Pesca d'acqua dolce: pesca effettuata negli specchi di acqua interni (fiumi e laghi), non salati.

Le risorse del sottosuolo e l'industria

Il **sottosuolo** tedesco è ricco di *carbone*, che ha permesso un forte sviluppo industriale. (1) Il bacino principale è quello della Ruhr, al confine con i Paesi Bassi. Importante è anche la produzione di *lignite*, *salgemma*, *ferro* e *sali potassici*, usati per fertilizzare il suolo.
Principale risorsa economica della Germania è l'**industria**. Si tratta spesso di aziende di grandi dimensioni, che impiegano anche molta manodopera straniera, in particolare turca, balcanica, italiana e polacca. I settori più sviluppati sono quello *siderurgico* e quello *meccanico*, che conta note marche automobilistiche: Volkswagen, Daimler-Benz/Mercedes, BMW. Grande importanza ricoprono anche l'industria *chimica* e *farmaceutica* e il settore *elettrotecnico*. Minore rilevanza hanno le industrie *tessili* e *alimentari*.

Terziario e comunicazioni

Voce principale del **terziario** è il *commercio*, favorito dalla posizione centrale della Germania nel continente europeo. Sviluppati sono inoltre i *servizi* e il *settore finanziario* e *assicurativo*. Il *turismo* è favorito dalle buone strutture presenti sul territorio: di richiamo sono soprattutto le città d'arte e le numerose località termali. (2)
La Germania dispone di una rete efficiente di **comunicazioni** sia *stradali*, *autostradali* e *ferroviarie*, sia *fluviali*, con migliaia di chilometri di fiumi e canali navigabili. Il paese è inoltre un importante nodo per il *traffico aereo*: oltre a grandi aeroporti internazionali, come quello di Francoforte, possiede infatti numerosi aeroporti minori, che servono il traffico interno. Gli scambi marittimi possono contare su diversi *porti*, sia sul Mare del Nord sia sul Mar Baltico.

1 Le principali fonti di energia

Carbone (qui a fianco una miniera a cielo aperto nella Ruhr), petrolio e metano (nel sottosuolo e lungo la costa del Mare del Nord) assicurano buona parte della produzione di energia elettrica, ma per rispondere all'elevato fabbisogno delle industrie la Germania fa ricorso anche all'energia nucleare, che produce circa un terzo dell'energia elettrica totale (a destra, il nocciolo di un reattore). È però previsto un graduale abbandono dell'uso del nucleare, con la chiusura delle centrali entro il 2021 e una graduale conversione alle energie rinnovabili, che nel 2010 forniranno il 12,5% dell'energia necessaria (e addirittura il 45% entro il 2030).

2 L'Oktoberfest

Uno dei prodotti caratteristici della Germania è la birra: il paese è infatti il secondo produttore al mondo di questa bevanda, dopo gli Stati Uniti. Ogni anno ne vengono prodotti 100 milioni di ettolitri, soprattutto nelle industrie della Baviera. Alla birra i tedeschi dedicano addirittura una festa, l'Oktoberfest, che ha luogo a Monaco e che attira numerosi turisti. Istituita nel 1810, in occasione di un matrimonio principesco, l'Oktoberfest si celebra da allora tutti gli anni e dura per 15 giorni, durante i quali si mangiano carne e salsicce alla brace e si consumano veri e propri fiumi di birra.

Il personaggio

A un tedesco, **Johann Gutenberg** (1390 ca.-1468), si deve una delle invenzioni più importanti dell'era moderna: la stampa. Gutenberg perfezionò infatti un sistema pratico ed economico per produrre i libri: i caratteri mobili di metallo. Con questi caratteri si potevano comporre le parole e le pagine, e tramite una pressa stampare così numerose copie dello stesso volume. Gutenberg aprì la prima tipografia nella città natale, Magonza, intorno al 1446. L'opera con cui inaugurò il nuovo sistema di stampa era la Bibbia a due colonne, detta *Mazarina*.
Da allora, l'industria cartacea ed editoriale tedesca rimane una tra le più importanti del mondo. L'invenzione di Gutenberg è stata così importante per la storia mondiale, che nel 1998 una giuria di giornalisti americani lo ha eletto "uomo del Millennio".

DOSSIER

Una sola Germania

Dopo quarant'anni di separazione, seguiti alla sconfitta subita nella Seconda guerra mondiale, nel 1990 la Germania è stata riunificata. Non tutti i problemi legati al differente sviluppo delle due Germanie sono stati però risolti.

Le cause della divisione

Nel 1945, alla fine della Seconda guerra mondiale, per sconfiggere Hitler la Germania viene invasa da americani, francesi, inglesi, che occupano la parte occidentale, e russi, che penetrano dalla frontiera orientale.

Nel 1949, nei territori occupati dagli alleati occidentali nasce la **Repubblica Federale Tedesca** (RFT), mentre nei territori sotto il controllo dell'Unione Sovietica nasce la **Repubblica Democratica Tedesca** (RDT).

La divisione della Germania sembra ai paesi europei una garanzia per limitare il potere economico e politico di questa nazione, che prima della guerra era diventata la più grande potenza del vecchio continente.

Ma la divisione del paese costituisce una grande ferita per i tedeschi: molte famiglie si trovano separate, gli scambi economici tra le diverse regioni tedesche diventano estremamente difficili.

Un diverso sviluppo

Le due "Germanie" cominciano un processo di sviluppo che va in direzioni opposte. La **Germania occidentale**, che può contare anche sugli aiuti economici degli Stati Uniti, ha una rapida ripresa. Nascono imprese e banche, fioriscono i commerci e gli scambi con i paesi occidentali. In poco tempo, la Repubblica Federale torna a essere la più grande potenza europea e la quarta nel mondo, preceduta solo da America, Russia e Giappone.

La **Germania orientale**, invece, viene governata da un regime comunista, sotto il controllo dell'Unione Sovietica. Il suo sviluppo economico è pianificato dalla Russia. Le grandi aziende diventano di proprietà dello stato, che potenzia soprattutto l'industria pesante; i prodotti vengono indirizzati al mercato orientale e slavo. Pochi sono i beni di consumo che la gente può acquistare e l'arretratezza dell'economia costringe le famiglie a una vita di disagi.

Il crollo della città di ferro

Eisenhüttenstadt – letteralmente "città della casa di ferro" – si trova in quella che era la Germania orientale. Prima della riunificazione, il suo nome era Stalinstadt, città di Stalin. Costruita come simbolo della potenza economica del regime comunista, dopo il crollo del comunismo è stata investita da una crisi profonda. La sua attività principale era infatti la produzione di acciaio, che però non ha trovato sufficiente mercato nei paesi occidentali. Con la crisi delle industrie, la disoccupazione è salita al 25% e molti giovani sono emigrati nelle città della ex Germania occidentale. La città è "sopravvissuta" grazie ai consistenti finanziamenti pubblici.

La lunga attesa della riunificazione

Molti tedeschi dell'Est cominciano a fuggire nella Germania occidentale, attratti dalle migliori condizioni di vita e dalle più numerose possibilità di lavoro. La Germania orientale chiude allora le frontiere, arrestando chiunque tenti di emigrare. Il muro di Berlino diventa il simbolo di questa divisione (vedi p. 71).

Per quarant'anni i tedeschi vivono divisi, coltivando il sogno di ritornare una sola nazione.

Nel **1990**, dopo il crollo del comunismo in quasi tutti i paesi europei, questo sogno diventa quasi improvvisamente realtà. **La Germania comincia il processo di riunificazione**, ma dopo l'iniziale entusiasmo nascono i problemi. Non è facile, infatti, colmare le distanze economiche e culturali create da quarant'anni di separazione.

I problemi della riunificazione

Il problema principale della nuova Germania è stato integrare i due diversi modelli economici. Il governo ha deciso di adeguare rapidamente l'economia dell'ex Germania dell'Est a quella dei paesi occidentali. La prima manovra è stata la **privatizzazione delle imprese**, che precedentemente erano controllate dallo stato comunista: sono state cioè vendute a privati imprese che appartenevano allo stato o a enti pubblici. In conseguenza di questa manovra, le aziende che per arretratezza tecnologica o per strutture inadeguate non sono riuscite ad affrontare a concorrenza della Germania occidentale e dei paesi europei sono state costrette a chiudere. Mentre infatti il rigido controllo dello stato garantiva anche una "protezione", imponendo i prodotti sul mercato interno, a libera concorrenza tra le aziende private ha portato al fallimento delle imprese più deboli.

Nell'ex Germania dell'Est si sono verificati un **crollo della produzione industriale** e un rapido aumento della **disoccupazione**. Nel solo 1990, il primo anno dalla riunificazione, nei territori dell'ex Repubblica Democratica la produzione delle industrie è scesa del 27% e la disoccupazione è cresciuta al 7%.

I tedeschi dell'Est, che speravano con la riunificazione di poter migliorare le proprie condizioni di vita, si sono ritrovati invece più poveri e spesso senza lavoro. Molti, specie i più giovani, hanno dovuto lasciare i propri paesi per emigrare nella ex Germania occidentale in cerca di occupazione.

La Stasi

La Stasi era un organo di sicurezza della RDT che spiava i comportamenti di tutti i cittadini per individuare e arrestare eventuali dissidenti.

Alla storia vera di un agente della Stasi, che tuttavia alla fine "si redime", si è ispirato il film *Le vite degli altri*, premio Oscar per il miglior film straniero nel 2007.

Il razzismo

Tra le conseguenze del disagio diffuso tra i paesi dell'ex Germania dell'Est c'è il propagarsi del razzismo e dei movimenti xenofobi e neonazisti. Questi movimenti, che hanno le loro radici nell'ignoranza e nella paura, vedono negli stranieri nemici da combattere e da cacciare dal territorio tedesco.

Negli ultimi anni, numerosi sono stati in Germania gli episodi di violenza causati dal razzismo: pestaggi, incendi, omicidi. Ancora più preoccupante è il fatto che a commettere questi reati sono spesso giovani, talvolta sotto l'effetto di alcol o droghe.

Il governo ha cercato di risolvere questa difficile situazione destinando ingenti finanziamenti alle imprese delle regioni orientali e favorendo la modernizzazione delle aziende.

È facile prevedere che in un prossimo futuro anche l'ex Germania dell'Est tornerà a essere una regione ricca e sviluppata. Molti, però, avranno fatto le spese di questo faticoso processo di trasformazione.

Attività

1. Rispondi, a voce, alle seguenti domande.

- **a)** Quali sono state le cause della divisione della Germania?
- **b)** Quale diverso modello economico ha caratterizzato le due Germanie nel passato?
- **c)** Quali sono oggi i problemi della Germania unita?

2. Rifletti e discuti con i tuoi compagni.

Che rapporto c'è, secondo te, tra i problemi della Germania e il diffondersi del razzismo? Che cosa pensi del razzismo? Ti sembra che negli ambienti in cui vivi il razzismo sia presente? Se sì, come si manifesta?

Guida allo studio

1. **COMPLETA** **la carta della regione germanica e alpina, collocando correttamente:**

a) i nomi degli stati che ne fanno parte;

b) i nomi dei mari da cui è bagnata;

c) i seguenti elementi geografici: Reno, Oder, Inn, Danubio, Alpi Bavaresi, Lago di Costanza, Lago di Ginevra

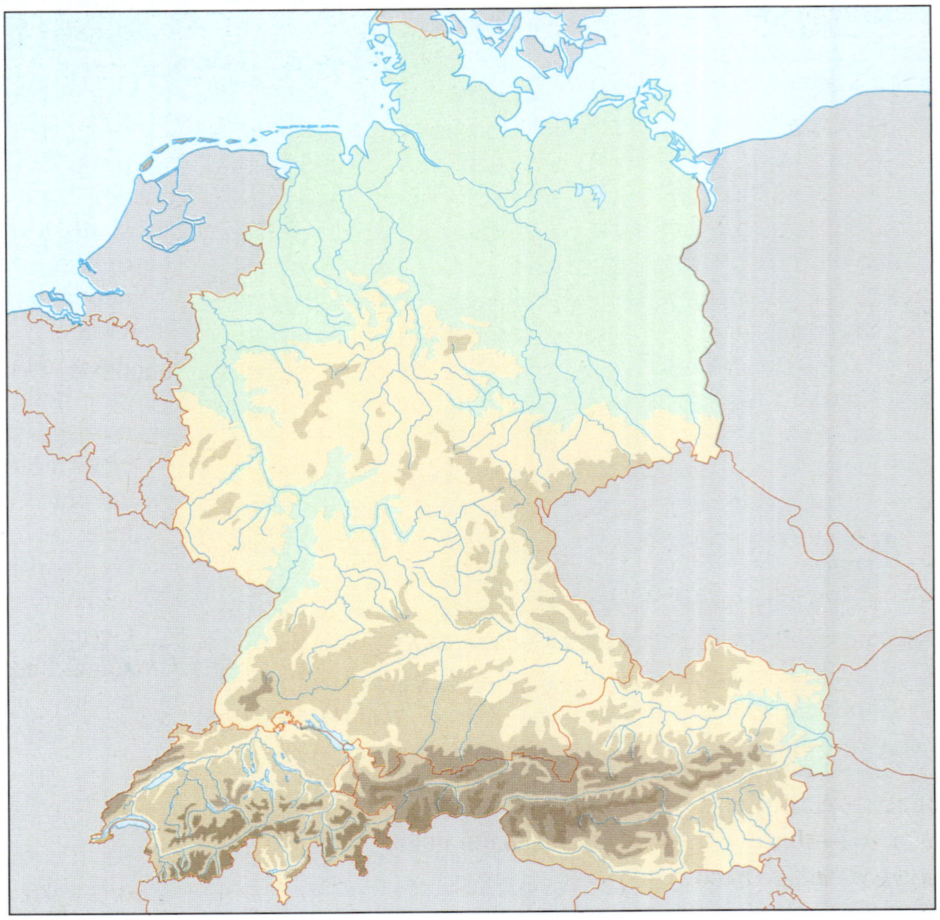

Germania

2. **COLLEGA** **con una freccia i principali avvenimenti della storia della Germania con le date o i periodi in cui si sono verificati.**

a) Fine della Guerra dei trent'anni.
b) Crisi economica che porta all'affermazione del Partito nazista, guidato da Hitler.
c) Ottone I di Savoia diventa imperatore del I Reich.
d) Molti territori passano sotto il dominio dei franchi.
e) Proclamazione del II Reich, con a capo il re di Prussia Guglielmo I.
f) Il paese diventa una confederazione di oltre 40 stati indipendenti, con capitale Francoforte.
g) Stanziamento di popolazioni di origine indoeuropea.
h) Nascita della Lega anseatica.
i) Riforma protestante.
l) Unione di RFT e RDT.
m) Proclamazione della Repubblica di Weimar.

C 962
G Molti secoli a.C.
A 1648
L 1990
I 1929
M 1919
E V secolo d.C.
B 1871
H XVI secolo
F 1815
D Metà del XIII secolo

3. **INDICA** **che cosa significano le sigle elencate sotto e collega poi ogni sigla al tipo di regime che l'ha caratterizzata.**

a) RDT: Repubblica Democratica Tedesca .... regime democratico
b) RFT: Repubblica Federale Tedesca .... regime comunista

4. RISPONDI **alle seguenti domande.**

a) Che cos'era la Lega Anseatica? Per quali ragioni venne creata? La Lega Anseatica è un unione di commercianti

b) Che cos'è il "muro" di Berlino? Quando è crollato e per quali motivi?

5. INDIVIDUA **e sottolinea, tra gli stati elencati, quello con cui la Germania non confina.**

Danimarca, Polonia, Repubblica Ceca, Austria, Svizzera, Italia, Francia, Lussemburgo, Belgio, Paesi Bassi.

6. COMPLETA **lo schema, indicando brevemente le caratteristiche principali delle tre regioni in cui si può suddividere il territorio tedesco dal punto di vista morfologico.**

a) Regione settentrionale:

b) Zona centrale:

c) Parte meridionale:

7. INDICA **se le seguenti affermazioni sono vere o false.**

a) La Germania è un paese densamente popolato. V F

b) Oltre l'88% degli abitanti vive nelle città. V F

c) Le più importanti concentrazioni industriali si trovano nella Germania orientale. V F

d) Il tedesco, lingua nazionale, è parlato da circa metà della popolazione. V F

e) La religione maggiormente professata è quella cattolica. V F

f) La religione musulmana è praticata da quasi 2 milioni di persone. V F

8. INDICA **accanto a ogni città tedesca una sua caratteristica.**

a) Amburgo:

b) Monaco:

c) Bonn:

d) Francoforte sul Meno:

e) Heidelberg:

f) Brema:

9. RISPONDI **alle seguenti domande.**

a) Quali sono i prodotti principali del settore primario tedesco?

b) Per quali ragioni l'agricoltura tedesca non è sufficiente a soddisfare la richiesta interna?

c) Su quali risorse del sottosuolo può contare il paese?

d) Quali caratteristiche ha l'industria tedesca?

e) Che cosa ha favorito lo sviluppo di commercio e turismo?

10. RIFLETTI **e rispondi alle seguenti domande.**

a) Quali fattori hanno permesso il consolidarsi dell'economia tedesca?

b) Quali problemi deve ancora affrontare il paese?

Svizzera

› Quali avvenimenti storici hanno portato alla nascita della Confederazione Svizzera?

› Quando e ad opera di chi si diffuse la riforma protestante?

› Dove si trova la Svizzera?

› Come si caratterizza il suo territorio?

SUPERFICIE:
41 285 km²

La **bandiera** attuale risale al 1848. Probabilmente la croce bianca su fondo rosso fu usata per la prima volta dall'esercito elvetico nel 1339, durante la battaglia di Laupen; da allora, fu scelta come bandiera della confederazione, ma ogni cantone continuava a usare in tempo di pace il proprio stemma.

La storia

Dalle antiche popolazioni alla nascita della Confederazione Svizzera

La regione, abitata già dal V secolo a.C. dai rezi e dalla tribù celtica degli elvezi (da cui deriva l'aggettivo "elvetico"), nel 58 a.C. fu conquistata dai romani.

Al tempo delle invasioni barbariche la parte occidentale venne occupata dai burgundi, quella orientale dagli alemanni, la zona meridionale dai longobardi, mentre i rezi si rifugiarono nei Grigioni, a sud-est. Questi stanziamenti sono alla base delle diverse lingue e dei vari usi e costumi che distinguono in Svizzera i **cantoni**, cioè gli stati.

Nel 1291 i cantoni di Uri, Schwyz e Unterwalden firmarono un patto di reciproca assistenza per difendersi dagli Asburgo, che volevano imporre il loro predominio sulla regione. Il patto segnò l'inizio della Confederazione Svizzera, a cui si uniranno via via gli altri cantoni.

La Riforma protestante e gli avvenimenti recenti

Nel XVI secolo gli svizzeri Zwingli e Calvino diffusero la Riforma protestante. La Confederazione Elvetica venne riconosciuta nel 1648, con la pace di Vestfalia.

Il Congresso di Vienna (1815) riconobbe la neutralità perpetua della Svizzera, che fu mantenuta anche nel corso delle due guerre mondiali.

dizionario

Cantoni: ognuna delle 23 unità politico-amministrative in cui è divisa la Svizzera.

Azione mitigatrice: l'acqua conserva il calore del Sole e lo rilascia nel tempo, a differenza della terra, che si raffredda subito. Viceversa, l'acqua si scalda più lentamente, mantenendo la temperatura più fresca durante le ore di Sole. I grandi specchi d'acqua attenuano perciò gli sbalzi nel clima delle regioni circostanti.

Il territorio

Uno stato montuoso

La Svizzera è un piccolo stato montuoso e privo di sbocchi sul mare. **Confina** a nord con la Germania; a est con Liechtenstein e Austria; a sud con l'Italia; a ovest con la Francia.

Il territorio può essere diviso in tre zone: a sud la regione alpina, con le cime più elevate; al centro il Mittelland ("terra di mezzo"), una regione collinosa; a nord-ovest la catena del Giura. Le Alpi coprono il 60% del territorio. I **monti** principali sono il *Rosa* (4634 m), il *Cervino* (4478 m), il *Finsteraarhorn* (4274 m), lo *Jungfrau* (4158) e il *Bernina* (4052). Il Mittelland è un territorio formato da colline e altopiani di origine glaciale di altezza compresa tra i 400 e gli 800 metri. Il Giura è formato da una serie di catene parallele, di altezze medie intorno ai 1000 metri.

Non vi sono **pianure** estese, ma solo ampie vallate tra i monti. Le principali sono le *valli del Rodano, del Reno, del Ticino* a sud e *dell'Aare* a nord.

Fiumi, laghi e clima

Molti sono i **fiumi** che nascono dai ghiacciai svizzeri: il *Reno*, che si immette nel Lago di Costanza; il *Rodano*, che entra nel Lago di Ginevra; il *Ticino*, immissario del Lago Maggiore; l'*Inn*, affluente del Danubio; l'*Aare*, che confluisce nel Reno.

Numerosi sono i **laghi** di origine glaciale: il *Lago di Ginevra* (il più vasto), quello *di Costanza*, il *Lago Maggiore* e quello *dei Quattro Cantoni*. (1)

Il **clima** a sud è *alpino*, con inverni rigidi (soprattutto nelle parti settentrionali delle Alpi); a nord è *continentale*, con inverni freddi ed estati calde. Importante è l'**azione mitigatrice** dei laghi.

1 Un paese di laghi

La Svizzera è famosa in tutto il mondo per le sue montagne innevate e i suoi stupendi paesaggi alpini. Ma non bisogna dimenticare i laghi svizzeri, che occupano il 4,5% della superficie del paese. Il più ampio, il Lago di Ginevra, condiviso con la Francia, ha un'estensione di ben 581 km^2. Nella regione del Vallese si trova poi il più grande lago sotterraneo d'Europa, lungo 300 m e profondo 22. Il lago si visita a bordo di barche a remi, da cui è possibile osservare i pesci e i pipistrelli che lo popolano.

Il personaggio

Eroe nazionale svizzero è **Gugliemo Tell**, un fiero montanaro vissuto nel XIV secolo. La sua leggenda si colloca nel periodo delle lotte dei cantoni svizzeri per liberarsi dal potere dell'Austria. Si racconta che il rappresentante del governo austriaco, Gessler, avesse piantato nella piazza di Altdorf un palo con il cappello ducale, obbligando chiunque vi passasse davanti a inchinarsi, in segno di sottomissione all'Austria. Gugliemo Tell si rifiutò e Gessler lo condannò allora a centrare con una freccia la mela posta sulla testa del figlio. Tell, abile tiratore, superò la prova e uccise poi Gessler, dando inizio alla ribellione contro gli austriaci.

› Quali lingue, religioni e culture caratterizzano la Svizzera?

› Quali sono i principali centri urbani?

› Come si presenta in generale l'economia svizzera?

› Quali sono le risorse più significative?

Popolazione, economia e società

- POPOLAZIONE: **7418000 ab.**
- DENSITÀ: **180 ab./km²**
- CAPITALE: **Berna** (320700 ab.)
- FORMA DI GOVERNO: **repubblica federale**
- MONETA: **franco svizzero**
- LINGUA: **tedesco, francese, italiano, romancio**
- RELIGIONE: **cattolica, protestante, musulmana**
- POPOLAZIONE ATTIVA: **52,5%**
- OCCUPATI NEI DIVERSI SETTORI:
  - **PRIMARIO: 3%**
  - **SECONDARIO: 24%**
  - **TERZIARIO: 73%**
- IN CERCA DI OCCUPAZIONE: **3,9%**

Lingue, religioni e culture diverse

In Svizzera convivono popoli diversi. Questo fenomeno si è accentuato nel Novecento, quando sono immigrati molti stranieri in cerca di lavoro. Oggi oltre il 19% dei residenti proviene da altri paesi. La popolazione è concentrata nel Mittelland e nelle pianure, dove si trovano le città principali; solo il 2% della popolazione vive sopra i 1600 metri.

In Svizzera si parlano quattro **lingue** ufficiali: il *tedesco* (63,6%), il *francese* (19,2%), l'*italiano* (7,6%) e il *romancio* (0,6%), un dialetto di origine latina.

Le **religioni** più praticate sono quelle *cattolica* (42%) e *protestante* (35%), ma la consistente presenza di immigrati musulmani ha favorito la diffusione dell'*islamismo*.

Una popolazione prevalentemente urbana

Il 68% degli svizzeri risiede in centri urbani.

Berna (320700 ab. con l'agglomerato urbano) è la capitale della confederazione fin dal 1848. Sorta nel Medioevo come fortezza sul fiume Aare, conserva numerosi monumenti medievali e rinascimentali. (1)

La città più popolosa è **Zurigo** (967600 ab. con l'agglomerato urbano). Capitale del cantone tedesco, è al centro delle vie di scambio con Germania, Francia e Italia. Vi ha sede un'importante Borsa valori.

Ginevra (470400 con l'agglomerato urbano), al confine con la Francia, è stata al tempo delle lotte fra cattolici e protestanti rifugio dei perseguitati di ogni parte d'Europa. Oggi ospita importanti organizzazioni mondiali, come la Croce Rossa, l'ONU, l'Organizzazione Mondiale della Sanità e il CERN. (2) È sede di industrie e di oreficerie.

Un'economia ai primi posti nel mondo

La Svizzera ha un'economia avanzata: nelle classifiche mondiali del **prodotto interno lordo** per abitante supera Giappone, Stati Uniti e Germania.

L'**agricoltura** è praticata solo sull'11% del territorio: pur utilizzando tecniche moderne, non è sufficiente al **fabbisogno** interno. I prodotti principali sono *cereali*, *patate* e *barbabietole da zucchero*. Presso i laghi, dove il clima è più mite, si coltivano *viti*, *alberi da frutta* e *ortaggi*. Importante è la produzione di *legname*, regolata da un'attenta politica di protezione dell'ambiente.

L'**allevamento** è favorito dalla vasta superficie destinata a pascolo. I *bovini*, appartenenti soprattutto alle razze Simmenthal e Friburgo, forniscono grandi quantità di latte.

Industria, terziario e vie di comunicazione

Il **sottosuolo** svizzero è povero di materie prime.

L'**industria** si è sviluppata grazie alla disponibilità di *energia* (idroelettrica e nucleare) e di capitali. I settori più tradizionali sono quelli *metallurgico* e *meccanico*. In particolare, la meccanica di precisione (orologi), nata nel Seicento, si è affermata a livello internazionale. L'industria *chimica* e *farmaceutica*, concentrata a Basilea, produce circa il 10% dei medicinali venduti sul pianeta. Importanti sono poi i settori *tessile* e *alimentare*: caseario (emmenthal, gruyère, sbrinz) e dolciario (cioccolato).

Nel **terziario**, grande rilievo hanno l'*attività finanziaria*, favorita dalla riservatezza del sistema bancario, (3) e il *turismo*, sia nelle località sciistiche, sia sui laghi e nelle città d'arte. Il fiorente *commercio* è favorito dalle efficienti **reti di comunicazione** *stradale* e *ferroviaria*. Sviluppata è la *navigazione interna*, sui laghi e sul Reno, che ha il suo centro nel porto fluviale di Basilea. I principali aeroporti si trovano a Zurigo, Ginevra, Basilea e Berna.

dizionario

Prodotto interno lordo: il valore, in denaro, di tutti i beni e i servizi che sono stati prodotti in un paese in un certo periodo. In genere, si calcola il prodotto interno lordo (PIL) in un anno.

Fabbisogno: quanto è necessario per soddisfare la richiesta di un certo gruppo di persone (in questo caso, della popolazione svizzera).

1 Berna

Inclusa dall'UNESCO nella lista del patrimonio culturale dell'umanità, Berna è una capitale piccola ed elegante. Il suo centro storico, caratterizzato da porticati e fontane, è dominato dalla Zeitglokenturm, la torre dell'orologio, simbolo della città. All'Ufficio brevetti di Berna fu impiegato il noto fisico Albert Einstein, che poi insegnò all'università. Vi si trova inoltre la più grande collezione di francobolli del mondo e un museo d'arte che conserva la principale raccolta di opere del pittore svizzero Paul Klee.

2 Il CERN

Alla periferia di Ginevra, al confine tra Svizzera e Francia, si trova il CERN (Centro Europeo per la Ricerca Nucleare), il più grande laboratorio mondiale per lo studio della fisica delle "particelle".
In questo centro, fondato nel 1954 e diretto per un certo periodo da fisico italiano Carlo Rubbia, si studia di che cosa è fatta la materia e quali sono le forze che la tengono unita.
Gli stati membri del CERN sono oggi venti. Vi lavorano circa 3000 persone, che realizzano gli esperimenti proposti da fisici di tutto il mondo.

3 La "cassaforte" del mondo

Il 66% del prodotto interno svizzero deriva dal turismo e dalle banche. Si può affermare che la Svizzera sia la vera e propria cassaforte del mondo: si pensa che nelle 500 banche della Confederazione si trovi un terzo del mercato mondiale dei patrimoni affidati in gestione agli istituti di credito.
Questo fatto in passato è stato favorito dai pochi controlli sulla provenienza del denaro – non sempre frutto di attività legali – effettuati dalle banche elvetiche. Oggi accordi internazionali stabiliscono una maggiore trasparenza, per evitare che organizzazioni criminali siano favorite dal segreto bancario.

DOSSIER

Terre di asilo

Svizzera e Germania sono da sempre terre di immigrazione proveniente da paesi europei ed extraeuropei

Gli stranieri in Svizzera

Da sempre la Svizzera è una terra d'asilo: qui gli stranieri hanno spesso trovato lavoro, ed è in gran parte grazie al loro contributo che si sono potute realizzare opere imponenti, come le gallerie del San Gottardo e del Sempione.

Il numero degli stranieri in Svizzera è però rimasto a lungo modesto: nel 1860 non superava il 6% della popolazione. La crescita dell'immigrazione nel paese si colloca tra gli anni Sessanta e gli anni Settanta, ed è legata al boom economico. Alla fine del 1960 gli stranieri domiciliati in Svizzera erano 496000, pari al 9,3% della popolazione totale. Cinque anni dopo erano già 810000, il 13,8%, mentre nel 1970 si avvicinavano al milione (15,9%) e nell'agosto del 1974 sfioravano il tetto di 1066000 unità, il 16,8% della popolazione. Il governo svizzero, preoccupato di questa massiccia presenza, ha messo in atto allora delle misure restrittive, che hanno ridotto il numero degli immigrati. Alcuni anni dopo però c'è stato un nuovo flusso immigratorio, dovuto a un aumento della richiesta di mano d'opera. Nel 1990 si è registrato così il nuovo record di presenze: 1100000 unità, pari al 16,4% della popolazione.

L'aumento di immigrati è stato causato non solo dalla nuova offerta di lavoro, ma anche dal fatto che molti lavori stagionali si sono trasformati in lavori stabili, e quindi parecchie famiglie si sono ricongiunte ai parenti già in Svizzera.

L'immigrazione in Germania

La Germania è la seconda nazione dell'Unione Europea per la percentuale di stranieri extracomunitari residenti. Il 5,2% della popolazione tedesca proviene infatti da paesi extraeuropei (soprattutto dalla Turchia, ma anche dall'Africa e dal Vietnam), un dato ben al di sopra della media comunitaria (2,8%). Solo l'Austria supera questa percentuale, con il 5,6%. Questo dato aumenta se si considerano anche gli immigrati provenienti dai paesi dell'Unione Europea.

La provenienza degli immigrati

Mentre in passato gli immigrati in Svizzera erano in gran parte turchi e italiani, oggi molto forte è la richiesta di asilo da parte di profughi provenienti da regioni in guerra o in grave crisi politica ed economica, come i paesi balcanici e l'Asia. Attualmente la principale presenza straniera è quella degli ex iugoslavi (4,8%), seguiti da italiani (4,5%), portoghesi, tedeschi, spagnoli e turchi.

I settori lavorativi particolarmente interessati dalla manodopera straniera sono quello edilizio e quello alberghiero.

Gli italiani in Germania

A partire dalla metà degli anni Cinquanta, il flusso degli italiani che si trasferirono nella Repubblica Federale Tedesca in cerca di occupazione divenne sempre più consistente: nel solo 1960 gli emigranti ufficiali furono 94 148, e arrivarono a ben 600 830 nel 1975. Tra questi, oltre il 75% proveniva dalle regioni del Sud Italia. Molti trovarono impiego nell'industria automobilistica, nelle miniere e nell'edilizia.
In totale, dal 1955 a oggi circa 4 milioni di italiani sono emigrati in Germania. Molti, però, sono anche quelli che hanno fatto ritorno, tanto che nel 2004 rimanevano in Germania "solo" 548 194 cittadini italiani.

Alla fine del 1989 nella Germania occidentale c'erano circa 4 600 000 stranieri, di cui più di 1 milione e mezzo di turchi, 590 000 iugoslavi e 544 000 italiani. Alla fine degli anni Novanta, il numero è salito a oltre 7 milioni, pari al 9% della popolazione totale.
Alla immigrazione dall'estero, occorre poi aggiungere la migrazione interna. Molti tedeschi che abitavano nella Germania dell'Est, spinti dal crollo della produzione delle industrie e dalla forte disoccupazione, si sono spostati nella ex Germania occidentale alla ricerca di lavoro.
Le possibilità di occupazione sono dovute al fatto che gli immigrati sono disposti a fare lavori più umili e faticosi e a lavorare per stipendi più bassi dei loro colleghi tedeschi.
Grazie al contributo della manodopera straniera, la Germania ha potuto conoscere una rapida crescita economica. Sono nati però anche molti problemi, dovuti alla difficoltà di integrazione. Gli immigrati parlano infatti lingue diverse, provengono da culture e tradizioni differenti e spesso professano altre religioni.

Quali prospettive per il futuro?

Il massiccio fenomeno dell'immigrazione nei paesi dell'Europa centrale ha posto in luce molti problemi, che ormai interessano in misura diversa tutti i paesi avanzati dell'Occidente, sempre più multietnici.
La difficoltà di trovare un giusto equilibrio tra integrazione e rispetto delle diversità ha portato al nascere di tensioni e diffidenze. Da una parte, alcuni guardano con sospetto agli immigrati. Si teme che sottraggano posti di lavoro o che alimentino la criminalità. La paura e il pregiudizio hanno dato vita a gruppi xenofobi (cioè ostili agli stranieri), che spesso si sono resi colpevoli di gravi delitti. Nell'ex Germania dell'Est, afflitta da disoccupazione e crisi economica, molti sono stati negli ultimi anni gli episodi di tensione e violenza. Altrove, come in Austria e in Svizzera, i timori di parte della popolazione si sono manifestati nella richiesta di misure restrittive riguardo all'immigrazione.
Dall'altra parte, la difficoltà di integrazione ha mantenuto molti immigrati ai margini della società, spingendo alcuni a dedicarsi ad attività illegali. L'aumento dei flussi di immigrazione, dovuto alle tensioni politiche in diverse parti del mondo, a fronte delle minori possibilità di lavoro causate dalla crisi economica, ha poi creato situazioni di disagio.
Regolare i flussi migratori e permettere una reale integrazione, che accetti e rispetti le diversità e garantisca a ognuno condizioni di vita dignitose, sembrano essere le uniche vie possibili per una convivenza pacifica nelle società multietniche.

Attività

1. Confronta.
Costruisci due istogrammi, che rappresentino l'andamento dell'immigrazione in Svizzera tra il 1960 e il 1990. Nel primo userai i dati assoluti (cioè espressi con il numero totale degli immigrati), nel secondo i dati in percentuale. Che cosa noti? Come spieghi la differenza tra i due grafici?

2. Rispondi, a voce, alle seguenti domande.
- **a)** Quali sono i paesi di provenienza degli immigrati in Svizzera? E in Germania?
- **b)** Quali problemi sono legati all'immigrazione di massa avvenuta negli ultimi decenni nell'Europa occidentale? Quali sono le possibili soluzioni? Discutine con i compagni.

> Quali avvenimenti hanno portato alla nascita dell'Impero asburgico?

> Che cosa, invece, ne ha determinato il crollo?

> Dove si trova l'Austria?

> Quali elementi caratterizzano il suo territorio dal punto di vista fisico?

Austria

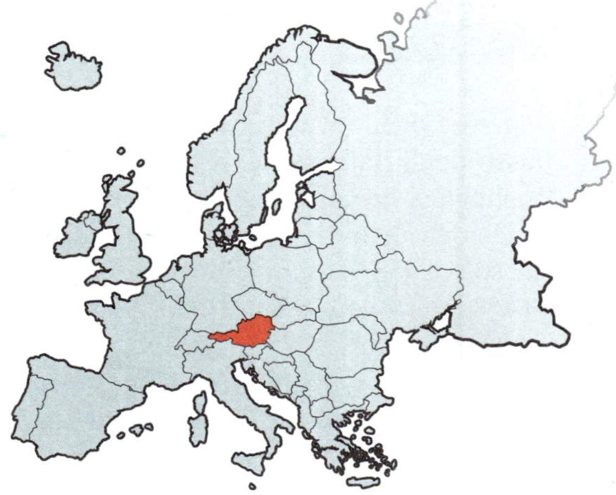

SUPERFICIE:
83871 km²

La **bandiera** austriaca è tra le più antiche d'Europa. Secondo una leggenda i colori austriaci risalgono alle Crociate e precisamente alla battaglia di Ptolemaida (1191). Il duca Leopoldo V di Babenberg durante la battaglia indossò una tunica bianca; la battaglia fu così sanguinosa che la tunica diventò tutta rossa e rimase bianca solo nella parte coperta dalla cintura.

La storia

Dall'occupazione romana al potente Impero asburgico

La regione, abitata dai celti, nel I secolo a.C. fu occupata dai romani. Nel Medioevo subì le invasioni dei popoli barbari. Nell'VIII secolo fu conquistata da Carlo Magno, che vi costituì la Marca Orientale (Östmark). Nel 1278 si affermò la dinastia degli Asburgo.
Dal XV al XVIII secolo, l'Impero asburgico estese i suoi confini nell'Europa del nord (Fiandre e Paesi Bassi), a est (Ungheria e Boemia, Croazia, Bosnia) e a sud (Lombardia e Veneto). Nel XVII secolo dovette contrastare l'avanzata in Europa dei turchi, che furono sconfitti alle porte di Vienna. Nel Settecento, con l'imperatrice Maria Teresa, l'Austria visse il momento di massimo splendore.

Il crollo dell'Impero e gli avvenimenti del XX secolo

Il desiderio d'indipendenza delle popolazioni soggette all'Impero austriaco fu una delle cause della Prima guerra mondiale. Nel 1918, al termine del conflitto, il territorio austriaco era ridotto alle dimensioni attuali. L'anno seguente crollò il regime imperiale e l'Austria divenne una repubblica. Nel 1938 il paese fu invaso dalla Germania di Hitler. Dopo la Seconda guerra mondiale, con la sconfitta tedesca, l'Austria venne occupata dalle truppe degli Alleati. Nel 1955 firmò il trattato di pace, impegnandosi in una politica di neutralità perpetua.
Dal 1995 l'Austria fa parte dell'Unione Europea.

Il territorio

Un paese montuoso, nel cuore dell'Europa

L'Austria è al centro degli scambi tra il nord e il sud del continente. **Confina** a nord con Germania e Repubblica Ceca; a est con Slovacchia; a sud-est con Ungheria; a sud con Slovenia e Italia; a ovest con Svizzera e Liechtenstein. (1) Non ha sbocchi sul mare.
Il territorio è in gran parte **montuoso** (70%). La zona meridionale è occupata dalle *Alpi Atesine* (in cui si apre il Passo del Brennero, che consente facili collegamenti con l'Italia) e *Carniche*. Procedendo verso nord, si incontrano le *Alpi Noriche* e gli *Alti Tauri*, con la cima più alta del paese: il *Grossglockner* (3797 m). Ancora più a settentrione, si trovano le *Alpi Bavaresi*, i *Bassi Tauri* e le *Alpi Salisburghesi*.
La **pianura** principale si estende nel nord del paese. A sud di Vienna si trova un tratto di *Pianura ungherese*.

Fiumi e laghi, clima

Il **fiume** principale è il *Danubio*, che attraversa tutta la pianura settentrionale ed è navigabile. Altri fiumi importanti sono l'*Inn*, l'*Enns*, la *Morava* e la *Drava*, che nasce in Italia.
I **laghi**, di origine glaciale, sono numerosi ma di piccole dimensioni. Il principale è il *Neusiedl*, al confine con l'Ungheria.
Il **clima** è *continentale*, con inverni freddi e molto nevosi; nella zona meridionale, a ridosso della catena delle Alpi, il clima è *alpino*. Le estati sono umide e non sono infrequenti temperature piuttosto elevate.

1 Il Liechtenstein

Al confine tra Austria e Svizzera si trova il Liechtenstein, un piccolo stato (160 km^2) prevalentemente montuoso, nella catena delle Alpi Retiche. La sua capitale, Vaduz (5005 ab.), è sede della monarchia ed è l'unica città di rilievo.

La popolazione conta circa 34294 unità, con una densità media (214 ab./km^2) piuttosto elevata per una regione alpina. Ciò è dovuto al fiorire delle attività economiche e finanziarie, che hanno portato a un'elevata presenza di stranieri (un terzo della popolazione totale). Oggi il Liechtenstein è un paese con un'alta qualità di vita e un livello di disoccupazione tra i più bassi d'Europa.

LINGUA = TEDESCA
RELIGIONE = CATTOLICA
MONETA = FRANCO SVIZ.
CLIMA = ALPINO
CAPITALE = VADUZ

> Come si distribuisce la popolazione austriaca?
> Quali sono le città più importanti?
> Su quali risorse economiche può contare il paese?
> Come si presentano le vie di comunicazione?

Popolazione, economia e società

Una popolazione ben distribuita

La popolazione, ridottasi nel 1919 da 51 milioni a 6 milioni e mezzo di abitanti, si è stabilizzata dopo la Seconda guerra mondiale. Anche se Vienna rimane il vero centro del paese, le località di montagna hanno saputo mantenere le loro attività economiche, dando anche impulso al turismo. Per questo, le regioni alpine dell'Austria non appaiono oggi spopolate, come avviene nelle zone montuose di altre parti d'Europa. La popolazione si distribuisce fra la capitale e le città principali (65,8%), e nelle vallate e aree collinari.
La **lingua** nazionale è il *tedesco*; sono presenti minoranze di lingua *croata*, *slovena*, *ceca* e *ungherese*.
Il 73,6% della popolazione è di **religione** *cattolica*. Vi sono poi *protestanti* (5,5%), *musulmani* (4,2%) e minoranze di altre religioni.

Le città principali

Nella capitale, **Vienna**, si concentra oltre un quinto della popolazione (1 838 225 ab.). La città, che sorge sulle rive del Danubio, durante l'impero degli Asburgo è stata uno dei centri principali d'Europa. Di questo passato illustre rimane testimonianza nei suoi monumenti: il palazzo imperiale (Hofburg), la cattedrale di Santo Stefano, il Teatro dell'Opera, il palazzo di Schönbrunn. (1) La sua università è stata fondata nel 1365.
Poche altre città superano i 100 000 abitanti.
Graz (226 244 ab.), capitale della Stiria, è importante per le industrie meccaniche, tessili e di precisione.
Linz (183 504 ab.), capitale dell'Austria Superiore e porto fluviale sul Danubio, è sede di industrie metallurgiche e chimiche.
Salisburgo (142 662 ab.) è conosciuta soprattutto per il festival musicale.
Innsbruck (113 392 ab.), capitale del Tirolo, è un nodo stradale e ferroviario e sede di sport invernali.

dizionario

Salgemma: cloruro di sodio (il "sale" che si usa in cucina). Il salgemma si trova nelle miniere sotto forma di cristalli trasparenti o biancastri. Dato l'alto costo di estrazione, oggi si preferisce ricavare il sale dall'acqua del mare. Molte miniere di salgemma sono state perciò chiuse.

Un buon livello di sviluppo

L'Austria è un paese con un buon livello di sviluppo. Il reddito pro capite è alto, mentre la disoccupazione è inferiore alla media europea.
L'**agricoltura** è praticata con tecniche moderne. I prodotti principali sono *cereali*, *barbabietola da zucchero*, *patate*, *ortaggi*. Nella zona del Danubio viene coltivata la *vite*, da cui si ricavano vini pregiati. Di rilievo è il *patrimonio boschivo*: le foreste coprono un terzo del territorio e il legname che se ne ricava viene destinato principalmente all'esportazione.
Importante è l'**allevamento**, favorito dalla quantità di pascoli. Oltre ai *bovini*, numerosi sono i *suini*.

Risorse del sottosuolo, industria e terziario

L'Austria dispone di discrete risorse del **sottosuolo**: *ferro*, *magnesite*, *grafite* e *lignite*. In passato, erano importanti le miniere di **salgemma** di Salisburgo (il cui nome significa proprio "città del sale"), oggi in parte chiuse. Si estraggono inoltre *petrolio* e *gas naturale*.
Le **industrie** si sono sviluppate grazie alla disponibilità di materie prime e di energia, fornita dalle numerose *centrali idroelettriche*. Le industrie principali sono quelle *siderurgiche* e *meccaniche*, concentrate nel triangolo Vienna-Linz-Graz. Importante è l'industria *tessile*.
Altri settori tradizionali sono i *mobilifici*, l'industria *alimentare* e della *birra*, degli *strumenti musicali*, del *vetro* e degli *orologi*.
Nel settore **terziario** un posto di primo piano spetta al *turismo*: si calcolano più di 19 milioni di turisti l'anno. Importante è anche il *commercio*.
Le **reti** *ferroviaria* e *stradale* sono efficienti. Sviluppata è la *navigazione interna*, soprattutto sul Danubio. Il traffico aereo dispone di numerosi *aeroporti*.

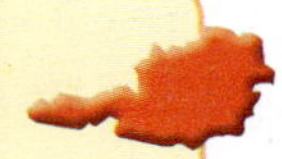

- POPOLAZIONE: **8 105 000 ab.**
- DENSITÀ: **97 ab./km²**
- CAPITALE: **Vienna** (1 838 225 ab.)
- FORMA DI GOVERNO: **repubblica federale**
- MONETA: **euro**
- LINGUA: **tedesco**
- RELIGIONE: **cattolica, protestante, musulmana**
- POPOLAZIONE ATTIVA: **46,1%**
- OCCUPATI NEI DIVERSI SETTORI:
  - **PRIMARIO: 13%**
  - **SECONDARIO: 22%**
  - **TERZIARIO: 65%**
- IN CERCA DI OCCUPAZIONE: **4,6%**

1 Il palazzo di Schönbrunn

Il palazzo di Schönbrunn è uno dei monumenti più conosciuti di Vienna. Costruito nel Settecento come residenza estiva degli Asburgo, è simbolo della grandezza e dello sfarzo della Vienna imperiale, centro politico, di cultura e musica. Intorno all'edificio si estendono giardini con fontane, obelischi e sculture.

Il personaggio

È austriaco uno dei più grandi musicisti di tutti i tempi: **Wolfgang Amadeus Mozart** (1756-1791).

Bambino prodigio e concertista già a 6 anni, Mozart lasciò presto la città natale, Salisburgo, per girare l'Europa. Morì a Vienna a soli 35 anni, lasciando un grande numero di concerti, sinfonie, opere teatrali, brani di musica sacra e di musica da camera, tra i più eseguiti al mondo.

A Salisburgo tutto ricorda Mozart: la casa dove nacque, il Mozarteum (centro di studi che conserva oggetti e documenti dell'epoca), persino i... cioccolatini, le famose Mozartkugeln. Ogni anno si tiene a Salisburgo anche un importante Festival musicale.

L'Austria a tavola

Una delle più conosciute specialità gastronomiche dell'Austria è lo **strudel**, un rotolo di sfoglia farcito con frutta, pinoli, uvetta e cannella. Vienna ha dato i natali anche a un altro famoso dolce: la **Sachertorte**, una torta di cioccolato e marmellata di albicocche. Per stabilire chi fosse il suo inventore, si dovette andare addirittura in tribunale, perché due pasticceri, Sacher e Demel, ne rivendicavano la paternità.

Svizzera

1. **SCEGLI, tra le alternative proposte, quella che ritieni corretta.**

La Svizzera, abitata già dal V / X secolo dai rezi e dagli elvezi, nel 58 a.C. fu conquistata *dagli arabi* / *dai romani*. Nel Medioevo la parte occidentale venne occupata *dagli alemanni* / *dai burgundi*, quella orientale *dagli alemanni* / *dai burgundi*, la zona meridionale dai *longobardi* / *galli*, mentre i rezi si rifugiarono nei Grigioni.
Nel 1291 i cantoni di Uri, Schwyz e Unterwalden firmarono un patto di reciproca assistenza per difendersi *dagli Asburgo* / *dai Borboni*. Il patto segnò l'inizio della Confederazione Svizzera.
Nel XVI secolo Zwingli e Calvino diffusero la *Riforma protestante* / *Controriforma*. La Confederazione Elvetica venne riconosciuta nel 1648, con la pace di *Vestfalia* / *Campoformio*.
Il Congresso di Vienna riconobbe *l'indipendenza* / *la neutralità* della Svizzera.

2. **INDICA in quali zone può essere diviso il territorio della Svizzera.**

a) A sud: Le Alpi coprono il 60 % del territorio: monti principali: Rosa - Cervino - Bernina
b) Al centro: il Mittelland è una vasta pianura ricca di colline e altopiani di origine glaciale
c) A nord-ovest: La catena del Giura con vette alte più di 1000 metri.

3. **COMPLETA il seguente grafico, che si riferisce alle più alte vette alpine Svizzere, disegnate in ordine di altezza.**

4. **COLLEGA ciascun fiume svizzero con il lago o il fiume di cui è immissario.**

a) Reno	Lago Maggiore
b) Rodano	Lago di Ginevra
c) Ticino	Reno
d) Inn	Lago di Costanza
e) Aare	Danubio

5. **INDICA se le seguenti affermazioni sono vere o false.**

a) In Svizzera convivono popoli diversi soprattutto dal Novecento, quando vi sono immigrati molti stranieri in cerca di lavoro. V F
b) Oggi oltre il 39% dei residenti proviene da altre nazioni. V F
c) La popolazione è concentrata nel Mittelland e nelle pianure, dove si trovano le città principali. V F
d) Il 12% della popolazione vive sopra i 1600 metri. V F
e) In Svizzera si parlano quattro lingue ufficiali: il tedesco, il francese, lo svizzero e il romancio. V F
f) Le religioni più praticate sono quelle cattolica e protestante. V F
g) La consistente presenza di immigrati musulmani ha favorito la diffusione dell'islam. V F
h) L'88% degli svizzeri risiede in centri urbani. V F
i) Zurigo è la capitale della confederazione fin dal 1848. V F
l) Berna è la città più popolosa, e capitale del cantone tedesco. V F
m) Ginevra, al confine con la Francia, ospita importanti organismi internazionali, come la Croce Rossa, l'ONU, l'Organizzazione Mondiale della Sanità e il CERN. V F

4634 m	4478 m	4274 m	4158 m	4052 m
Rosa	Cervina	Finsteraarhorn	Jungfrau	Bernina

6. RISPONDI alle seguenti domande.

a) La Svizzera è un paese ricco o povero? È povero

b) Quali sono i principali prodotti agricoli svizzeri? Sono sufficienti al fabbisogno della popolazione? Sono ortaggi, viti, barbabietole da zucchero, alberi da frutto; no

c) Che cosa ha permesso lo sviluppo dell'industria? L'ENERGIA

d) Quali sono i settori industriali svizzeri più importanti? METALLURGICO, MECCANICO, TESSILE, ALIMENTARE ecc...

e) Su quali attività si basa il settore terziario? COMMERCIO E TURISMO

Austria e Liechtenstein

7. COMPLETA il testo, che descrive i principali momenti della storia austriaca.

La regione, abitata dai celti, nel I secolo a.C. fu occupata dai romani. Nel Medioevo subì le invasioni dei barbari. Nell'VIII secolo fu conquistata da Carlo Magno, che vi costituì la Marca Orientale. Nel 1278 si affermò la dinastia degli Asburgo, che dal XV al XVIII secolo estese i suoi confini in Europa. Nel XVII secolo, l'Impero austriaco dovette contrastare l'avanzata in Europa dei turchi, che furono sconfitti alle porte di Vienna. Nel Settecento, con l'imperatrice Maria Teresa, l'Austria visse il momento di massimo splendore. Dopo la 1° guerra mondiale, il territorio austriaco venne ridotto alle dimensioni attuali. L'anno seguente l'Austria divenne una repubblica.
Dal 1995 l'Austria fa parte dell'Unione Europea.

8. DESCRIVI brevemente il territorio dell'Austria.

L'AUSTRIA CONFINA A NORD CON GERMANIA E REP. CECA; A EST CON SLOVACCHIA; A SUD-EST CON UNGERIA; A SUD CON SLOVENIA E ITALIA; A OVEST CON SVIZZERA E LICTHESTAIN. IL TERRITORIO È PREVALENTEMENTE MONTUOSO.

9. RISPONDI alle seguenti domande.

a) Com'è distribuita la popolazione dell'Austria? LA POPOLAZIONE È DISTRIBUITA FRA LA CAPITALE E LE CITTÀ PRINCIPALI E TRA LE VALLATE E AREE COLLINARI

b) Quali lingue si parlano in Austria? IL TEDESCO E LINGUE MINORI: CECO, SLOVENO, CROATO, UNGERESE

c) Quali sono le religioni più diffuse? CATTOLICA (73,6), PROTESTANTE (5,5), MUSULMANA (4,2)

d) Quali sono le città principali? VIENNA (CAPITALE), GRAZ, LINZ, INSBRUCK, SALISBURGO

e) Quale città è famosa per il festival musicale? SALISBURGO

10. COMPLETA lo schema, che si riferisce all'economia austriaca.

a) Prodotti agricoli: BARBABIETOLE DA ZUCCHERO, PATATE, ORAGGI, CEREALI, VITE (SUL DANUBIO)

b) Allevamento: BOVINI E SUINI

c) Risorse del sottosuolo: POVERE: FERRO, MAGNESITE, GRAFITE E LIGNITE

d) Industrie: MECCANICHE, SIDERURGICHE, TESSILE E ALIMENTARE

e) Terziario: TURISMO, COMMERCIO

11. COMPLETA il testo, che descrive brevemente il Liechtenstein.

Il Liechtenstein è un piccolo stato prevalentemente MONTUOSO, nella catena delle Alpi RETICHE, al confine tra Austria e SVIZZERA. La sua capitale, VADUZ, è sede della monarchia ed è l'unica città di rilievo.
La popolazione conta circa 34 unità, con una densità media piuttosto ELEVATA per una regione alpina. Ciò è dovuto AL FIORIRE DELLE ATT. ECONOMICHE, che hanno portato a un'elevata presenza di stranieri (un TERZO della popolazione totale). Il Liechtenstein ha un'alta QUALITÀ DI VITA e un livello di DISOCCUPAZIONE tra i più bassi d'Europa.

Fare vacanza

Fino a qualche decennio fa, ci si spostava solo per lavoro o per necessità, o magari per andare a trovare i parenti. Fare le vacanze era un lusso che potevano permettersi in pochi, e molte persone trascorrevano la vita senza mai uscire dal proprio paese. Oggi, viaggiare è una passione diffusa, e sono tante le famiglie che, soprattutto d'estate, si spostano per trascorrere qualche giorno in località di villeggiatura.
Ogni paese ha le sue mete preferite. In Italia, molti trascorrono le vacanze al mare, anche grazie alle centinaia di chilometri di coste e spiagge attrezzate che ci sono nel nostro paese.
Ma dove vanno, di preferenza, le famiglie tedesche, austriache e svizzere durante il loro tempo libero?

La **montagna** è la destinazione turistica per eccellenza delle regioni alpine. In estate offre la possibilità di compiere arrampicate o escursioni impegnative, o di dedicarsi a passeggiate rilassanti in paesaggi incantevoli. Ma è soprattutto in inverno che le località montane si riempiono di turisti. Gli svizzeri e gli austriaci, soprattutto, ma anche molti tedeschi, praticano volentieri tutti gli sport invernali: sci e snowboard sulle piste, ma anche scialpinismo, sci di fondo, snowbike, bob e pattinaggio su ghiaccio. Nella sola Austria esistono 900 località sciistiche, 3800 impianti di risalita e oltre 70 piste illuminate. Si calcola che, se si mettessero una di seguito all'altra tutte le piste di sci austriache, si formerebbe una "strada bianca" lunga 22 000 chilometri. Tanto per farti un'idea, si potrebbe andare da Vienna a Tokyo con gli sci e tornare indietro!

Per gli abitanti della regione germanica e alpina il **mare** è davvero lontano. Le vacanze balneari sulla costa settentrionale della Germania si limitano, in genere, ai giorni più caldi dell'estate. Chi ha la possibilità di farlo "scende" verso il Mediterraneo, dirigendosi in Italia, in Spagna, in Francia, in Grecia o in Croazia. La facilità con cui ci si sposta ai nostri giorni favorisce anche i viaggi verso mete esotiche. Ma per chi non può o non vuole viaggiare molto, nascono iniziative curiose: il paradiso tropicale che vedi nella foto è in realtà un parco coperto, che è stato costruito nella regione del Brandeburgo, a 60 km da Berlino!

Molte famiglie o comitive dedicano le vacanze alla cultura e alla visita delle **città**. Le città tedesche, austriache e svizzere sono ricche di storia e di monumenti, ospitano importanti musei, spesso con percorsi studiati apposta per i ragazzi, e in molti casi offrono la possibilità di partecipare a concerti e a spettacoli teatrali anche nei mesi estivi. Quando i più giovani si sentono stanchi... di cultura, trascinano gli adulti nei parchi di divertimenti, come il famosissimo Prater di Vienna, o nei giardini zoologici, come lo "Zolli" di Basilea.

Talvolta si approfitta delle vacanze per seguire grandi **manifestazioni sportive**. L'Austria e la Svizzera vantano una lunga tradizione soprattutto nell'organizzazione di eventi legati agli sport della neve: i due paesi, che hanno ospitato ben 4 edizioni delle Olimpiadi invernali, ogni anno sono sede di competizioni internazionali. La Germania dispone di strutture per qualsiasi disciplina sportiva. Parlando, poi, dello sport più seguito in Europa, cioè il calcio, tutti ricordano il Campionato mondiale tedesco del 2006 e quello europeo che Svizzera e Austria hanno organizzato insieme nel 2008.

E tu?

- **a)** Come trascorri i periodi di vacanza?
- **b)** C'è qualche località in cui la tua famiglia si reca spesso durante l'estate o nel tempo libero? Per quale motivo?
- **c)** Nei luoghi in cui hai trascorso le vacanze, hai incontrato turisti provenienti da altri paesi? Quali?
- **d)** Hai mai visitato località della regione germanica e alpina? Se sì, c'è qualche aspetto che ti ha colpito in modo particolare?
- **e)** C'è qualche paese, o regione, che ti piacerebbe visitare?

VIAGGIO 4

La regione britannica

La **regione britannica** è formata dalla **Gran Bretagna**, che è l'isola più grande del continente europeo, dall'**Irlanda** e da oltre 5000 isole minori, raggruppate negli arcipelaghi delle Orcadi, delle Ebridi, delle Shetland. Il fatto che la regione britannica sia formata da isole ha avuto un grande peso sulle sue vicende storiche ed economiche. Venne conquistata prima dai romani, poi dagli angli e dai sassoni e infine dai normanni. Conobbe sin dal Medioevo una fase di sviluppo e di indipendenza politica, ma divenne una grande

potenza solo dopo la scoperta dell'America, quando i principali traffici commerciali ed economici del mondo si spostarono dal Mediterraneo all'Atlantico.

Nella regione britannica, forte del suo vasto impero coloniale, ebbe inizio tra Settecento e Ottocento la Rivoluzione industriale, che interesserà in seguito anche altri stati europei.

Oggi, dopo la perdita delle colonie, la regione britannica attraversa un periodo meno fortunato, pur restando tra le aree più progredite del mondo.

Regno Unito

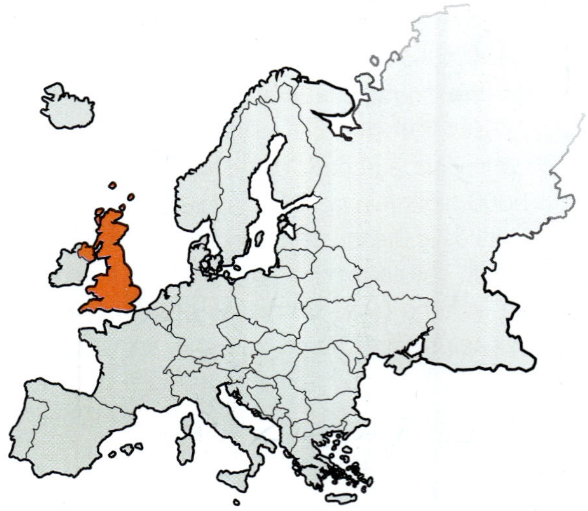

› Quali dominazioni ha conosciuto nell'antichità il Regno Unito?

› Che cos'è la *Magna charta libertatum*?

› In quale periodo vi fu una grande espansione politica e commerciale?

› Che cosa si intende per "rivoluzione industriale"?

› Quali avvenimenti hanno caratterizzato la storia inglese nell'Ottocento e nel Novecento?

La *Union Jack*, la **bandiera** del Regno Unito, è stata adottata durante le guerre napoleoniche, nel 1801. Nasce dalla combinazione di diverse bandiere: quella inglese, la croce di san Giorgio, rossa su campo bianco; quella scozzese, la croce di sant'Andrea, bianca su fondo azzurro; quella irlandese, la croce di san Patrizio, trasversale rossa su campo bianco.

Dai celti ai normanni

Abitata nell'antichità da popolazioni celtiche, dal 55 a.C. la Gran Bretagna venne in parte conquistata dai romani, guidati da Giulio Cesare.

Nel V secolo incominciarono le invasioni di angli e sassoni, popolazioni dell'Europa del Nord. Nell'XI secolo i normanni, con Guglielmo il Conquistatore, unificarono l'Inghilterra in un solo regno. Nel 1215 il sovrano Giovanni Senza Terra fu costretto a firmare la *Magna charta libertatum*: questo documento, riconoscendo il parlamento, pose le basi della prima monarchia costituzionale d'Europa.

L'espansione coloniale e la rivoluzione industriale

Dopo la sconfitta nella guerra dei Cent'anni contro la Francia (1337-1453), il paese avviò una grande espansione politica e commerciale, grazie soprattutto alla scoperta dell'America e al rafforzamento della flotta voluto da Elisabetta I.

Nel frattempo, con Enrico VIII, la Chiesa d'Inghilterra (anglicana) si separò da quella di Roma, e il sovrano, con l'Atto di supremazia (1534), se ne proclamò il capo. Nel 1707 Inghilterra e Scozia firmarono l'Atto di Unione, con cui venne costituito il Regno Unito.

Nella seconda metà del XVIII secolo ebbe inizio il processo di sviluppo chiamato "rivoluzione industriale", reso possibile dai capitali provenienti dall'agricoltura, dai giacimenti di carbone e dall'invenzione della macchina a vapore. Nacquero quindi grandi città e vennero abbandonate le campagne; sorsero gravi problemi sociali (alcolismo, prostituzione, sfruttamento dei bambini), anche se il paese divenne sempre più ricco.

Il regno della regina Vittoria e il XX secolo

Il lungo regno della regina Vittoria (1837-1901) vide l'Inghilterra impegnata nella conquista di un vasto impero coloniale. Le due guerre mondiali posero fine alla supremazia marittima e commerciale del Regno Unito. Con la perdita delle colonie e l'emergere di altre potenze industriali il Regno Unito si trova oggi ad affrontare problemi economici, pur restando una delle principali potenze mondiali. Fa parte dell'Unione Europea dal 1973.

La curiosità

Arrivando in Inghilterra dalla Manica si è colpiti dalle "bianche scogliere di Dover" (foto a destra), un muraglione scosceso e candido a strapiombo sul mare, formato da rocce calcaree (falesie). Proprio per il loro colore, i romani tradussero l'antico nome dell'isola, Albione, con "terra candida" (in latino *albus* significa candido). In realtà il nome Albione è probabilmente di origine celtica e già gli antichi geografi greci lo usavano per indicare la più grande delle isole britanniche.

1 Stonehenge

Fra le testimonianze preistoriche del Regno Unito, la più famosa è il complesso megalitico (cioè formato da grandi pietre) di Stonehenge. Si trova nei pressi di Salisbury, nell'Inghilterra meridionale, e la sua costruzione è iniziata intorno al 2800 a.C. A che cosa serviva? Diverse sono le ipotesi: nel 1700 si pensava che fosse un tempio dedicato al dio Serpente, mentre nel 1800 lo si riteneva una creazione dei sacerdoti druidi. Oggi gli archeologi sostengono si tratti di un tempio dedicato al culto del sole e della luna, che serviva anche come gigantesco osservatorio astronomico.

? Dov'è situato e da quali territori è composto il Regno Unito?
? Dove si trovano i rilievi principali?
? Quali sono i più importanti fiumi e laghi?
? Quali fattori influiscono sul clima della regione?

Il territorio

SUPERFICIE: **242 514 km²**

Un paese formato da isole

Il Regno Unito è situato nell'Europa nord-occidentale. È formato dalla *Gran Bretagna*, la più grande isola europea (229 334 km²), dall'*Irlanda del Nord* (Ulster), dagli arcipelaghi delle *Shetland*, delle *Ebridi* e delle *Orcadi*. Fanno inoltre parte del Regno Unito anche alcuni *possedimenti* che sono quanto rimane del suo impero coloniale: Gibilterra (Europa); l'isola di Sant'Elena (Africa); le isole Anguilla, Cayman, Turks e Caicos, Montserrat, gli arcipelaghi delle Bermuda e delle Isole Vergini Britanniche (America settentrionale) e delle Falkland o Malvine (America meridionale); l'isola di Pitcairn (Oceania); gli arcipelaghi delle Orcadi Australi e delle Shetland Australi (Antartide).

È **bagnato** a nord-ovest dall'Oceano Atlantico e a est dal Mare del Nord; è separato dal continente europeo dal Canale della Manica che, nel punto più stretto, il passo di Calais, misura circa 30 chilometri. Le **coste** sono generalmente alte e rocciose; a nord sono molto frastagliate e presentano profonde insenature, dette *firth*; sul Mare del Nord sono più basse. Sul Canale della Manica sono formate da imponenti rocce calcaree, erose dalle maree.

L'isola principale, la Gran Bretagna, è divisa in tre regioni: la **Scozia** a nord, il **Galles** a ovest e l'**Inghilterra**.

Monti, fiumi e laghi

I **monti** più elevati si trovano a settentrione, nel territorio scozzese. Qui si succedono, da nord a sud, le *Highlands* (= terre alte) settentrionali, i *Monti Grampiani* e le *Uplands* meridionali. Questi rilievi, di origine antica, sono per lo più ricoperti da **brughiere** e prati. Ai Grampiani appartiene la vetta più alta del paese: il *Ben Nevis* (1343 m).

dizionario

Brughiera: terreno arido, spesso argilloso e sabbioso, ricoperto da cespugli e arbusti; in particolare la ginestra, dai fiori giallo-dorati, il brugo, sempreverde con fiori violetti e bianchi, e l'erica, dai fiori rosa.

Utilizzazione del suolo

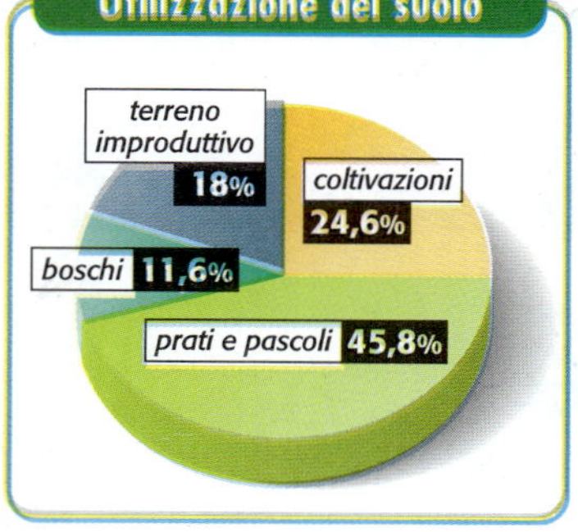

In Inghilterra la catena più significativa è quella dei *Monti Pennini*.

Nel Galles si trovano i *Monti Cambrici*, rilievi modesti che non superano i 1000 metri.

Le **pianure** principali si estendono in Inghilterra e prendono il nome di *Midlands* (= terre di mezzo); si snodano fra ampie zone collinari, ricoperte di pascoli e boschi di latifoglie. Le pianure presenti in Scozia vengono chiamate *Lowlands* (= terre basse).

I **fiumi**, di corso breve, sono numerosi e ricchi di acque, anche a causa delle frequenti piogge. Grazie al loro regime regolare e alle foci a estuario, sono generalmente navigabili. Sulle loro foci si sono sviluppati grandi porti, come quelli di Londra, Glasgow, Liverpool e Bristol. I fiumi principali sono il *Tamigi*, che attraversa la capitale e che è quasi totalmente navigabile, il *Severn*, il più lungo del paese, il *Clyde*, il *Tyne*, l'*Avon*, il *Trent*, l'*Ouse*.

Molti sono i **laghi**, soprattutto in Scozia e nel nord dell'Inghilterra. I più importanti sono il *Loch Ness*, conosciuto per la leggenda che lo vuole abitato da un mostro, e il *Loch Lomond*. Il lago più vasto, il *Lough Neagh*, si trova nell'Irlanda del Nord, ricchissima di bacini d'acqua dolce.

Un clima temperato

Il **clima** britannico è di tipo *atlantico*, temperato grazie all'influenza della calda Corrente del Golfo, con inverni non troppo freddi ed estati fresche e piovose.

I venti provenienti dall'Atlantico sono all'origine delle abbondanti precipitazioni presenti soprattutto in Irlanda e in Scozia. Specialmente in inverno e in primavera è frequente la *nebbia*.

Per saperne di più

Il Regno Unito è famoso per le sue piogge. In realtà, non tutto il paese è... bagnato allo stesso modo! Mentre Londra e la regione dell'Inghilterra ricevono meno di 700 millimetri annui di piogge (più o meno come la Germania occidentale), nelle Highlands si raggiungono addirittura i 5000 millimetri annui.

DOSSIER

Mari in pericolo

Il Regno Unito è una nazione circondata dal mare, e che risente perciò maggiormente dei problemi legati alla tutela delle acque. In particolare, le più gravi minacce alla sopravvivenza degli oceani sono l'inquinamento e la pesca eccessiva.

I fattori che minacciano i mari

I mari e gli oceani sono minacciati dalle attività umane. L'inquinamento (domestico, agricolo, industriale, o causato dal petrolio) e l'amministrazione irresponsabile del territorio hanno causato un forte degrado dei litorali e delle acque costiere, in particolare nei luoghi in cui si concentra la vita.

Un'altra minaccia per la sopravvivenza dei mari è costituita dalla pesca, spesso praticata – soprattutto in passato – in modo eccessivo e non rispettoso dei ritmi di popolamento delle acque.

Questi fenomeni sono particolarmente evidenti in Inghilterra, una nazione interamente circondata dai mari, e che da essi trae importanti risorse economiche.

Le "maree nere"

Proprio in Inghilterra si sono sperimentati per la prima volta i gravi danni causati dalla fuoriuscita di petrolio in mare. Nel 1967, infatti, una petroliera, la **Torrey Canyon**, fece naufragio nel sud della Gran Bretagna, riversando in mare oltre 100 000 tonnellate di petrolio. Di pari gravità fu il naufragio dell'**Amoco Cadiz**, nel 1978, e di poco inferiore quello della **Braer**, avvenuto nel gennaio del 1993, durante il quale fuoriuscirono in mare circa 80 000 tonnellate di petrolio, che danneggiarono gravemente l'ecosistema delle isole Shetland.

Le conseguenze più immediate di questi disastri ecologici riguardano la fauna e la flora: centinaia di migliaia di uccelli e di pesci, oltre a specie vege-

Bombe ambientali

Ogni anno, circolano sui mari 1,5 miliardi di tonnellate di petrolio, trasportati da petroliere con più di 20 anni d'età. Queste navi sono delle vere e proprie bombe ambientali, pronte per esplodere: pensa che una sola tonnellata di petrolio può espandersi su 12 km^2, cioè la superficie di circa 1700 campi di calcio.

tali sottomarine e costiere, hanno già perso la vita avvelenati dal petrolio.
Il ritorno alle normali condizioni ambientali è possibile, ma richiede molti anni, e varia a seconda del tipo di costa: i promontori rocciosi si bonificano in qualche settimana, le spiagge di sabbie fini necessitano di un tempo che varia da 1 o 2 anni, le spiagge ghiaiose richiedono da 3 a 5 anni, e le aree paludose più di dieci anni.
Un grande aiuto nell'opera di risanamento è dato da un particolare tipo di batteri, che si nutrono proprio di petrolio; importante è anche l'azione dei crostacei, che smuovendo il fondo marino portano in superficie il petrolio infiltrato nella sabbia.
La vera difesa contro questo tipo di minaccia è però data dalla prevenzione: i trasporti marittimi sono infatti spesso affidati a navi troppo vecchie o mal equipaggiate.

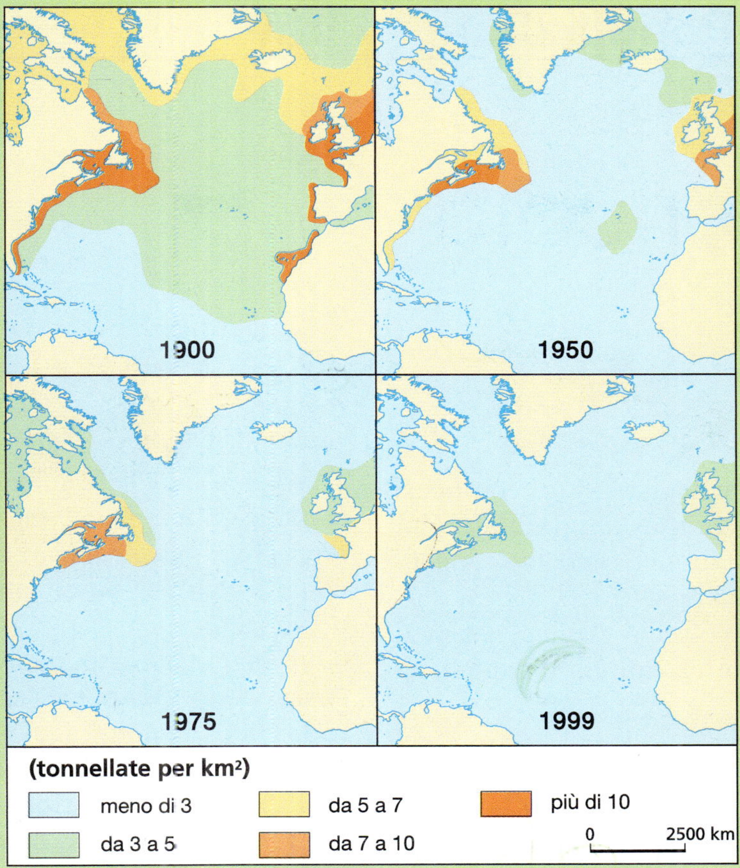

La pesca eccessiva

La pesca è una risorsa alimentare importante in tutto il mondo. Dal 1800 la quantità di pescato è aumentata di 200 volte, ma negli ultimi quindici anni, nonostante il progresso tecnologico e l'aumento dell'attività di pesca, la produzione di pesce si è stabilizzata. Questo fenomeno è dovuto al fatto che molte riserve ittiche si sono notevolmente impoverite. In particolare l'Atlantico del nord ha visto una forte **riduzione della biomassa** dei pesci (cioè a quantità totale – espressa in peso – dei pesci in rapporto a una certa superficie di mare). Tra le specie atlantiche più minacciate ci sono il merluzzo, l'aringa e alcune specie di tonno.
La carta sopra mostra la riduzione della biomassa avvenuta nel nord Atlantico tra l'inizio e la fine del XX secolo (i dati sono espressi in tonnellate per km²): è evidente l'impoverimento delle risorse ittiche che ha avuto luogo nell'arco dell'ultimo secolo nei mari che circondano la Gran Bretagna.
Per cercare di porre rimedio a questo grave fenomeno, si sono messe in atto recentemente alcune misure restrittive. Ad esempio, si è aumentata la grandezza delle maglie delle reti, per permettere ai pesci più piccoli di non restare impigliati e quindi di crescere e riprodursi.
Nonostante ciò, questi provvedimenti non sembrano sufficienti a garantire la sopravvivenza del mare, anche perché non vengono applicati in molti paesi del pianeta.

La strage dei delfini

Si calcola che negli ultimi 30 anni, circa 6 milioni e mezzo di delfini siano caduti vittime delle reti dei pescatori. Pur non essendo tra le specie pescate, i delfini finiscono spesso impigliati nelle reti gigantesche che vengono tese e lasciate in mare per alcuni giorni. Per ridurre i danni di queste reti, la loro lunghezza è stata limitata a un massimo di 2,5 km, ma questa restrizione è applicata solo in Europa; in altri paesi del mondo le reti possono raggiungere anche la lunghezza di 60 km.

Attività

1. Rispondi, a voce, alle seguenti domande.

- **a)** Quali sono i fattori che minacciano la sopravvivenza dei mari?
- **b)** Che cosa si intende per "maree nere" e quali conseguenze causano?
- **c)** È possibile il ritorno alle normali condizioni ambientali dopo una "marea nera"? In che modo? Quanto tempo è necessario?

2. Discuti con i tuoi compagni.

Che cosa si dovrebbe fare per garantire la sopravvivenza del mare?
Molti paesi che non applicano misure restrittive nella pesca sono paesi poveri, la cui popolazione vive in gran parte di prodotti ittici. Pensi che sia giusto che le misure restrittive vengano applicate in modo uguale da tutti i paesi? Che cosa si dovrebbe fare per salvaguardare la vita dei mari, senza penalizzare le popolazioni più povere?

Popolazione e città

> Com'è composta la popolazione inglese?
> Come si distribuisce?
> Quali sono le lingue e le religioni maggiormente diffuse?
> Che cosa sono le *new towns*?
> Quali sono le città principali?

- POPOLAZIONE: **59 645 000 ab.**
- DENSITÀ: **246 ab./km^2**
- CAPITALE: **Londra** (7 387 900 ab.)
- FORMA DI GOVERNO: **monarchia costituzionale**
- MONETA: **sterlina**
- LINGUA: **inglese**
- RELIGIONE: **anglicana, protestante, cattolica, altri cristiani, musulmana**

Un paese ad alta densità di popolazione

Il Regno Unito, con quasi 60 milioni di abitanti, è uno degli stati europei a maggior densità di popolazione. Quest'ultima è formata prevalentemente da inglesi, con minoranze scozzesi, gallesi e irlandesi. Numerosi sono anche polacchi, italiani, spagnoli e immigrati provenienti dalle ex colonie britanniche (Giamaica, India, Pakistan).

La popolazione si concentra nelle zone del centro e del sud dell'Inghilterra, dove si trovano le grandi città industriali. Solo il 10% risiede nelle campagne e nei piccoli centri.

La **lingua** ufficiale del Regno Unito è l'*inglese*, ma in Scozia, nel Galles e nell'Irlanda del Nord, dove vivono minoranze di origine celtica, si parlano anche idiomi antichi di quel ceppo.

La **religione** più diffusa è quella *anglicana* (43,5%), religione di stato che fa capo al monarca. Sono presenti anche *cattolici* nell'Irlanda del Nord, *presbiteriani* in Scozia, *metodisti*, *musulmani* ed *ebrei*.

Urbanizzazione e *new towns*

Numerose sono le grandi città, soprattutto in Inghilterra. A seguito della rivoluzione industriale iniziata nel XVIII secolo, questa regione ha subìto, infatti, un processo di **urbanizzazione**. Le città, cioè, si sono ingrandite enormemente, fino a diventare delle metropoli. Dopo la Seconda guerra mondiale, per arrestare questo fenomeno, sono state create una trentina di ***new towns*** ("città nuove") in tutto il Regno Unito. Costruite secondo criteri moderni, con molto verde, e progettate per non oltrepassare i 100 000 abitanti, sono poco distanti dai centri industriali e consentono di raggiungere facilmente i posti di lavoro. Oggi le *new town* sono 33, con una popolazione complessiva di oltre 2 300 000 persone.

Le città principali

La capitale del Regno Unito è **Londra**, che con i suoi 7 387 900 abitanti è la terza città più popolosa d'Europa, dopo Parigi e Mosca. Situata sul Tamigi, a 60 chilometri dal mare, è anche un importante porto fluviale. Nel suo centro, la *City*, (1) si trovano banche e uffici amministrativi, che ne fanno uno dei poli finanziari e commerciali più importanti del mondo.

Altre importanti città industriali sono: **Manchester** (2 531 000 ab. con l'agglomerato urbano), famosa già dall'antichità soprattutto per l'industria tessile; **Birmingham** (977 091 ab.), sede di industrie aeronautiche, automobilistiche e chimiche; **Glasgow** (577 090 ab.), principale centro commerciale e industriale della Scozia; **Leeds** (715 404 ab.), nota per l'industria della lana e dell'abbigliamento; **Liverpool** (439 476 ab.), importante porto sul Mare d'Irlanda e **Sheffield** (513 234 ab.), centro siderurgico.

Altre città da ricordare sono **Edimburgo** (448 370 ab.), città d'arte e universitaria, capoluogo politico e amministrativo della Scozia; **Oxford** (134 248 ab.) e **Cambridge** (108 879 ab.), famose per le loro antiche università; **Belfast** (271 600 ab.), principale centro commerciale e industriale dell'Ulster, e **Cardiff** (324 400 ab.), città portuale del Galles.

1 Una città... concentrica!

La foto a destra mostra un aspetto della *City*, il cuore finanziario e amministrativo di Londra. Nucleo più antico della città, vi risiedono oggi solo 4100 abitanti, perché la maggior parte degli edifici è adibita a uffici.

Per l'espansione della *City*, gran parte della popolazione londinese si è spostata nel tempo dal centro alla periferia (foto sotto), formando quella che viene definita *Greater London* ("grande Londra"): un'area di 1580 km^2, sviluppata attorno al nucleo originario.

Per limitare la crescita della città, nel 1939 è stata creata attorno a Londra una "cintura verde" (*Green Belt*), larga 8 chilometri (in basso a destra). La presenza di un'area verde attorno alla città non è solo caratteristica di Londra, ma è tipica di tutte le principali metropoli inglesi.

Visitare Londra

Musei

Tra i numerosi musei di Londra, i più famosi sono il British Museum, uno dei più importanti musei di storia di tutto il mondo, la National Gallery e la Tate Gallery, che presentano un'impressionante collezione d'arte figurativa, con le opere di tutte le maggiori scuole occidentali tra il XV e il XX secolo. Tradizionalmente londinese, e poi esportato in altre capitali, è il Museo delle cere di Madame Tussaud.

Piccadilly Circus

Piazza famosa per le grandi insegne luminose, è uno dei più importanti snodi del traffico cittadino e polo di attrazione turistica; al centro è posizionata la celebre statua di Eros.

La gente

I londinesi sono un popolo tollerante: non a caso, nella città convivono pacificamente persone di origini, cultura, idee molto diverse. Questa varietà si può notare anche nell'abbigliamento: mentre da un lato a Londra vengono rispettate antiche usanze, ad esempio quella di recarsi in ufficio con ombrello e bombetta, dall'altro vi si possono incontrare le mode più trasgressive: capelli a cresta coloratissimi, piercing e tatuaggi.

I primati

La metropolitana di Londra, chiamata "The tube", è la più antica del mondo: la sua prima tratta ha cominciato a funzionare nel 1863.

La curiosità

Il personaggio di Sherlock Holmes, il noto investigatore inventato dallo scrittore Arthur Conan Doyle, è entrato talmente a fondo nella fantasia dei londinesi da diventare realtà! Nella capitale si può infatti visitare la casa-museo di Sherlock Holmes, con tanto di arredamento d'epoca, benché questo personaggio non sia mai realmente "uscito" dalle pagine del suo inventore.

Da non perdere

A Londra sono frequentatissimi i numerosi parchi, come l'Hide Park che forma, con gli adiacenti Kensington Gardens, un'area verde di 250 ettari. Imperdibili sono i vari mercatini delle pulci, tra i quali lo storico Portobello Market, il Brick Lane, il Greenwich, il Petticoat Lane, il Covent Garden e l'eccentrico Camden Market, il più esteso. Meta di ogni visitatore è assistere alla cerimonia giornaliera del cambio della guardia davanti a Buckingham Palace, residenza dei monarchi. Interessante è inoltre la ricostruzione del Globe Theatre, fedele all'originario teatro del 1599 in cui lavorò Shakespeare, e che disgraziatamente andò distrutto nel Seicento.

Carta d'identità

- NOME: London
- DATA DI NASCITA: le prime notizie risalgono al 43 d.C., quando i romani, che la chiamavano *Londinium*, ne fecero la capitale della Britannia. Durante il Medioevo accrebbe la sua importanza fino a diventare, nel XVIII secolo, la capitale del mondo industrializzato.
- INDIRIZZO: Regno Unito (Inghilterra)
- ALTITUDINE: 20 m s.l.m.
- SUPERFICIE: 1580 km^2
- POPOLAZIONE: 7387900 ab.

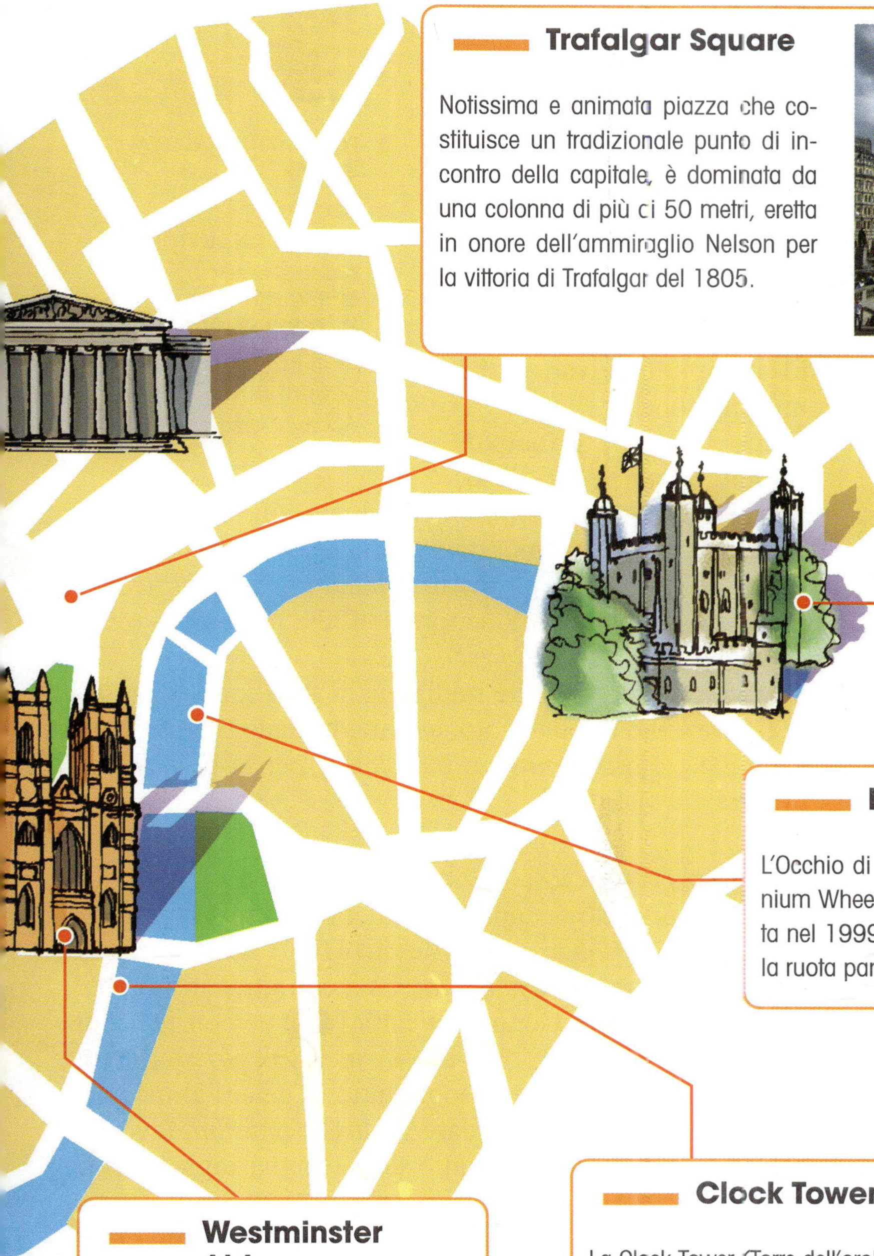

Trafalgar Square

Notissima e animata piazza che costituisce un tradizionale punto di incontro della capitale, è dominata da una colonna di più di 50 metri, eretta in onore dell'ammiraglio Nelson per la vittoria di Trafalgar del 1805.

Tower of London

Costruita all'interno delle mura normanne, la Torre di Londra fu voluta da Guglielmo il Conquistatore e più tardi fortificata da Riccardo Cuor di Leone, che la circondò con un fossato nel quale fece immettere l'acqua del Tamigi. Fu residenza dei monarchi fino al XVII secolo, e fu poi usata come prigione per personaggi di alto rango.

London Eye

L'Occhio di Londra, noto anche come Millennium Wheel, è una ruota panoramica costruita nel 1999 e aperta al pubblico nel 2000; è la ruota panoramica più alta del mondo.

Clock Tower

La Clock Tower (Torre dell'orologio), in stile gotico vittoriano, è il maggiore punto di riferimento della città. Situata accanto al Parlamento britannico, nel quartiere di Westminster, è il simbolo di Londra, soprattutto per via del suo orologio, noto in tutto il mondo come Big Ben; sopra i suoi numeri una luce segnala se il Parlamento è in seduta.

Westminster Abbey

Originaria costruzione normanna, l'abbazia venne ricostruita in stile gotico francese nel XIII secolo. È la chiesa delle incoronazioni ed è luogo di sepoltura di tutti i sovrani inglesi, da Guglielmo il Conquistatore in poi.

Economia e società

- Che cosa ha trasformato profondamente l'economia inglese?
- Quali sono attualmente i prodotti più importanti del settore primario?
- Di quali risorse del sottosuolo dispone?
- Come si presenta l'industria inglese?
- Quali sono le attività principali nel settore terziario?

- POPOLAZIONE ATTIVA: **49,8%**
- OCCUPATI NEI DIVERSI SETTORI:
  - **PRIMARIO: 2%**
  - **SECONDARIO: 17%**
  - **TERZIARIO: 81%**
- IN CERCA DI OCCUPAZIONE: **4,7%**

Un paese trasformato dalla rivoluzione industriale

Paese di tradizioni agricole e commerciali, il Regno Unito ha subìto una profonda trasformazione con la rivoluzione industriale. Se nell'Ottocento appariva il paese più avanzato dal punto di vista economico e industriale, nel Novecento, con la perdita delle colonie, ha conosciuto un declino. Dopo la Seconda guerra mondiale, la sua economia ha incominciato a riprendersi.

L'**agricoltura**, praticata solo dal 2% della forza lavoro, utilizza strumenti all'avanguardia, che consentono rendimenti elevati. Anche così, però, riesce a far fronte solo alla metà del fabbisogno del paese. I prodotti principali sono *frumento*, *avena* e *orzo* (da cui si ricavano *birra* e **whisky**); *patate*, *barbabietole da zucchero*, *luppolo*, *ortaggi*.

Importante è l'**allevamento**, grazie all'estesa superficie (oltre il 45%) destinata a pascolo. Al primo posto è l'allevamento di *ovini*, (1) di cui il Regno Unito è il principale produttore europeo. Notevole è l'allevamento di *bovini*, più modesto quello di *suini* e *volatili*.

Diffusa è la **pesca**, che frutta ogni anno circa 870 000 tonnellate di pescato, ponendo il Regno Unito tra i principali produttori in Europa. La notevole quantità di pescato, in particolare *aringhe* e *merluzzi*, non soddisfa però la richiesta interna ed è destinata a diminuire per effetto delle leggi che tutelano il ripopolamento ittico dei mari.

Risorse del sottosuolo e industria

Il **sottosuolo** del paese è ricco di minerali (*ferro*, *piombo*, *stagno*) e *carbone*. Dopo la scoperta di giacimenti di *petrolio* nel Mare del Nord, il Regno Unito è diventato uno dei principali produttori del mondo. Rilevante è anche la produzione di *energia nucleare* (quasi un terzo dell'energia totale).

L'**industria** ha subìto grandi trasformazioni: dopo una fase di nazionalizzazione delle imprese per rilanciare settori in crisi, come le industrie estrattive, siderurgiche, elettrica e dei trasporti, si assiste ora a una nuova apertura ai capitali privati e alle multinazionali.

Fra le industrie principali restano quella *siderurgica*, *metallurgica* e *meccanica*, nate grazie alla disponibilità di ferro e carbone. Importanti sono le industrie *automobilistica*, *aeronautica* e *navale*, *chimica* e delle *biotecnologie*. In espansione è il settore dell'alta tecnologia (*elettronica* e *meccanica di precisione*).

Da ricordare le industrie tradizionali: *tessili*, che oltre alla lavorazione di lana, cotone e iuta trattano oggi le fibre sintetiche, e *alimentari*, in particolare per la produzione di birra e whisky.

Un terziario molto sviluppato

Il settore terziario occupa l'81% della forza lavoro. Oltre alle *attività finanziarie*, il Regno Unito ha sviluppato un'intensa *attività commerciale*, sia con gli stati europei sia con i paesi del Commonwealth (2) e con gli Stati Uniti. Nonostante la quantità di merci esportate, sono maggiori le importazioni, soprattutto di generi alimentari e materie prime. Da ricordare inoltre il *turismo*, favorito anche dai soggiorni di studio della lingua inglese, e le *assicurazioni*.

Lo sviluppo industriale ha favorito la nascita di una fitta **rete di comunicazioni**. (3) Il Regno Unito è servito da numerose *strade* e *autostrade*, che coprono un totale di quasi 400 000 chilometri. Anche la *rete ferroviaria*, seppure non tutta elettrificata, è estesa (17 000 km) ed è tra le più antiche del mondo. La *rete di trasporto fluviale* supera i 1100 chilometri.

Intensi sono i *trasporti marittimi*, grazie ai tanti porti attrezzati e alla flotta mercantile, al primo posto nel mondo.

dizionario

Whisky: bevanda alcolica ottenuta dalla distillazione dell'orzo o di altri cereali (avena, grano).

1 La lana scozzese

Caratteristico del Regno Unito è l'allevamento degli ovini, per un totale, nel 2004, di 35 milioni di capi. Gli ovini, allevati soprattutto in Scozia e Galles, sono preziosi non solo per la carne e il latte, ma anche per la lana, spesso di qualità pregiata e di cui il Regno Unito vanta un'elevata produzione. In particolare, la Scozia produce alcuni tipici tessuti di lana: il *tweed*, tessuto sportivo in lana a grossa trama, a due o più colori, e il *tartan*, caratteristico tessuto a quadri, usato soprattutto per il *kilt*, il gonnellino del costume tradizionale scozzese. I diversi colori del *tartan* indicavano l'appartenenza a un certo *clan*, gruppo composto da più famiglie discendenti da uno stesso progenitore.

2 Il Commonwealth

Al culmine del suo potere, nel 1945, l'impero britannico includeva un quarto della Terra e della popolazione mondiale. Grazie a un processo di decolonizzazione abbastanza pacifico, il Regno Unito ha mantenuto relazioni strette con le antiche colonie, molte delle quali si sono associate nel Commonwealth. Questo organismo, fondato ufficialmente nel 1931 con lo scopo di promuovere la cooperazione economica, politica e sociale tra i paesi membri (Commonwealth significa letteralmente "benessere comune"), raggruppa oggi circa 50 stati indipendenti e permette la circolazione delle merci a tariffe doganali ridotte.

3 L'Eurotunnel

Con la creazione dell'Eurotunnel sotto il Canale della Manica, che unisce la Gran Bretagna alla Francia, il Regno Unito è collegato anche per via ferroviaria al continente europeo.

Costato quasi 130 milioni di euro ed entrato in funzione nel 1994, il tunnel dispone di due gallerie per il passaggio dei treni, che vi possono raggiungere la velocità massima di 160 chilometri all'ora, e di una galleria per l'impianto di aerazione. Lungo circa 50 chilometri, l'Eurotunnel ha una profondità di 100 metri sotto il livello del mare ed è scavato dentro uno strato compatto di roccia calcarea 40 metri sotto il fondo marino.

La sua costruzione ha dato nuovo impulso al turismo, al commercio e ai traffici economici, benché gli alti costi delle tariffe di transito ne limitino l'utilizzo.

DOSSIER

Irlanda del Nord: una pace difficile

L'Irlanda del Nord soffre da molti anni a causa di una guerra civile che oppone cattolici e protestanti e che ha causato oltre 3000 morti. L'azione degli estremisti e i problemi sociali sono i maggiori ostacoli al raggiungimento della pace.

Le origini delle tensioni

Nell'Irlanda del Nord, la convivenza tra protestanti e cattolici è stata a lungo difficile, e ancora oggi esistono tensioni e violenze. Le origini di questi contrasti risalgono molto indietro nel tempo.

Nel 1171 il re inglese Enrico II approdò in Irlanda e in pochi anni l'intera regione dell'Ulster venne conquistata dai soldati inglesi. Da quel momento, l'Inghilterra tentò la colonizzazione di tutta l'Irlanda, provocando lotte e ribellioni. L'Ulster divenne così il territorio dei presbiteriani scozzesi, mentre il resto dell'Irlanda era abitato soprattutto da cattolici.

Con il passare del tempo, le 6 contee a maggioranza protestante dell'Ulster sopportarono sempre meno la dipendenza dalla cattolica Dublino, e richiesero di essere unite più strettamente alla Gran Bretagna.

Nel 1912 Edward Carson, leader del partito unionista (il partito protestante dell'Ulster), fondò l'Ulster Volunteer Force (UVF), un gruppo armato volontario che si opponeva ai cattolici.

Intanto l'Irlanda cattolica, guidata da Michael Collins, stava combattendo contro l'Inghilterra per ottenere l'autonomia, mentre le truppe dell'UVF si schieravano a fianco dell'esercito britannico.

Dopo aspre lotte, nel 1922 le 26 contee dell'Irlanda del Sud ottennero una parziale autonomia, a patto che le 6 contee a maggioranza protestante dell'Ulster restassero inglesi. Questa soluzione non fu accettata dall'IRA (Irish Republican Army: Armata repubblicana irlandese), il gruppo cattolico che vorrebbe l'autonomia dalla Gran Bretagna anche per l'Ulster. Scoppiò così la guerra civile. Michael Collins venne assassinato dall'IRA, mentre il nuovo governo irlandese catturò e condannò a morte i leader dell'Armata repubblicana.

L'attentato di Omagh

L'attentato di Omagh, avvenuto nell'agosto del 1998, è stato uno dei più cruenti dall'inizio della guerra civile e ha provocato la morte di 28 persone, rallentando il processo di pacificazione. È stato rivendicato dal Real Ira, un gruppo dissidente all'interno dell'esercito repubblicano.

L'Irlanda del Nord in cifre

Con una superficie di 13 576 chilometri quadrati, l'Irlanda del Nord ha una popolazione di 1 689 000 abitanti. Di questi, il 38% è di religione cattolica, il 21% presbiteriana, il 18% protestante episcopale e il 4% metodista.

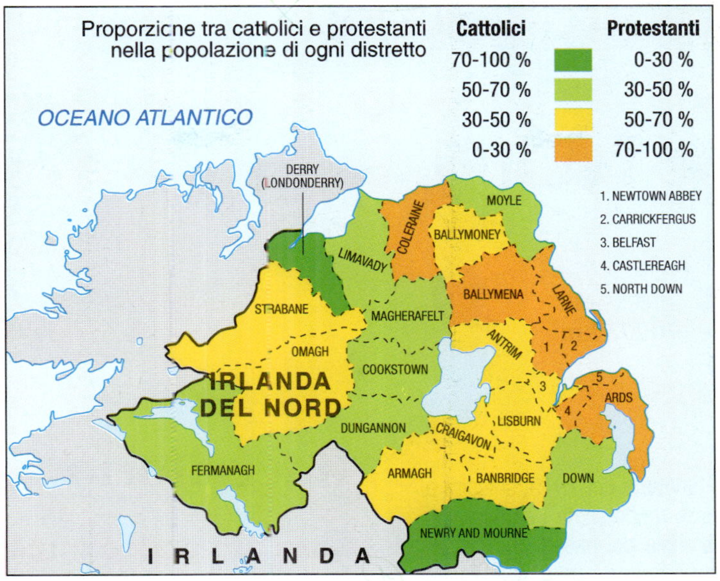

Nel 1949 l'Irlanda ottenne la totale autonomia e venne riconosciuta come repubblica.
Nell'Ulster l'Armata repubblicana cominciò un'attività di guerriglia contro la polizia, specialmente vicino al confine con l'Irlanda, a cui i governi sia dell'Ulster sia della Repubblica irlandese risposero imprigionando senza regolare processo chi era sospetto di appartenere all'IRA.
Agli attentati terroristici dell'IRA rispose l'UVF, dichiarata ufficialmente organizzazione illegale, con altrettanti attacchi ed episodi terroristici. Questa sanguinosa guerra civile dura da oltre vent'anni, e ha causato oltre 3000 morti.

Il processo di pacificazione

Nel 1994 sia l'IRA, sia le forze armate protestanti hanno annunciato la fine delle violenze. È iniziato così un processo di pacificazione, che ha visto protagonisti Gerry Adams, capo del Sinn Fein, il partito repubblicano cattolico, Tony Blair, primo ministro inglese, e Mo Mowlam, governatore dell'Irlanda del Nord. Questo processo, in cui per la prima volta membri di parti opposte si sono riuniti per cercare una soluzione comune al problema dell'Ulster, ha portato nel 1998 a una dichiarazione di pace (accordo del Venerdì Santo), ma l'azione degli estremisti che, ignorando il «cessate il fuoco», si sono resi responsabili di gravi azioni d'intolleranza e di violenza, ostacola il raggiungimento di una vera stabilità.

L'Irlanda del Nord oggi

Nonostante i tentativi di trovare una soluzione pacifica ai mali del paese, l'Irlanda del Nord soffre ancora di profondi problemi sociali e di contraddizioni.
Se i confini tra Repubblica d'Irlanda e Ulster, un tempo invalicabili, sono oggi incustoditi, è però ancora pericoloso per un cattolico attraversare un quartiere protestante di Belfast, così come per un protestante avventurarsi in un luogo abitato prevalentemente da cattolici.
Il disagio sociale ha portato al diffondersi di alcolismo e teppismo, a volte strumentalizzati dalle diverse organizzazioni politiche per alimentare la violenza. Inoltre, i gruppi armati terroristici hanno spesso utilizzato il traffico di droga per procurarsi finanziamenti, diffondendo tra i giovani anche questa piaga.
I cattolici continuano a essere discriminati nel lavoro e nell'assistenza sociale, ma il diffondersi della povertà anche tra alcuni ceti protestanti ha portato a un avvicinamento fra i settori più emarginati delle due comunità, come dimostra l'aumento del numero di matrimoni misti.

Attività

1. Rispondi, a voce, alle seguenti domande.

- **a)** Quali sono state le cause delle tensioni fra cattolici e protestanti nell'Irlanda del Nord?
- **b)** Che cosa sono l'IRA e l'UVF?
- **c)** Quali sono stati le tappe e i protagonisti del processo di pacificazione?
- **d)** Quali sono gli ostacoli al raggiungimento di una vera stabilità politica e sociale?

2. Rifletti e discuti con i tuoi compagni.
In quali modi il disagio sociale che colpisce l'Irlanda del Nord può ostacolare il raggiungimento della pace?

Irlanda

- Quale popolo occupò l'Irlanda nell'antichità?
- Quando si diffuse il cristianesimo?
- Quali avvenimenti principali hanno portato l'Irlanda all'indipendenza?
- Come si presenta il territorio irlandese?
- Com'è il clima?

SUPERFICIE: **70 273 km²**

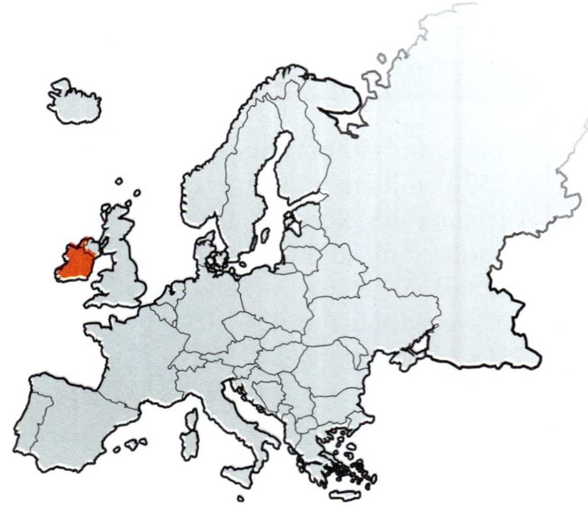

La **bandiera** irlandese, adottata nel 1919, si ispira al tricolore francese. Il verde rappresenta i cattolici, ma è anche il colore tradizionale del paese. L'arancione rappresenta i protestanti ed era il colore della casata d'Orange. Il bianco è simbolo della pace.

La storia

L'occupazione celta, la diffusione del cattolicesimo, la dominazione inglese

Tra il IV e il II secolo a.C. l'Irlanda fu occupata dai celti. Dopo il 400 divenne meta della predicazione dei primi missionari cristiani, tra cui san Patrizio, che divenne il patrono dell'isola; sul territorio irlandese sorsero numerosi centri monastici.

Nel XII secolo venne sottomessa dagli inglesi, che nel XVI secolo imposero la religione anglicana e sottrassero vaste zone agli irlandesi per destinarle ai coloni.

Dall'indipendenza agli avvenimenti recenti

Dopo la nascita del Partito irlandese, alla fine del Settecento, e il manifestarsi di una forte volontà autonomista, il parlamento inglese riconobbe l'identità nazionale dell'Irlanda.

Nel 1921 le 26 contee del sud del paese ottennero l'indipendenza e un proprio parlamento. Le sei contee del nord, a forte presenza protestante, restarono unite alla Gran Bretagna, formando l'Irlanda del Nord. Nel 1948 l'Irlanda si è proclamata repubblica democratica (EIRE) e nel 1949 è uscita dal Commonwealth. Dal 1973 fa parte della UE.

Utilizzazione del suolo

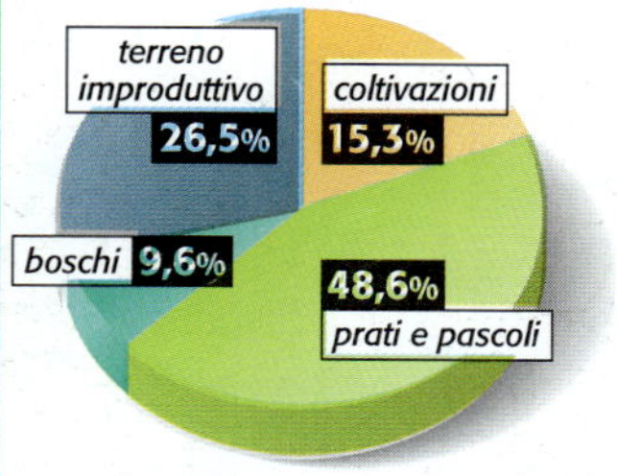

Il territorio

Un paese circondato dal mare

Separata dalla Gran Bretagna da uno stretto braccio di mare, l'Irlanda (EIRE) occupa la maggior parte dell'isola che ha lo stesso nome.

La zona più a nord, che si trova nell'**Ulster**, appartiene invece al Regno Unito.

L'Irlanda è **bagnata** a ovest dall'Oceano Atlantico. A est è separata dalla Gran Bretagna dal Mare d'Irlanda e dai Canali del Nord e di San Giorgio.

Le **coste**, che si sviluppano per oltre 3000 km, sono alte e frastagliate sull'Atlantico, dove formano numerose insenature simili a **fiordi**. Si presentano invece più compatte nella parte orientale dell'isola.

Rilievi, fiumi e laghi, clima

I **monti** sono poco elevati e non superano normalmente i 1000 metri, a eccezione del *Carrantuohill* (1041 m), nell'estremità sud-occidentale.

Le **pianure** si estendono nella parte centrale del paese, dove si alternano alle colline.

Il **fiume** principale è lo *Shannon* (364 km), che sfocia nell'Atlantico e forma, con i numerosi canali, una rete idroviaria di oltre 400 chilometri.

Numerosi sono i **laghi**; fra i maggiori, il *Lough Corrib*, il *Lough Mask* e il *Lough Derg* (il più esteso).

Il **clima**, per l'influenza della Corrente del Golfo e dei venti dell'oceano, è temperato, ma caratterizzato da nebbie e piogge, distribuite lungo tutto il corso dell'anno. Grazie all'umidità, che favorisce la crescita di prati e pascoli, (1) l'Irlanda viene chiamata "l'isola di smeraldo".

dizionario

Ulster: è una regione che si estende nel settentrione dell'isola; una parte dell'Ulster forma l'Irlanda del Nord.

Fiordo: stretta rientranza della costa, a volte lunga anche decine di chilometri; corrisponde a un'antica valle glaciale che è stata invasa dal mare.

Per saperne di più

- Nella maggior parte del territorio irlandese piove per più di 200 giorni all'anno, e in alcune zone cadono fino a 3000 millimetri di pioggia nell'arco dei 12 mesi.
- In alcuni tratti di mare vicini alla costa irlandese si possono vedere le foche, mentre nell'oasi naturalistica del Lago Sheskinmore crescono spontaneamente 16 diverse specie di orchidee.

1 Il Parco del Connemara

Lo 0,9% del territorio irlandese è formato da aree protette. Tra queste, sulla costa occidentale, si trova il Parco nazionale del Connemara. Il territorio del parco è caratterizzato da una vegetazione ricca di colori: vi crescono infatti eriche, ginestre e cespugli di fucsie. Qui pascolano, allo stato brado, numerosi cavalli, della specie chiamata proprio Connemara. Tra gli animali del parco si trovano anche gli ermellini.

Popolazione, economia e società

> Come si presenta la popolazione irlandese?

> Quali sono i principali centri urbani e quali caratteristiche hanno?

> Quale fattore ha inciso recentemente sull'economia irlandese?

> Quali sono le più importanti risorse economiche?

- POPOLAZIONE: **4 044 000 ab.**
- DENSITÀ: **58 ab./km^2**
- CAPITALE: **Dublino** (1 004 614 ab.)
- FORMA DI GOVERNO: **repubblica parlamentare**
- MONETA: **euro**
- LINGUA: **inglese e irlandese (ufficiali)**
- RELIGIONE: **cattolica, protestante**
- POPOLAZIONE ATTIVA: **42,3%**
- OCCUPATI NEI DIVERSI SETTORI:
  - **PRIMARIO: 6%**
  - **SECONDARIO: 28%**
  - **TERZIARIO: 66%**
- IN CERCA DI OCCUPAZIONE: **4,5%**

Una popolazione giovane

L'Irlanda è uno dei paesi meno popolati d'Europa (58 ab./km^2). La scarsa densità di abitanti è dovuta alle costanti emigrazioni che, nel solo periodo compreso tra il 1840 e il 1900, hanno portato la popolazione da 6 milioni e mezzo a 3 milioni di abitanti. Oggi il miglioramento delle condizioni economiche e la raggiunta indipendenza dal Regno Unito hanno attenuato il flusso migratorio.
Gran parte della popolazione ha meno di trent'anni.
La **lingua** nazionale è l'*irlandese*, ma la maggioranza della popolazione è di lingua *inglese*.
La **religione** più diffusa è quella *cattolica* (88%).

Distribuzione della popolazione e città

La distribuzione della popolazione appare uniforme su tutto il territorio: i centri urbani, di dimensioni modeste, accolgono solo il 59,9% del totale. Le città principali si trovano sulla costa orientale, più industrializzata.
La capitale, **Dublino** (495 781 ab.), è il centro economico, commerciale e culturale dell'Irlanda, oltre a raggruppare, con l'agglomerato (1 004 614 ab.), un quarto della popolazione. Tra i monumenti importanti ci sono la cattedrale di San Patrizio e l'università (il Trinity College). Di notevole interesse culturale sono l'Irish Academy e la National Gallery. Unica altra città a superare i 100 000 abitanti è **Cork** (123 062 ab.), porto attivo e centro di industrie alimentari e conserviere. Città importanti per il commercio sono **Limerick** (54 023 ab.) e **Galway** (65 832 ab.).

Un'economia in crescita

Dopo l'ingresso nell'Unione Europea, l'Irlanda sta conoscendo una fase di grande crescita economica, sia grazie ai contributi dell'Unione e ai capitali stranieri, sia per merito dell'intraprendenza degli irlandesi.
L'economia è ancora prevalentemente **agricola**, ma la ridotta superficie coltivabile (15,3% del totale) e la suddivisione in piccole proprietà terriere ostacolano la produttività. Le coltivazioni principali sono quelle di *cereali* (orzo, avena e frumento), *patate*, *barbabietole da zucchero* e *ortaggi*, destinati soprattutto al consumo interno.
Importante è l'**allevamento** dei *bovini*, di cui l'Irlanda è tra i maggiori produttori europei, favorito dall'abbondanza di pascoli. Di rilievo è anche l'allevamento di *ovini*, *suini* e *cavalli*, da corsa e da tiro.
Di minore importanza è la **pesca**, scarsamente praticata per mancanza di mezzi e addetti, e rivolta alla richiesta interna.

dizionario

Torba: combustibile di origine fossile, formatosi dai residui di piante che si sono depositati al fondo di laghi o stagni. Ha scarso potere energetico.

Industria, terziario e comunicazione

Modeste sono le risorse minerarie del **sottosuolo**, che si limitano ad alcuni giacimenti di *zinco*. Molto diffusi sono invece i giacimenti di **torba** (vedi Scenari, p. 120). La recente scoperta di *metano*, sostenuta dai finanziamenti dell'Unione Europea, offre prospettive per lo sviluppo industriale.
Le **industrie** più tradizionali sono quelle *tessile* e *alimentare* (birra, (1) whisky e zucchero). Negli ultimi decenni i capitali stranieri hanno permesso la nascita di industrie *elettroniche* e *farmaceutiche*. In sviluppo è anche la produzione di *tabacco* e *concimi*.
Nel settore **terziario**, un notevole impulso è stato dato dal *turismo*, favorito dai paesaggi naturali e dai monumenti. Attivo è inoltre il *commercio*, soprattutto con i vicini paesi europei.
Le **vie di comunicazione** *ferroviarie* e *stradali*, potenziate negli ultimi anni, sono discrete, così come le *vie navigabili* e i *collegamenti aerei*. Più sviluppati sono i *traffici marittimi*, sia di merci sia di passeggeri.

1 Una birra da... Guinness!

A Dublino ha sede la Guinness, una fabbrica di birra rinomata in tutto il mondo. Grandi birrifici si trovano anche a Cork, Kilkenny e Dundalk. La produzione di birra è senza dubbio una voce di rilievo nell'economia irlandese: in un solo anno se ne producono oltre 12 milioni di ettolitri

2 La musica irlandese

L'Irlanda è conosciuta in tutto il mondo per le sue canzoni e la sua musica. Si tratta di un genere che affonda le radici nel ricco folclore del paese.
Tra gli strumenti tradizionali della musica irlandese c'è il *bodhran*, un tamburo fatto con un cerchio di legno su cui viene tesa una pelle di capra. I *bodhrans*, ormai sempre più rari, sono ancora prodotti artigianalmente. Un altro strumento utilizzato spesso nella musica irlandese è il violino.
Anche in Irlanda viene usata la cornamusa, per la precisione la *uillean pipe*, che è differente dalla cornamusa scozzese: si suona da seduti e il mantice che soffia l'aria è azionato dal movimento del braccio.

Il personaggio

Irlandese è uno dei più grandi scrittori del Novecento: **James Joyce** (1882-1941). Nato a Dublino da una famiglia cattolica, Joyce si trasferì poi a Zurigo, Trieste e Parigi. Morì a Zurigo nel 1941. Le sue opere più note sono *Gente di Dublino* e *Ulisse*. Nella prima, composta da 15 racconti, l'autore rappresenta la vita della sua città. Protagonista dell'*Ulisse* è Leopold Bloom, un ebreo irlandese, di cui Joyce racconta pensieri, sensazioni, percezioni, con una tecnica narrativa rivoluzionaria, legata alle scoperte della psicologia.

SCENARI

L'Irlanda delle torbiere

Un quinto del territorio irlandese è coperto da **torbiere**, vere e proprie miniere "a cielo aperto". La torba è un **carbone fossile**, formatosi per la lenta decomposizione dei vegetali, avvenuta in un ambiente palustre. 4
Probabilmente l'uomo scoprì presto la possibilità di usare la torba per produrre il fuoco. Già nel I secolo d.C. lo storico romano Plinio il Vecchio scriveva con stupore che i germani usavano la terra «per cucinare il cibo e riscaldare il corpo intirizzito dai venti gelidi del nord».
In Irlanda, dove la torba è abbondante, per secoli è stato l'unico combustibile per la gente delle campagne. Ancora oggi, molti contadini irlandesi raccolgono la torba a mano. 1 Tutta la famiglia viene coinvolta; le persone più forti 3 tagliano la torba con uno speciale attrezzo, lo *sleán* 2. La torba, ripulita dello strato superficiale di terriccio e piante, è poi messa ad asciugare per tutta l'estate, e infine trasportata a casa, 5 dove viene ammucchiata contro un muro soleggiato e riparato dall'umidità.
Oggi il lavoro viene effettuato spesso con macchinari. 6 Questo sistema, veloce e meno faticoso, rischia però di **far scomparire rapidamente le torbiere**, che vengono sfruttate anche dall'industria. Attualmente in Irlanda oltre il 20% dell'energia elettrica è infatti ottenuto da centrali alimentate a torba. Di questo passo, basteranno trent'anni a provocare la sparizione totale delle torbiere. Per questo, nel 1982 è nata un'associazione volontaria che ha proposto al governo irlandese di proteggere **40 luoghi naturali** del paese, pari al **4% delle torbiere rimaste**, per la ricerca e la conservazione.

1 La raccolta della torba spesso viene ancora effettuata a mano. Il lavoro inizia di solito dopo Pasqua, quando il tempo migliora e i venti hanno prosciugato un po' gli stagni.

2 Per tagliare la torba viene utilizzato lo *sléan*, un attrezzo formato da un manico di legno, su cui viene innestata una lama ad angolo retto. Ogni contea d'Irlanda ha una propria forma particolare di *sléan*.

3 Il taglio della torba è molto faticoso, perché la zolla, imbevuta d'acqua, può pesare anche 8 o 9 chili.

4 Nei terreni ricoperti per buona parte dell'anno da acque stagnanti o piovane, i muschi, le radici e le piante morte che si trovano sotto lo strato vivo delle piante palustri non ricevono ossigeno e perciò, con il tempo, si carbonificano.

5 La torba viene accatastata in luoghi asciutti e soleggiati perché perda l'umidità, diventando più facilmente combustibile.

6 La raccolta meccanizzata della torba riduce notevolmente tempi e costi, ma porta a un rapido esaurimento delle torbiere.

Attività

Vero o falso? Traccia una *X* sul quadratino corrispondente.

- **a)** La torba è un combustibile fossile. V F
- **b)** La scoperta dei possibili utilizzi della torba è avvenuta nel Medioevo. V F
- **c)** In Irlanda, le torbiere coprono circa un quinto del territorio. V F
- **d)** La raccolta della torba viene ormai effettuata solo in modo meccanico. V F
- **e)** Il lavoro di raccolta inizia solitamente dopo Pasqua, quando gli stagni sono parzialmente prosciugati. V F
- **f)** Se si procede con l'attuale ritmo di raccolta, nel giro di trent'anni le torbiere irlandesi potrebbero scomparire. V F
- **g)** Un'associazione ha proposto al governo di proteggere il 40% delle torbiere rimaste. V F

Regno Unito

1. **RISPONDI alle seguenti domande.**

a) Quali popolazioni abitarono anticamente la Gran Bretagna? ....

b) Da quali popoli fu in seguito invasa? ....

c) Chi era Giovanni Senza Terra? Per quali avvenimenti è ricordato? ....

d) Quando nacque il Regno Unito? ....

e) Quale importante processo ebbe luogo nella seconda metà del Settecento? ....

f) Quali avvenimenti principali caratterizzarono il regno della regina Vittoria? ....

2. **SCEGLI tra le alternative proposte quella che ritieni corretta.**

I monti più elevati del Regno Unito si trovano a *settentrione* / *meridione*. Ai *Pennini* / *Grampiani* appartiene la vetta più alta del paese: il Ben Nevis. Nel Galles si trovano *i Monti Cambrici* / *le Highlands*, rilievi modesti che non superano i 1000 metri.
Le pianure principali si estendono in *Inghilterra* / *Scozia* e prendono il nome di *Midlands* / *Lowlands*.
I fiumi, di corso breve, sono numerosi e generalmente *navigabili* / *poveri di acque*. I principali sono il *Severn* / *Tamigi*, che attraversa la capitale, e il *Severn* / *Tamigi*, il più lungo del paese.
Molti sono i laghi, soprattutto in Scozia e nel *sud* / *nord* dell'Inghilterra. Il lago più vasto è il *Lough Neagh* / *Loch Ness*, che si trova nell'Irlanda del Nord.

3. **COMPLETA il testo, che descrive popolazione e città del Regno Unito.**

Il Regno Unito ha quasi .... milioni di abitanti, in prevalenza ...., ma con minoranze ....
La popolazione si concentra .... dell'Inghilterra, dove si trovano le grandi città industriali.
La lingua ufficiale è ...., ma in Scozia, nel Galles e nell'Irlanda del Nord, si parlano anche idiomi ....
La religione più diffusa è quella .... Sono presenti anche .... nell'Irlanda del Nord, ... in Scozia, metodisti, musulmani ed ebrei.
La capitale è ...., che ha più di .... milioni di abitanti. È attraversata dal .... e si trova a .... chilometri dal mare. Il suo centro, la ...., è sede di banche e uffici.
Altre città importanti sono: ....

4. **INDICA se le seguenti affermazioni sono vere o false.**

a) Nonostante i rendimenti elevati, l'agricoltura inglese non è sufficiente a soddisfare il fabbisogno del paese. V F

b) Importante è l'allevamento, soprattutto di bovini, di cui il Regno Unito è il principale produttore europeo. V F

c) La pesca è praticata principalmente nelle acque interne, ma non dà grandi risultati. V F

d) Il sottosuolo del paese è ricco di minerali (ferro, piombo, stagno) e carbone. V F

e) Il Regno Unito è uno dei principali produttori del mondo di petrolio. V F

f) L'energia nucleare costituisce quasi un decimo dell'energia totale. V F

g) Fra le industrie principali vi sono quella siderurgica, metallurgica e meccanica, nate grazie alla disponibilità di ferro e carbone. V F

h) Le industrie più tradizionali sono quelle tessili e alimentari, in particolare per la produzione di birra e whisky. V F

i) Il settore terziario occupa il 61% della forza lavoro. V F

l) Nel commercio, le esportazioni, soprattutto di generi alimentari e materie prime, superano la quantità di merci importate. V F

Irlanda

5. COMPLETA **lo schema indicando, accanto ai periodi indicati, i principali avvenimenti della storia irlandese.**

a) Tra il IV e il II secolo a.C.: ....

b) Dopo il 400: ....

c) XII secolo: ....

d) XVI secolo: ....

e) Fine del Settecento: ....

f) 1921: ....

g) 1948: ....

h) 1973: ....

6. INDICA **se le seguenti affermazioni sono vere o false.**

a) L'Irlanda (EIRE) occupa la maggior parte dell'isola che ha lo stesso nome. V F

b) La zona più a sud, che si trova nell'Ulster, appartiene invece al Regno Unito. V F

c) Le coste sono alte e frastagliate sull'Atlantico, più compatte nella parte orientale. V F

d) I monti sono piuttosto elevati e diverse vette superano i 2500 metri. V F

e) La cima principale è il Carrantuohill, nell'estremità sud-occidentale. V F

f) Le pianure si estendono nella parte centrale del paese, dove si alternano alle colline. V F

g) Il fiume principale, lo Shannon, sfocia nel Mare d'Irlanda. V F

h) Numerosi sono i laghi; il più esteso è il Lough Derg. V F

7. RISPONDI **alle seguenti domande.**

a) L'Irlanda è un paese ad alta densità di popolazione? Perché? ....

b) Come è distribuita la popolazione? ....

c) Qual è la lingua nazionale? Quale lingua è più parlata? ....

d) Quale religione è maggiormente praticata? ....

8. SCEGLI **tra le alternative proposte quella che ritieni corretta.**

Le principali città irlandesi si trovano sulla costa *occidentale* / *orientale*, più industrializzata.
La capitale, *Dublino* / *Belfast*, è il centro economico, commerciale e culturale dell'Irlanda, oltre a raggruppare, con l'agglomerato, *metà* / *un quarto* della popolazione. Unica altra città a superare i 100 000 abitanti è *Cork* / *Limerick*, centro di industrie alimentari e conserviere.

9. COMPLETA **le frasi seguenti, indicando le cause o le conseguenze dei fatti descritti.**

a) Dopo l'ingresso nella UE, l'Irlanda sta conoscendo una fase di grande crescita economica, grazie sia .... sia ....

b) La produttività agricola è ostacolata da ....

c) L'allevamento dei bovini, di cui l'Irlanda è tra i maggiori produttori europei, è favorito da ....

d) Lo sviluppo industriale ha buone prospettive grazie a ....

e) Negli ultimi decenni la nascita di industrie elettroniche e farmaceutiche è stata favorita da ....

f) Nel settore terziario, un notevole impulso è stato dato dal turismo, che può contare su ....

Misurare nella regione britannica

Arrivando nel Regno Unito da un altro stato europeo, si rischia di rimanere un po' spaesati, e non solo perché sulle strade si procede a sinistra invece che a destra! A creare confusione e dubbi, in chi non è "preparato", sono spesso i numeri e le unità di misura, indispensabili nella vita di ogni giorno. Per i numeri può bastare tenere a mente che, mentre nel resto d'Europa si usa la virgola per separare i decimali dagli interi (ad esempio: 34,7), nel Regno Unito si usa il punto (ad esempio: 34.7). Per le unità di misura le cose sono più complicate, perché al Sistema Internazionale (SI), usato comunemente in Europa, nel Regno Unito si continuano a preferire, nel commercio, nell'industria e perfino in campo scientifico, le unità del Sistema imperiale britannico.

Nel Sistema Internazionale, le **lunghezze** sono misurate con il metro e con i suoi multipli e sottomultipli. Nel Sistema imperiale britannico, la cui antica origine rimanda alle misure usate dai romani, dagli angli e dai sassoni, ci si esprime, invece, in pollici, piedi e yarde. Un pollice (*inch*) equivale a 2,54 cm; un piede (*foot*) a 12 pollici e quindi a 30,48 cm; una yarda (*yard*) a 36 pollici e quindi a 0,9144 m. Bisogna fare attenzione alle distanze stradali, che non sono espresse in chilometri, ma in miglia, dove un miglio terrestre (*mile*) vale 1,609 chilometri.

Avrai già sentito nominare la "pinta" di birra. La pinta non è il boccale in cui viene servita la bevanda nazionale britannica, ma esprime la misura del suo contenuto. La pinta (*pint*) misura, infatti, la **capacità** ed equivale a 0,568 litri, cioè un po' più di mezzo litro! Il suo multiplo più utilizzato è il gallone (*gallon*), pari a 8 pinte, cioè a 4,546 litri.

Le misure britanniche più comuni per i pesi sono, invece, l'oncia (*ounce*), pari a 28,35 grammi, e la libbra (*pound*), pari a 453,6 grammi.

Nella misurazione delle **temperature**, i britannici stanno a poco a poco abbandonando la scala Fahrenheit, a favore della scala Celsius, o centigrada. Alcune persone, specialmente anziane, continuano tuttavia a impiegare il vecchio sistema, peraltro largamente utilizzato in altre parti del mondo e nella meteorologia. Mentre nella scala Celsius ci sono 100 gradi tra il punto di congelamento (0 °C) e quello di ebollizione (100 °C) dell'acqua, nella scala Fahrenheit ce ne sono 180: l'acqua congela a 32 °F e bolle a 212 °F.

Quasi certamente conosci la tua **taglia** e la misura dei tuoi piedi: questi due numeri, infatti, ti servono quando acquisti un capo di abbigliamento o un paio di scarpe. Ma anche in questo campo le cose cambiano, se ti trovi nel Regno Unito, dove dei pantaloni di taglia "italiana" 46 diventano 36 se sono da uomo, ma 14 se sono da donna. Va un po' meglio per le scarpe, perché il 39 "europeo" diventa sempre un 5 e mezzo, mentre il 36 sarà un 3 e il 41 un 7. Se manca un'etichetta che metta a confronto i diversi sistemi, conviene sempre provare, prima di comprare!

E tu?

- **a)** Conosci altre unità di misura, diverse da quelle comunemente usate nell'Europa continentale?
- **b)** Ti è già capitato di vedere indicate, sull'etichetta di un indumento o di un paio di scarpe, taglie diverse da quelle usate in Italia? (Ad esempio, taglie di abiti "francesi" o di scarpe "statunitensi"...)
- **c)** Nella regione in cui abiti, si utilizzano altre unità di misura rispetto a quelle del Sistema Internazionale, per indicare, ad esempio, le dimensioni di un terreno, le distanze, ecc.?
- **d)** Prova a chiedere ai tuoi nonni, o a persone anziane che conosci, se in passato si utilizzavano altre unità di misura, e a che cosa corrispondevano.

VIAGGIO 5

L'area nordica

L'area nordica comprende due gruppi di paesi: da un lato **Danimarca**, **Islanda**, **Norvegia**, **Svezia** e **Finlandia**; dall'altro **Estonia**, **Lettonia** e **Lituania**, cioè le tre repubbliche che si affacciano sul versante orientale del Mar Baltico.

I paesi del primo gruppo condividono un lontano passato in cui erano popolati dai vichinghi, grandi esploratori che probabilmente raggiunsero le coste americane 500 anni prima di Cristoforo Colombo.

Questi paesi hanno molto in comune anche oggi: un'economia avanzata, un livello di vita tra i più elevati in Europa, un ricco patrimonio culturale (non a caso i popoli nordici sono tra i maggiori consumatori di libri in Europa).

Meno positiva è la situazione socio-economica di Estonia, Lituania e Lettonia, che devono colmare una certa distanza dagli standard di sviluppo "occidentali". Le motivazioni di questa situazione sono storiche: le repubbliche baltiche fino agli anni Novanta facevano parte dell'Unione Sovietica, a economia socialista. Estonia, Lettonia e Lituania, tuttavia, nella loro storia recente hanno dato grande importanza alla vicinanza geografica con i paesi della Penisola scandinava, ritenendosi più affini a questi che all'Unione Sovietica. Oggi le tre repubbliche sono legate agli altri paesi dell'area nordica da intensi rapporti, anche commerciali, e su di essi fanno affidamento per il proprio sviluppo.

> Quali dominazioni ha conosciuto nell'antichità la Danimarca?

> Quali sono stati i suoi rapporti con Svezia e Norvegia?

> Quali avvenimenti hanno caratterizzato la storia del Novecento?

> Come si presenta il territorio danese?

> Quali fattori influiscono sul clima?

Danimarca

SUPERFICIE:
43 098 km²

La **bandiera** della Danimarca si chiama Dannebrog, cioè "abito danese". Secondo una leggenda, una croce bianca apparve nel cielo rosso fuoco al re cristiano Valdemaro II nel 1219, durante una battaglia contro i pagani dell'Estonia, e fu interpretato come un segno divino. In realtà, l'origine della bandiera è probabilmente da ricercare nei vessilli del Sacro romano impero o nelle insegne dei crociati.

La storia

L'occupazione normanna, i rapporti con Svezia e Norvegia

Nel VII secolo d.C. la Danimarca fu occupata dai normanni (uomini del Nord), detti anche vichinghi. Di origine germanica, essi sottomisero i popoli già presenti nella regione, tra i quali i cimbri e gli juti.
Intorno all'anno Mille sorse il piccolo villaggio di pescatori che diventerà Copenaghen.
Divenuta un regno unitario, la Danimarca assoggettò la Norvegia e la Svezia con l'Unione di Kalmar (1397).
Nel 1520 la Svezia riacquistò l'indipendenza; ebbe inizio un lungo periodo di guerre fra Danimarca e Svezia. Nel 1814 la Danimarca perse anche la Norvegia.

Gli avvenimenti recenti

La Danimarca si proclama neutrale in entrambi i conflitti mondiali, ma nel secondo viene occupata dall'esercito tedesco. Nel 1945 è liberata dagli Alleati e nel 1949 aderisce alla NATO. Dal 1973 fa parte dell'Unione Europea. Oggi è una monarchia costituzionale su base ereditaria, nella quale, dal 1953, anche le donne possono salire al trono.

dizionario

Sjælland: il suo nome significa "terra del mare".

Copenaghen: il nome in danese, *København*, deriva da *Koppmannaehafn*, che significa "porto dei mercanti". Così fu chiamato l'antico borgo di pescatori nel XII secolo, quando venne fortificato e iniziò a ingrandirsi.

Il territorio

Un paese proteso nel mare

La Danimarca è formata dalla penisola dello Jylland (in tedesco Jütland) e da circa 500 isole, delle quali però solo un centinaio è abitato. Le più grandi sono **Sjælland** (dove sorge **Copenaghen**) e Fyn. Dipendono inoltre dalla Danimarca i territori esterni della Groenlandia (nel Nord America) (1) e delle isole Fær Øer (situate tra la Scozia e l'Islanda).
È **bagnata** a ovest e a nord dal Mare del Nord, e a est dal Mar Baltico. È separata dalla Penisola scandinava dai canali dello Skagerrak e del Kattegat, e dallo Stretto di Øresund, che divide l'isola di Sjælland dalla costa meridionale della Svezia. L'unico confine non marittimo è quello con la Germania, a sud, lungo meno di 70 chilometri.
Le **coste** sono basse e interrotte da ampie lagune a ovest; più alte e frastagliate a est.

Un territorio pianeggiante

Il territorio danese è in prevalenza **pianeggiante**, con basse **colline** di origine glaciale. Il **rilievo** più alto è di soli 173 metri.
I **fiumi** hanno corso breve: il più lungo è il *Gudenå* (158 km), che sfocia nel Kattegat. Nello Jylland si trovano alcuni **laghi** di origine glaciale.
Il **clima** è *temperato*, con inverni non troppo rigidi, per l'influenza della Corrente del Golfo. I venti che soffiano da nord-est possono però causare bruschi abbassamenti di temperatura. Le precipitazioni sono abbondanti.

Utilizzazione del suolo

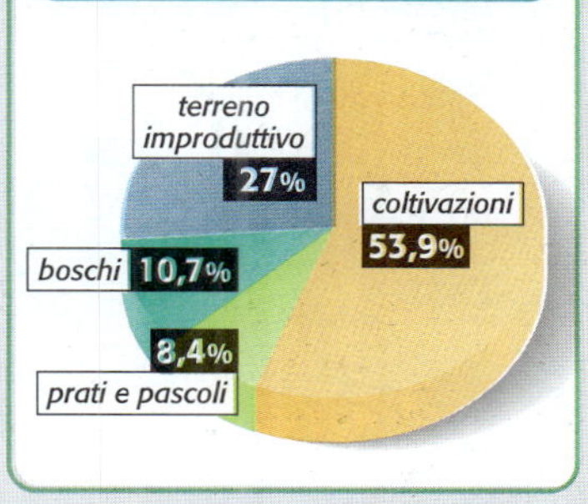

Per saperne di più

- La parte settentrionale dello Jylland è tagliata dalla profonda insenatura dello Limfjorden, che si collega a un canale, mettendo in comunicazione lo Skagerrak con il Kattegat.
- Stretti e insenature in inverno sono spesso gelati, perché in essi l'acqua è poco profonda e poco salata e il moto ondoso è scarso.
- L'intervento dell'uomo sull'ambiente in Danimarca è stato più pesante che negli altri paesi nordici; il manto forestale, infatti, occupa meno dell'11% del territorio. Oggi si cerca di salvaguardare il patrimonio boschivo residuo in aree protette.

1 La Groenlandia

La Groenlandia è la più vasta isola del mondo dopo l'Australia. Si estende per tre quarti al di sopra del Circolo polare artico e solo un sesto del suo territorio non è coperto da ghiacci. Appartiene alla Danimarca dal 1721. Nel 1979 i suoi abitanti (meno di 60 000) hanno ottenuto, con un referendum, lo statuto di regione autonoma. Come le isole Fær Øer, la Groenlandia non fa parte dell'Unione Europea, ha governo e assemblea legislativa propri ed è rappresentata da due membri nel Parlamento danese.

> Come è composta la popolazione danese?

> Come si distribuisce e quali sono le città principali?

> Su quale settore si è basata tradizionalmente l'economia della Danimarca?

> Quali sono oggi le principali risorse economiche?

Popolazione, economia e società

Un'elevata densità abitativa

La densità di abitanti della Danimarca è molto superiore a quella degli altri stati dell'area nordica.
La popolazione è formata per il 95,1% da danesi, con esigue minoranze iugoslave, turche, svedesi e tedesche.
La **lingua** ufficiale è il *danese*. La **religione** più professata è quella *protestante* (con minoranze cattoliche, greco-ortodosse e musulmane).

Distribuzione della popolazione e città

Oltre l'85% della popolazione danese risiede nei centri urbani, che tuttavia hanno dimensioni limitate. Nelle campagne sono presenti soltanto insediamenti sparsi (fattorie).
La capitale, **Copenaghen** (1 815 000 ab. con l'agglomerato urbano), è il centro economico e culturale del paese. È la più grande città dell'Europa del nord e ne costituisce il più vasto insediamento industriale.
Il suo porto, sull'Øresund, ha un ruolo importante negli scambi fra l'Europa centrale e la Penisola scandinava, anche se negli ultimi decenni il traffico è diminuito. Nuove prospettive per le comunicazioni e per il commercio sono offerte dal ponte (1) che dal 2000 collega Copenaghen a Malmö, in Svezia.
Copenaghen è ricca di aree verdi e canali. Tra i suoi monumenti più celebri vi sono la residenza reale di Amalienborg, il Castello di Rosenborg e la Torre Rotonda; possiede inoltre un'università molto antica, fondata nel 1479.
Tra le altre città ricordiamo: **Århus** (294 954 ab.), secondo porto commerciale del paese; **Odense** (185 871 ab.), situata sull'isola di Fyn, sede di un importante cantiere navale e collegata al mare da un canale; **Ålborg** (163 228 ab.), sede di industrie siderurgiche, cementifici e distillerie.

dizionario

Caolino: argilla bianca usata, fra l'altro, nella fabbricazione della porcellana. Il suo nome deriva dalla località di Kaoling, in Cina, dove fu trovato per la prima volta.

Un'economia tradizionalmente agricola

Per la posizione e le caratteristiche del territorio, la Danimarca è stato un paese agricolo e dedito alla pesca e al commercio marittimo. A queste attività si è affiancato l'allevamento, oggi voce principale del settore primario (70% del valore della produzione). Sono inoltre numerose le industrie.
L'**agricoltura**, sebbene praticata con metodi all'avanguardia, incide poco sul reddito della nazione. I prodotti principali sono *cereali*, *barbabietole da zucchero*, *patate* e *ortaggi*.
L'**allevamento** di *animali da cortile*, *suini* e *bovini* è altamente specializzato. Di conseguenza la Danimarca è una forte esportatrice di latte, prosciutto e lardo. Si allevano anche *animali da pelliccia* (visoni).
Nella **pesca**, il paese è ai primi posti in Europa. Alcuni prodotti derivati, come la farina di pesce e l'olio di pesce, sono largamente esportati.

- POPOLAZIONE: **5 397 640 ab.**
- DENSITÀ: **125 ab./km²**
- CAPITALE: **Copenhagen** (1 815 000 ab.)
- FORMA DI GOVERNO: **monarchia costituzionale**
- MONETA: **corona danese**
- LINGUA: **danese**
- RELIGIONE: **protestante**
- POPOLAZIONE ATTIVA: **54%**
- OCCUPATI NEI DIVERSI SETTORI:
  - **PRIMARIO: 4%**
  - **SECONDARIO: 21%**
  - **TERZIARIO: 75%**
- IN CERCA DI OCCUPAZIONE: **5,4%**

Il recente sviluppo industriale

Il **sottosuolo** è povero di minerali. Sul territorio abbondano *calce*, *argilla* e **caolino**, che riforniscono i numerosi *cementifici* e le *fabbriche di ceramiche*.
La scoperta negli anni Sessanta di giacimenti di petrolio e metano nel Mare del Nord ha favorito la crescita del **settore industriale** danese, penalizzato dalla scarsità di risorse energetiche e minerarie. Le attività principali sono quelle dei *cantieri navali* e del *comparto meccanico* (macchinari agricoli e industriali, motori diesel, biciclette). Tra le industrie *alimentari*, oltre a quelle ricordate, sono importanti *zuccherifici* e *fabbriche di birra*.
Nel **terziario** è notevole l'*attività commerciale*. Il *turismo* riguarda soprattutto la capitale. (2)
La rete delle **comunicazioni** *stradali* e *ferroviarie* è ben sviluppata.

1 Ponti e navi-traghetto

Dei paesi dell'area nordica, la Danimarca è quello con la migliore rete di comunicazioni. La costruzione di strade e ferrovie è stata agevolata dalla mancanza di asperità del territorio. Anche il mare non rappresenta più un ostacolo. Navi-traghetto collegano lo Jylland, Fyn, Sjælland e le isole minori. Inoltre ci sono i ponti sul Piccolo e sul Grande Belt, e quello sull'Øresund, fra la Danimarca e la Svezia, inaugurato nel 2000. Oltre a consentire collegamenti più veloci, i ponti sono l'unica via di comunicazione praticabile in inverno, quando gli stretti sono gelati.

2 Il parco di Tivoli

Il Tivoli è il parco di divertimenti sorto nel 1843 nel centro di Copenaghen. Oltre a essere un'attrattiva turistica, il parco ha un significato importante per gli abitanti della capitale: la sua apertura, all'inizio di maggio, segna infatti l'inizio della bella stagione ed è occasione di una grande festa, attesa per lunghi mesi.

Il personaggio

Simbolo di Copenaghen è la statua della Sirenetta, che dal 1913 osserva il mare da uno scoglio su una delle passeggiate più animate della città. La Sirenetta è uno dei personaggi creati da **Hans Christian Andersen** (1805-1875), scrittore nato a Odense e famoso in tutto il mondo per le sue fiabe. Nato da una famiglia povera e rimasto orfano a 11 anni, Andersen trascorse un'infanzia difficile, che lasciò tracce nelle sue fiabe più note, come *Il brutto anatroccolo* o *La piccola fiammiferaia*. Oggi è considerato il più grande scrittore danese.
Forse proprio alla sua popolarità è dovuto il fatto che la statua della Sirenetta è uno dei monumenti, nel mondo, che ha subito più atti vandalici. Nel 1998 le fu addirittura staccata la testa, che non fu più ritrovata. Uno scultore locale l'ha ricostruita con un metallo a prova di graffio.

Islanda

- Quali dominazioni ha conosciuto nell'antichità l'Islanda?
- Quando ha raggiunto l'incipendenza?
- Dove si trova l'Islanda?
- Che cosa caratterizza il suo territorio?

SUPERFICIE:
102 819 km²

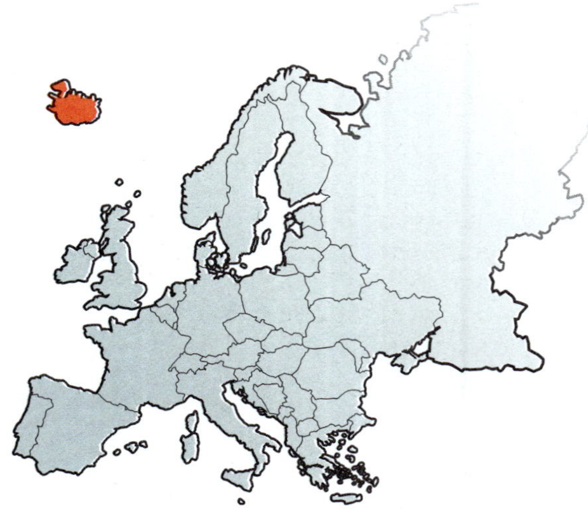

La croce scandinava si ritrova nelle bandiere di Danimarca, Islanda, Norvegia, Svezia e Finlandia, a dimostrazione dei legami storici e culturali tra i paesi nordici. Nella **bandiera** islandese, ai colori tradizionali della nazione (il bianco e il blu) è stata aggiunta la croce rossa. Il disegno e i colori richiamano quelli della bandiera della Norvegia, il paese che per primo ha dominato l'Islanda.

La storia

Dai vichinghi alle dominazioni norvegese e danese

I primi ad arrivare in Islanda, nell'VIII secolo d.C., furono alcuni monaci irlandesi.
Nel IX secolo i vichinghi si stabilirono sull'isola, facendone il punto di partenza per l'esplorazione della Groenlandia, delle isole artiche e, sembra, anche delle coste del Nord America.
Nel XIII secolo l'Islanda venne assoggettata dalla Norvegia, poi, nel 1380, dalla Danimarca.

L'autonomia

A seguito del diffondersi di spinte nazionalistiche, nel 1918 l'Islanda fu riconosciuta come stato autonomo, ancora unito, però, alla corona danese. Nel 1944 divenne una repubblica indipendente.
L'Islanda non è dotata di un suo esercito, ma ospita sul proprio territorio basi militari della NATO e degli Stati Uniti.

dizionario

Geyser: termine inglese che deriva dall'islandese *ad geysa*, "scaturire, zampillare".
Indica una sorgente a forma di pozzo che si trova con frequenza nelle regioni vulcaniche e dalla quale, a intermittenza, fuoriescono getti violenti di acqua calda e vapore.

Utilizzazione del suolo

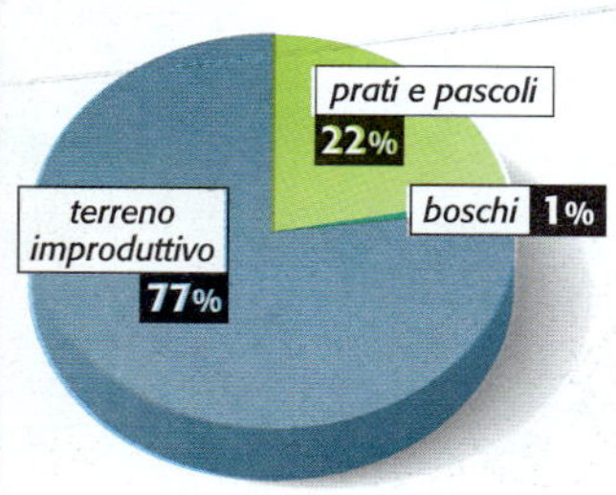

Il territorio

Un'isola situata sotto il Circolo polare artico

L'Islanda è situata immediatamente sotto il Circolo polare artico.
È la seconda isola d'Europa per estensione. Dista 800 chilometri dalla Scozia, più di 1000 dalla Norvegia e 300 dalla Groenlandia.
È **bagnata** a sud dall'Oceano Atlantico, a est dal Mar di Norvegia e a nord dal Mare di Groenlandia. Da quest'ultima la separa, a ovest, lo Stretto di Danimarca.
Sulle **coste** di sud-ovest si aprono piccole pianure; le altre coste sono più alte e frastagliate.

Una terra dominata da vulcani e ghiacciai

Il territorio islandese è prevalentemente **montuoso**. Si presenta come una distesa di altopiani, che digradano dalla zona centro-orientale dell'isola verso la fascia costiera.
Vulcani e ghiacciai sono gli elementi principali del paesaggio.
I *vulcani* sono più di 200, di cui una trentina ancora attivi. Tipico è il fenomeno dei **geyser**, sfruttati per il riscaldamento e la produzione di energia.
I *ghiacciai* ricoprono più del 10% del territorio islandese: il principale è il Vatnajökull, che si estende per circa 8500 chilometri quadrati.
I **fiumi**, numerosi e ricchi d'acqua, si dirigono verso nord o verso sud-ovest, formando spesso cascate.
Molti sono i **laghi**, formatisi nei crateri dei vulcani e nelle conche scavate dai corsi d'acqua all'interno delle distese di lava.
Il **clima** è *sub-polare*, quindi molto freddo. Solo a sud riesce a farsi sentire l'influsso della Corrente del Golfo, che rende la temperatura più mite.

Per saperne di più

- Nella classifica dei vulcani attivi più alti in Europa, l'Italia è al primo posto con l'Etna (3323 m). I posti d'onore sono tutti per l'Islanda, che mette in fila il Grímsvötn (1725 m), l'Hekla (1491 m) e il Katla (1450 m). Al 5° e al 6° posto c'è ancora l'Italia, con il Vesuvio (1281 m) e lo Stromboli (926 m).
- Da un vulcano islandese ha avuto inizio il *Viaggio al centro della Terra* immaginato dallo scrittore Jules Verne. Si tratta dello Snæfellsjökull, sulla lunga penisola a nord-ovest di Reykjavík.

1 Un paesaggio senza alberi

A parte alcune macchie di conifere, piantate allo scopo di riforestare il paese, e pochi boschi di betulle, in Islanda non ci sono alberi. La tundra, costituita da muschi, licheni e piccole piante, regna incontrastata sul terreno di natura lavica. Il paesaggio è però tutt'altro che monotono: si contano infatti 500 tipi diversi di muschi e quasi altrettanti di licheni. Durante l'estate, la tundra si copre di piccoli fiori variopinti.

SCENARI

L'Islanda vulcanica

L'**Islanda** è il paese con la più consistente attività vulcanica del mondo: dei più di 200 vulcani che si trovano sul suo territorio, circa 30 sono attivi.
Gli islandesi, perciò, sono abituati a convivere con le eruzioni. La convivenza è abituale anche con i terremoti, legati all'attività vulcanica, e in generale con l'idea che il paese cambia in continuazione: quasi da un giorno all'altro si possono formare nuovi crateri, o una colata di lava può cancellare una strada, o addirittura una nuova isola può spuntare dal mare.
Questo accade perché l'Islanda è la parte emersa di una dorsale oceanica (la **dorsale medio-Atlantica**), una catena di enormi montagne sottomarine, che corrisponde a una "frattura" nella crosta terrestre. Dalla frattura, che si allarga lentamente, fuoriesce magma, materiale roccioso allo stato fuso che risale dal centro della Terra. Raffreddandosi, il magma forma i rilievi sotto il mare. In questo modo si formarono, circa 20 milioni di anni fa, le prime terre dell'Islanda. I movimenti nella crosta terreste in corrispondenza della dorsale sono tuttora all'origine delle intense manifestazioni vulcaniche islandesi.
In Islanda si osservano anche diversi fenomeni di **vulcanismo secondario**, così chiamati perché si verificano nelle zone dove l'attività eruttiva è finita.
I **geyser**, sorgenti che si manifestano con getti di acqua bollente, sono senz'altro i più noti. L'acqua che si trova nel sottosuolo raggiunge zone molto calde, perché vicine a depositi di magma o perché costituite da rocce vulcaniche prodotte da precedenti eruzioni. Surriscaldata e portata all'ebollizione l'acqua, trovando un condotto, risale in superficie e fuoriesce in getti di anche 40-50 metri di altezza, per la forte pressione a cui è sottoposta. (1)
Altre manifestazioni di vulcanismo secondario sono le **fumarole** e le **solfatare** (che si distinguono per il loro alto contenuto di zolfo), emissioni di gas e vapori che costituiscono la fase finale dell'attività di un vulcano.
Sempre di natura vulcanica, perché alimentati dalle acque sotterranee riscaldate, sono i numerosi **laghetti caldi** nei quali gli islandesi amano nuotare anche quando la temperatura esterna è sotto lo zero.

(1) Il geyser più famoso d'Islanda è lo Strokkur. I suoi getti possono raggiungere i trenta metri di altezza e hanno una frequenza di circa cinque/otto minuti.
Benché i geyser non siano un fenomeno molto diffuso, se ne possono trovare, oltre che in Islanda, anche nel parco di Yellowstone (USA), nella Nuova Zelanda e nel Giappone.

2 In Islanda sono presenti numerosi ghiacciai: si calcola che l'11,5% della superficie del paese sia occupata da ghiacci perenni.

3 Il fatto che buona parte dei vulcani sia coperta dai ghiacciai rende ancora più pericolosa la loro attività: ai rischi legati alle eruzioni si aggiunge infatti il pericolo di inondazioni, provocate dallo scioglimento delle calotte di ghiaccio.

Attività

Inserisci i termini corretti nelle frasi seguenti.

- **a)** Il territorio dell'Islanda è sottoposto a frequenti eruzioni vulcaniche e terremoti perché è la parte emersa di una ....
- **b)** I .... sono sorgenti di acqua calda che si manifestano con getti di acqua bollente.
- **c)** Altre manifestazioni di vulcanismo secondario sono le .... e le ....
- **d)** Numerosi sono anche i ...., alimentati dalle acque sotterranee.

> Come si distribuisce la popolazione islandese?
> Quali sono i principali centri urbani?
> Quali sono le voci più importanti dell'economia?
> Come si presentano le comunicazioni?

Popolazione, economia e società

- POPOLAZIONE: **293 577 ab.**
- DENSITÀ: **3 ab./km²**
- CAPITALE: **Reykjavík** (184 244 ab.)
- FORMA DI GOVERNO: **repubblica**
- MONETA: **corona islandese**
- LINGUA: **islandese**
- RELIGIONE: **protestante**
- POPOLAZIONE ATTIVA: **56%**
- OCCUPATI NEI DIVERSI SETTORI:
  - **PRIMARIO: 3%**
  - **SECONDARIO: 10%**
  - **TERZIARIO: 87%**
- IN CERCA DI OCCUPAZIONE: **3,1%**

Una bassa densità di popolazione

L'Islanda ha la più bassa densità di popolazione di tutta l'Europa. È rilevante l'emigrazione verso la Penisola scandinava e l'America del Nord.
La popolazione si concentra lungo le coste, specialmente quella meridionale. (1) Vaste zone dell'interno, a causa del clima e della conformazione del territorio, sono deserte.
La **lingua** ufficiale è l'islandese, la più antica delle lingue nordiche.
La **religione** più diffusa è quella protestante (91%).

I centri urbani

La capitale, **Reykjavík** (184 244 ab.), è l'unica vera città dell'isola. Insieme a una decina di centri minori, tra i 4000 e i 18 000 abitanti, raccoglie il 92,5% della popolazione islandese. Il suo nome, che significa "baia del fumo", le venne dato dai primi abitanti vichinghi, colpiti dai vapori che scaturivano dalle **sorgenti geotermali** della zona. Il suo porto è il principale scalo commerciale del paese. Reykjavík è una città moderna e molto attiva in campo culturale. Ospita il Museo Nazionale d'Islanda, dedicato alla storia e alle tradizioni locali.
Tra le altre città ricordiamo **Hafnarfjördur** (22 000 ab.), a breve distanza dalla capitale, e **Akureyri** (16 475 ab.), sulla costa settentrionale.

Un paese di pescatori

L'economia dell'Islanda si è basata a lungo solo sulla **pesca**. Ciò è stato reso possibile dall'abbondanza di pesci dei mari locali e dall'efficiente flotta peschereccia. Quando i banchi di pesci nel Nord Atlantico hanno cominciato ad assottigliarsi, lo stato ha esteso da 4 a 200 miglia i limiti delle acque territoriali, per difendere il proprio patrimonio ittico. Il pesce diminuiva, infatti, a causa dell'eccessivo sfruttamento da parte non solo degli islandesi, ma anche di altre nazioni. Inoltre è stato introdotto il sistema delle "quote": ogni compagnia di pesca non può superare una certa quota annua di pescato.

dizionario

Sorgente geotermale: acqua sotterranea portata ad altissime temperature dal calore degli strati profondi del terreno.

La diminuzione delle risorse ittiche ha però avviato la trasformazione dell'economia nazionale, che oggi è più diversificata. In essa ha acquisito un peso rilevante il terziario.
La pesca, soprattutto di *merluzzi* e *aringhe*, resta comunque la risorsa principale. È praticata con imbarcazioni dotate di attrezzature all'avanguardia. (2)
L'**agricoltura** è invece resa impraticabile dal clima. Le *patate* costituiscono l'unica coltura, limitata ad aree ristrette. Abbastanza diffusa è la coltivazione in serra di *frutta* e *ortaggi* per il consumo interno.
Più importante è l'**allevamento**, in primo luogo di *ovini*, quindi di *cavalli*, (3) *bovini* e *animali da pelliccia* (volpi e visoni).

Industria, terziario e comunicazioni

Il **sottosuolo** ha la sua unica risorsa nelle *sorgenti calde*: gli islandesi le sfruttano per riscaldare le abitazioni (4) e le serre e per produrre energia elettrica.
L'**industria** *alimentare* è legata alla pesca; i prodotti principali sono: pesce congelato, affumicato e sotto sale; olio e farina di pesce. Fra le altre industrie hanno rilievo i *cementifici*, gli *stabilimenti metallurgici* (solo per la produzione di alluminio) e le *industrie chimiche*.
Nel **terziario**, il *commercio estero* è basato sull'esportazione dei prodotti ittici e delle tecnologie applicate alla pesca. Ciò consente di bilanciare, in gran parte, le importazioni di alimenti e di prodotti industriali. Tra i settori in crescita spiccano il *turismo* e l'*informatica*.
Il territorio aspro rende difficili le **comunicazioni**. In Islanda non esistono *ferrovie* e la *rete stradale* è poco sviluppata. Il *trasporto aereo*, fondamentale per i collegamenti internazionali, è diventato importante anche per quelli interni, specie in funzione del turismo.

1 Le case di torba

Nelle campagne della zona sud-occidentale dell'Islanda, dove si concentra gran parte delle coltivazioni e dei pascoli, si trovano ancora, accanto alle moderne fattorie, basse e con muri di cemento, antiche case rurali costruite con il legno e la torba. Molte case di campagna sono attrezzate per l'agriturismo.

3 I cavalli islandesi

I cavalli sono arrivati in Islanda con i vichinghi. Da allora non ne sono stati importati altri, così la razza si è mantenuta pura. Fino a un secolo fa questi animali, robusti e resistenti al freddo, erano il principale mezzo di trasporto degli islandesi. Oggi sono impiegati dai pastori per raccogliere le pecore nei pascoli o sono cavalcati dai turisti.

2 La caccia alle balene

Islanda, Norvegia e Giappone sono gli unici paesi al mondo che continuano a praticare la caccia alle balene, un animale che rischia l'estinzione. Nonostante il governo islandese sia stato tra i primi a proibire la caccia ai cetacei per lunghi periodi e a imporre limitazioni severe, ora sostiene infatti che le balenottere sono troppo numerose nell'Atlantico del Nord e che sarebbe opportuno ridurne il numero. Questa posizione è contestata da scienziati e associazioni ambientaliste come Greenpeace.

4 Il "Perlan"

Le sorgenti geotermali della zona di Reykjavík sono utilizzate per riscaldare e rifornire di acqua calda le abitazioni e gli edifici pubblici della capitale. L'acqua viene raccolta da un gran numero di pozzi e trasportata, da condutture lunghe più di 25 chilometri, negli enormi serbatoi dell'impianto conosciuto come "Perlan". Questo è diventato anche un luogo d'incontro: la cupola di vetro sopra i serbatoi ospita infatti un ristorante ed è sede di mostre e incontri culturali.

> Quali avvenimenti hanno segnato la storia della Norvegia nel Medioevo?

> Quando ha raggiunto l'indipendenza?

> Dove è situata e da quali territori è composta la Norvegia?

> Quali sono le principali caratteristiche fisiche?

Norvegia

SUPERFICIE:
323 758 km²

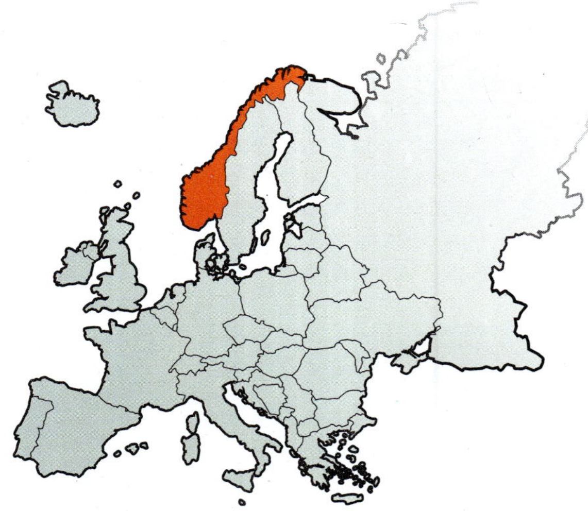

Il parlamento norvegese scelse questa **bandiera** nel 1821, alcuni anni dopo che il paese era passato dal dominio della Danimarca all'unione con la Svezia. Al Dannebrog, la bandiera danese, che era stata in vigore fino al 1814, fu sovrapposta una croce blu, segno del nuovo legame con la Svezia.

La storia

Dall'occupazione vichinga all'Unione di Kalmar

Nel Medioevo la Norvegia fu occupata dai vichinghi, di origine germanica. I lapponi e i finni, originari invece dell'Asia, si insediarono all'estremo nord del territorio. I vichinghi, abili navigatori, si spinsero verso le isole britanniche e verso l'Artico, in Russia e nell'area mediterranea.

Dopo l'anno Mille la Norvegia unì i piccoli stati feudali di cui era composta in un regno unitario, il quale, nel 1397, entrò a far parte di un unico stato con la Danimarca e la Svezia (Unione di Kalmar).

L'indipendenza e gli avvenimenti del Novecento

Dopo essere stata per secoli unita alla Danimarca, nel 1814 la Norvegia fu ceduta alla Svezia. Un trattato stabilì l'autonomia reciproca dei due paesi, che però avevano uno stesso re.

Nel 1905 la Norvegia divenne un regno indipendente. Nel 1940 fu invasa dalle truppe tedesche, nonostante la proclamazione di neutralità.

Oggi lo stato è retto da una monarchia costituzionale. Alla fine del 1994, con un referendum popolare, la Norvegia ha deciso di non aderire all'Unione Europea.

dizionario

Dorsale: catena montuosa, solitamente di grande lunghezza.

Il territorio

Il paese dei fiordi

La Norvegia occupa la parte occidentale della Penisola scandinava. Il suo territorio include numerose isole; le più grandi sono le Lofoten e le Vesterålen. Appartengono alla Norvegia alcuni possedimenti nei luoghi più freddi della Terra: nell'Artide l'isola di Jan Mayen e le isole Svalbard; nell'Antartide la Terra della Regina Maud e due isole minori.

Confina a nord-est con Finlandia e Russia, a est con la Svezia. È bagnata a nord dal Mar Glaciale Artico e dal Mare di Barents, a ovest dal Mar di Norvegia, a sud dal Mare del Nord.

Le **coste** sono molto frastagliate e caratterizzate dai fiordi. (1) Le insenature sono profonde e talvolta divise in rami secondari.

Un territorio montuoso

Il territorio è **montuoso**. È occupato quasi interamente dalla **dorsale** delle *Alpi Scandinave*, che culminano a sud nel *Glittertind* (2472 m), la vetta più alta della Scandinavia.

Le **pianure**, limitate alla zona costiera, sono ridotte. La più ampia è a sud, in corrispondenza del fiordo di Oslo.

I **fiumi** più lunghi scorrono da nord a sud; il principale è il *Glåma*, lungo circa 600 chilometri, che sfocia nello Skagerrak. I corsi d'acqua che sfociano nel Mar di Norvegia e nel Mare del Nord sono più brevi e tumultuosi.

Numerosi, ma non molto vasti, sono i **laghi**, di origine glaciale.

Il **clima** è *temperato-freddo*, mitigato sulle coste dalla Corrente del Golfo.

Utilizzazione del suolo

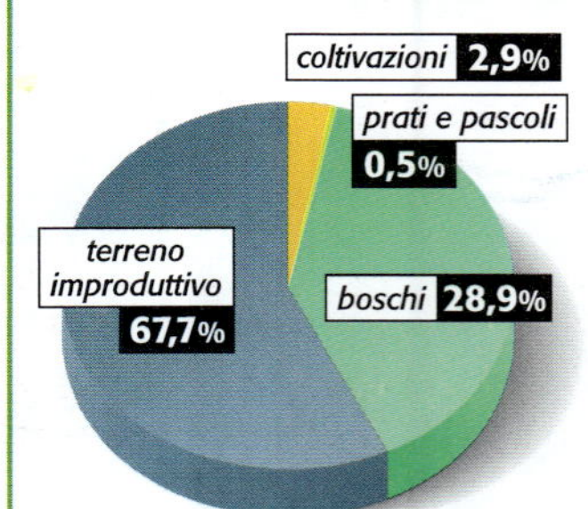

1 I fiordi

I fiordi hanno origine glaciale. Sono valli marine scavate dai ghiacciai che coprivano i rilievi costieri e da questi si spingevano sotto il livello del mare. Con lo scioglimento dei ghiacci, la terra prima sommersa ha cominciato a sollevarsi, scoprendo la tipica forma a U dei fiordi. In essi il ghiaccio ha lasciato il posto al mare, che ora si insinua per chilometri tra le montagne.
I fiordi sono più profondi all'interno che all'imboccatura; i più larghi sono navigabili.
Il più lungo fiordo del mondo si trova in Norvegia ed è il Sognefjord: diviso in vari rami, penetra per più di 200 km nelle montagne che si affacciano sul Mar di Norvegia, nella zona meridionale del paese.

> Come si compone e distribuisce la popolazione norvegese?
> Quali sono le città principali?
> Che cosa ha favorito lo sviluppo dell'industria?
> Quali sono attualmente le principali risorse economiche?

Popolazione, economia e società

DA STUDIARE

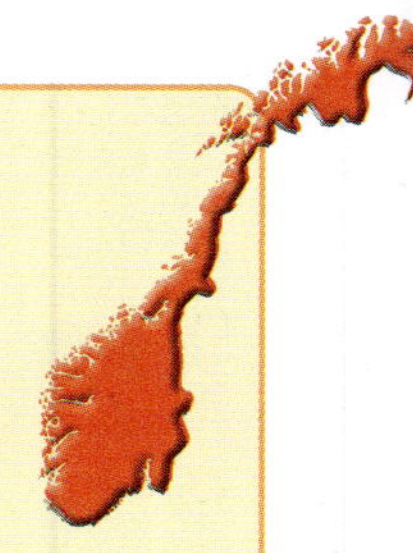

- POPOLAZIONE: **4 606 000 ab.**
- DENSITÀ: **14 ab./km^2**
- CAPITALE: **Oslo** (794 356 ab.)
- FORMA DI GOVERNO: **monarchia costituzionale**
- MONETA: **corona norvegese**
- LINGUA: **bokmål e nynorsk (neo-norvegese)**
- RELIGIONE: **protestante**
- POPOLAZIONE ATTIVA: **51,2%**
- OCCUPATI NEI DIVERSI SETTORI:
  - **PRIMARIO: 4%**
  - **SECONDARIO: 19%**
  - **TERZIARIO: 77%**
- IN CERCA DI OCCUPAZIONE: **4,4%**

Composizione e distribuzione della popolazione

La popolazione, formata in prevalenza da norvegesi (95,7%), comprende anche le due minoranze etniche dei lapponi (1) e dei finni. Tra gli stranieri, i più numerosi sono svedesi, danesi, iracheni, inglesi, tedeschi e statunitensi.

La zona più abitata è quella meridionale, soprattutto lungo le coste, dove gli insediamenti sono sorti all'interno dei fiordi. Sopra il Circolo polare artico la densità si avvicina allo zero.

Le **lingue** ufficiali sono il *bokmål* e il *nynorsk*, detto anche neo-norvegese.

L'88,4% della popolazione professa la **religione** *protestante luterana*.

Principali centri urbani

La maggior parte dei norvegesi vive nei piccoli centri urbani. Lo sviluppo delle città è avvenuto nel rispetto del paesaggio.

Anche nella capitale, **Oslo** (794 356 ab. con l'agglomerato urbano), fatta eccezione per il centro, le case hanno al massimo due piani e sono circondate da giardini. Fondata nell'XI secolo, Oslo fu ricostruita nel Seicento, dopo un incendio, dal re Cristiano IV di Danimarca, che la chiamò Cristiania. Oggi è il centro economico del paese. Il suo porto è il più importante della Penisola scandinava.

Bergen (237 430 ab.) è sede di cantieri navali, industrie tessili e impianti per la lavorazione del pesce. Attraverso il suo porto si svolgono i collegamenti con il Regno Unito.

Gli altri centri urbani del paese con più di 100 000 abitanti sono **Trondheim** (154 351 ab.), fiorente centro industriale e commerciale, e la città di **Stavanger** (112 405 ab.), sede di raffinerie e di **industrie pesanti**.

dizionario

Industria pesante: settore industriale che comprende le industrie meccaniche, metallurgiche e siderurgiche.

Stoccafisso: merluzzo non salato fatto seccare all'aria.

Baccalà: merluzzo conservato sotto sale.

Un paese con un alto tenore di vita

La Norvegia è tra gli stati europei più avanzati e con il più alto tenore di vita.

Lo sviluppo industriale, avvenuto solo nel XX secolo, è stato favorito dall'abbondanza di energia idroelettrica, prodotta grazie ai numerosi fiumi, e dalla scoperta di petrolio e metano nel Mare del Nord.

L'**agricoltura** è praticata con tecniche moderne e sostenuta da incentivi statali, ma non soddisfa il fabbisogno nazionale. I prodotti principali sono *avena*, *orzo*, *frumento*, *segale* e *patate*.

L'**allevamento** di *ovini*, *bovini*, *suini* e *animali da pelliccia* è molto praticato. Presso i lapponi è diffuso l'allevamento delle *renne*.

La **pesca** è una risorsa fondamentale per la Norvegia, secondo paese europeo dopo la Russia per quantità di pescato (soprattutto *aringhe*, *merluzzi*, *salmoni* e *sgombri*). La *caccia alle balene* è purtroppo ancora praticata, anche se notevolmente ridotta rispetto al passato.

Le risorse dell'industria e del terziario

Oltre al *petrolio* (2) e al *metano* del Mare del Nord, il **sottosuolo** offre discrete quantità di *ferro*, *rame* e *zinco*.

L'**industria** principale è *siderurgica* e *metallurgica*, ma molto sviluppate sono anche l'industria *meccanica*, *chimica*, *petrolchimica* e i *cantieri navali*. Fra le industrie tradizionali sono importanti quella del *legname* (pasta di legno e carta per giornali) e quella *tessile*. L'industria *alimentare* è legata alla lavorazione del pesce (pesce in scatola e congelato, **stoccafisso** e **baccalà**).

Nel **terziario** sono importanti le *attività commerciali* e il *turismo*. Significativo è inoltre il reddito ricavato dall'*affitto delle navi mercantili* ad altri paesi.

La **rete di comunicazioni** *stradali* e *ferroviarie* è efficiente. I *trasporti marittimi* restano però i più importanti; quelli *aerei* possono contare su numerosi aeroporti.

1 I lapponi

I lapponi vivono nelle regioni settentrionali della Penisola scandinava e nella penisola di Kola, in Russia. La loro lingua appartiene al gruppo ugro-finnico. Praticano la religione protestante in Scandinavia, quella greco-ortodossa nella Lapponia russa. Nomadi per tradizione, per molto tempo hanno legato la loro sopravvivenza alle renne, ricavandone latte, carne e pellame. Oggi molti lapponi hanno abbandonato la vita nomade e lavorano nelle industrie e nelle miniere dell'estremo nord o nelle strutture turistiche.

2 Il petrolio del Mare del Nord

Il petrolio e il gas naturale sono ai primi posti nelle esportazioni norvegesi. Vengono estratti dalle piattaforme costruite al largo delle coste, nel Mare del Nord. Nonostante la ricchezza che i giacimenti hanno portato al paese, l'opinione pubblica manifesta qualche preoccupazione nei confronti dello sfruttamento petrolifero. Incidenti o guasti agli impianti di pompaggio o alle petroliere che trasportano il greggio alle raffinerie nazionali o straniere potrebbero causare catastrofi ecologiche. Per prevenirle, i controlli agli impianti e alle navi sono molto severi.

3 Un paese di sciatori

In Norvegia molti praticano lo sci di fondo o di discesa e anche il salto dal trampolino. Proprio in questo paese, nel 1843, fu disputata la prima gara ufficiale di sci, e per le Olimpiadi del 1952 fu costruito a Oslo un imponente trampolino per il salto con gli sci. La Norvegia ha ospitato anche i Giochi invernali di Lillehammer nel 1994.

Guida allo studio

Danimarca

1. **RISPONDI** **alle seguenti domande.**

a) Quale popolo ha occupato la Danimarca nel VII secolo d.C.? ....

b) Che cosa sancisce l'Unione di Kalmar? ....

c) Che cosa accadde nel 1814? ....

d) Qual è l'attuale forma di governo della Danimarca? ....

2. **INDICA** **se le seguenti affermazioni sono vere o false.**

a) La Danimarca è formata dalla penisola dello Jylland e da circa 500 isole. V F

b) Copenaghen sorge sull'isola di Fyn. V F

c) Dipendono dalla Danimarca i territori esterni della Groenlandia e delle isole Fær Øer. V F

d) Lo Stretto di Øresund divide l'isola di Sjælland dalla costa meridionale della Svezia. V F

e) L'unico confine non marittimo è quello con la Polonia, a sud, lungo meno di 70 chilometri. V F

f) Il territorio danese è in prevalenza pianeggiante, con basse colline di origine glaciale. V F

g) I fiumi hanno corso breve: il più lungo è il Gudenå, che sfocia nel Kattegat. V F

h) Nello Jylland si trovano alcuni laghi di origine vulcanica. V F

i) Il clima è temperato, con inverni non troppo rigidi, per l'influenza della Corrente del Golfo. V F

3. **COMPLETA** **il testo, che descrive brevemente la popolazione e le città danesi.**

La densità di abitanti della Danimarca è di molto .... a quella degli altri stati dell'area nordica. La lingua ufficiale è il .... La religione più professata è quella ....
Oltre .... della popolazione risiede nei centri urbani, che hanno dimensioni limitate.
Il porto di Copenhagen, sull'.........., è importante negli scambi fra l'Europa centrale e la Penisola scandinava. .... è il secondo porto commerciale del paese; Odense, sull'isola di ...., è sede di un importante cantiere navale.

4. **RISPONDI** **alle seguenti domande.**

a) Quali sono i prodotti alimentari più esportati dalla Danimarca? ....

b) Quali voci del settore primario sono più importanti? ....

c) Quali settori dell'industria sono più sviluppati? ....

d) Nel terziario, sono più importanti i commerci o il turismo? ....

Islanda

5. **SCRIVI** **accanto alle date indicate il numero corrispondente agli avvenimenti della storia dell'Islanda, elencati in fondo.**

a) VIII secolo d.C. ....
b) IX secolo ....
c) XIII secolo ....
d) 1380 ....
e) 1918 ....
f) 1944 ....

1) Il paese è possesso della Danimarca. **2)** Diviene una repubblica indipendente. **3)** I vichinghi si stabiliscono sull'isola. **4)** Arrivo in Islanda di alcuni monaci irlandesi. **5)** Viene assoggettata dalla Norvegia. **6)** È riconosciuta come stato autonomo, unito, però, alla corona danese.

6. **COMPLETA** **il testo, che descrive il territorio dell'Islanda.**

L'Islanda è situata immediatamente sotto il .... È la .... isola d'Europa per estensione. Sulle coste di .... si aprono piccole pianure; le altre coste sono più alte e frastagliate.
L'Islanda è prevalentemente ....
I vulcani sono più di ...., di cui una trentina ancora attivi. I ghiacciai ricoprono più del .... del territorio islandese: il principale è il ....
I fiumi, numerosi e ricchi d'acqua, si dirigono verso .... o verso ...., formando spesso cascate.
Molti sono i laghi, di origine ....

7. SCEGLI **tra le due alternative fornite quella corretta.**

L'Islanda ha la più *alta* / *bassa* densità di popolazione di tutta l'Europa. La lingua ufficiale è *l'islandese* / *il vichingo*. La religione più diffusa è quella *cattolica* / *protestante*. La popolazione si concentra lungo le coste, specialmente quella *meridionale* / *settentrionale*. La capitale, *Reykjavík* / *Copenaghen*, è l'unica vera città.

8. COMPLETA **il testo, che descrive brevemente l'economia islandese.**

L'economia islandese si è basata a lungo solo sulla .... L'................................ è resa impraticabile dal clima. Abbastanza diffuse sono solo le coltivazioni in .... Importante è l'allevamento di ...., ..., ..., e .... Le industrie principali sono: .... Tra i settori in crescita spiccano il .... e l'................................

Norvegia

9. RISPONDI **alle seguenti domande.**

a) Quali popoli si insediarono nel Medioevo in Norvegia? ....

b) In quale anno la Norvegia divenne un regno indipendente? ....

c) La Norvegia fa parte dell'Unione Europea? ....

10. INDICA **se le seguenti affermazioni sono vere o false.**

a) La Norvegia occupa la parte orientale della Penisola scandinava. V F

b) Il suo territorio include numerose isole; le più grandi sono le Lofoten e le Vesterålen. V F

c) Appartengono alla Norvegia alcuni possedimenti nell'Artide e nell'Antartide. V F

d) La Norvegia si affaccia a sud sul Mar Baltico. V F

e) Le coste sono molto frastagliate e caratterizzate dai fiordi. V F

f) Il territorio è occupato quasi interamente dalla dorsale delle Alpi Scandinave. V F

g) La vetta più alta della Scandinavia, il Glittertind, si trova oltre il Circolo polare artico. V F

h) Le pianure, limitate alla zona costiera, sono ridotte. V F

i) La più ampia è a ovest, di fronte alle isole Lofoten. V F

l) Il fiume principale è il Glåma, lungo circa 600 chilometri, che sfocia nello Skagerrak. V F

m) Numerosi e ampi sono i laghi, di origine vulcanica. V F

n) Il clima è temperato-freddo, mitigato sulle coste dalla Corrente del Golfo. V F

11. RISPONDI **alle seguenti domande.**

a) Quali minoranze etniche sono presenti in Norvegia?
....
....

b) Com'è distribuita la popolazione? ....
....
....

c) Quali lingue si parlano? ....
....

d) Come sono le città norvegesi? ....
....
....

12. SCRIVI **accanto al nome delle principali città della Norvegia il numero corrispondente al testo che le descrive brevemente.**

a) Stavanger .... **c)** Oslo ....

b) Trondheim .... **d)** Bergen ....

1) Capitale e centro economico del paese. **2)** Porto importante per i collegamenti con il Regno Unito. **3)** Centro industriale e commerciale. **4)** Sede di raffinerie e industrie pesanti.

13. DESCRIVI **l'economia della Norvegia.**

....
....
....
....
....
....
....

Svezia

› Quali avvenimenti hanno segnato la storia della Svezia dai primi secoli fino alla formazione del regno di Svezia?

› Quali fatti principali sono accaduti negli ultimi due secoli?

› Quali territori compongono la Svezia?

› Quali sono i rilievi, i fiumi e i laghi più importanti?

SUPERFICIE: **450 295 km²**

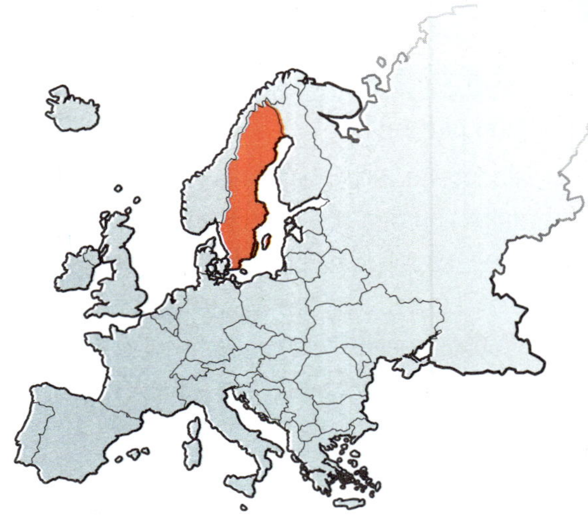

La **bandiera** svedese è stata adottata nel 1906, un anno dopo la divisione dalla Norvegia. Già nel XVI secolo, tuttavia, veniva utilizzata una bandiera molto simile a questa. I colori derivano probabilmente dalle antiche insegne di guerra, che raffiguravano tre corone dorate su sfondo azzurro.

La storia

Dalle popolazioni antiche al regno di Svezia

Intorno al I-II secolo d.C. in Svezia vivevano diversi popoli di origine germanica, tra cui goti e vichinghi sviari (da qui il nome Svezia).

Nel IX secolo la Svezia, prima divisa in numerosi regni indipendenti, fu unificata nel Regno di Uppsala. Nel 1252 Stoccolma venne scelta come capitale. Nel 1397 il paese, insieme alla Norvegia, fu unito alla Danimarca (Unione di Kalmar). Nel 1523 Gustavo Vasa liberò la Svezia dal dominio danese e divenne re con il nome di Gustavo I.

Fra il Seicento e il Settecento la Svezia diventò la maggiore potenza dell'Europa settentrionale.

Nel 1809, anno considerato come l'inizio della storia della Svezia moderna, fu varata la prima costituzione.

Gli avvenimenti degli ultimi due secoli

Tra il 1814 e il 1905 la Svezia formò un solo regno con la Norvegia.

Neutrale durante i due conflitti mondiali, il paese ha mantenuto questa politica rifiutando di aderire alla NATO.

Fa parte dell'Unione Europea dal 1° gennaio 1995.

La Svezia è oggi una monarchia costituzionale. Il potere legislativo è affidato a un parlamento unicamerale (cioè formato da una sola camera), il Riksdag.

Il territorio

Una nazione estesa

La Svezia è la nazione più estesa dell'area nordica. Si divide, partendo da nord, in tre grandi regioni fisiche: **Norrland**, **Svealand** e **Götaland**.

Appartengono al territorio svedese anche le isole Gotland e Öland, nel Mar Baltico.

La Svezia **confina** a nord e a ovest con la Norvegia; a nord-est con la Finlandia. Si affaccia a est sul Golfo di Botnia e a sud-est sul Mar Baltico. Lo Stretto di Øresund e il Kattegat la dividono dalla Danimarca. Le **coste** sono basse, più frastagliate nelle regioni meridionali.

Rilievi, fiumi e laghi, clima

I **monti** più elevati si trovano nel Norrland: appartengono alle *Alpi Scandinave*, che digradano verso est in una vasta zona di altopiani. La cima principale è il *Kebnekaise* (2117 m).

Le **pianure** hanno dimensioni ridotte lungo il Golfo di Botnia. Sono molto più ampie nello Svealand, e nel Götaland si sviluppano intorno all'altopiano dello Småland.

I maggiori **fiumi** sfociano nel Golfo di Botnia; il più lungo è il *Torne* (570 km), che segna per un tratto il confine con la Finlandia. Tra i **laghi**, numerosi soprattutto nello Svealand, ricordiamo il *Vänern* (5585 km²), il terzo in Europa per ampiezza.

Il **clima** è *temperato-freddo*; diventa molto *rigido* nelle regioni settentrionali.

dizionario

Norrland: terra del nord.
Svealand: terra degli svedesi.
Götaland: terra dei goti.

Utilizzazione del suolo

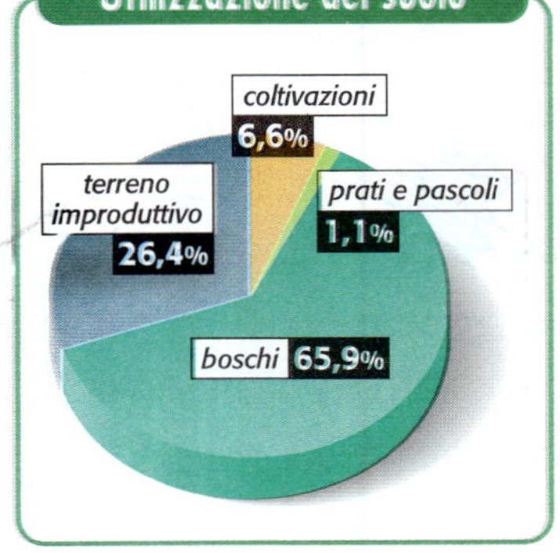

1 La Vasaloppet

La Vasaloppet è una maratona dello sci di fondo. Ogni anno richiama migliaia di appassionati che si cimentano su un percorso di ben 90 km. La manifestazione fu istituita nel 1922 e si ispira a una leggenda. Si racconta che Gustavo Vasa, il futuro re Gustavo I, fosse in fuga verso la Norvegia, temendo di non essere riuscito a sollevare contro i danesi gli abitanti del sud della Svezia. Questi, per assicurargli il loro sostegno, mandarono a inseguirlo due forti guerrieri, che lo raggiunsero correndo sulla neve con dei pezzi di legno sotto i piedi.

Per saperne di più

- I laghi svedesi sono stati formati dai ghiacciai che coprivano la Scandinavia. Il ghiaccio ha scavato una larga fossa, che attraversa il paese da Stoccolma a Göteborg e che oggi è occupata dai laghi e dalle pianure circostanti.
- Gotland è l'isola più grande della Svezia. Sulle sue coste si possono ammirare i "rauker", formazioni di roccia silicea alle quali l'azione erosiva del mare e del vento ha fatto assumere figure bizzarre.

› Come si compone e distribuisce la popolazione svedese?

› Dove si trovano e quali sono le città principali?

› Che cosa ha favorito lo sviluppo economico della Svezia?

› Quali sono oggi le risorse più importanti?

Popolazione, economia e società

- POPOLAZIONE: **8 992 000 ab.**
- DENSITÀ: **20 ab./km²**
- CAPITALE: **Stoccolma** (1 872 900 ab.)
- FORMA DI GOVERNO: **monarchia costituzionale**
- MONETA: **corona svedese**
- LINGUA: **svedese**
- RELIGIONE: **protestante**
- POPOLAZIONE ATTIVA: **54%**
- OCCUPATI NEI DIVERSI SETTORI:
  - PRIMARIO: 3%
  - SECONDARIO: 22%
  - TERZIARIO: 75%
- IN CERCA DI OCCUPAZIONE: **6,3%**

Composizione etnica e distribuzione

In Svezia vivono quasi nove milioni di persone, per più dell'88% svedesi, alle quali si aggiungono le minoranze dei finni (al confine con la Finlandia) e dei lapponi (all'estremo nord). Vi sono inoltre numerosi immigrati (dall'Europa dell'Est, dalla ex Iugoslavia e dal Medio Oriente).

La maggior parte degli svedesi vive nello Svealand e nel Götaland, dove si concentrano le attività industriali e commerciali. Nel nord del paese la densità è molto bassa: 10 ab./km² in media e valori ancora inferiori nelle regioni subpolari.

La **lingua** ufficiale è lo *svedese*.

La **religione** *protestante* è la più diffusa (86,5%). Vi sono poi piccole minoranze di cattolici (1,8%), ortodossi e musulmani (2,3%).

Le città principali

Le città principali si trovano nello Svealand e nel Götaland.

Stoccolma (1 872 900 ab. con l'agglomerato urbano), la capitale, sorge su isolette e promontori tra il Lago Mälaren e il Mar Baltico. Oggi centro di tutte le attività della nazione, si è ingrandita in modo razionale: prima i quartieri periferici, e poi le città-satellite, sono stati costruiti seguendo le diramazioni della ferrovia metropolitana, il cui primo tratto risale al 1957. In quanto poi a parchi, giardini e aree attrezzate per lo sport, Stoccolma è ai primi posti in Europa. Sono famosi il suo Palazzo Reale, il Municipio e lo Skansen, grande parco con un museo all'aperto. (1)

Fra le altre città ricordiamo **Göteborg** (481 810 ab.), principale porto svedese grazie alla favorevole posizione sul Kattegat, **Malmö** (269 142 ab.), collegata con un ponte a Copenaghen, **Uppsala** (182 076 ab.), sede di una delle più antiche università europee, **Lund** (102 000 ab.), ricca di tradizioni artistiche e culturali. **Kiruna** è la città più importante del nord del paese ed è sede, con **Gällivare**, dei principali giacimenti di ferro.

dizionario

Città-satellite: insediamenti che sorgono intorno a una grande città e sono a essa legati da rapporti economici, come un satellite al suo pianeta.

Un'economia avanzata

Lo sviluppo economico svedese ha avuto inizio dopo la metà dell'Ottocento, favorito dall'abbondanza di risorse minerarie e dalla politica di neutralità mantenuta nelle due guerre mondiali.

L'**agricoltura** ha un rendimento elevato, grazie all'uso di tecniche moderne. I prodotti principali sono *cereali*, *patate*, *barbabietole da zucchero* e *foraggi*. La vera ricchezza del suolo è però costituita dai *boschi*: sfruttati in modo razionale e nel rispetto dell'ambiente, hanno consentito alla Svezia, nel 1999, di raggiungere il secondo posto in Europa per la produzione di legname.

L'**allevamento** copre i due terzi del valore di tutto il settore primario e riguarda *animali da cortile*, *suini* e *bovini*. Importante è anche l'allevamento di *renne* e *animali da pelliccia*.

La **pesca** è in espansione; diffusa è anche quella d'acqua dolce (*salmoni*).

Un sottosuolo ricco di minerali

Il **sottosuolo** è ricco di *ferro*, *uranio*, *rame*, *piombo*, *zinco*, *oro* e *argento*. Scarseggiano i combustibili. (2)

Le **industrie** più attive sono quelle *meccaniche*, *chimiche*, *elettroniche*, *aeronautiche*, quella *del legno* e alcune industrie *alimentari* e *conserviere*. (3) Importanti sono anche la *siderurgia* e la *metallurgia*. Le numerose *raffinerie* lavorano greggio d'importazione. Di recente sviluppo è la produzione di *telefoni cellulari*.

Nel **terziario** i settori più redditizi sono il *commercio*, il *turismo* e le *attività finanziarie* e *assicurative*.

La **rete di comunicazioni** è efficiente, soprattutto al sud. I numerosi *porti* garantiscono i traffici marittimi e sono molto estese le *vie navigabili* interne.

1 I premi Nobel

Ogni anno a Stoccolma vengono attribuiti i premi Nobel a chi si è distinto nel campo della chimica, della fisica, della medicina, della letteratura e dell'economia. Il Nobel per l'economia fu aggiunto nel 1969 agli altri premi, istituiti da Alfred Nobel (1833-1896), l'inventore della dinamite, nato a Stoccolma. Nel suo testamento, Nobel lasciò parte del suo patrimonio a una fondazione, che dal 1901 si occupa dell'assegnazione dei premi.
Il premio Nobel per la pace, per chi ha contribuito in modo significativo alla promozione della pace nel mondo, è assegnato invece dal Parlamento norvegese.

2 L'energia nucleare

Negli ultimi anni la produzione di energia nucleare ha superato in Svezia quella di energia idroelettrica. Paese privo di combustibili fossili, se si escludono i depositi di torba nel sud, la Svezia ha sfruttato a lungo per il proprio rifornimento energetico la sola ricchezza dei suoi corsi d'acqua. La scoperta di vasti giacimenti di uranio ha dato impulso al settore nucleare, che oggi copre quasi la metà del fabbisogno energetico nazionale.

3 I fiammiferi "svedesi"

I fiammiferi conosciuti, non a caso, come "svedesi" sono stati tra i primi prodotti esportati dalla Svezia in tutto il mondo. L'industria tradizionale dei fiammiferi, pur non essendo tra i settori trainanti dell'economia, è ancora ben rappresentata a Jönköping, nel Götaland, dove nel XIX secolo sorse la prima fabbrica.

Visitare Stoccolma

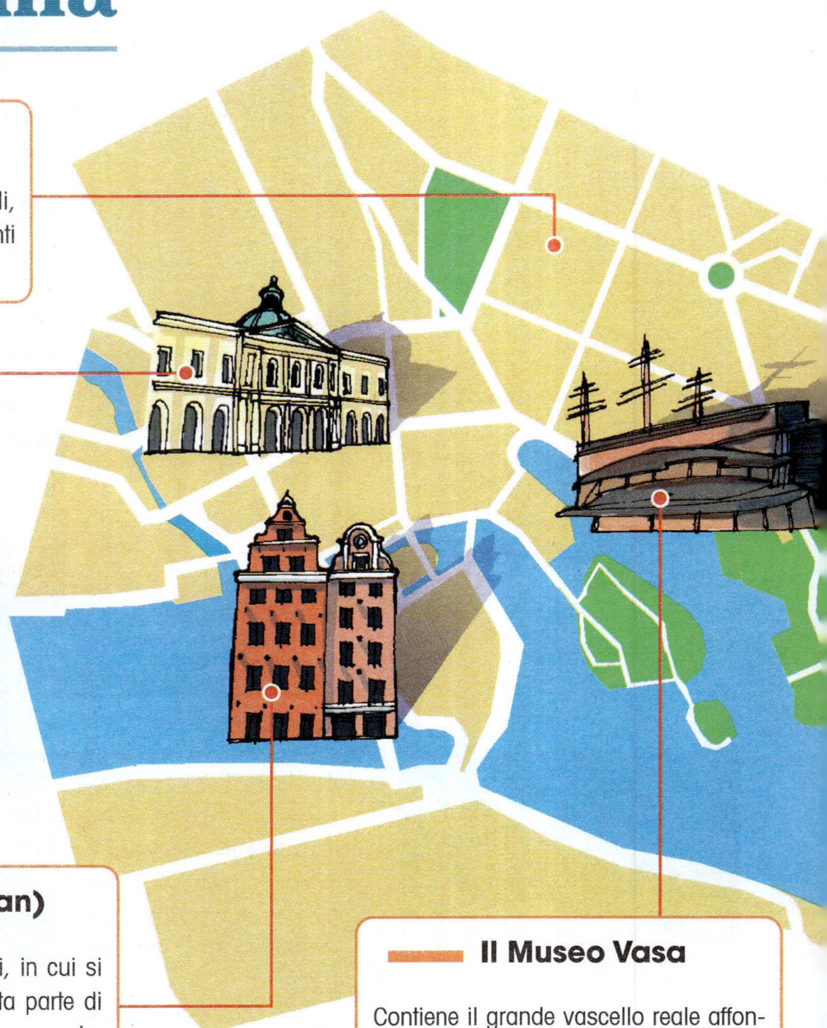

Östermalm

Nell'area si trovano grandi centri commerciali, negozi di lusso, con teatri, cinema, ristoranti esclusivi, night club e palazzi moderni.

Il Museo Nobel

È dedicato ad Alfred Nobel (nella foto) e al premio che da lui prende il nome. In questo museo sono raccolti documenti, interviste, fotografie, invenzioni e scoperte che riguardano le oltre 700 persone che, dall'anno dell'istituzione del premio, sono state insignite del prestigioso riconoscimento.

La città vecchia (Gamla Stan)

È formata da vie strette, piene di negozi e ristoranti, in cui si aprono alcune piazzette incantevoli. Vicino a questa parte di Stoccolma si trovano anche il Parlamento e il Palazzo reale, usato attualmente dal re solo per alcuni ricevimenti ufficiali.

Il Museo Vasa

Contiene il grande vascello reale affondato nel 1628 e ritrovato quasi intatto nelle acque del porto; il museo è stato costruito "su misura" per ospitarlo e ha infatti la forma di una nave.

Djurgården

È un paradiso verde dove gli abitanti di Stoccolma corrono e vanno in bicicletta e in cui è situato l'ampio parco dei divertimenti Gröna Lund.

Il Museo Skansen

È un grande parco all'aria aperta, dove si trovano oltre 150 edifici tradizionali svedesi (case rurali, botteghe, fattorie, torri, mulini), costruiti con lo stile tipico delle diverse zone della Svezia, e uno zoo con gli animali della fauna svedese.

La gente

Gli abitanti di Stoccolma sono gentili e ospitali. Amano l'ambiente e gli spazi verdi: la loro occupazione preferita è girare a piedi o in bicicletta nei parchi, o spostarsi con barche e battelli tra i canali che circondano la città.
Sono orgogliosi del loro sistema sanitario, che assicura cure gratuite e assistenza a malati e anziani, anche se poveri, e sono disposti a pagare tasse anche elevate, pur di poter usufruire di servizi efficienti.

I primati

Stoccolma è la metropoli più "verde" d'Europa: all'interno del suo territorio nel 1995 è stato istituito il primo e unico parco nazionale urbano del mondo, su un'area di 27 km². Il nucleo storico del parco è il Djurgården, che nel XVI secolo era il territorio di caccia dei re svedesi. Intorno si estendono boschi e aree verdi, popolati da daini e caprioli e da varie specie di uccelli.

La curiosità

Nel palazzo del municipio (Stadshuset) si trova un ristorante in cui, su ordinazione, si può cenare richiedendo lo stesso menu offerto ai vincitori del premio Nobel in un certo anno.

Da non perdere

Il giro in battello "sotto i ponti di Stoccolma": due ore di navigazione, durante le quali si passa sotto 15 ponti e si attraversano due chiuse, che collegano il Lago Mälaren, sulle cui rive è costruita Stoccolma, con il Mar Baltico.

Carta d'identità

- NOME: Stoccolma
- DATA DI NASCITA: fondata, secondo la leggenda, da Birger Jarl nel XIII secolo, per proteggere la Svezia dalle invasioni che avvenivano via mare
- INDIRIZZO: Svezia
- ALTITUDINE: 15 m s.l.m.
- SUPERFICIE: 188 km²
- POPOLAZIONE: 765 044 ab. (1 872 900 con l'aggl. urbano)

DOSSIER

Il "modello svedese"

Si parla di "modello svedese" per indicare una politica che ha come scopo ridurre le differenze sociali, garantendo a tutti i cittadini assistenza e servizi. Questo modello, che ha posto la Svezia ai primi posti nel mondo per qualità della vita, negli ultimi decenni ha dato segni di crisi.

Ridurre le disuguaglianze sociali

La politica economica e sociale seguita dalla Svezia nel XX secolo si è differenziata in modo netto da quelle degli altri paesi europei, tanto che è divenuto uso comune parlare di "modello svedese". Volendo semplificare, si può dire che questo modello si propone di **ridurre quanto più possibile le disuguaglianze sociali**, fornendo assistenza e servizi a tutti i cittadini e garantendo loro uguali diritti. Per raggiungere questo scopo, lo stato impone una forte pressione fiscale, vale a dire tasse elevate, usate per finanziare gli stessi servizi sociali. In poche parole: i cittadini pagano allo stato tasse "pesanti", ricevendo in cambio assistenza gratuita dall'infanzia alla vecchiaia.

Tra i servizi a carico dello stato, oltre all'assistenza sanitaria e alle pensioni, vi sono, ad esempio, gli asili per i bambini e i ricoveri per gli anziani, gli aiuti economici per le famiglie numerose, i corsi di avviamento al lavoro per i giovani.

Le basi del modello svedese

Le basi del modello svedese risalgono agli anni Venti, quando il governo si pose come obiettivo quello di annullare la disuguaglianza tra i cittadini "poveri" e quelli "ricchi".

Nel secondo dopoguerra il programma divenne ancora più ambizioso e puntò alla **piena occupazione**, cioè a garantire il lavoro a tutti i cittadini. In questa fase assunsero grande importanza le organizzazioni sindacali, che ottennero notevoli benefici per i lavoratori e promossero interventi per aiutare i disoccupati a trovare un impiego.

La scuola svedese

In Svezia la spesa dello stato per l'istruzione è molto alta. La scuola primaria, fino ai 16 anni, è obbligatoria e gratuita; gli studenti non pagano né i libri di testo, né i mezzi di trasporto, né la mensa scolastica. Anche i ragazzi più grandi ricevono aiuti dallo stato. Gli universitari, ad esempio, hanno diritto a un sussidio mensile. Poiché questo non basta a coprire le spese, essi possono richiedere alle banche un prestito che restituiranno a rate dopo la laurea.

Le emergenze sociali

Grazie alla sua politica sociale, la Svezia è al secondo posto nella graduatoria mondiale dell'ISU, l'indice che misura lo sviluppo umano, cioè un insieme di fattori come la durata media della vita, il livello culturale, la quantità di ricchezza disponibile.
L'elevata qualità della vita di cui godono gli svedesi non ha però portato alla soluzione di tutti i problemi sociali: anzi, in alcuni casi proprio l'alto livello di benessere raggiunto con relativa facilità ha causato, soprattutto nei giovani, un senso di insoddisfazione, che li ha portati all'abuso di droghe o alcol oppure addirittura al suicidio.

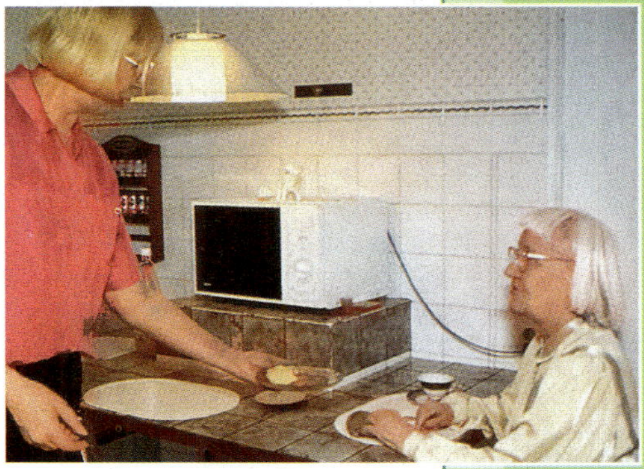

Il successo iniziale di queste politiche è stato favorito, oltre che da un vasto consenso popolare, anche dalla crescita economica del paese, avvantaggiata a sua volta dalla neutralità della Svezia durante la Seconda guerra mondiale, che le ha evitato gli ingenti danni economici subiti da altre nazioni.

Le difficoltà degli ultimi decenni

A partire dagli anni Settanta, con il manifestarsi di crisi economiche mondiali legate all'aumento del prezzo del petrolio, il modello svedese cominciò a mostrare segni di debolezza.
Se da un lato la pressione fiscale a carico dei privati era diminuita, soprattutto per gli interventi dei sindacati a favore dei lavoratori, dall'altro era diventata sempre più forte per le aziende, le quali dovettero aumentare i prezzi dei prodotti, rendendoli meno competitivi sul mercato mondiale. Nello stesso tempo, la domanda da parte dei consumatori diminuì, a causa della crisi. Le aziende iniziarono a limitare le assunzioni e il numero delle persone in cerca di occupazione tornò a crescere.
Di conseguenza crebbe la spesa dello stato per sostenere i programmi di assistenza sociale e quindi aumentarono di nuovo le tasse.
Negli ultimi vent'anni del secolo scorso il modello svedese si è ridimensionato e alcuni servizi a carico dello stato sono stati ridotti. Ciò ha creato difficoltà al governo, perché i cittadini si sono dimostrati poco disposti a rinunciare ai privilegi acquisiti e al tempo stesso insoddisfatti per le aumentate richieste del fisco.
Pur con le limitazioni che ha subìto e i problemi che ha dovuto affrontare, il modello svedese non è però stato accantonato e tra governo e cittadini è aperto il dialogo per migliorarlo e mantenerlo al passo con i tempi. I servizi sociali svedesi restano tra i più avanzati ed efficienti del mondo.

L'assistenza sanitaria

L'assistenza sanitaria è vista come componente centrale del sistema sociale svedese. L'intera popolazione ha accesso alle cure mediche necessarie ed è coperta da un regime di assicurazione nazionale, finanziato principalmente attraverso i contributi pubblici.
L'assistenza sanitaria privata esiste in forma molto limitata in Svezia, con soltanto il 5% dei medici che vi lavora a tempo pieno.

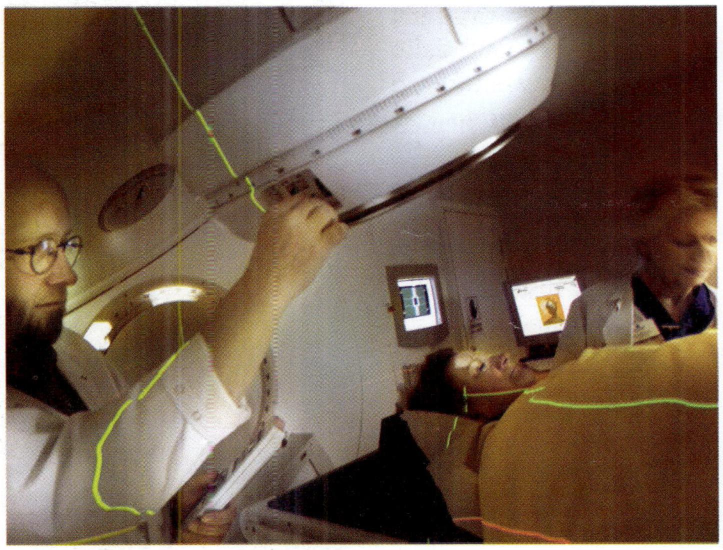

Attività

1. Rispondi, a voce, alle seguenti domande.

- **a)** Quali principi costituiscono le basi del modello svedese?
- **b)** Quali sono i servizi a carico dello stato svedese?
- **c)** Perché negli ultimi decenni il modello svedese ha incontrato delle difficoltà?

2. Rifletti.
Perché, secondo te, nonostante la buona qualità di vita, non tutti i problemi sociali in Svezia sono stati risolti? Discutine con i tuoi compagni.

Finlandia

> Quali avvenimenti hanno caratterizzato la storia della Finlandia dall'antichità al XIX secolo?

> Che cosa è accaduto nel Novecento?

> Dove si trova la Finlandia?

> Perché i finlandesi chiamano la loro terra Suomi?

> Com'è il clima?

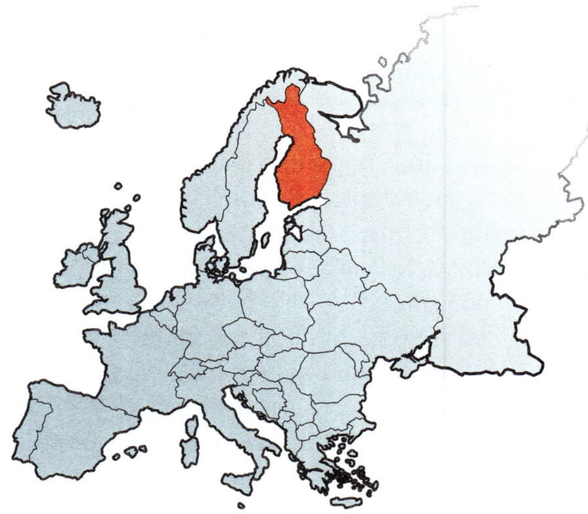

SUPERFICIE:
338 145 km²

La **bandiera** finlandese è stata adottata ufficialmente nel 1918, un anno dopo la dichiarazione d'indipendenza. Secondo un'interpretazione poetica, l'azzurro della croce fa riferimento al cielo e ai laghi della Finlandia, mentre il bianco è il simbolo della neve e del lungo inverno scandinavo.

La storia

Dagli antichi lapponi alla dominazione russa

La Finlandia, abitata anticamente dai lapponi, fu invasa nel I secolo d.C. dai finni, provenienti dalla Russia. Nel XII secolo venne conquistata dagli svedesi, che vi introdussero il cristianesimo. Nel XVI secolo si diffuse la Riforma protestante. La Finlandia restò sotto il dominio svedese fino al 1809, quando, in seguito alle guerre tra Svezia e Russia, fu ceduta allo zar Alessandro I, che la trasformò in un granducato. Pur facendo parte dell'Impero russo, godette di autonomia legislativa.

L'indipendenza e gli avvenimenti del XX secolo

Con la Rivoluzione russa, nel 1917, la Finlandia si proclamò repubblica indipendente.

Nel 1939 il paese fu invaso dall'URSS e fu costretto a cedere parte dei propri territori. Gli attuali confini con la Russia sono stati tracciati dopo la Seconda guerra mondiale, in cui la Finlandia è stata alleata della Germania. Come la Svezia, è entrata a far parte dell'Unione Europea nel 1995.

Utilizzazione del suolo

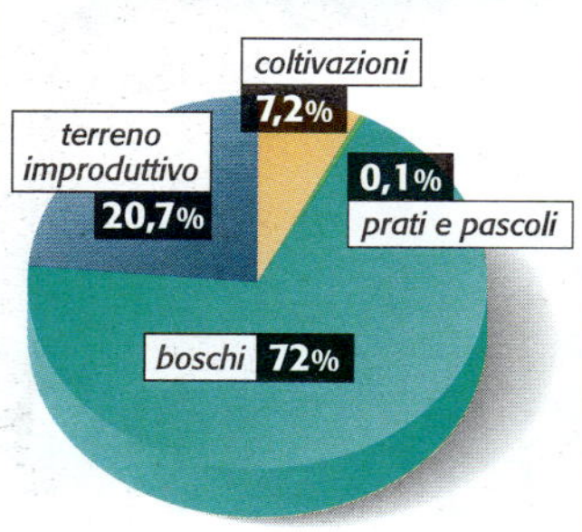

Il territorio

Un territorio attraversato dal Circolo polare artico

La Finlandia, che si estende per un terzo del suo territorio al di sopra del Circolo polare artico, unisce la Penisola scandinava all'Europa orientale.

Confina a ovest con la Svezia, a nord con la Norvegia e a est con la Russia. Si affaccia a sud sul Golfo di Finlandia e a ovest sul Golfo di Botnia.

Le **coste** sono *basse*; lineari nella parte settentrionale del Golfo di Botnia, più frastagliate a sud e sud-ovest, dove si trovano numerose isole. L'**arcipelago** principale è quello delle isole *Åland*.

Un paese di laghi

I finlandesi chiamano la loro terra *Suomi*, cioè "regione delle acque". L'aspetto più caratteristico del paesaggio sono infatti i **laghi**, oltre 50 000. Di origine glaciale, hanno forma irregolare e non sono molto profondi; sono collegati fra loro da una fitta rete di fiumi e canali artificiali. I più estesi sono il *Saimaa*, l'*Inari* e il *Päijänne*: tranne l'Inari, che è in Lapponia (nel nord del paese), i laghi Saimaa e Päijänne e gran parte della rete idrografica si trovano nella zona sud-orientale.

I **monti** si trovano nell'estremità nord-occidentale del paese, dove inizia la catena delle *Alpi Scandinave*. La cima più elevata è quella dell'*Haltiatunturi* (1324 m). Le **pianure** occupano gran parte del territorio. Sono percorse da colline e da **cordoni morenici**. I **fiumi** più lunghi si trovano al nord: *Kemi*, *Muonio* e *Teno*. Il **clima** è *temperato-freddo*. Al nord diventa molto *rigido*, mentre al sud è mitigato dai venti che soffiano da sud-ovest e dalla presenza dei laghi.

dizionario

Cordone morenico: rilievo non molto alto, di forma allungata, formato dai detriti depositati dai ghiacciai.

Per saperne di più

- Benché i suoi confini settentrionali non distino molto dal mare, la Finlandia non ha sbocchi sui mari del nord. Prima della Seconda guerra mondiale, il suo territorio giungeva sul Mare di Barents, ma nel 1944 il paese ha dovuto cedere all'Unione Sovietica le regioni a nord-est, insieme a un'ampia zona a sud-est.
- In Finlandia, d'inverno, la maggior parte dei fiumi e dei laghi è coperta dal ghiaccio. Nei due golfi del Mar Baltico la presenza del ghiaccio ostacola la navigazione.

1 La fauna della Finlandia

L'alce è il più grande degli animali selvatici che popolano i boschi finlandesi. È un grosso cervo con le corna piatte, che vive anche in Russia, in Norvegia, in Svezia e nell'America settentrionale. Tra gli altri animali vi sono volpi, lupi, lepri, ghiottoni, lontre, lemming e numerose specie di uccelli. Nella regione del lago Saimaa, al confine con la Russia, vive la "foca di marmo", di cui si contano ormai solo un centinaio di esemplari. Il suo nome deriva dal particolare disegno della pelliccia.

> Come si compone e distribuisce la popolazione finlandese?

> Quali caratteristiche hanno i centri urbani?

> Quali sono i principali?

> Quali sono le più importanti risorse economiche della Finlandia?

Popolazione, economia e società

- POPOLAZIONE: **5 237 000 ab.**
- DENSITÀ: **15 ab./km²**
- CAPITALE: **Helsinki** (1 027 302 ab.)
- FORMA DI GOVERNO: **repubblica**
- MONETA: **euro**
- LINGUA: **finnico, svedese**
- RELIGIONE: **protestante**
- POPOLAZIONE ATTIVA: **49%**
- OCCUPATI NEI DIVERSI SETTORI:
  - **PRIMARIO: 5%**
  - **SECONDARIO: 26%**
  - **TERZIARIO: 69%**
- IN CERCA DI OCCUPAZIONE: **8,8%**

Composizione e distribuzione

Gli abitanti della Finlandia sono per il 91,9% finlandesi, con minoranze di svedesi, russi e lapponi.

La **distribuzione** della popolazione non è omogenea. La densità più elevata si rileva nell'Ostrobotnia, la regione sud-occidentale, dove si concentra la maggior parte delle attività produttive.

Le **lingue** ufficiali sono il *finnico* e lo *svedese*, parlato dal 5,5% della popolazione.

La **religione** più diffusa è quella protestante luterana (83,8%). (1)

Piccoli centri urbani

Fino alla metà del XX secolo, la maggior parte della popolazione viveva in insediamenti sparsi o in piccoli villaggi nella foresta. Oggi, invece, il 60,9% degli abitanti risiede nei centri urbani, che comunque hanno dimensioni limitate.

Helsinki (1 027 302 ab. con l'agglomerato urbano), la capitale, è la città più importante. Si affaccia sul Golfo di Finlandia e il suo porto, uno dei principali sul Baltico, è aperto anche in inverno. Città agricola e poi industriale, oggi è sede di attività elettroniche e informatiche.

Gli altri agglomerati urbani non raggiungono il mezzo milione di abitanti.

Turku (174 824 ab.), la più antica città finlandese, ha un porto molto attivo utilizzato soprattutto per i commerci con la Svezia.

Tampere (202 932 ab.) è un importante centro industriale, grazie anche alla grande disponibilità di energia idroelettrica per la sua posizione nei pressi di rapide dal forte dislivello.

Oulu (127 226 ab.), situata nel centro del paese, è un insediamento recente, sede di una moderna università.

Rovaniemi (35 377 ab.), che si trova a pochi chilometri dal Circolo polare artico, è capoluogo della Lapponia finlandese.

Uno sviluppo recente

Lo sviluppo economico della Finlandia risale al secondo dopoguerra. Oggi il paese ha un'economia avanzata, in cui il terziario prevale sugli altri settori. Il tasso di disoccupazione, pur rimanendo abbastanza alto, è in costante calo.

L'**agricoltura**, nonostante la limitata estensione delle aree coltivabili e il clima rigido, ha un buon rendimento; si coltivano soprattutto *cereali*, *foraggi*, *patate*, *barbabietole da zucchero* e *cavoli*. La vera ricchezza del paese è costituita però dalle **foreste**, sfruttate in modo razionale. (2)

L'**allevamento** riguarda soprattutto *bovini* e *suini*, ma anche *renne* e *animali da pelliccia*.

Diffusa è la **pesca**, praticata sia nel Mar Baltico sia nei laghi e fiumi interni.

Risorse minerarie, industria, terziario

Le principali **risorse minerarie** sono *ferro*, *rame*, *cromo* e *cobalto*. La produzione di **energia** è garantita da *centrali idroelettriche* e *nucleari*.

L'**industria** principale è quella *del legno*; il più pregiato è il kelo: si ricava da alberi morti senza cadere, come fossilizzati, diventati compatti e impermeabili al gelo. Viene usato nell'edilizia, ma è piuttosto raro perché protetto. È notevole anche la produzione di *carta* e di **cellulosa**. Fra le altre industrie ricordiamo quelle *siderurgiche*, *metallurgiche* e *meccaniche* (traghetti, navi rompighiaccio). Di recente sviluppo sono la *chimica*, l'*elettronica*, l'*informatica* e le *telecomunicazioni* (telefoni cellulari e ricevitori satellitari).

La Finlandia ha intensi **scambi commerciali** con Germania, Svezia e Stati Uniti. Il **turismo** è in crescita.

Il problema principale per le **comunicazioni** è il gelo dei mesi freddi. La *rete stradale* è sviluppata; meno articolate sono *autostrade* e *ferrovie*. Importanti per la *navigazione* sono le acque interne, usate anche per la **fluitazione** del legname. Numerosi sono *porti* e *aeroporti*.

dizionario

Cellulosa: elemento che si ricava dalle cellule dei vegetali. Viene usato per la produzione di carta, pellicole, vernici ed esplosivi.

Fluitazione: sistema di trasporto dei tronchi, che vengono affidati alla corrente dei fiumi, la quale li trascina fino al luogo di lavorazione.

1 La cattedrale di Uspenskji

La maggior parte dei finlandesi professa la religione protestante luterana. La presenza di una minoranza di ortodossi (1,1% della popolazione) testimonia però un legame con l'Oriente, che fa parte del patrimonio storico e spirituale del popolo finnico. Quando la Riforma protestante si diffuse in Finlandia, la Chiesa ortodossa mantenne le proprie posizioni nelle regioni orientali, dove sorgevano numerosi monasteri bizantini. Oggi, poiché i confini nazionali sono stati modificati, molti di questi monasteri sono in territorio russo, mentre in Finlandia ne sono sorti di nuovi. La cattedrale di Uspenskij, a Helsinki, è la più importante chiesa ortodossa finlandese.

2 Foreste da salvare

Per la produzione di legname la Finlandia è il 12° paese nel mondo, ed è al 2° posto, dopo il Canada, per l'esportazione. Il ritmo della deforestazione è però rallentato negli ultimi anni, a causa delle preoccupazioni legate all'inquinamento ambientale. La Finlandia, come gli altri paesi dell'Europa del nord, è stata colpita dal fenomeno delle piogge e nevi "acide", contaminate, cioè, dalle emissioni inquinanti delle industrie. Le nubi cariche di polveri e di fumi, provenienti dall'Europa centrale e dalla regione britannica, raggiungono il nord per effetto dei venti, e le precipitazioni a cui danno origine sono una minaccia per la sopravvivenza delle foreste.

3 Un bagno... di vapore

Difficilmente un finlandese rinuncerebbe alla sauna, il "bagno di vapore" che è nato proprio in Finlandia per poi diffondersi in tutto il mondo. Nel suo paese d'origine, la sauna è ancora praticata nel modo tradizionale. Si entra in una cabina di legno, spesso costruita in riva a un lago, dove il vapore è prodotto dall'acqua gettata su grosse pietre bollenti. Dopo essersi rilassati al caldo, si esce dalla sauna e ci si butta nell'acqua fredda del lago o, in inverno, nella neve.

SCENARI

Il Baltico, un'"autostrada del mare"

Estremo prolungamento dell'Oceano Atlantico, il **Baltico** è un mare chiuso, interno all'Europa del nord, che separa i paesi scandinavi dal continente. Si tratta, tuttavia, di una separazione solo geografica, in quanto fin dall'antichità il Baltico è stato un canale privilegiato nelle comunicazioni tra tutti i paesi europei che vi si affacciano: Danimarca, Svezia, Finlandia, Russia, Estonia, Lettonia, Lituania, Polonia e Germania. (1) In questo senso, anziché costituire un ostacolo, il Baltico ha agevolato i **contatti commerciali e culturali** tra le diverse sponde. (2)
Proprio questa sua caratteristica oggi rappresenta un'opportunità di sviluppo fondamentale per l'area e per l'intero continente europeo. In particolare, l'Unione Europea intende integrare maggiormente i traffici su questo mare con quelli delle altre regioni europee. Attualmente, infatti, i paesi baltici intrattengono rapporti commerciali in gran parte con paesi nordici. Anche per quanto riguarda lo spostamento dei passeggeri, esso avviene principalmente su brevi distanze: i tre quarti dei viaggiatori su navi si muovono all'interno del proprio paese. (3)
Tra i progetti che mirano allo sviluppo del Baltico vi è la **Baltic Palette Cooperation Network**, una rete fondata nel 1998 e finanziata attraverso progetti della Comunità Europea, che si propone di **promuovere i contatti** tra le aree baltiche accomunate da un simile passato storico, politico e culturale. (4) Queste aree si trovano in Svezia, Finlandia, Estonia, Lettonia e Russia, e rappresentano le principali aree urbane dei cinque paesi. Tra le finalità della Baltic Palette vi è anche quella di trasformare il Mar Baltico in un **centro internazionale di ricerca**, **innovazione e affari**, al fine di attrarre investitori e visitatori da tutto il mondo. Per questo motivo il network ha elaborato alcuni progetti riguardanti i trasporti, il turismo, la gestione delle acque e la società dell'informazione.

(1) Sulle coste del Mar Baltico abitano 70 milioni di persone e si trovano una cinquantina di città con più di 100 000 abitanti.

Attività

Rispondi, a voce, alle seguenti domande.

- **a)** Quali paesi si affacciano sul Mar Baltico?
- **b)** Il Baltico è stato in passato un ostacolo per gli scambi tra questi paesi?
- **c)** Quale obiettivo, per lo sviluppo di quest'area, si pone l'Unione Europea?
- **d)** Che cos'è la Baltic Palette Cooperation Network?
- **e)** Quali paesi coinvolge?
- **f)** Quali sono le sue finalità?

2 Il Baltico è servito da 80 porti, che forniscono merci a un mercato interno potenziale di oltre 230 milioni di consumatori.

4 Le aree della regione scandinava che sono coinvolte nel progetto della Baltic Palette sono la regione di Stoccolma-Malar, le isole Åland, la regione di Hame, la regione di Helsinki, la regione di San Pietroburgo, la contea di Harju e la regione di Riga.

3 Il numero di passeggeri che attraversano ogni anno il Mar Baltico è superiore a quello di tutti gli altri trasporti marittimi europei: 160 milioni di passeggeri, contro i 120 milioni che percorrono il Canale della Manica e il Mare del Nord e i meno di 100 milioni che attraversano il Mediterraneo.

Estonia

- Quali avvenimenti principali hanno caratterizzato la storia dell'Estonia?
- Come si presenta il suo territorio?
- Come si compone e distribuisce la popolazione?
- Quali sono le principali risorse dell'economia?

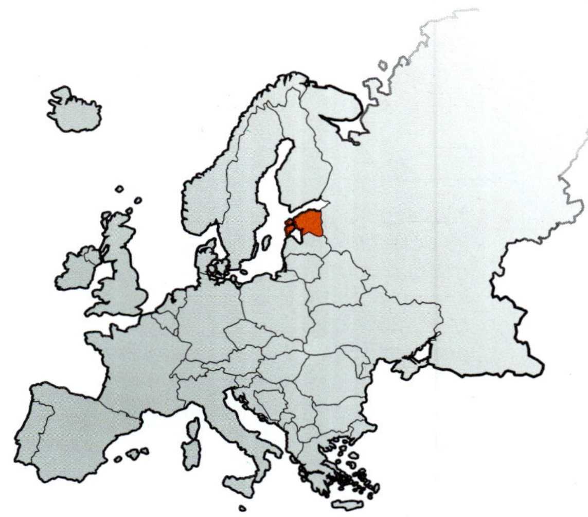

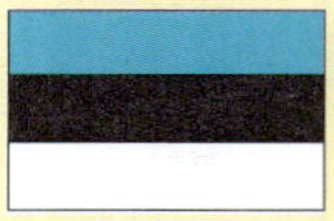

I colori della **bandiera** estone simboleggiano la lotta per l'indipendenza. Il bianco ricorda la neve e il desiderio di pace; il nero è il colore del mantello che gli estoni indossavano nei tempi antichi; l'azzurro è il simbolo dei cieli del nord.

Dalla dominazione russa all'indipendenza

Già possedimento svedese, nel Settecento l'Estonia fu assorbita dall'Impero russo. Nel 1918 divenne una repubblica indipendente. Annessa nel 1940 all'Unione Sovietica, l'anno seguente fu occupata dall'esercito tedesco, per tornare ai sovietici nel 1944. Riconquistò l'indipendenza nel 1991 e l'anno dopo adottò un regime parlamentare. Insieme a Lettonia e Lituania, il 1° maggio 2004 l'Estonia è entrata a far parte dell'Unione Europea.

Un territorio pianeggiante

L'Estonia **confina** a est con la Russia e a sud con la Lettonia. Si affaccia a ovest sul Golfo di Riga e a nord sul Golfo di Finlandia. Comprende le isole Saaremaa (1) e Hiiumaa, nel Baltico, e altre isole minori.

Il **territorio** è in prevalenza *pianeggiante*; il rilievo più elevato, di soli 318 metri, si trova nell'Altopiano di Munamägi, al sud. Tra i *fiumi*, numerosi e brevi, il principale è il Pärnu, che sfocia nel Golfo di Riga. Il Lago dei Ciudi divide l'Estonia dalla Russia; altri *laghi*, di origine glaciale, si trovano in territorio estone. Il **clima** è *temperato-freddo*, più piovoso lungo le coste.

Una convivenza complicata

La popolazione estone costituisce il principale gruppo etnico-linguistico (68,4%). Per la numerosa minoranza di russi (25,8%) la convivenza non è facile. Pur essendo rappresentati in parlamento da propri partiti, i russi hanno subìto alcune discriminazioni, come le leggi sulla **lingua**, che hanno imposto l'estone come lingua obbligatoria negli uffici pubblici. La **religione** più praticata è quella protestante (14,6%), seguita da quella ortodossa (12,8%).

Quasi il 70% della popolazione vive nei **centri urbani**, di modeste dimensioni. **Tallinn** (559 106 ab.), la capitale, sorge sul Golfo di Finlandia ed è un attivo porto industriale e commerciale. (2)

Narva (67 355 ab.) e **Pärnu** (44 568 ab.) sono gli altri porti principali.

Dall'economia comunista a quella di mercato

Delle ex repubbliche sovietiche, l'Estonia è quella in cui il passaggio dall'economia comunista a quella di mercato sta avvenendo più rapidamente. L'**agricoltura** produce soprattutto *cereali*, *patate* e *lino*. I boschi forniscono buone quantità di legname. L'**allevamento** più diffuso è quello *suino*, seguito da quello *bovino*. La **pesca** è praticata nel Mar Baltico e nelle acque interne. Il **sottosuolo** è povero di materie prime, fatta eccezione per modesti giacimenti di petrolio. Le **industrie** più attive sono *meccaniche* (motori elettrici), *chimiche* (fertilizzanti) e *alimentari* (birra). Hanno avuto un discreto sviluppo anche i settori tessile e calzaturiero e l'industria del legno. Il **terziario** è in crescita, per quanto riguarda sia le attività *commerciali* e *finanziarie* sia il *turismo*. Le **comunicazioni** stradali e ferroviarie, però, non sono ancora molto sviluppate. Il movimento di passeggeri e di merci con gli stati vicini avviene in prevalenza via mare.

- SUPERFICIE: **45 227 km^2**
- POPOLAZIONE: **1 351 069 ab.**
- DENSITÀ: **30 ab./km^2**
- CAPITALE: **Tallinn** (559 106 ab.)
- FORMA DI GOVERNO: **repubblica**
- MONETA: **corona estone**
- LINGUA: **estone (ufficiale), russo**
- RELIGIONE: **protestante, ortodossa**
- POPOLAZIONE ATTIVA: **55,9%**
- OCCUPATI NEI DIVERSI SETTORI:
  - **PRIMARIO: 6%**
  - **SECONDARIO: 35%**
  - **TERZIARIO: 59%**
- IN CERCA DI OCCUPAZIONE: **9,2%**

Utilizzazione del suolo

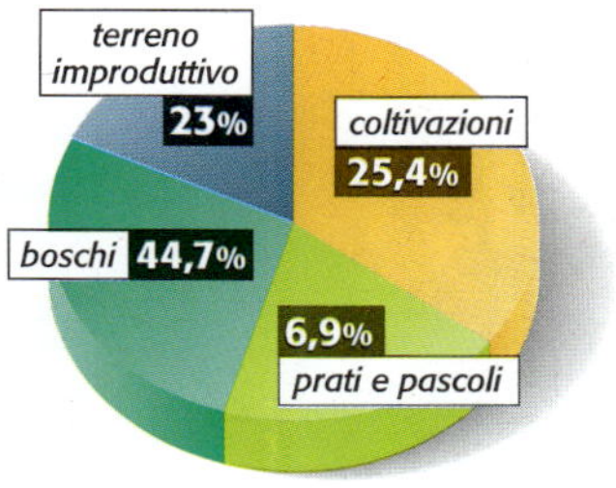

1 L'isola di Saaremaa

L'isola di Saaremaa non è stata toccata né dall'industrializzazione, né dalla cultura sovietica, pur avendo ospitato a lungo una base della Marina Militare dell'URSS. I suoi abitanti, che vivono di agricoltura e che hanno conservato le proprie tradizioni e un dialetto particolare, si sentono un po' separati dal resto dell'Estonia. Il paesaggio dell'isola è tipicamente rurale, con insediamenti sparsi formati da piccoli gruppi di case di legno, tra le quali si innalzano i mulini a vento. La cittadina di Kuressaare è il capoluogo.

2 La cattedrale Alexander Nevskij

La cattedrale Alexander Nevskij è il monumento più conosciuto di Tallinn. Ha origini duecentesche e conserva lo stile tipico degli edifici del culto ortodosso, con pianta stretta e cupole a cipolla. La parte più antica di Tallinn, con mura quattrocentesche ornate da torri cilindriche, ospita anche un castello del 1200, e il Duomo, ricostruito dopo un incendio che nel 1684 distrusse gran parte della città.

Lettonia

> Quali avvenimenti principali hanno caratterizzato la storia della Lettonia?

> Dove si trova il territorio lettone e quali sono le sue caratteristiche più rilevanti?

> Come si compone la popolazione e dove si concentra?

> Qual è il settore trainante nell'economia della Lettonia?

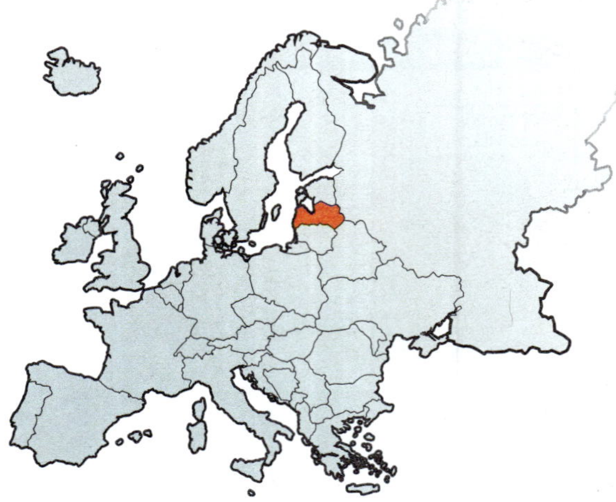

La **bandiera** della Lettonia è stata adottata nel 1990. Il rosso rappresenta il sangue dei patrioti e il bianco la fede e la giustizia. Secondo una leggenda, la bandiera ha origine da un telo bianco in cui fu deposto un soldato ferito: il telo si impregnò di sangue, restando bianco solo nel mezzo, dove giaceva l'uomo.

Uno stato conteso

La Lettonia, a lungo contesa fra le nazioni vicine, venne annessa all'Impero russo nel Settecento. Repubblica indipendente dal 1918, nel 1940 fu assoggettata all'Unione Sovietica. Riconquistò l'indipendenza nel 1991 e, due anni dopo, reintrodusse la costituzione del 1922. Oggi è una repubblica parlamentare; dal 2004 fa parte della UE.

Un paese affacciato sul Golfo di Riga

La Lettonia **confina** a nord con l'Estonia, a est con Russia e Bielorussia, a sud con la Lituania. Si affaccia sul Mar Baltico a ovest e a nord, dove si apre la profonda insenatura del Golfo di Riga.

Il **territorio** è in prevalenza pianeggiante, con rilievi che superano di poco i 300 metri. È diviso in due parti dal corso della Dvina Occidentale, il **fiume** più lungo, che nasce in Russia e sfocia nel Golfo di Riga. Numerosi sono i **laghi** e le zone paludose. Il **clima** è *temperato-freddo*, con inverni rigidi ed estati fresche.

Popolazione e capitale

Il 58,6% della popolazione è costituito da lettoni. La minoranza di lingua russa (formata da russi, bielorussi e ucraini), che supera il 35%, è più numerosa di quanto non sia nelle altre due repubbliche baltiche, Estonia e Lituania. Il motivo è la forte immigrazione dall'Unione Sovietica, che si verificò nel secondo dopoguerra. In Lettonia vivono anche polacchi, lituani ed ebrei. Le **religioni** maggiormente diffuse sono quella cattolica (14,9%) e protestante (14,6%); sono presenti minoranze ortodosse ed ebree.

Quasi un terzo della popolazione si concentra nella capitale, **Riga** (735 241 ab.), situata a pochi chilometri dalla foce della Dvina Occidentale. È il centro industriale più importante del paese e ha un attivo porto peschereccio e commerciale. (1)

Un'economia di tipo industriale

Delle tre repubbliche baltiche, la Lettonia è quella che ha avuto il maggiore sviluppo industriale. Con l'indipendenza l'economia era entrata in crisi, perché il paese dipendeva in larga misura dalla Russia per l'importazione di materie prime: la produzione industriale aveva risentito della tensione nei rapporti con lo stato confinante. Nel biennio 2000-2001 l'economia ha ripreso a crescere. L'**agricoltura** produce *orzo*, *segale*, *avena*, *patate*, *lino* e *barbabietole da zucchero*. Discreta è la produzione di foraggi, utilizzati per l'**allevamento** di *suini*, *bovini* e *animali da cortile*. Importanti sono anche lo sfruttamento delle **foreste** per la produzione di legname e la **pesca**. Il sottosuolo è estremamente povero. Le **industrie** si concentrano intorno al porto di Riga e a quello di Liepāja, sulla costa occidentale. Altri insediamenti sorgono ai confini con Bielorussia e Lituania. Le attività principali sono quella *metalmeccanica*, *cantieristica* e *tessile*; buone prospettive di sviluppo sono offerte dalle attività ad *alta tecnologia* (elettronica e telecomunicazioni). Nel **terziario**, commercio e turismo sono in crescita.

- SUPERFICIE: **64 589 km²**
- POPOLAZIONE: **2 312 000 ab.**
- DENSITÀ: **36 ab./km²**
- CAPITALE: **Riga** (735 241 ab.)
- FORMA DI GOVERNO: **repubblica**
- MONETA: **lats**
- LINGUA: **lettone (ufficiale), lituano, russo**
- RELIGIONE: **cattolica, protestante, ortodossa**
- POPOLAZIONE ATTIVA: **56,1%**
- OCCUPATI NEI DIVERSI SETTORI:
  - **PRIMARIO: 12%**
  - **SECONDARIO: 27%**
  - **TERZIARIO: 61%**
- IN CERCA DI OCCUPAZIONE: **9,8%**

1 Riga

Fondata nel Duecento per sfruttare le opportunità per il commercio marittimo offerte dal profondo golfo sul Mar Baltico, Riga si è sviluppata in modo simile alle altre grandi città dell'Europa del nord. Le case e i palazzi del centro storico rivelano un gusto tipicamente europeo, e in particolar modo tedesco, così come i due principali luoghi di culto, la cattedrale luterana e la chiesa cattolica di San Pietro. Le due chiese sorgono l'una accanto all'altra, sulle sponde della Dvina.

2 L'artigianato lettone

La lavorazione della ceramica è una delle principali attività dell'artigianato lettone. I prodotti si caratterizzano in base alla regione di provenienza; in particolare quelli della Latgallia (Lettonia orientale) sono famosi anche oltre i confini nazionali. Tra le altre attività artigianali hanno un certo rilievo le lavorazioni del legno e del cuoio e quella dell'ambra. Quest'ultima è diffusa lungo tutta la costa orientale del Mar Baltico.

Utilizzazione del suolo

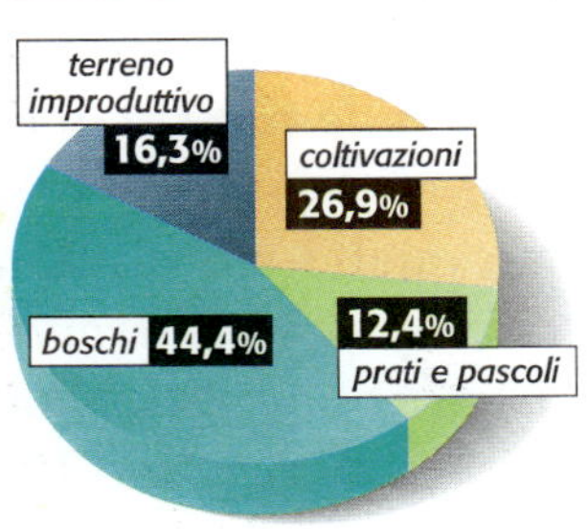

> Quali dominazioni ha conosciuto la Lituania e quando ha raggiunto l'indipendenza?

> Come si presenta il territorio lituano?

> Come si compone e distribuisce la popolazione?

> Quali caratteristiche presenta l'economia della Lituania?

Lituania

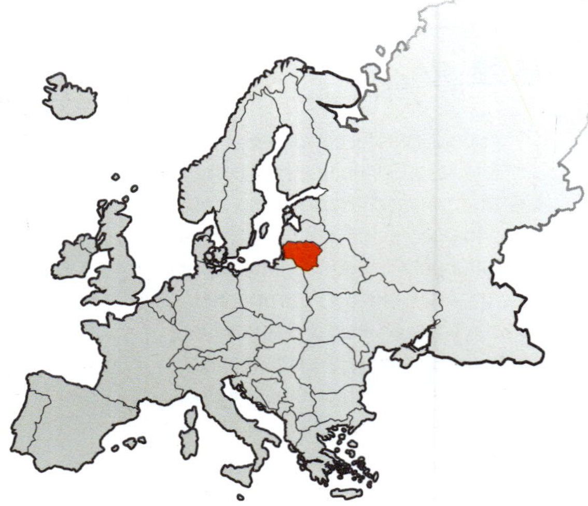

Nata nel 1918 con l'antica repubblica, questa **bandiera** è stata reintrodotta nel 1990, quando, dopo un referendum popolare, la Lituania si è proclamata stato indipendente. Il rosso è il simbolo del sangue versato dai lituani per la libertà; il giallo ricorda il grano, il verde le foreste.

Dal granducato all'indipendenza

Dopo aver costituito, nel Medioevo, un fiorente granducato, (1) nel Cinquecento la Lituania venne unita al Regno di Polonia. Nel 1795 entrò a far parte dell'Impero russo, che impose cultura e lingua russe alla popolazione locale. Indipendente dal 1918 al 1940, subì l'annessione all'URSS e l'invasione dell'esercito tedesco. Dopo la guerra restò assoggettata all'Unione Sovietica. Nel 1991 divenne indipendente. Dal 2004 fa parte dell'Unione Europea.

Un territorio costellato di laghi

La Lituania **confina** a nord con la Lettonia, a est e sud-est con la Bielorussia, a sud-ovest con Polonia e Russia; si affaccia sul Mar Baltico. Il **territorio** è pianeggiante, con ondulazioni e colline, a ovest e a sud-est, che non raggiungono i 300 metri di altezza. La zona centrale è occupata dal bacino del **fiume** Nemunas. I **laghi**, di origine glaciale, sono circa 4000. Il breve tratto costiero presenta alte dune sabbiose. Il **clima** è *temperato-freddo*, con frequenti precipitazioni.

Una popolazione omogenea

Tra le repubbliche baltiche, la Lituania, ha la **popolazione** più numerosa. Gli abitanti sono per l'83,5% lituani; la percentuale di abitanti di lingua russa (8,2%) è molto inferiore a quella dell'Estonia e della Lettonia. Al sud inoltre vivono gruppi di origine polacca (6,7%). La **lingua** ufficiale è il *lituano* e la **religione** maggiormente professata è quella *cattolica* (79%).

La **popolazione urbana** raggiunge il 66,7% del totale. **Vilnius** (553 076 ab.), la capitale, è il più importante centro industriale del paese. Per la sua posizione, vicino al confine con la Bielorussia e poco distante dalla Polonia, è un nodo commerciale di rilievo e un incrocio di lingue e culture; è inoltre sede di un'antica università. Le altre città industriali sono **Kaunas** (364 083 ab.), sul Nemunas, sede di impianti chimici e per la lavorazione del legno, e **Klaipėda** (188 775 ab.), il principale porto lituano.

Un'economia in fase di modernizzazione

Anche l'economia lituana ha risentito del distacco dall'Unione Sovietica e oggi si appoggia ai programmi promossi dall'Unione Europea per sostenere il passaggio al sistema di mercato. È in corso la modernizzazione del settore primario: nuove tecniche vengono introdotte nell'**agricoltura**, che produce *cereali*, *foraggi*, *lino*, *patate* e *barbabietole da zucchero*, e nell'**allevamento** di *bovini* da latte, in passato tra i più produttivi di tutta l'Unione Sovietica, di *suini* e *animali da cortile*. È intenso lo sfruttamento delle **foreste**, mentre il sottosuolo è povero di risorse.

Le **industrie** più importanti sono quelle *meccaniche*, *chimiche*, *elettroniche*, *alimentari*, *tessili*, *del legno* e *della carta*. Caratteristica è la lavorazione artigianale dell'ambra. (2) Nel **terziario** il commercio e il turismo sono in crescita.

- SUPERFICIE: **65 300 km²**
- POPOLAZIONE: **3 425 445 ab.**
- DENSITÀ: **52 ab./km²**
- CAPITALE: **Vilnius** (553 076 ab.)
- FORMA DI GOVERNO: **repubblica**
- MONETA: **litas**
- LINGUA: **lituano (ufficiale), russo**
- RELIGIONE: **cattolica**
- OCCUPATI NEI DIVERSI SETTORI:
  - PRIMARIO: 16%
  - SECONDARIO: 28%
  - TERZIARIO: 56%
- IN CERCA DI OCCUPAZIONE: **10,8%**

1 Il Granducato di Lituania

Il Granducato di Lituania fu molto potente: si oppose alle mire espansionistiche dei Cavalieri teutonici e conquistò territori in Russia, Bielorussia e Polonia. Cuore del Granducato fu la cittadina di Trakai, a circa 30 chilometri da Vilnius. Residenza dei duchi era un castello che sorge su un'isola del lago di Galvé; originario del Trecento, ha subito diverse ricostruzioni. A Trakai sono conservate anche le case dei soldati turchi che formavano la guardia privata del granduca. Tuttora è presente una comunità che mantiene lingua e tradizioni di origine turca.

2 La lavorazione dell'ambra

L'ambra è un fossile che ha avuto origine dalla trasformazione della resina delle conifere, avvenuta nel corso dei secoli. Questo fossile si trova in abbondanza sulla riva orientale del Mar Baltico (foto a sinistra), tanto che tutta la zona è stata chiamata "costa d'ambra".
In Lituania la raccolta e la lavorazione dell'ambra vantano una lunga tradizione. I prodotti più caratteristici di questo artigianato sono piccoli oggetti e gioielli, ancora oggi finemente lavorati dai maestri cesellatori.

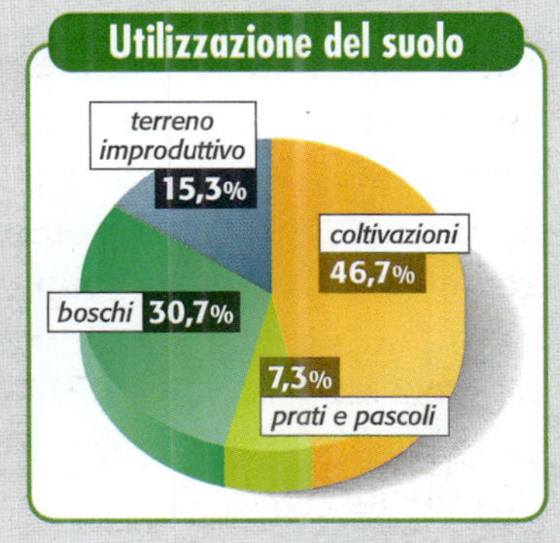

DOSSIER

L'indipendenza delle repubbliche baltiche

La storia di Estonia, Lettonia e Lituania si è spesso intrecciata nel corso dei secoli. In particolare, nel Novecento le tre repubbliche baltiche hanno condiviso un faticoso cammino per la conquista dell'indipendenza.

Le radici comuni

Molte volte, nel corso della storia, estoni, lettoni e lituani sono stati accomunati dalle stesse vicende.

Nel XIII secolo i popoli baltici, pacifici pastori e agricoltori, si imposero all'attenzione dell'Europa cristiana come gli **ultimi pagani del vecchio continente**. Per sottometterli e spingerli a convertirsi, vennero organizzate vere e proprie crociate.

Nei secoli successivi, nell'Europa centro-settentrionale scoppiarono numerosi conflitti. Nei paesi baltici finirono per imporsi, in vari modi e in diversi momenti, Polonia, Svezia e Russia.

Fu l'**impero degli zar**, nel Settecento, a unire sotto il proprio dominio i territori dei tre stati odierni. La dominazione russa fu autoritaria e spietata. I tentativi di ribellione da parte delle popolazioni sottomesse vennero spesso soffocati nel sangue.

Nell'Ottocento iniziò una vasta opera di "russificazione", con lo scopo di **sradicare la cultura e le tradizioni locali**. Il russo fu imposto come lingua obbligatoria; vennero confiscati i beni dei nobili e del clero; per lunghi periodi furono negate le libertà di culto e di stampa; l'immigrazione di masse di contadini poveri dalle regioni interne della Russia venne incoraggiata dal governo centrale.

Nel 1917, durante la Prima guerra mondiale, la Rivoluzione bolscevica portò alla caduta degli zar e alla **nascita del regime comunista** in quella che sarà l'Unione delle Repubbliche Socialiste Sovietiche (URSS). L'anno dopo Estonia, Lettonia e Lituania divennero stati indipendenti, ma caratterizzati da una grave instabilità politica.

L'annessione all'URSS

L'indipendenza delle repubbliche baltiche durò poco: nel 1940 le milizie sovietiche dell'Armata Rossa invasero i tre stati, annettendoli di fatto all'URSS. Fu questo l'"anno orribile": un quinto della popolazione venne ucciso, incarcerato o deportato nei campi di lavoro in Siberia.

Dopo aver subìto, dal 1941 al 1944, anche l'invasione dei nazisti, alla fine della guerra Estonia, Lettonia e Li-

Le manifestazioni di piazza di Vilnius

Il 12 gennaio 1991 migliaia di dimostranti si radunarono a Vilnius per creare una barricata umana intorno al palazzo della televisione, mentre le truppe russe stavano occupando vari edifici della capitale. I carri armati spararono colpi a salve per disperdere la folla. Alla fine si contarono tra i civili 12 morti e 500 feriti.

Il folclore dei popoli baltici

I popoli baltici hanno sempre difeso la propria identità culturale, con un attaccamento profondo alle tradizioni.
I festival folcloristici di canto o di danza sono avvenimenti di portata nazionale; nella sola Lettonia sono stati raccolti e catalogati più di un milione e mezzo di canti popolari.

tuania tornarono all'Unione Sovietica.
Nei dieci anni successivi i movimenti di resistenza partigiana furono annientati dall'esercito.
Di nuovo fu imposta la lingua russa, alcuni luoghi d'importanza storica e culturale vennero distrutti, i gruppi religiosi e gli intellettuali furono perseguitati dal regime.
Tutta l'area baltica subì una **pesante industrializzazione**, che causò negli anni un grave inquinamento. Dagli altri stati dell'URSS emigrarono in massa gli operai, che trovarono lavoro nelle nuove fabbriche, soprattutto in Lettonia. Ad attirarli era la prospettiva di una vita migliore, poiché lo sviluppo economico dell'area baltica era maggiore di quello degli altri stati russi.
Tuttavia Estonia, Lettonia e Lituania vedevano minacciata la loro identità culturale e tra la popolazione cresceva l'opposizione.

La conquista dell'indipendenza

Le prime **rivendicazioni d'indipendenza** si manifestarono con l'ascesa alla guida dell'URSS di Michail Gorbaciov, che intendeva trasformare in modo democratico la società sovietica, garantendo i diritti fondamentali dei cittadini.
Alla fine degli anni Ottanta ebbero luogo nelle repubbliche baltiche le prime manifestazioni di piazza.
Nel 1991 i carri armati dell'esercito spararono sulla folla in Lituania e in Lettonia. Nell'agosto dello stesso anno un colpo di stato militare a Mosca diede inizio allo sgretolamento dell'URSS; ciascuna delle tre repubbliche si proclamò indipendente.
I tre stati autonomi furono presto riconosciuti dalla comunità internazionale, ma dovettero aspettare fino al 1994 per vedere il ritiro definitivo delle truppe russe dai loro territori.

La situazione attuale

Oggi le repubbliche baltiche stanno facendo i conti con una serie di gravi questioni sollevate dalla conquista dell'indipendenza.
In primo piano si pongono la **trasformazione dell'economia** e il problema legato alla numerosa presenza di russi entro i confini nazionali, a seguito delle ondate migratorie del dopoguerra.
Un aiuto concreto allo sviluppo economico delle repubbliche baltiche è il **PHARE** (Pologne Hongrie Aide pour la Réconstruction Economique), un programma dell'Unione Europea nato per sostenere il passaggio all'economia di mercato in Polonia e in Ungheria dopo il crollo dei regimi comunisti.
Questo piano è stato esteso anche a Estonia, Lettonia, Lituania, Repubblica Ceca, Slovacchia, Romania, Bulgaria, Albania, Slovenia, Bosnia e Macedonia.

Attività

1. Rispondi, a voce, alle seguenti domande.

- **a)** Cosa si intende per "russificazione"?
- **b)** Quali sono state le principali tappe che hanno portato le repubbliche baltiche all'indipendenza?
- **c)** Quali problemi si sono manifestati dopo la conquista dell'indipendenza?

2. Rifletti.

Per quale motivo, in diversi momenti, la Russia ha favorito l'emigrazione di masse di contadini o operai dai propri territori a quelli dei paesi baltici? Che obiettivo aveva? Discutine insieme ai tuoi compagni.

Guida allo studio

Svezia

1. **INDICA se le seguenti affermazioni sono vere o false.**

a) Nel IX secolo la Svezia venne divisa in numerosi regni indipendenti. V F

b) Nel 1523 Gustavo Vasa liberò la Svezia dal dominio danese. V F

c) Fra il Seicento e il Settecento la Svezia diventò la maggiore potenza dell'Europa settentrionale. V F

d) La Svezia fa parte dell'Unione Europea dal 1° gennaio 2000. V F

2. **COMPLETA il testo, che descrive il territorio svedese.**

La Svezia è la nazione più estesa dell'area nordica. Si divide, partendo da nord, in tre regioni fisiche: ....

Confina a nord e a ovest con la ....; a nord-est con la .... Le coste sono basse, più frastagliate nelle regioni ....
I monti più elevati si trovano nel ....: appartengono alle .... Le pianure più ampie si trovano nello ....
I maggiori fiumi sfociano nel ....; il più lungo è il .... Tra i numerosi laghi, ricordiamo il ...., il terzo in Europa per ampiezza.
Il clima è ....

3. **SCEGLI tra le alternative proposte quella che ritieni corretta.**

In Svezia vivono quasi *9* / *90* milioni di persone, per più dell'88% svedesi, alle quali si aggiungono le minoranze dei *finni* / *russi* e dei *vichinghi* / *lapponi* (all'estremo nord). La maggior parte degli svedesi vive *nel Norrland* / *nello Svealand* e nel Götaland, dove si concentrano le attività industriali e commerciali.
La religione più diffusa è quella *cattolica* / *protestante*.
La capitale, *Stoccolma* / *Oslo*, sorge su isolette e promontori tra il Lago Mälaren e il Mar *Baltico* / *Bianco*. *Göteborg* / *Uppsala* è il principale porto svedese, mentre *Göteborg* / *Uppsala* è sede di una delle più antiche università europee. La città più importante del nord del paese è *Kiruna* / *Malmö*, sede, con Gällivare, dei principali giacimenti di *ferro* / *petrolio*.

4. **RISPONDI alle seguenti domande.**

a) Che cosa ha favorito lo sviluppo economico svedese? ....

b) Quali sono i prodotti principali dell'agricoltura? ....

c) Per quale produzione la Svezia è al 2° posto in Europa? ....

d) Quali sono le industrie più attive? ....

Finlandia

5. **SCRIVI accanto alle date indicate i numeri corrispondenti ai relativi avvenimenti della storia della Finlandia.**

a) anticamente .... b) I sec. d.C. .... c) XII sec. ....
d) XVI sec. .... e) 1809 .... f) 1917 ....
g) 1939 .... h) 1995 ....

1) La Finlandia è conquistata dagli svedesi, che vi introducono il cristianesimo. **2)** In seguito alle guerre tra Svezia e Russia, è ceduta allo zar Alessandro I, che la trasforma in granducato. **3)** È abitata dai lapponi. **4)** Viene invasa dai finni, provenienti dalla Russia. **5)** Entra a far parte dell'Unione Europea. **6)** Si proclama repubblica indipendente. **7)** Si diffonde la Riforma protestante. **8)** Invasa dall'URSS, è costretta a cedere parte dei propri territori.

6. **DESCRIVI brevemente il territorio della Finlandia.**

....

7. **RISPONDI alle seguenti domande.**

a) Quanti sono gli abitanti della Finlandia? A quali etnie appartengono? ....

b) Dove si concentra la maggior parte della popolazione? Perché? ....

c) Quali lingue si parlano in Finlandia? ....

d) Qual è la religione più diffusa? ....

8. **COMPLETA** **la breve descrizione, che si riferisce alla capitale e alle città principali della Finlandia.**

.... è la capitale. Si affaccia sul Golfo .... Il suo porto, uno dei principali sul ...., è aperto anche in inverno. Recentemente ha conosciuto un particolare sviluppo nel settore .... e ....
Altre importanti città della Finlandia sono: ....
....

9. **SOTTOLINEA** **gli errori contenuti in questo testo, che parla dell'economia della Finlandia.**

Il paese ha un'economia avanzata. Il settore più importante è quello primario. Il tasso di disoccupazione è al di sotto della media europea.
L'agricoltura è poco redditizia per la limitata estensione delle aree coltivabili. La pesca è poco diffusa. La vera ricchezza del paese è costituita però dalle foreste. Le principali risorse minerarie sono ferro, rame, cromo e cobalto. La produzione di energia è garantita da centrali idroelettriche e dalle riserve petrolifere. L'industria più importante è quella del legno. Di recente sviluppo sono l'industria siderurgica, elettronica, informatica e delle telecomunicazioni.
La Finlandia ha intensi scambi commerciali soprattutto con il sud dell'Europa. Il problema principale per le comunicazioni è il gelo dei mesi freddi. La rete stradale è poco sviluppata; importanti per la navigazione sono le acque interne. I porti e gli aeroporti sono scarsi.

Estonia, Lettonia, Lituania

10. **COMPLETA** **il testo, che descrive brevemente storia, territorio, popolazione ed economia dell'Estonia.**

Già possedimento svedese, nel Settecento l'Estonia fu assorbita .... Nel .... divenne una repubblica indipendente, ma nel 1940 fu annessa .... Riconquistò l'indipendenza nel .... Nel 2004 l'Estonia è entrata a far parte ....

Si affaccia a ovest sul .... e a nord sul .... Il territorio è in prevalenza .... Il fiume principale è il .... Il lago .... divide l'Estonia dalla Russia.
La popolazione estone presenta una numerosa minoranza di .... La lingua ufficiale è ...., la religione più praticata è quella ....
La capitale dell'Estonia è .... Altre città importanti sono .... e ....
Il settore primario produce soprattutto ....
Le industrie più attive sono ....
Il terziario è in crescita, ma le .... e .... non sono ancora molto sviluppate.

11. **INDICA** **se le seguenti affermazioni sono vere o false.**

a) La Lettonia dal 2004 fa parte della UE. V F
b) Si affaccia sul Mar Baltico, dove si apre la profonda insenatura del Golfo di Riga. V F
c) Il territorio è in prevalenza montuoso, con rilievi che toccano anche i 3000 metri. V F
d) L'88,6% della popolazione è costituito da lettoni. V F
e) Le religioni maggiormente diffuse sono quella cattolica e protestante. V F
f) Riga è il centro industriale più importante del paese e ha un attivo porto peschereccio e commerciale. V F
g) Delle tre repubbliche baltiche, la Lettonia è quella maggiormente agricola. V F
h) Il sottosuolo è molto ricco di minerali. V F
i) Le attività principali sono quella metalmeccanica, cantieristica e tessile. V F
l) Nel terziario, commercio e turismo sono in crescita. V F

12. **RISPONDI** **alle seguenti domande.**

a) Quando la Lituania conquistò l'indipendenza?
....
b) Come si presenta il territorio lituano? ....
....
....
c) Com'è il clima del paese? ....
....
d) Quale differenze presenta la popolazione lituana rispetto a quella di Estonia e Lettonia? ....
....
e) Quali sono le città principali? ....
....
f) Come si presenta l'economia del paese? ....
....

Festeggiare il Natale

Nell'antichità, le popolazioni del Nordeuropa festeggiavano il solstizio d'inverno, cioè il momento più freddo dell'anno, a partire dal quale si tornava ad attendere l'arrivo della primavera. In questa occasione, era consuetudine scambiarsi dei doni, in prevalenza generi alimentari. La festa cristiana del Natale si è innestata su queste antiche tradizioni. Ai nostri giorni, nelle regioni nordiche, il Natale resta una ricorrenza molto popolare, da trascorrere in casa, con la famiglia, lasciando fuori dalla porta il freddo e il buio di giornate troppo brevi.

In **Islanda** e nei **paesi scandinavi** il Natale è preparato con cura. La casa deve essere interamente pulita e decorata all'interno e all'esterno. L'albero di Natale è l'addobbo più diffuso, ma in quasi tutte le famiglie si prepara anche la ghirlanda dell'Avvento, con quattro candele rosse, ognuna delle quali viene accesa in una delle domeniche che precedono il Natale. Bambini e ragazzi sono molto indaffarati: tengono aggiornato il calendario dell'Avvento; aiutano i genitori prima a scrivere le cartoline d'auguri e poi a cucinare i dolci per la festa; spesso costruiscono essi stessi le decorazioni per l'albero.

Il 13 dicembre, quando il Natale è ormai alle porte, in tutta la **Svezia** si celebra la tradizionale festa di Santa Lucia. Nelle case, una bambina indossa una veste bianca legata in vita da una cintura rossa, si pone sul capo una corona di foglie intrecciate ornata di candele e distribuisce dolci agli altri componenti della famiglia. Nelle strade, si snodano le processioni dedicate alla Santa, aperte da una giovane "Lucia" con il capo adorno di candele accese. La devozione a Santa Lucia, martire siracusana del III secolo d.C., si diffuse in Svezia con l'avvento del cristianesimo, legandosi ai riti pagani per il solstizio invernale.

La **Finlandia** si dichiara paese di residenza di Babbo Natale e poco importa se le origini del personaggio, che risalgono al Medioevo, riportano alla lontana Turchia e a quel San Nicola che elargiva doni alle persone in difficoltà. A Rovaniemi, infatti, nella Lapponia finlandese, si trova la "casa" di Babbo Natale e più a nord, a Korvatunturi, il laboratorio in cui egli prepara, con l'aiuto degli elfi, i regali per i bimbi di tutto il mondo. I bambini scandinavi hanno però ancora un occhio di riguardo anche per i folletti della mitologia nordica: ad essi lasciano un po' di cibo, ricordando i tempi antichi in cui erano loro a portare i doni.

In **Estonia**, in **Lituania** e in **Lettonia** sono professate la religione cattolica, quella protestante luterana e quella ortodossa. Nel periodo della dominazione sovietica, il Natale ufficialmente non esisteva, o meglio era ritenuto un giorno come tutti gli altri, ma le persone di fede hanno continuato a festeggiarlo, con discrezione, all'interno delle famiglie o di piccole comunità. Oggi nelle tre repubbliche baltiche il Natale è festeggiato come in ogni altra parte del mondo e per i ritrovi familiari si cucinano i piatti delle tradizioni locali. Gli ortodossi, però, numerosi soprattutto in Estonia, celebrano la ricorrenza religiosa del Natale non il 25 dicembre, ma il 7 gennaio.

E tu?

- **a)** Tu e la tua famiglia festeggiate il Natale? Osservate qualche usanza particolare in questa ricorrenza?
- **b)** C'è qualche altra festa importante per te e per i tuoi cari? Si tratta di feste religiose, civili, tradizionali o legate a qualche altra circostanza?
- **c)** Ci sono cibi che la tua famiglia prepara o consuma in momenti particolari dell'anno, e che sono legati a ricorrenze o tradizioni?
- **d)** In quali occasioni scambi doni con amici o parenti?

VIAGGIO 6

La regione centro-orientale

Posta fra la regione germanica e quella russa, la **regione centro-orientale** si estende dal Mar Baltico fino al Mar Nero. È una regione di transizione, nella quale non si possono individuare confini naturali.

I confini politici dei paesi che ne fanno parte – **Polonia**, **Repubblica Ceca**, **Slovacchia**, **Ungheria** e **Romania** – sono cambiati più volte nel corso del XX secolo: dopo la Prima guerra mondiale, dopo la Seconda, e ancora nel 1993, quando dalla divisione della Cecoslovacchia sono nate la Slovacchia e la Repubblica Ceca (vedi Dossier a p. 184).

Nel secondo dopoguerra tutti questi stati entrarono nell'area d'influenza dell'Unione Sovietica e per un lungo periodo la loro politica e la loro economia rimasero sotto il controllo del governo di Mosca.

Il crollo del regime comunista nell'URSS innescò, nell'ultimo decennio del XX secolo, un processo di trasformazione in senso democratico, che ai nostri giorni, almeno sul piano politico, può dirsi compiuto.

Sul piano economico, invece, a una situazione in cui lo stato controllava tutti i settori produttivi si sta sostituendo un sistema misto, in cui è lasciato spazio all'iniziativa privata e alla libera concorrenza, secondo il modello dell'economia di mercato. Questa transizione è più lenta e difficile soprattutto nei paesi, come la Polonia e la Romania, che hanno maggiori problemi economici.

Polonia

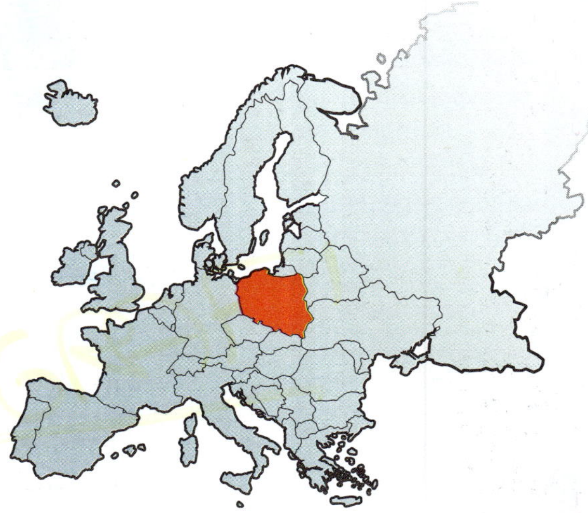

- › In quali periodi la Polonia è stata indipendente, e quali vicende hanno causato invece la perdita della sua indipendenza?
- › Quali avvenimenti hanno caratterizzato la storia polacca nel Novecento?
- › Come si presenta il territorio polacco?
- › Quali sono i rilievi e i fiumi principali?

SUPERFICIE: **312 685 km²**

I colori della **bandiera** della Polonia derivano dalle antiche insegne di guerra, che rappresentavano un'aquila bianca su sfondo rosso. Secondo una leggenda, nel XIII secolo un principe trovò il nido di un'aquila bianca. Vedendo in ciò un segno divino, decise di inserire l'animale nello stemma del proprio casato.

La storia

Dalle antiche popolazioni slave alla spartizione della Polonia

Le tribù di origine slava, che fin dal VI secolo a.C. abitavano la Polonia, tra il IX e il X secolo si unirono in un solo regno e si convertirono al cristianesimo.
Nel 1386 il paese fu unito al Granducato di Lituania.
Nella seconda metà del Settecento Prussia, Russia e Austria si spartirono il territorio polacco.

I fatti del XX secolo

Solo dopo la Prima guerra mondiale la Polonia rinacque come stato indipendente, formato da regioni cedute da Russia, Austria e Germania.
Nel 1939 l'invasione della Polonia da parte della Germania nazista diede inizio alla Seconda guerra mondiale. Al termine del conflitto la Polonia conterà il più alto numero di vittime fra tutti i paesi europei.
Nel 1945 riacquistò l'indipendenza. Due anni dopo divenne una repubblica popolare, nell'area d'influenza dell'Unione Sovietica. Aderì al **Comecon** e al **Patto di Varsavia**. La protesta popolare contro il regime portò, nel 1989, alle prime elezioni libere dopo oltre 40 anni: venne formato il primo governo non comunista in un paese dell'Est europeo. (1)
Dal 2004 la Polonia fa parte dell'Unione Europea.

Il territorio

Un territorio pianeggiante

La Polonia è al centro dell'ampia fascia pianeggiante che va dal Mare del Nord alla catena degli Urali.
Si affaccia a nord sul Mar Baltico. **Confina** a nord-est con Russia e Lituania, a est con Bielorussia e Ucraina, a sud con Slovacchia e Repubblica Ceca, a ovest con la Germania.
Le **coste** sono basse e lineari. I golfi di Pomerania e di Danzica sono le uniche insenature.

Monti, fiumi e clima

I **rilievi** si concentrano nella zona meridionale: a ovest si estende la catena dei *Sudeti*, di cui fanno parte i *Monti dei Giganti* (1602 m); procedendo verso est si trovano i *Carpazi Occidentali*, che includono i *Beschidi* e gli *Alti Tatra*. Il monte più alto è il *Rysy* (2499 m), negli Alti Tatra.
La **pianura**, interrotta da modeste ondulazioni, occupa circa i 3/4 del territorio. È costellata di **laghi** di origine glaciale; i più estesi si trovano nella regione della Masuria.
I **fiumi** scorrono in prevalenza da sud a nord. Il principale è la *Vistola*, che nasce dai Beschidi e sfocia nel Golfo di Danzica, dopo aver ricevuto le acque di vari affluenti (tra cui il *San*, il *Bug* e il *Pilica*). Secondo per lunghezza è l'*Oder*, che segna il confine con la Germania e ha come affluenti principali il *Neisse* e il *Warta*.
Il **clima** è *continentale*, con estati calde e inverni freddi e nevosi.

dizionario

Comecon: consiglio di aiuto economico reciproco (Council for Mutual Economic Aid), istituito nel 1949 per coordinare lo sviluppo economico dei paesi comunisti. Venne sciolto nel 1991.

Patto di Varsavia: alleanza militare contrapposta alla NATO; stipulata nel 1995 dall'URSS e dai paesi comunisti dell'Europa orientale, ebbe termine nel 1991.

1 Solidarność

La protesta contro il governo nella Repubblica popolare polacca anticipa di circa 10 anni la crisi delle dittature comuniste nell'Est europeo. A causare lo scontento è la grave situazione economica del paese, che rende difficili le condizioni di vita delle fasce più deboli della popolazione. I primi a protestare sono gli operai dei cantieri navali di Danzica, poi imitati dalla maggior parte dei lavoratori dell'industria. Nel 1980, sotto la guida di Lech Walesa, essi fondano il sindacato autonomo di Solidarność, che si oppone alle organizzazioni ufficiali dei lavoratori. Pur dichiarato fuorilegge, Solidarność dà vita a un partito politico, che vince le elezioni nel 1989.

> Come è formata e come si distribuisce la popolazione polacca?
> Quali sono i principali centri urbani?
> Perché la Polonia ha un'economia "mista"?
> Quali sono le più importanti risorse economiche?

Popolazione, economia e società

- POPOLAZIONE: **38180000 ab.**
- DENSITÀ: **122 ab./km^2**
- CAPITALE: **Varsavia** (2200000 ab.)
- FORMA DI GOVERNO: **repubblica**
- MONETA: **nuovo zloty**
- LINGUA: **polacco**
- RELIGIONE: **cattolica**
- POPOLAZIONE ATTIVA: **52,4%**
- OCCUPATI NEI DIVERSI SETTORI:
  - **PRIMARIO: 19%**
  - **SECONDARIO: 27%**
  - **TERZIARIO: 54%**
- IN CERCA DI OCCUPAZIONE: **18,8%**

Studio

Flussi migratori e distribuzione della popolazione

Gli abitanti dalla Polonia sono per il 94,2% polacchi; l'esigua minoranza di immigrati è costituita da ucraini, bielorussi e tedeschi.

Negli anni Novanta la Polonia ha conosciuto una forte emigrazione per l'instabilità economica seguita alla crisi dell'Unione Sovietica.

La distribuzione demografica segue quella delle aree industriali. Sono meno densamente abitate le regioni di nord-est e di nord-ovest. La popolazione urbana supera il 61%.

La **lingua** ufficiale è il *polacco*. Il 90,7% della popolazione aderisce alla **religione** *cattolica*; sono presenti minoranze *ortodosse* e *protestanti*.

Le città principali

Molte città polacche hanno subìto danni ingenti durante la Seconda guerra mondiale.

È quanto accaduto nella capitale, **Varsavia** (2200000 ab. con l'agglomerato urbano), in gran parte ricostruita dopo i bombardamenti. Tristemente famoso è l'antico quartiere ebraico, il ghetto, raso al suolo dai tedeschi nel 1943. Oggi Varsavia, che sorge al centro della pianura polacca, è il cuore economico, politico e amministrativo del paese.

Cracovia (757957 ab.), sulla Vistola, fu nel Medioevo capitale del Regno di Polonia. Oggi è un importante centro culturale, industriale e commerciale, e meta turistica. (1)

Danzica (460524 ab.), a pochi chilometri dal golfo omonimo, forma con Gdynia un vasto complesso portuale ed è sede di importanti cantieri navali.

Altro nodo dei traffici marittimi è **Stettino** (413294 ab.), al confine con la Germania. La città è collegata al Baltico, dal quale dista circa 70 chilometri, dal tratto finale del fiume Oder.

Un'economia in trasformazione

La Polonia ha un'economia mista: molte imprese sono ancora di proprietà dello stato, mentre altre sono state privatizzate. Numerosi settori sono in fase di ammodernamento e sono in aumento gli investimenti esteri. Ciononostante, il livello medio di vita è piuttosto basso.

L'**agricoltura** è l'unica fonte di reddito per una parte rilevante della popolazione. Tuttavia, nonostante la vastità del suolo coltivabile, i risultati sono modesti sia per l'uso di tecniche e mezzi arretrati, sia per le dimensioni limitate delle aziende, spesso a conduzione familiare. La produzione più importante è quella delle *patate*. Tra gli altri prodotti vi sono *cereali*, *barbabietole da zucchero* e *lino*. La frutticoltura e l'orticoltura sono diffuse nel centro-sud. Le foreste offrono buone quantità di *legname*. (2)

L'**allevamento** di *suini*, *bovini* e *animali da cortile* è redditizio. Notevole è anche il numero degli *equini*, in particolare dei cavalli da tiro.

Sempre meno significativa è la **pesca**, nel Baltico, di *merluzzi* e *aringhe*.

Industria, terziario e comunicazioni

La risorsa principale del **sottosuolo** è nel *bacino carbonifero* della Slesia. (3) Sono inoltre estratti *argento*, *rame*, *zinco*, *piombo*, *lignite* e *salgemma*.

I settori trainanti dell'**industria** polacca sono stati a lungo quelli *siderurgico* e *metallurgico*. A essi oggi si affianca l'industria *meccanica*, favorita dalla collaborazione con aziende straniere. Sta invece attraversando un periodo di crisi la produzione navale. Comparti importanti sono anche quelli chimico, tessile e alimentare.

Il **terziario** è in crescita, soprattutto sotto la spinta del turismo. Si stanno inoltre potenziando la rete bancaria e gli scambi commerciali con i paesi dell'Unione Europea.

Le **reti** *stradale* e *ferroviaria* garantiscono i collegamenti fra le città principali. Le autostrade, però, sono ancora poche e solo la metà delle ferrovie è elettrificata. Le *vie navigabili* interne si estendono per circa 4000 chilometri.

1 La Madonna di Czestochowa

La cittadina di Czestochowa, a nord-ovest di Cracovia, è famosa come luogo di culto. Nel suo santuario è conservata l'icona bizantina della Madonna Nera, venerata ogni anno da migliaia di pellegrini. Le icone sono immagini sacre dipinte soprattutto su tavole di legno, tipiche dell'arte religiosa bizantina e dei paesi dell'Est europeo. L'immagine della Madonna Nera, alla quale sono stati attribuiti dei miracoli, è divenuta per i polacchi simbolo della propria identità religiosa e nazionale. I pellegrinaggi si sono intensificati durante il pontificato di Karol Wojtyla (Giovanni Paolo II), il primo papa polacco della storia.

2 L'artigianato del legno

La lavorazione del legno (foto sotto) è una delle attività tradizionali dell'artigianato polacco. È molto diffusa la produzione di statuine, spesso di soggetto religioso. Tipici sono anche la costruzione e l'intaglio di mobili e di elementi strutturali per le case, come travi, finestre e balconi.

3 La Slesia

La Slesia, delimitata a sud dai Monti Sudeti e dai Carpazi, ospita uno dei giacimenti di carbone più ricchi d'Europa. Grazie a esso la regione, ceduta alla Polonia dalla Germania, è diventata la più industrializzata del paese: non solo è sede di stabilimenti siderurgici e meccanici, ma è anche il polo principale dell'industria chimica polacca. Purtroppo però oggi la Slesia è anche la regione con il più alto tasso di inquinamento, causato proprio dagli stabilimenti industriali, con impianti tecnologicamente superati e spesso senza adeguati sistemi di depurazione.

Repubblica Ceca

> Quali popolazioni hanno occupato in passato il territorio ceco?

> Quali avvenimenti hanno portato alla nascita della Repubblica Ceca?

> Dove si trova la Repubblica Ceca?

> Quali caratteristiche principali presenta il suo territorio?

SUPERFICIE:
78 866 km²

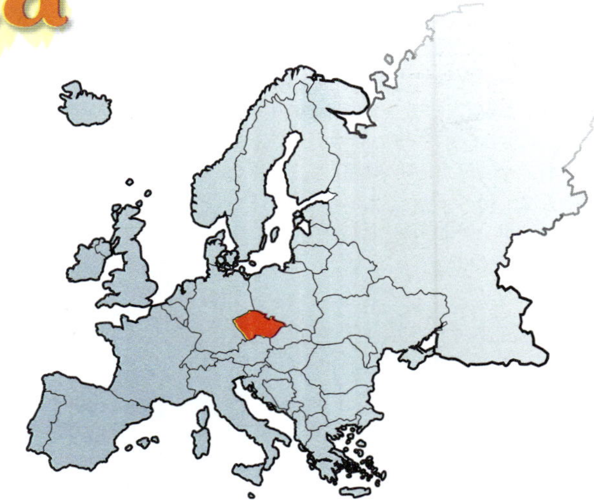

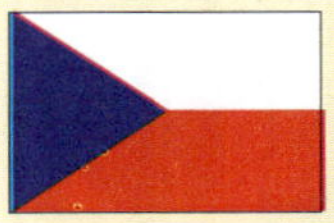

La Repubblica Ceca ha mantenuto praticamente invariata, nel disegno e nei colori, la **bandiera** della Cecoslovacchia, nella quale il bianco e il rosso erano i colori della Boemia e della Moravia, mentre l'azzurro apparteneva per tradizione alla Slesia ceca (cioè la Slovacchia).

La storia

Dalle popolazioni slave all'Impero asburgico

Anticamente abitata dai celti boi (dai quali deriva il nome "Boemia") e dai marcomanni, di stirpe germanica, nel V secolo d.C. l'attuale Repubblica Ceca fu occupata dalle tribù slave dei cechi e dei moravi.
Nel Medioevo gli slavi si convertirono al cristianesimo e fondarono un regno indipendente, che si estese anche sulla Slovacchia.
Il re Carlo IV (1346-1378) promosse lo sviluppo della Boemia; Praga diventò una delle città più importanti dell'Europa centrale e si arricchì della prima università del regno.
Nel 1526 Boemia e Moravia, insieme alla Slovacchia e a parte dell'Ungheria, entrarono a far parte dell'Impero asburgico. (1)

La nascita della Repubblica Ceca

Al termine della Prima guerra mondiale nacque la Cecoslovacchia, una repubblica indipendente che riuniva le attuali Slovacchia e Repubblica Ceca.
Nel 1939 i tedeschi occuparono Boemia e Moravia. Alla fine del conflitto, la Cecoslovacchia ritornò indipendente; nel paese si instaurò un regime comunista, sotto la sfera d'influenza dell'Unione Sovietica. Nel 1968 l'URSS represse duramente il tentativo di introdurre riforme.
Nel 1989 terminò il regime comunista e nel 1993 la Cecoslovacchia si divise in Repubblica Ceca e Slovacchia, che entrarono nell'Unione Europea il 1° maggio 2004.

Il territorio

Boemia e Moravia

La Repubblica Ceca comprende due regioni distinte: la *Boemia*, a ovest, (2) e la *Moravia*, a est.
Priva di sbocchi sul mare, **confina** a nord-est con la Polonia, a sud-est con la Slovacchia, a sud con l'Austria, a ovest e a nord-ovest con la Germania. Su tutto il territorio si trovano ampie zone calcaree, che presentano fenomeni di **carsismo**. Anche canyon, burroni e alti pilastri isolati testimoniano la millenaria erosione della roccia compiuta dai corsi d'acqua.

Rilievi, fiumi e clima

La Boemia è formata da un altopiano, chiuso da quattro **catene di monti**: la *Selva Boema*, i *Monti Metalliferi*, i *Sudeti* e le *Alture Morave*. Queste ultime segnano il confine interno con la Moravia, che è delimitata a nord dai *Monti Jesenik* (appartenenti ai Sudeti orientali) e a est dai *Carpazi Bianchi*. I rilievi non sono molto elevati (la cima più alta, il monte Sněžka, raggiunge i 1602 m) e sono coperti da boschi.
Una zona pianeggiante, attraversata da colline, si trova in territorio moravo.
I **fiumi** principali sono la *Moldava*, che confluisce nell'Elba, e la *Morava*, che si getta nel Danubio.
Il **clima** è *continentale*, con inverni spesso molto freddi ed estati calde.

dizionario

Carsismo: insieme dei fenomeni prodotti dall'azione delle acque sotterranee, che scavano le rocce più solubili, formando caverne e cunicoli. La parola deriva dal Carso, la regione delle Alpi orientali fra Italia, Slovenia e Croazia, dove questi fenomeni sono molto diffusi.

Utilizzazione del suolo

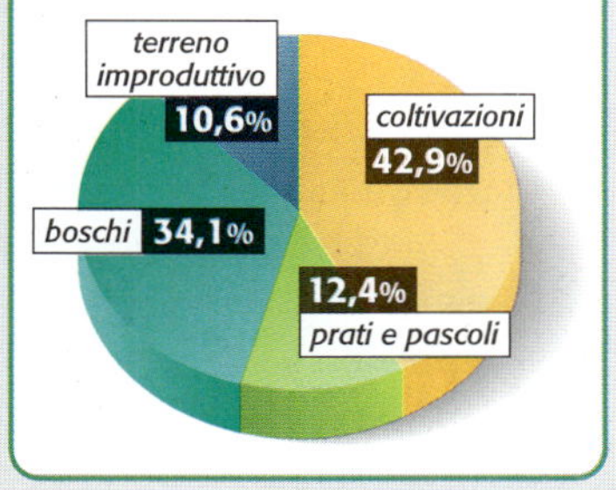

1 Lo Spielberg

Nei pressi di Brno sorge la fortezza dello Spielberg, prigione di quanti, in epoca asburgica, si opponevano al governo austriaco. Fra i patrioti italiani che vi furono imprigionati durante il Risorgimento vi fu Silvio Pellico, che nel libro *Le mie prigioni* racconta la propria detenzione nella fortezza.
La foto sotto mostra lo Spielberg come si presenta oggi.

Per saperne di più

- L'affermazione che Praga è nel cuore dell'Europa non è solo un modo di dire. La capitale ceca, infatti, è quasi equidistante dai mari Baltico e Adriatico. Inoltre è posta circa a metà strada tra l'estremità occidentale del Portogallo e i Monti Urali.

2 La Boemia

La Boemia (foto a destra) è un bacino formato da una serie di colline e piattaforme ondulate, ricco di vegetazione e di sorgenti d'acqua.

Popolazione, economia e società

> Com'è composta la popolazione ceca?
> Quali sono le città più importanti?
> Quali trasformazioni nell'economia si sono verificate negli ultimi decenni?
> Quali sono attualmente le principali voci economiche?

- POPOLAZIONE: **10 211 000 ab.**
- DENSITÀ: **129 ab./km²**
- CAPITALE: **Praga** (1 165 581 ab.)
- FORMA DI GOVERNO: **repubblica**
- MONETA: **corona ceca**
- LINGUA: **ceco**
- RELIGIONE: **cattolica**
- POPOLAZIONE ATTIVA: **55,6%**
- OCCUPATI NEI DIVERSI SETTORI:
  - **PRIMARIO: 3%**
  - **SECONDARIO: 39%**
  - **TERZIARIO: 58%**
- IN CERCA DI OCCUPAZIONE: **8,3%**

Composizione e distribuzione demografica

La popolazione della Repubblica Ceca è composta per il 90,4% da cechi e per il 3,7% da moravi, entrambi di origini e lingua slave. Vi sono inoltre minoranze di slovacchi, polacchi e tedeschi. Meno numerose che in passato sono le comunità di zingari. (1) La popolazione si concentra nelle città industriali, in particolare nella capitale.

La **lingua** ufficiale è il *ceco*. Si parlano anche *polacco*, *slovacco*, *tedesco*, *romeno*, *russo*, *ucraino* e *ungherese*.

La **religione** più diffusa è quella *cattolica*.

Le città principali

Praga (1 165 581 ab.), la capitale, è la città più popolata. Sorge sulle rive della Moldava. Per la sua posizione, all'incrocio di importanti vie di comunicazione europee, è diventata un attivo centro di commerci. È sede di numerose industrie (meccaniche, chimiche e tessili) e di una prestigiosa università, fondata nel XIV secolo.

Altre città importanti sono: **Brno** (369 559 ab.), sede di industrie meccaniche e tessili; **Ostrava** (313 088 ab.), al centro di una vasta zona di giacimenti carboniferi; **Plzeň** (164 180 ab.), o Pilsen, sede di una nota fabbrica di birra e dell'industria automobilistica Skoda.

Un paese in crescita economica

La Repubblica Ceca ha completato il passaggio dall'**economia collettivistica** a quella basata sul libero mercato. Il paese ha un'industria di solide tradizioni, favorita dalla disponibilità di risorse minerarie ed energetiche. Negli ultimi anni si è assistito alla crescita del terziario.

Nell'**agricoltura** è stata mantenuta la struttura delle cooperative, introdotta dal regime comunista. Sono state invece privatizzate le aziende statali. La produzione usa tecniche moderne, ma non è sufficiente al fabbisogno nazionale. I principali prodotti sono: *cereali*, *patate*, *barbabietole da zucchero* e *luppolo*. Sulle colline morave è diffusa la *vite*. I boschi della Boemia forniscono *legname*, ma sono minacciati dall'inquinamento. Di buon livello è l'**allevamento**, in particolare di *bovini*, *suini* e *ovini*.

Risorse minerarie, industria, terziario

Tra le **risorse minerarie** hanno particolare importanza i *depositi carboniferi* (carbon fossile e lignite). Sono inoltre estratti *uranio*, *rame*, *amianto* e *caolino*. È buona la produzione di *energia elettrica*, *idrica* e *nucleare*.

Le **industrie** più sviluppate sono quelle *siderurgiche* e *meccaniche*. L'industria *metallurgica* lavora piombo e rame. Quella *petrolchimica* dispone di impianti per la raffinazione del petrolio, importato dalla Russia attraverso un oleodotto di 4500 chilometri. Quella *chimica* produce fertilizzanti, materie plastiche, soda caustica e fibre sintetiche. Tra le industrie tradizionali ricordiamo quelle *tessili*, *alimentari* e *vetrarie*. (2) Di rilievo anche le produzioni di ceramiche, calzature e strumenti musicali.

Nel **terziario** la voce più importante è il *turismo*. (3)

La **rete** *stradale* collega il paese al resto dell'Europa centrale, ma sono poche le *autostrade*. La *rete ferroviaria*, elettrificata solo in parte, è estesa. Moldava e Morava, con i loro affluenti e alcuni canali, formano una *rete navigabile* di oltre 300 chilometri. Buoni i collegamenti aerei, garantiti dagli *aeroporti* di Praga, Brno e Ostrava.

dizionario

Economia collettivistica: economia nella quale i mezzi di produzione non sono di proprietà privata, ma vengono amministrati dalla comunità nel suo insieme (collettivamente).

1 Gli zingari

Nella Repubblica Ceca vivono circa 40 000 zingari, molti meno che in passato. Alcune comunità zingare, infatti, sono state oggetto di episodi di intolleranza e verso la fine degli anni Novanta si sono spostate verso altri paesi europei.
Appartengono a un popolo nomade, originario dell'India, che si spostò verso l'Europa a partire dal X secolo e ne raggiunse il centro seguendo il corso del Danubio. Gli zingari vivono in carri coperti e roulotte e ancora oggi tendono a muoversi di frequente. Alcuni allevano e commerciano cavalli, altri lavorano il rame, altri hanno occupazioni saltuarie, ad esempio come braccianti nei campi. Si tramandano di padre in figlio una ricca tradizione, fatta soprattutto di musiche e danze popolari.

2 I cristalli di Boemia

L'artigianato vetrario ha i suoi prodotti principali nei famosi cristalli di Boemia: bicchieri, calici, bottiglie sagomate e altri oggetti da tavola. La lavorazione del vetro risale al Medioevo, quando però era impiegato soprattutto nella realizzazione delle vetrate delle chiese. Altri prodotti dell'artigianato ceco sono le porcellane, gli oggetti in ferro battuto e i giocattoli in legno.

3 Le terme di Karlovy Vary

Conosciuta anche con il nome tedesco di Karlsbad, Karlovy Vary, città della Boemia nord-occidentale, è una delle stazioni termali più famose d'Europa. Come la vicina Mariánské Lázne (Marienbad), era frequentata già nel Settecento. Oggi, insieme a Praga e ai numerosi castelli disseminati sul territorio ceco, è una delle mete turistiche di maggior richiamo.

La Repubblica Ceca a tavola

Il **prosciutto di Praga** è il prodotto alimentare della Repubblica Ceca più conosciuto nel mondo. Sulla tavola ceca la carne suina non manca: oltre ai prosciutti, vi compaiono infatti salami, salsicce e arrosti.

Nei pranzi importanti, come quello di Natale, la portata principale è però costituita dalla **carpa**, che è, per così dire, il pesce nazionale.

Visitare Praga

Castello di Praga (Pražsky Hrad)

Una città nella città, sorge su una collina alla sinistra della Moldava. Si tratta di un'immensa costruzione che risale al IX secolo e che fu ampliata nel tempo e rimodernata alla fine del Settecento da Maria Teresa d'Austria. Comprende il Palazzo Reale e la Cattedrale di San Vito, capolavoro gotico. Tra le sue vie, la più suggestiva è il Vicolo d'Oro, fatto di piccole case colorate occupate da artigiani e orafi; la leggenda vuole che fossero abitate da maghi e alchimisti.

Piazza Malostranské

È dominata dalla Chiesa di San Nicola, capolavoro del barocco praghese. La piazza è il centro di uno dei più suggestivi quartieri di Praga, Malá Strana (Città Piccola), fatto di vicoli, piazze e piazzette decorate da artisti e architetti italiani, che gli conferirono l'aspetto rinascimentale e barocco che tuttora conserva.

Ponte Carlo (Karluv Most)

Prende il nome dall'imperatore Carlo IV che lo fece costruire nel XIV secolo. È un luogo di grande suggestione; da esso si può ammirare lo straordinario scenario della Moldava. Lungo i suoi 516 metri si trovano trenta statue in stile barocco, e alle sue estremità due maestose torri, una del XII e l'altra del XV secolo.

La gente

I praghesi sono noti per essere piuttosto socievoli. La vita cittadina è assai vivace, soprattutto quella notturna, animata da un vero e proprio orgoglio nazionale: la birra (*pivo*), che nei numerosi locali scorre a fiumi.

I primati

Il Castello di Praga è, tra i castelli del mondo, quello che copre l'area più vasta, occupando, con i suoi tre cortili, gli edifici e le strade, un'area superiore a 7 ettari.
La Repubblica Ceca è la nazione numero uno al mondo per il consumo di birra pro capite; i praghesi bevono birra almeno dal 900 a.C.

La curiosità

Nasce a Praga il Golem, il gigantesco mostro creato, secondo la leggenda, da un vecchio ebreo di nome Rabbi Judah Loew nel XVI secolo, durante il regno di Rodolfo II. A quel tempo gli ebrei a Praga erano vittime di continue aggressioni e per proteggerli dal massacro Rabbi Loew decise di generare il Golem, secondo il rituale, dall'argilla che si trovava sulle rive della Moldava. Potrebbe ancora oggi vegliare su Praga...

Da non perdere

Il quartiere ebraico di Praga (Josefov) è uno dei più grandi d'Europa e una delle più belle e antiche zone della città; qui si trova l'affascinante Vecchio cimitero ebraico. Nel quartiere di Malá Strana merita passeggiare per le strade dell'isola Kampa, un isolotto tra il canale del Diavolo e le acque della Moldava, chiamato anche "la Venezia di Praga". La città offre inoltre panorami eccezionali, che si possono ammirare dai sette colli su cui è adagiata. Quanto all'arte, la Galleria Nazionale espone un enorme patrimonio, raccogliendo opere di pittura fiamminga e olandese (Rubens, Rembrandt), tedesca (Altdorfer, Dürer), italiana (Tiepolo, Canaletto) e francese (Manet, Gauguin, Picasso). Un museo tutto praghese è poi quello delle marionette.

Piazza della Città Vecchia (Staroměstské Náměstí)

È il cuore di Praga. Chiese gotiche e barocche, case medievali e rinascimentali circondano il monumento a Jan Hus. Di grande interesse è la Torre del Municipio, che si affaccia sulla piazza; su di essa è installato un celebre orologio astronomico del XV secolo, grande attrazione per i turisti che attendono, a ogni ora, la processione dei dodici apostoli che escono e rientrano dal suo quadrante.

Piazza Venceslao (Václavské Náměstí)

Vivacissimo centro della Città Nuova (Nové Město), è la più famosa piazza di Praga, costituita da una lunga e ampia strada in leggera salita, che porta al Museo Nazionale.

Musei

Il Museo Nazionale (Národní Muzeum), al fondo di Piazza Venceslao, è il più grande museo di storia naturale del paese; presenta collezioni di mineralogia, zoologia, paleontologia e preistoria. La Galleria Nazionale (Národní Galérie) è ospitata nel palazzo Sternberg, ma l'enorme patrimonio d'arte che contiene è distribuito anche in altri spazi espositivi, come il Monastero di San Giorgio, il Palazzo delle Fiere e lo stesso Castello.

Carta d'identità

- Nome: Praha
- Data di nascita:
  Fondata nel IX secolo, divenne dal XII secolo la residenza dei sovrani di Boemia e, nel XIV secolo, capitale del Sacro Romano Impero. Nel 1526 passò sotto il dominio asburgico. Nel 1918 divenne capitale della nascente Repubblica Cecoslovacca e nel 1993, con la separazione della Cecoslovacchia in due stati indipendenti, della Repubblica Ceca.
- Indirizzo:
  Repubblica Ceca
- Altitudine:
  180-400 m s.l.m.
- Superficie:
  496 km^2
- Popolazione:
  1 165 581 ab.

> Quali sono i principali avvenimenti della storia slovacca?

> Come si presenta il territorio?

> Come si compone e distribuisce la popolazione della Slovacchia?

> Come si presenta l'economia del paese?

Slovacchia

La **bandiera** slovacca è stata adottata nel 1993 con un referendum popolare: ai colori bianco, azzurro e rosso, già presenti nella bandiera della Cecoslovacchia, è stato aggiunto lo stemma slovacco. La doppia croce bianca è simbolo della Chiesa d'Oriente e del cristianesimo, introdotto nel IX secolo. I tre picchi azzurri su cui poggia la croce rappresentano tre catene montuose della Slovacchia.

Gli antichi slavi, le dominazioni, l'indipendenza

Nell'XI secolo la regione, occupata fin dal VI secolo d.C. dagli slavi slovacchi, fu annessa al Regno di Ungheria e dal Cinquecento entrò a far parte dell'Impero asburgico. Dalla fine della Prima guerra mondiale formò, con le regioni della Boemia e della Moravia, la Cecoslovacchia. Dal 1993 è una repubblica autonoma e dal 2004 fa parte dell'Unione Europea.

Territorio e clima

La Slovacchia **confina** a nord con la Polonia, a est con l'Ucraina, a sud con l'Ungheria, a ovest con Austria e Repubblica Ceca.
Il territorio è in prevalenza **montuoso**. La catena principale è quella dei *Carpazi Occidentali*, che includono i Carpazi Bianchi, i Beschidi, i Bassi e gli Alti Tatra, ai quali appartiene la cima più elevata (Monte Gerlach, 2655 m). I *Monti Metalliferi Slovacchi*, al centro del paese, hanno discreti giacimenti di lignite, carbone e ferro.
La **pianura** più estesa è a sud, in corrispondenza del bacino del *Danubio*, il **fiume** principale, che riceve le acque degli affluenti Váh e Hron, e della *Morava*.
Il **clima** è *continentale*, con inverni molto freddi.

Popolazione e città

Gli slovacchi, di origine e **lingua** *slava* e di **religione** *cattolica*, costituiscono l'85,7% della popolazione. La numerosa comunità ungherese (9,6% della popolazione) da tempo si batte per ottenere maggior autonomia e il rispetto delle proprie tradizioni.
La popolazione si concentra nel sud del paese e vive in prevalenza in grossi centri rurali. Solo due città superano i 100 000 abitanti. Una è la capitale **Bratislava** (425 533 ab.), che sorge sulle rive del Danubio, a breve distanza dal confine con l'Austria, ed è il principale centro commerciale e industriale. (1) L'altra è **Košice** (235 281 ab.), sede di industrie siderurgiche, meccaniche, alimentari e tessili.

dizionario

Economia di mercato: sistema economico basato sulla proprietà privata e sulla libera concorrenza.

- SUPERFICIE: **49 034 km²**
- POPOLAZIONE: **5 380 000 ab.**
- DENSITÀ: **110 ab./km²**
- CAPITALE: **Bratislava** (425 533 ab.)
- FORMA DI GOVERNO: **repubblica**
- MONETA: **corona slovacca**
- LINGUA: **slovacco**
- RELIGIONE: **cattolica**
- OCCUPATI NEI DIVERSI SETTORI:
  - PRIMARIO: 4%
  - SECONDARIO: 34%
  - TERZIARIO: 62%
- IN CERCA DI OCCUPAZIONE: **18%**

Un'economia agricola

Il passaggio all'**economia di mercato** procede lentamente: buona parte delle terre e vari settori industriali sono ancora sotto il controllo dello stato. L'economia, principalmente agricola, ha inoltre risentito della divisione dalla Repubblica Ceca, più industrializzata e ricca di risorse energetiche e minerarie. Ciononostante, negli ultimi anni la Slovacchia ha mostrato segni di ripresa.
L'**agricoltura** produce soprattutto *cereali*. Le zone collinari sono coltivate a *vigneti* e *frutteti*. Gli **allevamenti** più praticati sono quello *suino* e quello *bovino*, cui si affianca l'allevamento di *ovini* nelle zone alpine. Dalle foreste delle zone montuose si ricavano buone quantità di *legname*.
Le **industrie** più importanti sono quelle *meccaniche* (macchinari per l'agricoltura), *chimiche* (gomma e materie plastiche), *alimentari* e *tessili*.
Il **terziario** è in crescita, soprattutto per quanto riguarda il *turismo*.

Utilizzazione del suolo

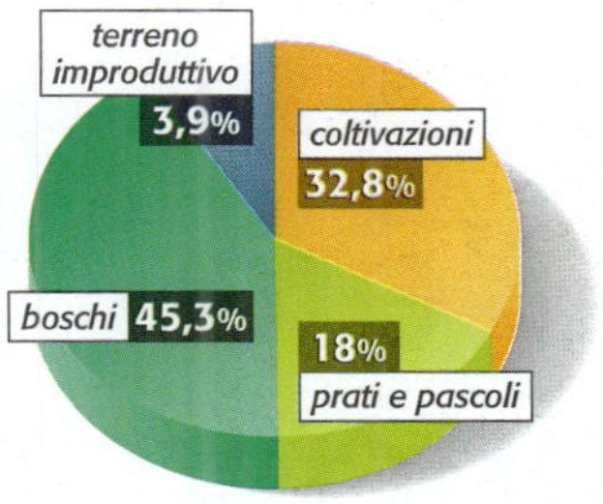

Per saperne di più

A Dobsina, nella Slovacchia centro-orientale, si trova una delle più belle e note grotte del mondo, la Grotta di ghiaccio. Lunga circa 400 metri e alta fino a 20 metri, ospita un lago sotterraneo ghiacciato e colonne di ghiaccio alte più di 10 metri.

1 Bratislava

Duramente colpita dai bombardamenti della Seconda guerra mondiale, dalla metà del XX secolo Bratislava ha conosciuto una rapida e costante espansione. Intorno al centro storico, completamente restaurato, sono sorti numerosi quartieri residenziali. Nell'area sul porto del Danubio, invece, si sono sviluppati gli insediamenti industriali. Tra i monumenti del passato più lontano vi sono il castello, che fu residenza dei re d'Ungheria, e la cattedrale di San Martino, dove i sovrani venivano incoronati.

DOSSIER

C'era una volta la... Cecoslovacchia

Nel 1993, dalla divisione della Cecoslovacchia sono nate in modo pacifico la Repubblica Ceca e la Slovacchia. Questo processo, legato al crollo del comunismo in Europa, ha posto fine a una lunga convivenza.

Una separazione pacifica

La Repubblica Ceca e la Slovacchia sono nate il 1° gennaio 1993 dalla divisione della Cecoslovacchia. Le due etnie principali di questa nazione, i cechi e gli slovacchi, ponevano fine così a una lunga convivenza, spesso caratterizzata da problemi e incomprensioni.

A differenza di quanto accaduto nella regione dei Balcani, dove la questione etnica e le spinte indipendentiste hanno portato a cruenti conflitti armati (vedi p. 224), la divisione della Cecoslovacchia è avvenuta in modo pacifico, in base all'accordo tra i due popoli e fra i loro rappresentanti politici.

La nascita dei due nuovi stati si è inserita nei grandi cambiamenti che hanno interessato l'Europa centro-orientale dopo la caduta del muro di Berlino e ha aperto una nuova pagina nella storia di una regione – quella formata da Boemia, Moravia e Slovacchia – che nel XX secolo è stata al centro di importanti e delicate vicende. Ecco le tappe principali di questa storia.

Le tappe principali

1918

La conclusione della Prima guerra mondiale segna la fine dell'Impero austro-ungarico. Nasce la repubblica indipendente di Cecoslovacchia: Boemia e Moravia, più ricche e con numerose industrie, sviluppatesi sotto il governo austriaco, si uniscono alla Slovacchia, più povera e a carattere esclusivamente rurale.

La Primavera di Praga

Tra le riforme promosse da Alexander Dubček e note come "Primavera di Praga", vi furono l'abolizione della censura, il riconoscimento di alcuni diritti civili prima negati e la concessione di maggiori libertà alle organizzazioni politiche e sindacali. Il programma comprendeva anche il riconoscimento di una più ampia autonomia delle nazionalità ceca e slovacca. L'intervento dei carri armati sovietici, che il 20 agosto 1968 invasero la Cecoslovacchia giungendo fino a Praga, mise fine a questa stagione di rinnovamento.

1929
La crisi economica mondiale accentua in Cecoslovacchia le disuguaglianze interne. I cechi accusano la Slovacchia di rallentare la crescita economica del paese. Gli slovacchi, d'altra parte, sono scontenti della supremazia politica ed economica dei cechi. Complica la situazione una forte minoranza tedesca, in disaccordo con il governo centrale.

1938
La Germania di Hitler annette la regione dei Sudeti, nella Boemia settentrionale, con il pretesto che è abitata da una minoranza tedesca. L'anno seguente l'esercito tedesco occupa tutta la Boemia e la Moravia. La Slovacchia diventa una nazione formalmente indipendente, controllata però dai nazisti. Durante la Seconda guerra mondiale tutto il territorio cecoslovacco è occupato dai tedeschi, che v'impiantano industrie per la produzione di armi e materiale bellico.

1945
Alla fine della guerra la Cecoslovacchia riacquista l'indipendenza. Nel 1948 s'instaura un regime comunista e il paese entra nella sfera d'influenza dell'Unione Sovietica.

1968
Alexander Dubček, capo del Partito comunista cecoslovacco, promuove un ampio rinnovamento politico, noto col nome di "Primavera di Praga". Le riforme sono interrotte dall'intervento dell'esercito sovietico, che invade la Cecoslovacchia e allontana Dubček e i suoi seguaci dal Partito comunista e dal governo.

1969
La crisi fa riaffiorare le tensioni fra cechi e slovacchi: lo stato diventa federale, formato dall'unione di Repubblica Ceca e Repubblica Slovacca.

1989
La protesta popolare porta alla fine del regime comunista, che ha perso anche il sostegno di un'Unione Sovietica avviata al tramonto. In breve tempo si scioglie la federazione, dando vita ai due nuovi stati indipendenti.

Dopo la separazione

Se si considera soltanto la differenza tra la situazione economica della Repubblica Ceca e quella della Slovacchia, sembra che le cose non stiano molto diversamente da com'erano prima della separazione: la Repubblica Ceca è più ricca della Slovacchia, oggi come prima.
Sicuramente la Repubblica Ceca partiva da una posizione avvantaggiata: essa deteneva, infatti, la maggior parte delle attività industriali e delle risorse energetiche della Cecoslovacchia.
La Slovacchia, invece, regione tradizionalmente agricola, aveva strutture produttive più arretrate, che oggi sono in via di ammodernamento. Per fare fronte, inoltre, alla carenza di risorse energetiche, il governo slovacco punta a potenziare le centrali nucleari e gli impianti idroelettrici.
Malgrado tutto ciò, il popolo slovacco è soddisfatto dell'indipendenza, raggiunta dopo averla fortemente desiderata.

Václav Havel

Uno dei protagonisti della storia della Cecoslovacchia è lo scrittore ceco Václav Havel, fondatore del movimento dissidente Carta 77, che guidò la rivolta antisovietica del 1989, culminata il 24 novembre in piazza Venceslao con un'imponente manifestazione di folla.
A seguito delle proteste popolari, la dirigenza comunista si dimise e Havel fu eletto primo presidente della Repubblica Federale Cecoslovacca.

Attività

Rispondi, a voce, alle seguenti domande.

- **a)** Quali differenze hanno caratterizzato l'economia della Repubblica Ceca e della Slovacchia?
- **b)** Quali sono state le principali tappe storiche che hanno portato alla divisione tra Repubblica Ceca e Repubblica Slovacca?
- **c)** Quali sono stati alcuni tra i principali protagonisti di questo processo?
- **d)** Quali problemi economici deve affrontare oggi la Slovacchia?

Guida allo studio

Polonia

1. INDICA **se le seguenti affermazioni sono vere o false.**

a) La Polonia fu abitata fin dal VI secolo a.C. da tribù di origine slava. V F

b) Tra il IX e il X secolo le tribù si unirono in un solo regno e si convertirono al protestantesimo. V F

c) Nella seconda metà del Settecento Germania e Finlandia si spartirono il territorio polacco. V F

d) Dopo la Prima guerra mondiale la Polonia rinacque come stato indipendente. V F

e) La Polonia non fu coinvolta dalla Seconda guerra mondiale. V F

f) Nel 1989 vi furono le prime elezioni libere dopo oltre 40 anni e venne formato un governo non comunista. V F

2. COMPLETA **il testo, che descrive il territorio polacco.**

La Polonia si affaccia a nord sul ....
Confina a nord-est con ...., a est con ...., a sud con ...., a ovest con ....
I rilievi si concentrano nella zona ....: a ovest si estende la catena ....; a est si trovano i ...., che includono i .... e gli ....
La pianura, interrotta da modeste ondulazioni, occupa circa i .... del territorio. È costellata di laghi di origine ....; i più estesi si trovano nella regione della ....
I fiumi scorrono in prevalenza da .... a ....
Il principale è la ...., che nasce dai Beschidi e sfocia nel .... Secondo per lunghezza è ...., che segna il confine con .... e ha come affluenti principali il .... e il ....

3. RISPONDI **alle seguenti domande.**

a) Com'è formata la popolazione della Polonia? ....

b) Che cosa ha causato la forte emigrazione degli anni Novanta? ....

c) Come si distribuisce la popolazione? ....

4. RISPONDI **alle seguenti domande.**

a) Quali sono i principali prodotti agricoli della Polonia? ....

b) Quali sono le risorse principali del sottosuolo? ....

c) Quale settore industriale polacco è in crescita e perché? ....

d) Quale settore sta attraversando, invece, un periodo di crisi? ....

Repubblica Ceca

5. SCEGLI **tra le alternative proposte quella che ritieni corretta.**

Anticamente abitata dai celti boi e dai marcomanni, di stirpe *slava* / *germanica*, nel V secolo d.C. l'attuale Repubblica Ceca fu occupata dalle tribù *slave* / *germaniche* dei cechi e dei moravi.
Nel Medioevo gli slavi si convertirono *al cristianesimo* / *all'islam* e fondarono un regno indipendente, che si estese anche sulla *Slovacchia* / *Prussia*. Con il re Carlo IV *Brno* / *Praga* diventò una delle città più importanti dell'Europa centrale e si arricchì della prima università del regno.
Nel 1526 Boemia e Moravia, insieme alla Slovacchia e a parte dell'Ungheria, entrarono a far parte dell'Impero *asburgico* / *russo*.
Al termine della *Rivoluzione francese* / *Prima guerra mondiale* nacque la Cecoslovacchia, che riuniva le attuali Slovacchia e Repubblica Ceca.

Nel 1968 *l'URSS* / *la Germania* represse duramente il tentativo di introdurre riforme.
Nel 1989 terminò il regime comunista e nel *1993* / *2003* la Cecoslovacchia si divise in Repubblica Ceca e Slovacchia, che entrarono nella UE il 1° maggio *2004* / *2007*.

6. INDICA **se le seguenti affermazioni sono vere o false.**

a) La Repubblica Ceca comprende due regioni distinte: la Boemia, a ovest, e la Moravia, a est. V F

b) A sud-est si affaccia sul Mar Nero. V F

c) Confina con Polonia, Slovacchia, Austria e Germania. V F

d) Su tutto il territorio si trovano ampie zone calcaree, che presentano fenomeni di carsismo. V F

e) La Boemia è formata da una pianura, chiusa da quattro catene di monti: la Selva Nera, i Balcani, le Alpi e il Giura. V F

f) I rilievi non sono molto elevati: la cima più alta, il Monte Sněžka, raggiunge i 1602 m. V F

g) I fiumi principali sono la Moldava e la Morava, entrambi affluenti dell'Oder. V F

h) Il clima è continentale, con inverni spesso molto freddi ed estati calde. V F

7. COMPLETA **il testo, che descrive la popolazione e le città ceche.**

La popolazione della Repubblica Ceca è composta per il 90,4% da .... e per il 3,7% da ...., entrambi di origini e lingua .... Vi sono inoltre minoranze di .... Meno numerose che in passato sono le comunità di ....
La popolazione si concentra nelle ....
La lingua ufficiale è il ...., ma si parlano anche ....
La religione più diffusa è quella ....
La capitale, ..., è la città più popolata. Sorge sulle rive ....
Altre città importanti sono: ...., sede di industrie meccaniche e tessili; ...., al centro di una vasta zona di giacimenti carboniferi; ...., sede di una nota fabbrica di birra e dell'industria automobilistica Skoda.

8. RISPONDI **alle seguenti domande.**

a) Quali sono le risorse principali del sottosuolo della Repubblica Ceca? ....

....

....

b) Quali sono i settori industriali più sviluppati? ....

....

....

Slovacchia

9. COMPLETA **il testo, che descrive brevemente storia, territorio, popolazione ed economia della Slovacchia.**

Nell'XI secolo la Slovacchia, occupata fin dal VI secolo d.C. dagli ...., fu annessa al Regno di Ungheria e dal Cinquecento entrò a far parte dell'Impero .... Dalla fine della Prima guerra mondiale formò, con Boemia e Moravia, la .... Dal .... è una repubblica autonoma e dal 2004 fa parte ....
Confina con ....
Il territorio è in prevalenza .... La catena principale è quella dei ...., che includono ....
I Monti Metalliferi Slovacchi, al centro del paese, hanno discreti giacimenti di ....
La pianura più estesa è a .... Il fiume principale è il ....
Gli slovacchi, di origine e lingua .... e di religione ...., costituiscono l'85,7% della popolazione. Numerosa è anche la comunità ....
La popolazione si concentra nel .... del paese e vive in prevalenza in grossi centri rurali. Solo due città superano i 100 000 abitanti: la capitale, ..., che sorge sulle rive del ...., a breve distanza dal confine con ...., e ...., centro industriale.
L'agricoltura produce soprattutto ....
Le zone collinari sono coltivate a ....
Gli allevamenti più praticati sono quello ...., cui si affianca l'allevamento di .... nelle zone alpine. Dalle foreste si ricavano buone quantità di ....
Le industrie più importanti sono quelle ....
Nel terziario è in crescita soprattutto il ....

> Quali avvenimenti hanno caratterizzato la storia ungherese prima dell'annessione all'Impero asburgico?

> Quali sono i fatti più importanti accaduti nel Novecento?

> Dove si trova l'Ungheria?

> Quali caratteristiche ha il suo territorio?

Ungheria

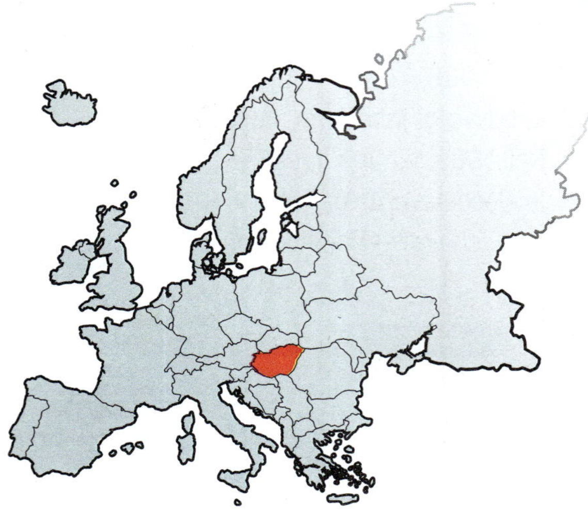

SUPERFICIE:
93 030 km²

I colori della **bandiera** ungherese hanno origini molto antiche. Rosso era il vessillo del principe Arpád, che nel IX secolo fondò lo stato ungherese; il bianco è legato al re Stefano I il Santo, che nel X secolo introdusse il cristianesimo; il verde è uno dei colori nazionali fin dal XV secolo.

La storia

Dalla Pannonia all'Impero asburgico

Sconfiggendo una popolazione di origine celtica, i romani iniziarono la conquista dell'Ungheria, che con il nome di Pannonia divenne una provincia dell'impero.
Alle invasioni di diversi popoli nomadi, seguì nel IX secolo la conquista da parte degli ungari (o magiari), che con le loro incursioni rappresentarono una minaccia per l'Europa occidentale nel corso del X secolo.
Gli ungari crearono uno stato solido e nel 997 si convertirono al cristianesimo, sotto la guida di Stefano I, che ricevette la corona regale da papa Silvestro II.
Nel 1526 gran parte del territorio ungherese fu conquistata dai turchi. Una zona più piccola entrò a far parte dell'Impero asburgico, che alla fine del Seicento sconfisse i turchi, estendendo il suo dominio su tutta l'Ungheria.

La conquista dell'indipendenza

La Prima guerra mondiale segnò la fine dell'Impero austro-ungarico; l'Ungheria si proclamò repubblica indipendente.
Sconfitta nella Seconda guerra mondiale, in cui era alleata della Germania, venne occupata dalle truppe sovietiche e diventò una repubblica socialista.
Nel 1956 una vasta rivolta popolare fu repressa duramente dall'esercito sovietico.
Negli anni Novanta, dopo il crollo del comunismo, l'Ungheria diventò una repubblica democratica. Dal 2004 fa parte dell'Unione Europea.

Il territorio

Nel bacino del Danubio

L'Ungheria si trova interamente nel bacino del Danubio. Il suo territorio ha quasi la forma di un ovale, leggermente inclinato verso sud-ovest. La parte più allungata misura circa 500 chilometri, quella più stretta circa 200 chilometri.
Il **confine** più lungo è con la Slovacchia, a nord. L'Ungheria confina a nord-est con l'Ucraina, a est con la Romania, a sud con la Serbia, a sud-ovest con la Croazia, a ovest con Slovenia e Austria.
I **rilievi** sono poco elevati. A nord-est si trova la parte inferiore dei *Carpazi*, ai quali appartiene il massiccio dei *Monti Mátra*, con la cima più alta del paese (1015 m). A ovest troviamo colline che non superano i 700 metri: la *Selva Baconia* e, verso sud, i *Monti Mecsek*.

Un territorio pianeggiante

Il **territorio** ungherese è in prevalenza pianeggiante e comprende, a ovest, il Dunántúl, o Transdanubio, e a est l'Alföld ("terre basse"), il bassopiano attraversato dal Tibisco. (1)
Il *Danubio* segna per 250 chilometri il confine con la Slovacchia e attraversa il paese. Gli altri **fiumi** importanti sono suoi affluenti: il *Tibisco*, che scorre nella parte orientale della pianura ungherese, e la *Drava*, che segna per un tratto il confine meridionale.

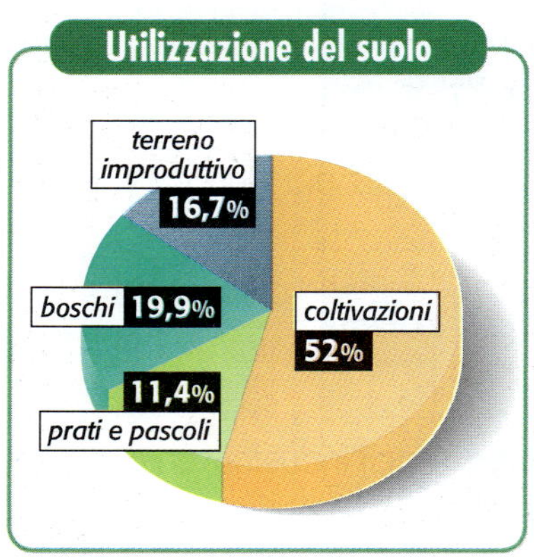

Il **lago** più esteso è il *Balaton*, che si trova al confine meridionale della Selva Baconia.
Il **clima** è di tipo *continentale*, con inverni freddi ed estati calde. Le precipitazioni sono scarse.

1 La *puszta*

Il termine *puszta*, che in ungherese significa "luogo vuoto e abbandonato", indica la parte stepposa della pianura a est del Danubio. In passato si presentava come una prateria estesa a perdita d'occhio e quasi disabitata. La scarsità d'acqua rendeva impossibile coltivarla e l'unica attività umana presente era quella dei mandriani, che vi allevavano bovini e cavalli allo stato brado. Grazie alla realizzazione di canali irrigui, oggi gran parte della *puszta* è stata trasformata in terreno coltivabile.

Per saperne di più

- L'Ungheria è uno dei paesi europei più ricchi di sorgenti termali: si contano più di 50 località attrezzate per le cure con acque e fanghi.
- Le aree protette comprendono quattro parchi nazionali. Tra gli animali caratteristici vi sono il bue grigio ungherese e la *ratzka*, una pecora che ha corna a spirale simili a quelle dei montoni.

Popolazione, economia e società

?
› Quali gruppi etnici compongono la popolazione ungherese?

› Come si distribuisce la popolazione e quali sono le città principali?

› Come si presenta in generale l'economia ungherese?

› Quali sono le risorse più importanti?

Distribuzione della popolazione, lingue e religioni

In Ungheria vivono circa 10 milioni di persone. I **magiari** costituiscono il gruppo etnico principale (84%), mentre sono piccole le minoranze di tedeschi e slovacchi. Da più di un decennio la crescita demografica è negativa, per la costante diminuzione delle nascite.
Le zone più densamente popolate sono quelle in cui si concentrano le attività industriali, in primo luogo l'agglomerato urbano di Budapest. Sono molto popolate anche la regione del Lago Balaton e la zona mineraria dei Carpazi. È invece poco abitata la pianura orientale.
La **lingua** nazionale è l'*ungherese*, che appartiene al ceppo ugro-finnico (vedi p. 200).
La **religione** più diffusa è quella *cattolica* (63,1%), a cui aderiscono quasi i due terzi degli ungheresi.

La capitale e le città storiche

Nelle città vive il 64,8% della popolazione. La capitale **Budapest** (1 708 000 ab.) è divisa dal Danubio in due parti, Buda e Pest, che fino all'Ottocento erano città distinte. Buda è dominata dalla collina su cui sorge la Fortezza, edificata nel Medioevo e più volte ricostruita; Pest, più moderna, ospita il Palazzo del Parlamento. (1) Di interesse culturale sono la Galleria Nazionale Ungherese e il Museo Etnografico.
Altri centri vanno ricordati per la loro importanza storica.
A **Debrecen** (205 000 ab.), sede di industrie farmaceutiche, si riunì il primo parlamento provvisorio dopo la Seconda guerra mondiale.
Pécs (158 000 ab.), che oggi ospita una numerosa comunità tedesca, fu fondata dai romani ed era fiorente nel Medioevo.
Ancora più antica è **Győr** (129 000 ab.), che fu sede di un insediamento celtico.

dizionario

Magiaro: deriva dalla parola ungherese *magyar*, che era il nome della principale tribù degli ungari. Il termine oggi è usato spesso come sinonimo di "ungherese"; la stessa Ungheria, nella lingua locale, si chiama *Magyar Köztársaság*.

Colza: pianta erbacea dai cui semi si ricava un olio alimentare.

Un'economia in fase di modernizzazione

L'economia ungherese si è avvicinata a quella dell'Europa occidentale, sia per il consolidamento dell'economia di mercato, (2) sia per la crescita del terziario.
L'**agricoltura** utilizza metodi moderni. Le colture principali sono: *cereali*, *patate*, *girasoli*, **colza** e *barbabietole da zucchero*. La coltivazione della *vite* alimenta la produzione di vini pregiati. (3)
L'**allevamento**, che ha avuto recente impulso, riguarda soprattutto *bovini*, *suini* e *animali da cortile*. L'allevamento dei *cavalli* è meno praticato che in passato. La **pesca** d'acqua dolce è importante specie per la regione del Lago Balaton.

Industria, terziario e comunicazioni

Il **sottosuolo** offre grossi giacimenti di *lignite* e di *bauxite*; vengono estratti anche *metano*, *petrolio*, *ferro* e *manganese*.
L'**industria** più attiva è quella *pesante*. Oltre alla siderurgia e alla metallurgia si è infatti sviluppato il settore *meccanico* (trattori, veicoli pesanti e materiale ferroviario). Più recenti sono gli impianti *chimici* e *farmaceutici*, e le industrie *elettroniche*, avviate grazie agli investimenti di aziende multinazionali. Fra le industrie tradizionali è importante quella *alimentare* (zuccherifici e distillerie). Hanno un certo rilievo la *manifattura del tabacco* e le industrie della *gomma* e della *carta*.
Il **terziario** è in crescita. Il *commercio* estero ha buone prospettive, anche se al momento le importazioni superano le esportazioni. Il *turismo* interessa Budapest, il Danubio e il Balaton.
L'uniformità del territorio può favorire ulteriormente lo sviluppo delle **comunicazioni** *stradali*. La *rete ferroviaria* è una delle più fitte d'Europa, anche se solo in parte elettrificata. Le *vie navigabili* interne superano i 1300 chilometri.

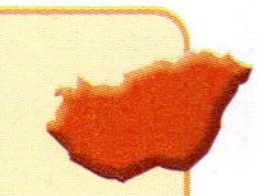

- POPOLAZIONE: **10 117 000 ab.**
- DENSITÀ: **109 ab./km^2**
- CAPITALE: **Budapest** (1 708 000 ab.)
- FORMA DI GOVERNO: **repubblica**
- MONETA: **fiorino ungherese**
- LINGUA: **ungherese**
- RELIGIONE: **cattolica, protestante**
- POPOLAZIONE ATTIVA: **38,5%**
- OCCUPATI NEI DIVERSI SETTORI:
  - PRIMARIO: 5%
  - SECONDARIO: 33%
  - TERZIARIO: 62%
- IN CERCA DI OCCUPAZIONE: **6,1%**

1 Il Palazzo del Parlamento

Il maestoso Palazzo del Parlamento, costruito tra il XIX e il XX secolo, sorge a Pest e si affaccia sul Danubio. Ospita gli uffici del Presidente della Repubblica e del Primo Ministro, una ricca biblioteca parlamentare e la grande sala in cui si riunisce il parlamento, chiamato Assemblea nazionale.

2 Le trasformazioni economiche

Nel secondo dopoguerra l'economia ungherese ha iniziato un processo di trasformazione, con la creazione dell'industria metallurgica e lo sviluppo di quella manifatturiera; nello stesso tempo la riforma agraria ha eliminato il latifondo. I settori produttivi sono stati organizzati secondo il modello socialista. Dopo la rivolta popolare del 1956, tuttavia, il governo ha promosso alcune riforme, consentendo il commercio con l'Occidente e lasciando un certo spazio all'iniziativa privata; già negli anni Settanta, l'Ungheria era il meno "socialista" dei paesi dell'Est europeo. Oggi il passaggio all'economia di mercato può dirsi quasi terminato, anche se restano aperti molti problemi legati alla fase di transizione, come la disoccupazione e un modesto livello di vita.

3 I vigneti ungheresi

La produzione vinicola ungherese è abbondante e comprende vini di grande qualità. I vigneti si concentrano intorno al Lago Balaton e nelle regioni nord-orientali. Da qui proviene il più noto dei vini ungheresi, il *tokaj*, che si ricava da un'uva avvizzita. Questo vino prende il nome da una cittadina di poco più di 5000 abitanti, che sorge sulle rive del Tibisco.

L'Ungheria a tavola

La cucina ungherese è piuttosto piccante. Nelle minestre e nei secondi piatti non manca mai, infatti, la paprica, polvere di peperoncino essiccato. La paprica è un ingrediente insostituibile anche del piatto nazionale, il **gulash**, a proposito del quale è nato un curioso malinteso. Gli occidentali chiamano infatti gulash uno spezzatino di carne con cipolle, che in Ungheria si chiama *pörkölt*. Il *gulyas* (o gulash) degli ungheresi è invece una minestra che contiene pezzi di carne.

Romania

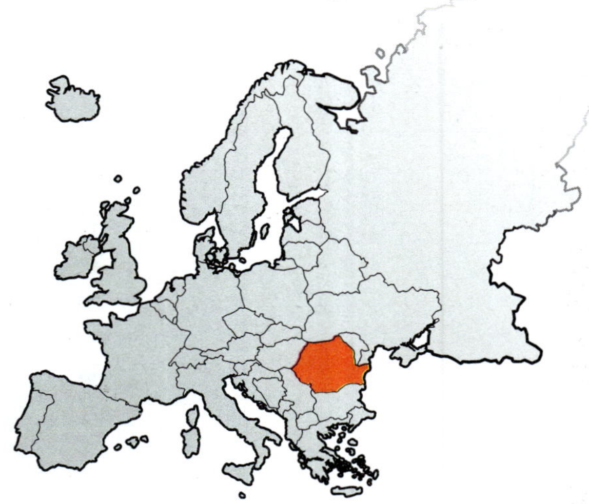

> Quali dominazioni ha conosciuto la Romania nel corso dei secoli?
> Quali avvenimenti hanno caratterizzato la sua storia nel Novecento?
> Dove si trova la Romania?
> Come si presenta il suo territorio?

SUPERFICIE: **238 391 km²**

I colori della **bandiera** rumena derivano probabilmente da quelli delle insegne storiche della Transilvania (giallo), della Valacchia (giallo e azzurro) e della Moldavia (giallo e rosso). Durante il periodo comunista, al centro erano raffigurati alcuni simboli del socialismo: un sole nascente e una stella rossa.

La storia

Dalla conquista di Traiano al Regno di Romania

Nel II secolo d.C. l'imperatore romano Traiano sottomise i daci, antichi abitanti della Romania: nacque la provincia imperiale della Dacia, in cui si diffusero lingua e cultura latine.
Dopo numerose invasioni barbariche, nel 1300 si formarono i principati indipendenti di Valacchia, Moldavia e Transilvania.
Tra il 1500 e il 1600 Valacchia e Moldavia furono soggette al controllo dell'Impero ottomano. La Transilvania venne annessa all'Impero asburgico.
Nel 1861 Valacchia e Moldavia si unirono, formando nel 1878 il Regno di Romania.

Il XX secolo: la dittatura di Ceauşescu, l'ingresso nell'Unione Europea

Dopo la Prima guerra mondiale, alla Romania furono annesse Transilvania, Bessarabia, Bucovina, Dobrugia meridionale e parte del Banato.
Nella Seconda guerra mondiale combatté prima a fianco della Germania, poi, dopo l'armistizio con la Russia nel 1944, a fianco degli Alleati. A guerra finita, dovette cedere all'URSS la Bessarabia e la Bucovina settentrionale e nel 1947 divenne una repubblica popolare, sotto il controllo sovietico. Nel 1967 ebbe inizio la dittatura di Nicolae Ceauşescu, sempre più oppressiva fino al 1989, quando una sanguinosa rivolta culminò con la sua fucilazione. Furono così avviate riforme politiche ed economiche. Dal 2007 la Romania fa parte dell'Unione Europea.

Il territorio

Un territorio vario

La Romania **confina** a nord con l'Ucraina, a est con Moldavia e Ucraina, a sud con la Bulgaria e a ovest con Serbia e Ungheria. Si affaccia a sud-est sul Mar Nero; la **costa** è bassa, con frequenti lagune; è paludosa nel delta del Danubio, popolato da fenicotteri e pellicani.
Il territorio è vario. Due grandi **catene montuose**, i *Carpazi Orientali* (Monte Pietrosu, 2305 m) e le *Alpi Transilvaniche*, o *Carpazi Meridionali* (Monte Moldoveanu, 2543 m), formano un arco rivolto a est, al cui interno è racchiusa la regione collinare della *Transilvania*.
Le **zone pianeggianti** sono: la *Valacchia*, a sud, formata dai **depositi alluvionali** del Danubio; la *Moldavia*, a est, che si congiunge alle pianure ucraine; la *Dobrugia*, a sud-est, sul Mar Nero; il *Banato*, a ovest.

Fiumi e clima

Il *Danubio* è il **fiume** più importante. Scorre in territorio rumeno per più di 1000 chilometri, raccoglie le acque degli affluenti Olt, Siret e Prut, e si getta nel Mar Nero con un delta di circa 4000 km² di ampiezza. Fra gli altri corsi d'acqua, il *Criş*, il *Mureş* e il *Timiş* sono affluenti del Tibisco.
Il **clima** è *continentale*.

dizionario

Deposito alluvionale: accumulo di materiali trasportati dalla corrente dei fiumi.

Utilizzazione del suolo

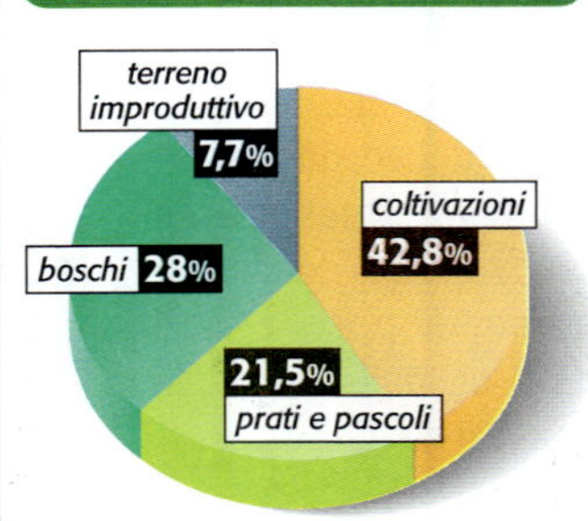

Per saperne di più

- Il nome Transilvania deriva da *tran silva*, che in latino significa "al di là del bosco".
- La guerra dei romani contro i daci è documentata, a Roma, nei bassorilievi a spirale della Colonna Traiana, fatta erigere nel 113 d.C. dall'imperatore Traiano, che condusse le legioni romane alla vittoria.

1 Il paese di Dracula

Il personaggio di Dracula, il nobile vampiro nato dalla fantasia dello scrittore irlandese Bram Stoker, si ispira alle leggende fiorite intorno a due principi di Valacchia realmente esistiti: Vlad Dracul e Vlad Țepeș, vissuti nel XV secolo. Nella foto è raffigurato il castello di Bran, ritenuto una delle leggendarie dimore di Vlad Țepeș.

> Come è composta la popolazione rumena e come si distribuisce?
> Quali sono le città più importanti?
> Quali fattori hanno ostacolato lo sviluppo del paese?
> Quali sono le risorse principali dell'economia?

Popolazione, economia e società

- POPOLAZIONE: **21 673 000 ab.**
- DENSITÀ: **91 ab./km²**
- CAPITALE: **Bucarest** (1 934 449 ab.)
- FORMA DI GOVERNO: **repubblica**
- MONETA: **leu**
- LINGUA: **romeno**
- RELIGIONE: **ortodossa**
- POPOLAZIONE ATTIVA: **38,3%**
- OCCUPATI NEI DIVERSI SETTORI:
  - **PRIMARIO: 36%**
  - **SECONDARIO: 29%**
  - **TERZIARIO: 35%**
- IN CERCA DI OCCUPAZIONE: **7,1%**

Una popolazione in calo

Quasi l'89,5% della popolazione è costituito da rumeni. La minoranza più forte è quella ungherese (6,6%). Sono presenti inoltre zingari, tedeschi, ucraini, russi e turchi.
La popolazione è in calo e la **mortalità infantile**, pari al 16,7‰, è tra le più alte in Europa. In genere, sono più densamente popolate le zone pianeggianti, mentre le zone montuose e il delta danubiano hanno densità inferiori alla media. La popolazione urbana raggiunge solo il 53,3% del totale, una delle percentuali più basse d'Europa. (1)
La **lingua** ufficiale è il *rumeno* (vedi p. 201). La **religione** più diffusa è quella *ortodossa* (86,8%). Sono presenti minoranze di *cattolici*, *luterani*, *musulmani* ed *ebrei*.

Le città principali

A seguito dell'industrializzazione, i centri urbani si sono ingranditi con la costruzione di vasti quartieri popolari.
A **Bucarest** (1 934 449 ab.) si concentra quasi un decimo della popolazione rumena. Nel cuore della Valacchia, è il primo centro industriale del paese e il più importante polo commerciale e culturale. Nel centro storico sorgono bei palazzi ottocenteschi, anche se, dopo un violento terremoto che colpì la città nel 1977, molti edifici antichi furono abbattuti e sostituiti da costruzioni moderne.
Costanza (312 010 ab.) è il principale porto rumeno, a cui fa capo tutto il commercio marittimo. **Timişoara** (308 765 ab.), un tempo centro agricolo e oggi sede di industrie, è stata teatro, nel 1989, delle prime proteste popolari contro la dittatura. **Ploieşti** (237 420 ab.), nelle Alpi Transilvaniche, ha legato il suo sviluppo alla scoperta, nel dopoguerra, di un ricco bacino petrolifero.

Gli ostacoli allo sviluppo economico

Le riforme introdotte in Romania dal regime comunista aprirono un periodo di crescita economica. La dittatura di Ceauşescu portò però il paese a una grave crisi, i cui effetti si fanno ancora sentire: la Romania è infatti uno dei paesi più poveri d'Europa. Con la fine del regime dittatoriale è stato avviato un programma di risanamento, grazie anche agli investimenti stranieri.
L'uso di tecniche e macchinari moderni in **agricoltura** (2) si sta diffondendo da poco. I rendimenti sono quindi ancora modesti, anche se la grande estensione di terreni coltivabili permette di produrre quantità notevoli di *mais*, *grano* e *orzo*. Vengono coltivati anche *ortaggi*, *patate*, *frutta*, *girasoli*, *colza* e *soia*. Di sviluppo recente sono le coltivazioni di barbabietole da zucchero, tabacco, lino e canapa.
L'**allevamento** più consistente è quello *ovino*; seguono *suini* e *bovini*. La **pesca** non è rilevante. Il delta del Danubio è però rinomato per gli **storioni**, oggi minacciati dall'inquinamento.

Risorse e prospettive

Dal **sottosuolo** rumeno si estraggono *metano*, *lignite*, *ferro*, *bauxite*, *salgemma* e *petrolio*, che si sta però esaurendo. Per aumentare la produzione di energia è stata avviata la costruzione di centrali nucleari ed è stata potenziata la grande centrale idroelettrica che sorge sul Danubio, alle "Porte di ferro". (3)
L'abbondanza di risorse favorì nel dopoguerra lo sviluppo dell'**industria** pesante; più di recente si è cercato di dare impulso ai comparti *chimico*, *tessile* e *calzaturiero*. Le grosse aziende di stato, soprattutto *siderurgiche*, *metalmeccaniche* e *petrolchimiche*, hanno spesso impianti superati.
Il **turismo** è sviluppato sul Mar Nero. (4) Nel **commercio**, sono in aumento gli scambi con i paesi della UE. Le **comunicazioni** *stradali* e *ferroviarie* sono insufficienti. Più importante è la *navigazione fluviale*, specie sul Danubio.

dizionario

Mortalità infantile: è definita dal rapporto per 1000 tra il numero di bambini che sono morti entro il primo anno di vita e il numero totale dei nati in quell'anno. Ad esempio, un tasso di 16,7‰ nel 2003 significa che in quell'anno sono morti quasi 17 bambini ogni mille nati.

Storione: pesce che può raggiungere i 400 chili di peso. Risale il corso dei fiumi per deporre le uova, dalle quali si ricava il caviale, alimento molto pregiato.

1 I villaggi rumeni

Il 44% della popolazione rumena vive nelle campagne. Molti antichi villaggi non sono però sopravvissuti ai piani di "sistemazione territoriale" voluti dai passati regimi, che hanno fatto abbattere le case rurali trasferendo i contadini in grossi condomini di cemento. Questa politica aveva due scopi: ricavare nuovi terreni coltivabili e rendere la campagna più simile alla città, dando al lavoro agricolo le stesse organizzazioni e regole del lavoro in fabbrica. Negli ultimi decenni molte famiglie hanno abbandonato i "condomini" del periodo comunista per ricostruire le proprie case.

2 L'agricoltura rumena

Le colture estensive di cereali costituiscono ancora la principale produzione agricola rumena. Tuttavia la diffusione di tecniche moderne e un migliore sfruttamento dei terreni, grazie a opere di irrigazione e alla bonifica di zone paludose, stanno dando impulso anche ad altri settori, fra cui la viticoltura, per la produzione di pregiati vini bianchi, e la frutticoltura. Molto diffusa è la coltivazione delle prugne, dalle quali si ricava la *zuica*, il liquore nazionale rumeno.

3 La diga delle Porte di ferro

La centrale di Gura Vaji è il principale impianto idroelettrico della Romania. Come la centrale "gemella" di Sip, in Serbia, sfrutta l'acqua raccolta dal bacino artificiale formato dall'enorme diga che rumeni e iugoslavi costruirono insieme sul Danubio fra il 1964 e il 1972. Questo sbarramento ha consentito di alzare di 35 metri il livello del fiume, che prima formava una strettoia fra le montagne, conosciuta con il nome di "Porte di ferro". Due chiuse ai lati della diga rendono possibile la navigazione.

4 Il monastero di Voroneţ

Gran parte del patrimonio artistico rumeno è racchiuso entro le mura degli splendidi monasteri fortificati, disseminati un po' in tutto il paese, che costituiscono oggi un'importante attrattiva turistica. Le mura servivano a difendere i monaci dagli attacchi dei turchi. Il monastero di Voroneţ, vicino a Suceava, in Moldavia, è uno dei più famosi e meglio conservati: le pareti interne ed esterne della chiesa sono ornate da affreschi che risalgono al XVI secolo.

SCENARI

Il delta del Danubio

Il Danubio è il secondo fiume più lungo d'Europa dopo il Volga, e attraversa il continente per quasi 2900 chilometri toccando ben nove stati, decine di grandi centri abitati e alcune capitali: Vienna, Budapest e Belgrado. Al termine del lunghissimo tragitto, le sue acque si gettano nel Mar Nero.

Il corso del fiume è stato utilizzato nei secoli come una vera e propria autostrada d'acqua, e ogni giorno viene percorso da centinaia di imbarcazioni che trasportano merci e passeggeri.

Ma il Danubio rappresenta anche un'enorme ricchezza per l'industria e l'agricoltura, oltre che per il turismo e la pesca, e non è un caso che intorno alle sue sponde siano fiorite, fin dall'epoca neolitica, importanti civiltà.

Dal punto di vista naturalistico, di particolare interesse è l'**area del delta**, 1 un ambiente unico in Europa, poiché presenta una vegetazione 2 e una fauna 3 di tipo sub-tropicale.

Il delta cominciò a formarsi circa 6000 anni fa, per l'accumulo dei detriti trasportati dal fiume in una zona prima occupata dal mare. Si tratta perciò della terra più giovane d'Europa.

Per la tutela della flora e della fauna, in quest'area sono state istituite **cinque riserve naturali**. L'inquinamento desta però grande preoccupazione per il futuro di questo prezioso sistema ambientale: ogni anno, infatti, il fiume immette nel Mar Nero circa 80 milioni di tonnellate di sedimenti inquinanti. 4

1 L'area del delta è una zona umida, ricca di stagni e lagune.

3 Nel delta del Danubio vivono circa 300 specie di uccelli e più di 100 di pesci. Non tutti questi animali sono stanziali, cioè vivono in questa regione tutto l'anno. Molti sono migratori, come fenicotteri e pellicani tra i volatili e sgombri e storioni tra i pesci.

Attività

Rispondi, a voce, alle seguenti domande.

- **a)** Per quali motivi il Danubio rappresenta una ricchezza per i paesi che attraversa?
- **b)** Quali caratteristiche fanno dell'area del delta un ambiente unico in Europa?
- **c)** Che cosa è stato fatto per tutelare quest'area?
- **d)** Qual è il pericolo che minaccia maggiormente la sopravvivenza del delta del Danubio?

2 La vegetazione rigogliosa comprende canneti e piante acquatiche, ma anche salici, pioppi e un ricco sottobosco nelle terre emerse.

4 L'inquinamento rappresenta una grave minaccia per quest'area: nel Danubio e nei suoi affluenti vengono infatti riversate enormi masse di scarichi non trattati, residui industriali e pesticidi agricoli.

Ungheria

1. RISPONDI **alle seguenti domande.**

a) Quali popoli, a partire dall'antichità fino al XVI secolo, conquistarono il territorio ungherese? ....

b) Fino a quando durò la dominazione asburgica? ....

c) Quali furono i principali avvenimenti della storia ungherese nel corso del Novecento? ....

2. INDICA **la posizione dei seguenti elementi geografici, specificando anche di che cosa si tratta, come nell'esempio; puoi servirti della cartina di p. 189.**

Matra - Drava - Selva Baconia - Danubio - Tibisco - Balaton - Mecsek

Esempio: I Matra sono monti e si trovano a nord-est, vicino al confine con la Slovacchia.

Drava: ....

Selva Baconia: ....

Danubio: ....

Tibisco: ....

Balaton: ....

Mecsek: ....

3. INDICA **se le seguenti affermazioni sono vere o false.**

a) In Ungheria vivono circa 10 milioni di persone. V F

b) Il gruppo etnico principale è quello dei magiari. V F

c) Le minoranze più significative sono quelle di russi e polacchi. V F

d) Le zone più densamente popolate sono quelle industriali, in primo luogo l'agglomerato urbano di Budapest. V F

e) Sono scarsamente popolate la regione del Lago Balaton e la zona mineraria dei Carpazi. V F

f) La lingua nazionale è l'ungherese, che appartiene al ceppo ugro-finnico. V F

g) La religione più diffusa è quella ortodossa, a cui aderiscono quasi i due terzi degli ungheresi. V F

h) Nelle città vive il 44,8% della popolazione. V F

i) La capitale, Budapest, è divisa dal Tibisco in due parti, Buda e Pest. V F

l) A Debrecen, sede di industrie farmaceutiche, si riunì il primo parlamento provvisorio dopo la Seconda guerra mondiale. V F

m) Pécs, che oggi ospita una numerosa comunità tedesca, fu fondata dai greci. V F

4. RISPONDI **alle seguenti domande.**

a) Quali sono i principali prodotti agricoli ungheresi? ....

b) Quali animali sono più allevati attualmente? E in passato? ....

c) Quali sono i principali prodotti del sottosuolo? ....

d) Come si presenta il terziario? ....

e) Da che cosa sono favorite le comunicazioni? ....

Romania

5. COMPLETA lo schema, indicando accanto a ogni data o periodo l'avvenimento della storia recente della Romania a cui si riferisce.

1878: ....

Dopo la Prima guerra mondiale: ....

Dopo la Seconda guerra mondiale: ....

1947: ....

1967: ....

1989: ....

2007: ....

6. SCEGLI tra le alternative proposte quella che ritieni corretta.

La Romania si affaccia a sud-est sul *Mar Nero* / *Mar Caspio*; la costa è *alta* / *bassa*, paludosa nel delta del Danubio.
Il territorio è vario. Due grandi catene montuose, i *Sudeti* / *Carpazi Orientali* e le Alpi *Transilvaniche* / *Dinariche* formano un arco rivolto a est, al cui interno è racchiusa la regione collinare della *Transilvania* / *Valacchia*.
Le zone pianeggianti sono: la Valacchia, a *sud* / *nord*, formata dai depositi alluvionali del *Tibisco* / *Danubio*; la Moldavia, a *est* / *ovest*, che si congiunge alle pianure *ucraine* / *serbe*; la Dobrugia, *attraversata dal Prut* / *sul Mar Nero*; il Banato, a *est* / *ovest*.
Il Danubio è il fiume più importante. Scorre in territorio rumeno per più di *100* / *1000* chilometri e *si getta nel Mar Nero* / *penetra in Bulgaria*. Fra gli altri corsi d'acqua, il Criş, il Mureş e il Timiş sono affluenti del *Prut* / *Tibisco*.
Il clima è *continentale* / *alpino*.

7. COMPLETA il testo, che descrive la popolazione rumena.

Quasi l'89,5% della popolazione è costituito da .... La minoranza più forte è quella ....
Sono presenti inoltre ....
La popolazione è in calo e la mortalità infantile è tra .... in Europa.
In genere, sono più densamente popolate le zone ...., mentre .... hanno densità inferiori alla media. La popolazione urbana raggiunge solo il ....% del totale, una delle percentuali più basse d'Europa.
La lingua ufficiale è il ....
La religione più diffusa è quella .... Sono presenti minoranze di ....

8. INDICA a quali città rumene si riferiscono le seguenti descrizioni.

.........., la capitale, è il primo centro industriale del paese e il più importante polo commerciale e culturale.
.... è il principale porto rumeno, a cui fa capo tutto il commercio marittimo.
.........., un tempo centro agricolo e oggi sede di industrie, è stata teatro, nel 1989, delle prime proteste popolari contro la dittatura.
.... ha legato il suo sviluppo alla scoperta di un ricco bacino petrolifero.

9. RIFLETTI e rispondi.

a) Quali avvenimenti storici del Novecento hanno influito particolarmente sull'economia rumena e in che modo? ....

b) Perché, nonostante la quantità di terreni coltivabili, i rendimenti dell'agricoltura sono modesti? ....

c) Che cosa si è fatto per aumentare la produzione di energia? ....

Parlare lingue diverse

Nel volume 1, a pag. 182, hai visto quali sono le lingue parlate nel continente europeo. Nell'Europa centro-orientale, in particolare, gli spostamenti dei popoli verificatisi fin dai tempi più antichi, la dominazione romana, le vicende storiche degli stati nazionali e i più recenti mutamenti di confini hanno creato un complesso mosaico linguistico, in cui si inseriscono anche vari dialetti e alcune parlate caratteristiche di piccoli gruppi o comunità.

In **Polonia**, in **Slovacchia** e nella **Repubblica Ceca** si parlano lingue indoeuropee appartenenti al gruppo occidentale delle lingue slave. Per un italiano sono lingue abbastanza difficili da imparare, sia per la grammatica, sia, soprattutto, per la pronuncia. Le tre lingue, in parte, si assomigliano, soprattutto il ceco e lo slovacco, che nel periodo della Cecoslovacchia unita erano compresi, si può dire, da tutta la popolazione. Se oggi questo vale ancora per gli adulti, un giovane ceco e uno slovacco, invece, faticano di più a capirsi tra loro.

L'**ungherese** appartiene al gruppo delle lingue ugriche, che a loro volta fanno parte della famiglia delle lingue uralo-altaiche, così chiamate perché originarie della regione asiatica compresa tra i Monti Urali e gli Altai. Nel tempo, ha subito influenze turche, slave, germaniche e latine. Oggi è parlato, oltre che in Ungheria, anche in Slovacchia, nella Transilvania rumena, e in alcune zone dell'Ucraina e della Serbia: tutte regioni che fino alla Prima guerra mondiale appartenevano all'Impero austro-ungarico. L'abbazia di Pannonhalma, nel nord-ovest del paese, custodisce il primo documento in lingua ungherese, una pergamena del 1055, mentre il primo libro stampato, il Nuovo Testamento, del 1541, è conservato nella biblioteca del castello di Nádasdy, a Sárvár.

Tra le lingue non ufficiali dei paesi dell'Europa centro-orientale, vi è quella parlata all'interno delle comunità dei **rom**, vale a dire il *romanés*, che in italiano è chiamato anche *romanì*. Gli studiosi sostengono che si tratti di una lingua simile al sanscrito, il che proverebbe l'origine indiana dei rom. In realtà, la vita nomade della maggior parte dei rom ha fatto sì che nei loro modi di parlare si siano mescolati elementi di diverse lingue europee.

Il **rumeno** costituisce un'"isola linguistica" all'interno di un'area in cui prevalgono lingue di origine slava: è infatti l'unica lingua romanza dell'Europa orientale. Deriva direttamente dal latino parlato nella regione carpato-danubiana e ancora oggi, nonostante il breve periodo della dominazione romana e i quasi duemila anni trascorsi, la maggior parte dei vocaboli rivela chiaramente la propria origine. Il fatto è tanto più sorprendente, se si pensa che, nei secoli, vi sono state numerose influenze da parte di popoli che parlavano altre lingue: slavi, ungheresi, turchi e albanesi. Molte parole ricordano l'italiano, o addirittura si scrivono nello stesso modo.

E tu?

- **a)** Nella tua famiglia si parla una lingua (o un dialetto) diverso dall'italiano? La sai parlare anche tu? Se no, la capisci?
- **b)** Tra i tuoi compagni di scuola o di gioco, oppure tra gli amici che hai conosciuto durante l'estate, c'è qualcuno di madrelingua diversa dalla tua? Come riuscite a comunicare tra voi?
- **c)** Se conosci una lingua o un dialetto diverso dall'italiano, sai dire quali sono le più evidenti differenze nella pronuncia e nella grammatica? Ci sono espressioni di questa lingua o dialetto che in italiano è difficile tradurre? Sai fare qualche esempio?

VIAGGIO 7

La Penisola balcanica

La **Penisola balcanica** è la più orientale delle tre grandi penisole dell'Europa. La catena dei Balcani, da cui prende il nome, la delimita solo in parte, a nord-est. I suoi confini sono segnati invece dal corso dei fiumi Kupa, Sava e Danubio. Quest'ultimo la separa dai paesi dell'Europa centro-orientale per 1200 chilometri. La parte meridionale si protende nel Mediterraneo con la Penisola greca e il Peloponneso.

L'assenza di confini naturali più impenetrabili ha facilitato i contatti tra i paesi balcanici e l'Europa del nord. Ha però anche fatto sì che la penisola venisse nel tempo considerata un "ponte" tra i continenti asiatico e africano e quello europeo. Da qui, il mosaico di popoli che la abitano.

La storia del territorio balcanico è sempre stata tormentata. La convivenza tra popolazioni di etnie, tradizioni, culture, lingue e religioni diverse non è facile. Ancora recentemente, i Balcani sono stati scossi da guerre sanguinose, che hanno portato allo smembramento della Repubblica Federativa di Iugoslavia in cinque stati autonomi: **Slovenia**, **Croazia**, **Bosnia-Erzegovina**, **Macedonia** e Repubblica Federale di Iugoslavia, dal 2006 ulteriormente divisa in **Serbia** e **Montenegro**.

L'instabilità politica e le difficili vicende storiche hanno avuto come conseguenza il rallentamento dello sviluppo economico, anche negli stati dell'area non direttamente coinvolti nei conflitti: **Albania**, **Bulgaria** e **Grecia**.

Oggi i paesi balcanici sono i più poveri e arretrati d'Europa. Molti sono i problemi ancora da risolvere: la disoccupazione, l'analfabetismo, la criminalità diffusa, la bassa qualità della vita. Il più grande rimane però la ricerca di un equilibrio politico e sociale.

Slovenia

- Quali dominazioni ha subito la Slovenia nell'antichità?
- Quali avvenimenti hanno caratterizzato la sua storia nel Novecento?
- Dove si trova la Slovenia?
- Come si presenta il suo territorio?

SUPERFICIE:
20273 km²

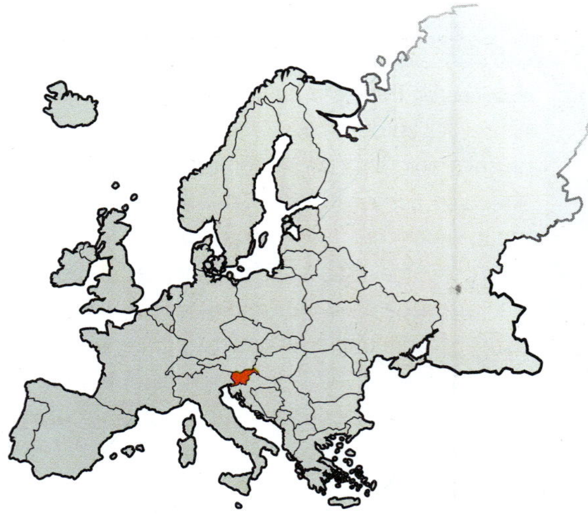

Le strisce bianca, azzurra e rossa della **bandiera** slovena appartenevano alla bandiera della Federazione Iugoslava. Lo scudo, simbolo nazionale, rappresenta il Monte Tricorno e i fiumi Sava e Drava. Le tre stelle indicano le date più importanti della storia slovena: il 1918 (termine del dominio asburgico), il 1946 (ingresso nella Federazione Iugoslava) e il 1991 (indipendenza).

La storia

Dall'Impero romano al dominio asburgico

Nel VI secolo d.C. la regione, parte dell'Impero romano, fu invasa dagli sloveni. Subì poi l'occupazione dei franchi, che diffusero il cristianesimo.

Nel 1278 il paese passò sotto il dominio degli Asburgo, rimanendo quindi legato alle vicende austriache fino al 1809, quando Napoleone istituì le Province illiriche, di cui entrò a far parte. Tornò all'Austria nel 1814.

La conquista dell'indipendenza

Al termine della Prima guerra mondiale, nel 1918, ottenne l'indipendenza dall'Austria e divenne parte del Regno di Iugoslavia.

Durante il secondo conflitto la Slovenia fu invasa dall'esercito nazista. Divisa fra Germania e Italia, diventò sede di un movimento di resistenza e di liberazione nazionale. Al termine della guerra, il paese entrò a far parte della Federazione Iugoslava, guidata dal dittatore Tito.

Nel 1991 la Slovenia si proclamò indipendente dalla Repubblica federativa.

Nonostante alcuni scontri armati, è riuscita a non farsi coinvolgere dall'aspro conflitto fra le altre repubbliche della ex Iugoslavia (vedi Dossier a p. 224). Aderisce all'Unione Europea dal 1° maggio 2004.

dizionario

Dolina: depressione circolare del terreno, a forma di imbuto o di scodella. Si forma di solito nelle zone calcaree, a causa dell'erosione prodotta dalle acque.

Il territorio

Un paese alpino

Posta fra le Alpi e la Penisola balcanica, la Slovenia ha le caratteristiche di un paese dell'arco alpino.

Confina a nord con l'Austria, a est con l'Ungheria e la Croazia, a sud ancora con la Croazia e a ovest con l'Italia. Si affaccia sul Mar Adriatico per un breve tratto di circa trenta chilometri, nell'Istria settentrionale. Qui la **costa**, rocciosa, si apre nei due porti di Capodistria e Pirano.

Monti, fiumi e clima

Il territorio è in gran parte **montuoso**. Lungo il confine con l'Austria si estende la catena delle *Caravanche*, continuazione delle Alpi Carniche. Al confine con l'Italia si elevano le *Alpi Giulie*, con la vetta più alta del paese: il *Monte Tricorno* (o *Triglav*, 2863 m).

Nella parte centro-occidentale si estende il *Carso*, una regione collinosa e calcarea, dove si trovano grotte, **doline** e fiumi sotterranei.

I **fiumi** principali, che scorrono tutti nella parte nord-orientale del paese, sono la *Sava*, la *Drava* e il *Mur* (sebbene per un tratto molto breve), provenienti dall'Austria e affluenti del Danubio. Nascono invece in territorio sloveno l'*Isonzo*, che sfocia nel Mar Adriatico, vicino a Trieste, e il *Timavo*, un fiume in parte sotterraneo. (1)

Il **lago** più esteso è quello di *Cerknica*, nella regione del Carso. Questo bacino ha la caratteristica di riempirsi e svuotarsi periodicamente a causa della presenza di fiumi carsici.

Il **clima** è *continentale*, con inverni freddi ed estati calde e umide. Ha carattere *alpino* nelle zone più elevate e *mediterraneo* in prossimità dell'Adriatico.

Utilizzazione del suolo

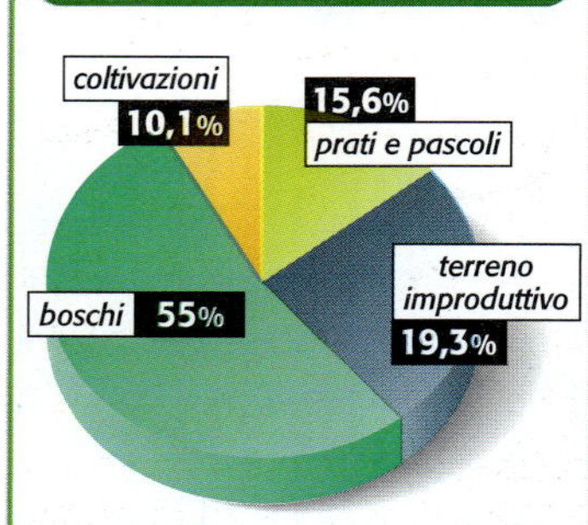

1 Un fiume invisibile

Il fiume Timavo (in sloveno *Reka*) è lungo 81 chilometri, ma solo per 40 scorre in superficie. Giunto alle Grotte di San Canziano, sprofonda infatti nel terreno e riaffiora presso Monfalcone, a 2 chilometri dalla foce, nel Golfo di Trieste. Il suo percorso è stato individuato con certezza solo nel 1907, quando è stato utilizzato il metodo della colorazione delle acque.

Per saperne di più

- La Slovenia è il più piccolo stato della ex Iugoslavia, dopo il Montenegro. La sua superficie è di poco inferiore a quella dell'Emilia-Romagna.
- Nella regione del Carso si trovano le famose grotte di Postumia, che si estendono per più di 30 chilometri, in un paesaggio fantastico, ricco di stalattiti e stalagmiti.

Popolazione, economia e società

> Come si compone e distribuisce la popolazione slovena?

> Quali sono le città principali?

> Come si presenta in generale l'economia del paese?

> Quali sono le risorse più significative?

Popolazione e flussi migratori

La popolazione è composta per la maggior parte da sloveni (83,1%). Vi sono poi modeste minoranze, costituite da serbi, croati, albanesi, bosniaci, ungheresi e italiani (in Istria).

Tra il 1992 e il 1995 ha conosciuto una forte immigrazione, perché nel suo territorio si sono rifugiati molti **profughi** dei paesi iugoslavi in guerra (vedi p. 224). Oggi il fenomeno si è arrestato.

Metà della popolazione si distribuisce nei centri urbani, la maggior parte dei quali è al di sotto dei 50 000 abitanti, e l'altra metà nei centri agricoli.

La **lingua** nazionale è lo *sloveno*, una lingua slava, ma sono parlati numerosi dialetti, specialmente nelle vallate alpine. Ci sono poi minoranze di lingua *croata*, *serba*, *ungherese* e *italiana*.

La maggioranza della popolazione professa la **religione** *cattolica* (57,8%). Sono presenti inoltre piccole minoranze di *cristiani ortodossi* e di *musulmani* (2,4%).

Le città principali

La capitale, **Lubiana** (258 873 ab.), sorge sul fiume Ljubljanica, affluente della Sava. Fondata dai romani, è stata, durante l'Impero asburgico, un centro culturale (sede di università) ed economico. Di questo passato rimangono testimonianze negli edifici barocchi, spesso opera di artisti italiani. Dopo la Seconda guerra mondiale ha conosciuto un notevole sviluppo industriale e del terziario, favorito dalla posizione della città, tra i Balcani e l'Europa centrale.

L'unica altra città che si avvicina ai 100 000 abitanti è **Maribor** (93 847 ab.), al confine con l'Austria, alla quale appartenne fino al 1918. Oggi è un mercato agricolo e sede industriale, grazie anche alla sua collocazione centrale rispetto alle vie di comunicazione.

Celje (37 834 ab.) è polo dell'industria metallurgica.

Capodistria, in sloveno *Koper* (23 726 ab.), è centro turistico e sede di cantieri navali. (1)

dizionario

Profugo: chi è costretto, a causa di un conflitto bellico oppure perché è vittima di persecuzioni politiche, razziali o religiose, ad abbandonare il proprio paese e a rifugiarsi all'estero.

Un paese in rapido sviluppo

La Slovenia è un paese in rapido sviluppo. Nonostante la crisi economica dovuta alla guerra dei Balcani, non si è arrestato il processo di modernizzazione, favorito dai capitali stranieri. Oggi, tra i paesi della ex Iugoslavia, la Slovenia è quello con il miglior livello di vita.

L'**agricoltura** è praticata in gran parte con tecniche moderne. I prodotti principali sono *cereali*, *patate*, *barbabietole da zucchero*, *ortaggi*. Nelle zone collinari è coltivata la *vite*. I boschi, che coprono oltre la metà del territorio, forniscono abbondante *legname*.

L'**allevamento** principale è quello dei *bovini* (450 000 capi), seguito da *suini* e *volatili*. (2)

Un'industria legata alle risorse del sottosuolo

La Slovenia dispone di discrete risorse del **sottosuolo**: *ferro*, *piombo*, *zinco*, *rame*, *carbone*, *mercurio* e *petrolio*. Le centrali idroelettriche sui fiumi Sava e Drava e la centrale nucleare di Krško forniscono abbondante energia.

Le **industrie**, sviluppate grazie alla disponibilità energetica, sono legate allo sfruttamento dei prodotti del sottosuolo. Si tratta perciò di industrie *siderurgiche*, *metallurgiche*, *meccaniche* e *chimiche*. Importanti sono anche le industrie *tessili*, *del legno*, *della carta* e *alimentare*.

Nel **terziario** un posto importante spetta al *turismo*, sulla costa istriana, nei luoghi naturali, nelle località sciistiche e in quelle termali. (3) In ripresa è il *commercio*, prima del conflitto rivolto quasi interamente al mercato iugoslavo e ora indirizzato soprattutto a Germania, Italia, Francia e Austria.

La **rete** *ferroviaria* e *stradale* collega il paese sia con l'Europa centrale, sia con la costa adriatica. Il traffico aereo dispone di tre *aeroporti*: Lubiana, Maribor e Portorose. Capodistria è il principale *porto marittimo*.

- POPOLAZIONE: **1 997 000 ab.**
- DENSITÀ: **99 ab./km²**
- CAPITALE: **Lubiana** (258 873 ab.)
- FORMA DI GOVERNO: **repubblica parlamentare**
- MONETA: **tallero sloveno**
- LINGUA: **sloveno**
- RELIGIONE: **cattolica, islamica**
- POPOLAZIONE ATTIVA: **50,9%**
- OCCUPATI NEI DIVERSI SETTORI:
  - **PRIMARIO: 10%**
  - **SECONDARIO: 37%**
  - **TERZIARIO: 53%**
- IN CERCA DI OCCUPAZIONE: **6%**

1 Capodistria

Situata su un isolotto unito alla terraferma da due dighe, Capodistria è una città di origini antiche. È sorta, infatti, dalla fusione di due città romane, prendendo il nome di *Caput Histriae*. Nel 1279 fu conquistata da Venezia, che la dominò a lungo. A questo periodo risalgono i suoi monumenti più importanti: il Palazzo Pretorio, la Loggia gotica, la Cattedrale di San Nazario, il museo.
Entrata a far parte della Iugoslavia nel 1954, Capodistria, a causa della forte presenza di minoranze italiane, ha ottenuto il riconoscimento del bilinguismo.

2 I cavalli lipizzani

Uno degli allevamenti più caratteristici della Slovenia è quello dei cavalli lipizzani, una razza speciale di origine spagnola, importata a Lipizza nel 1580 dall'arciduca Carlo d'Austria.
Fin dai tempi del dominio asburgico, questi cavalli erano destinati all'esercito austriaco. Nel 1918 le scuderie di Lipizza entrarono a far parte del territorio italiano, e conobbero un periodo di decadenza. Dopo la Seconda guerra mondiale, Lipizza fu assegnata alla Slovenia, e l'allevamento dei cavalli ritornò al suo antico splendore. Oggi i migliori cavalli lipizzani vengono inviati all'Alta Scuola di Equitazione di Vienna.

3 Le risorse del turismo

Nonostante le dimensioni piuttosto piccole, la Slovenia ha paesaggi molto vari, che sono fonte di attrazione turistica.
Oltre alle note località balneari sulla costa istriana (Pirano, Capodistria, Portorose), nella regione nord-occidentale si trova il parco naturale del Tricorno (*Triglav*), che si estende per quasi 85 000 ettari e in cui vivono ancora, allo stato selvaggio, orsi e linci. Nella zona sud-occidentale, di natura carsica, un forte richiamo turistico è rappresentato dalle grotte di Postumia. Numerose sono inoltre le località sciistiche (Kranjska Gora) e termali (Rogaška Slatina, Radenci). Molte città della Slovenia conservano inoltre edifici e monumenti in stile barocco, che risalgono alla dominazione austriaca, e in alcuni casi, come nella capitale, è possibile osservare resti dell'antica dominazione romana.

Croazia

> Quali sono le principali dominazioni che si sono alternate in Croazia nel passato?

> Quando è diventata indipendente e in quale modo?

> Quali distinte regioni geografiche compongono il paese?

> Quali sono i più importanti monti, pianure e fiumi?

SUPERFICIE:
56594 km^2

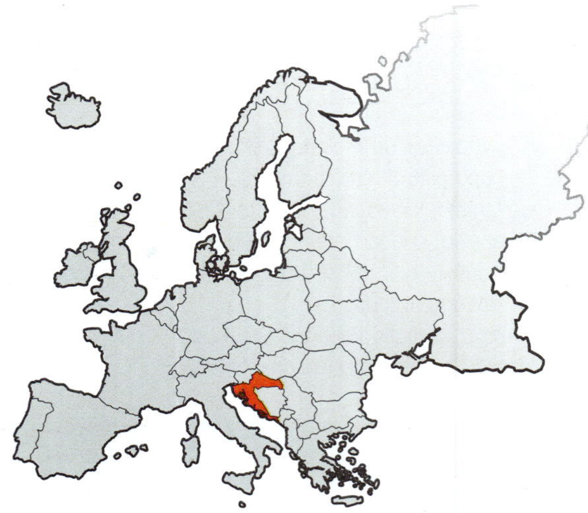

I colori rosso, bianco e azzurro della **bandiera** croata appartengono alla bandiera della Federazione Iugoslava, di cui la Croazia faceva parte.
Sopra lo scudo centrale, simbolo del paese, vi sono cinque scudi più piccoli, che rappresentano i territori storici della nazione: Illiria, Dubrovnik, Dalmazia, Istria e Slavonia.

La storia

Le dominazioni antiche

Nel I secolo a.C. la regione, abitata dagli illiri, fu occupata dai romani.
Durante il Medioevo subì le invasioni prima di ostrogoti, avari e bizantini, poi, nel VI-VII secolo, dei croati.
Nel XII secolo fu annessa al Regno di Ungheria e nel 1603 divenne parte dell'Impero asburgico.

I fatti del Novecento

Alla fine della Prima guerra mondiale entrò a far parte del Regno di Iugoslavia.
Nel 1941 andò al potere il Partito nazionalista, che proclamò il Regno di Croazia e si alleò con la Germania di Hitler. Al termine della Seconda guerra mondiale, il paese divenne membro della Federazione Iugoslava fondata da Tito.
A causa della politica accentratrice della Serbia (che concedeva poca autonomia agli altri stati della federazione) e delle diversità culturali e religiose (i croati erano in gran parte cattolici, i serbi ortodossi), nel 1991 la Croazia si proclamò stato indipendente. Seguì un duro conflitto con Serbia e Bosnia, che si concluse con gli accordi di Dayton (1995).
Oggi la Croazia è membro dell'ONU e del Consiglio d'Europa e sta attivando le riforme necessarie per l'ingresso nell'Unione Europea.

Il territorio

Tre regioni distinte

La Croazia è composta da tre regioni geografiche ben distinte: la regione costiera dell'Istria e della Dalmazia; la fascia montuosa parallela alla costa dalmata; la zona pianeggiante della Podravina e della Slavonia, verso l'interno.
Confina a nord con la Slovenia e l'Ungheria; a est con la Serbia; a sud con la Bosnia-Erzegovina e il Montenegro. A ovest è bagnata dal Mar Adriatico.
Le **coste** sono rocciose e frastagliate. Numerose sono le **isole**, lungo tutto il litorale. Le più estese sono *Veglia* e *Cherso*, di fronte alla costa istriana.

Monti e pianure, fiumi e laghi, clima

Le principali **catene montuose** si estendono parallelamente alla costa. Si tratta dei *Monti Velebit* e delle *Alpi Dinariche*, al confine con la Bosnia-Erzegovina. Montuosa è gran parte dell'Istria, anche se con vette modeste. Le **pianure** più ampie si trovano all'interno, nella regione di Zagabria e nella Slavonia. I **fiumi** più importanti sono la *Sava* e la *Drava*, che segnano i confini con Bosnia-Erzegovina e Ungheria. Il *Danubio* segue per un tratto il confine con la Serbia. Meno importanti sono i fiumi che scendono dalle Alpi Dinariche verso il Mar Adriatico, e che spesso scorrono sotto terra. I **laghi** sono frequenti nella zona carsica, dove occupano spesso le depressioni del terreno causate dall'erosione. Il **clima** è *continentale* all'interno, con inverni molto freddi ed estati asciutte. Nella zona costiera è *mediterraneo*.

Il personaggio

Tra i personaggi famosi nati in Croazia c'è un imperatore romano, **Diocleziano**. Nacque a Salona, vicino all'odierna Spalato, intorno al 240, forse figlio di uno scriba, o proveniente da una famiglia contadina. Regnò dal 284 al 305; nel 303 diede inizio all'ultima grande persecuzione dei cristiani, particolarmente spietata soprattutto nelle regioni orientali dell'impero. Nel 305 rinunciò al trono (si tratta dell'unico caso nella storia romana) e si ritirò a Spalato, dove aveva fatto costruire una magnifica fortezza, nota come Palazzo di Diocleziano.

Per saperne di più

La Croazia ha ben otto parchi nazionali. Il più famoso è forse quello di Plitvice, una vasta zona boscosa occupata da 16 laghi, posti su livelli diversi e collegati da cascate. Altrettanto suggestivo, pur se meno conosciuto, è quello dell'isola di Mljet (Meleda), non distante da Dubrovnik. Anche quest'isola dalmata, coperta per il 70% dalla vegetazione, è occupata da un sistema di laghi collegati al mare. Al centro di uno di questi si trova, a sua volta, un'isoletta, che ospita un antico monastero benedettino.

SCENARI

Le isole Kornati

L'arcipelago delle isole Kornati, formato da più di 140 isolotti e grossi scogli, fa parte della distesa di isole (circa 1200) che fronteggia la costa della **Dalmazia**. Il nome dell'arcipelago deriva da quello dell'isola maggiore, Kornat, e questo, a sua volta, dalle "*krune*", cioè "corone", come sono chiamate nella lingua locale le alte scogliere verticali che caratterizzano le coste rivolte verso il mare aperto.

Le isole Kornati sono in gran parte racchiuse in un'area protetta: nell'arcipelago ha sede, infatti, uno dei due **parchi nazionali** delle isole dalmate; l'altro occupa la parte occidentale dell'isola di Mljet (Meleda).

Nell'arcipelago vissero uomini primitivi, come provano alcune testimonianze archeologiche, poi illiri, romani e bizantini. Nel Medioevo vi furono erette chiese e basiliche. Nel Cinquecento i veneziani assunsero il controllo della pesca in tutta l'area. A fine Ottocento l'arcipelago fu venduto agli abitanti di Murter, un'isola vicina alla costa, i quali vi impiantarono **coltivazioni e allevamenti di ovini**. 2

Ai nostri giorni pascoli e campi sono stati in gran parte abbandonati e le isole, **quasi disabitate**, hanno recuperato il loro antico aspetto selvaggio. 1 Il borgo di Vrujie è l'unico centro di rilievo nell'area del parco. Piccole case sparse appartengono per lo più a **pescatori**, che da qualche tempo hanno iniziato, in primavera e in estate, a metterle a disposizione dei **turisti**, sempre più numerosi. 3

La maggiore ricchezza di questo ambiente naturale si trova sott'acqua: i **fondali marini** delle Kornati, da sempre molto pescosi, ospitano numerose specie vegetali e animali. 4

Attività

Rispondi, a voce, alle seguenti domande.

- **a)** Dove si trovano le isole Kornati?
- **b)** Quali attività furono sviluppate nelle isole a fine Ottocento?
- **c)** Quali sono oggi le principali risorse economiche dell'arcipelago?

1 Le isole Kornati sono aride, con scarsa vegetazione. Un tempo vi crescevano boschi di lecci e di pini marittimi, che furono abbattuti per far posto ai pascoli. Piccoli appezzamenti di terreno sono adibiti ancora oggi a uliveto o a vigneto.

2 I muretti a secco, visibili su molte delle Kornati, furono costruiti dai pastori per impedire alle pecore di scappare.

4 I fondali ospitano un ricco e prezioso ecosistema marino. Oltre a numerose specie di pesci, vi si trovano molluschi, crostacei, echinodermi, alghe e coralli. Nel Parco nazionale delle Kornati si possono fare immersioni subacquee, ma soltanto con apposita autorizzazione.
3 Traghetti e aliscafi fanno la spola tra la terraferma e le isole di fronte alla costa dalmata, trasportando persone e merci.

> Quali gruppi etnici compongono la popolazione della Croazia?

> Dove si concentra la popolazione e quali sono le città principali?

> Quali problemi economici ha dovuto affrontare il paese?

> Quali risorse caratterizzano i diversi settori produttivi?

Popolazione, economia e società

- POPOLAZIONE: **4460000 ab.**
- DENSITÀ: **79 ab./km²**
- CAPITALE: **Zagabria** (691724 ab.)
- FORMA DI GOVERNO: **repubblica**
- MONETA: **kuna**
- LINGUA: **croato**
- RELIGIONE: **cattolica, ortodossa, islamica**
- POPOLAZIONE ATTIVA: **47,5%**
- OCCUPATI NEI DIVERSI SETTORI:
  - **PRIMARIO: 17%**
  - **SECONDARIO: 30%**
  - **TERZIARIO: 53%**
- IN CERCA DI OCCUPAZIONE: **14,3%**

Una popolazione composita

Fino al 1991 nel paese la presenza serba, di religione ortodossa, era del 12,2%, poi si è ridotta al 4,5% a causa della guerra. I croati, cattolici, sono il gruppo etnico più numeroso; la minoranza italiana in Istria e Dalmazia ammonta a circa 30000 persone. (1)

La popolazione risiede in gran parte nelle zone industriali, lungo la costa e nelle città.

La **lingua** nazionale, il *croato*, convive con minoranze di lingua *serba*, *slovena*, *ungherese* e *italiana*. La maggioranza della popolazione è di **religione** *cattolica* (87,8%), con minoranze *ortodosse* (4,4%) e *islamiche* (1,3%).

Le città principali

La capitale, **Zagabria** (in croato *Zagreb*, 691724 ab.), è un importante centro commerciale e industriale sulla Sava. Distrutta da un terremoto alla fine dell'Ottocento, è stata in parte ricostruita, ma conserva ancora monumenti di epoca medievale e asburgica.

Spalato (*Split*, 175140 ab.), sulla costa dalmata, è un importante porto commerciale e turistico, e città d'interesse archeologico (Palazzo di Diocleziano). **Fiume** (*Rijeka*, 143800 ab.), sul Golfo del Quarnaro, era uno dei principali porti dell'Adriatico nel periodo asburgico. Oggi è un nodo di transito fra Mediterraneo ed Europa centrale. Fra le città di rilievo storico e artistico ci sono **Ragusa** (*Dubrovnik*, 30436 ab.), (2) e **Zara** (*Zadar*, 69556 ab.), che conserva resti romani.

Un'economia penalizzata dalla guerra

Paese industrializzato e con grandi risorse economiche, la Croazia è stata fortemente danneggiata dalla guerra dei Balcani. Ha dovuto anche affrontare il problema dell'afflusso di profughi, la perdita del mercato iugoslavo, che assorbiva gran parte della produzione, e il crollo dell'industria turistica. Oggi è in rapida ripresa, favorita dai capitali esteri e dagli aiuti europei.

L'**agricoltura** è praticata, con metodi moderni, soprattutto nella fertile Slavonia; soddisfa però solo il fabbisogno interno. I prodotti principali sono *mais*, *frumento*, *barbabietole da zucchero*, *patate*, *tabacco* e *ortaggi*. Coltivazioni caratteristiche sono quelle di *prugne* e *ciliegie*, da cui si ricavano distillati alcolici. (3) Lungo le coste sono coltivati la *vite* e l'*olivo*. Il patrimonio boschivo fornisce abbondante *legname*, tra cui il prezioso rovere.

L'**allevamento**, soprattutto di *bovini* da carne, è diffuso nel nord. Importante è la **pesca** di *sardine* e *tonni*.

Un'industria sviluppata

Il ricco **sottosuolo** fornisce *carbone*, *bauxite*, *mercurio*, *petrolio* e *gas naturale*. Numerose sono le centrali idroelettriche.

Grazie alla disponibilità di materie prime e di energia, l'**industria** ha conosciuto un certo sviluppo nei settori *siderurgico*, *metallurgico*, *meccanico* e *chimico*. *Cantieri navali* sorgono nelle città costiere (Fiume, Spalato, Pola). Industrie tradizionali sono quelle *alimentari*, *tessili*, *del legno* e *dei materiali da costruzione*.

Prima della guerra, il **terziario** aveva una grande risorsa nel *turismo*, soprattutto lungo la costa e nelle isole della Dalmazia, ma anche presso i laghi e i parchi naturali. Dopo la crisi del periodo bellico, è in atto una veloce ripresa.

Le **reti** *ferroviaria* e *stradale* sono ancora insufficienti. Sviluppata è la *navigazione marittima*, nei porti di Fiume, Pola, Spalato e Ragusa. I principali *aeroporti* si trovano a Zagabria, Ragusa e Spalato.

1 La questione istriana

L'Istria è una penisola di quasi 4000 km², compresa tra il Golfo di Trieste e il Golfo del Quarnaro. La sua storia è piuttosto travagliata. Passata sotto diverse dominazioni, ha visto affermarsi al suo interno tre etnie: italiana, croata e slovena.

Nel 1947 venne ceduta dall'Italia alla Iugoslavia con un trattato di pace. A seguito di questo fatto, gran parte della popolazione italiana si rifugiò in patria o emigrò oltreoceano.

Dopo la guerra dei Balcani, che ha visto la Slovenia e la Croazia diventare stati autonomi, l'Istria è ulteriormente divisa tra queste due nazioni.

2 Ragusa

Fondata all'inizio del VII secolo da alcuni profughi greci, Ragusa (Dubrovnik) sorge su una piccola penisola rocciosa della costa dalmata. La parte più antica si trovava su un'isoletta, separata dalla terra da un canale. Il canale fu poi colmato, e adesso costituisce la principale via cittadina.

Passata sotto la dominazione turca e veneziana, Ragusa divenne nel XV secolo una fiorente città marinara. Conserva importanti monumenti del periodo medievale e rinascimentale: le mura di cinta, lunghe due chilometri, il gotico Palazzo dei Rettori, il Convento dei Domenicani con il chiostro quattrocentesco, e numerose scalinate che collegano i vicoli della città.

A seguito del terribile terremoto del 1667, parte dei suoi edifici venne distrutta e ricostruita in stile barocco. A questo periodo risale la Cattedrale di Santa Maria Maggiore.

Tra il 1991 e il 1992, durante la guerra dei Balcani, ha subito gravi danni a causa dei numerosi bombardamenti.

Oggi è un importante centro turistico e sede di un'accademia navale.

3 La Croazia... da bere!

Già in epoca romana, la Dalmazia era famosa per i suoi vini. Oggi vi si producono qualità pregiate: nel nord sono diffusi specialmente vini bianchi e aromatici, mentre nel sud si producono vini rossi e a più alta gradazione. Molto conosciuti sono anche due liquori tipici: la *slijivovica*, un'acquavite ottenuta dalla fermentazione delle prugne, e il maraschino, ricavato dalle ciliegie.

Serbia

> Quali dominazioni hanno caratterizzato la storia della Serbia nel passato?

> Quali sono i principali avvenimenti degli ultimi due secoli?

> Quali regioni formano il territorio serbo?

> Come si presenta in generale la Serbia dal punto di vista morfologico?

SUPERFICIE:
88 361 km²

La **bandiera** della Serbia ha conservato i colori della bandiera della Federazione Iugoslava: rosso, blu e bianco, che sono i colori dei popoli slavi. Al centro vi è lo stemma nazionale, che rappresenta un'aquila a due teste.

La storia

Dall'occupazione romana alla dominazione turca

Nel II secolo a.C. la regione, abitata dagli illiri, fu occupata dai romani.

Dopo la caduta dell'impero romano, passò sotto il dominio bizantino. Subì poi l'invasione di serbi, albanesi e magiari. Nel XIII secolo, dall'unificazione di diverse regioni balcaniche, nacque il Regno di Serbia, che poco tempo dopo fu invaso dai turchi. La loro dominazione durò per cinque secoli.

Dal Regno di Iugoslavia all'indipendenza

Nel 1878 la Serbia divenne indipendente. Dopo la Prima guerra mondiale fece parte, col Montenegro, del Regno di Iugoslavia, che nel secondo conflitto fu occupato dalle truppe di Hitler e Mussolini. Liberato nel 1945 grazie alle lotte partigiane guidate da Tito, si costituì in Repubblica Federativa Socialista di Iugoslavia, con Tito a capo del governo comunista. Per oltre 30 anni, Tito guidò il paese, slegandolo dall'influenza dell'URSS, e tenne uniti, con una politica di autonomia e riforme, ma anche con un governo autoritario, popoli di etnia, cultura, religione, tradizioni diverse. Dopo la sua morte, nel 1980, sorsero contrasti fra le repubbliche che nel 1991 sfociarono in un conflitto: Slovenia, Croazia, Bosnia-Erzegovina e Macedonia si proclamarono indipendenti. Nel 1992 Serbia e Montenegro diedero vita alla nuova Repubblica Federale di Iugoslavia. Nel 2002 i due stati divennero semi-indipendenti e nel 2006 totalmente autonomi.

Il territorio

Nel cuore dei Balcani

Posta nel cuore della Penisola balcanica, la Serbia comprende anche le regioni autonome di *Vojvodina* e *Kosovo*. (1)

Confina a nord con l'Ungheria; a est con Romania e Bulgaria; a sud con Macedonia e Albania; a ovest con Montenegro, Bosnia-Erzegovina e Croazia. Non ha sbocchi sul mare.

I **monti** occupano la parte centrale e meridionale del paese. La vetta più alta si trova nel Kosovo, al confine con la Macedonia (*Monte Daravica*, 2656 m). A est, al confine con la Bulgaria, si trova il tratto occidentale della catena dei *Balcani*.

La **pianura** si estende nella Vojvodina e nella Serbia settentrionale. È formata dal Danubio e dai suoi affluenti e occupa oltre un quarto del territorio totale.

Fiumi e clima

Il **fiume** principale è il *Danubio*, che attraversa per quasi 600 chilometri il paese da ovest a est, segnando per un tratto il confine con la Romania. Nell'ultimo tratto, al confine con la Romania, forma una serie di gole note come "Porte di ferro", scavate nelle rocce di Alpi Transilvaniche e Balcani. Per rendere navigabile questo tratto di fiume, è stato creato uno spettacolare sistema di dighe.

Altri fiumi importanti sono il *Tibisco*, la *Sava* e la *Morava*, tutti affluenti del Danubio e in gran parte navigabili.

Il **clima** è *continentale*, con inverni rigidi ed estati calde e umide.

1 L'indipendenza del Kosovo

Il Kosovo è una regione al confine con Albania, Montenegro e Macedonia. La maggioranza della sua popolazione è albanese (80%), ma nel paese vive anche una forte minoranza serba. Membro in passato della Federazione Iugoslava, è rimasta unita alla Serbia dopo la guerra dei Balcani, da tempo questa regione si batte per diventare uno stato autonomo.

Il 17 febbraio 2008, dopo un periodo di infruttuosi negoziati tra Kosovo e Serbia condotti dall'ONU, il parlamento del Kosovo ha dichiarato unilateralmente la propria indipendenza. Il Kosovo ha anche scelto un nuovo stemma e una nuova bandiera: una mappa del paese in giallo, su sfondo azzurro, sormontata da sei stelle bianche.

La Serbia non ha però riconosciuto l'indipendenza della regione. La comunità internazionale si è divisa: Stati Uniti e gran parte dell'Unione Europea si sono dichiarati pronti a riconoscere il nuovo stato, mentre la Russia e, all'interno della UE, Cipro, Bulgaria, Romania, Slovacchia, Grecia e Spagna hanno espresso posizioni contrarie.

La foto mostra una veduta di Priština, capoluogo della regione.

Il personaggio

Uno dei protagonisti del recente conflitto nella ex Iugoslavia fu **Slobodan Milošević**. Già a capo del partito comunista serbo, Milošević venne eletto presidente della Repubblica serba nel 1989 e riconfermato altre tre volte, fino al 1996. Il suo programma politico aveva come punto di forza la formazione di uno stato serbo "depurato" dei suoi elementi stranieri e una delle sue prime misure fu l'abolizione dell'autonomia del Kosovo.

La politica di Milošević è stata tra le cause della guerra dei Balcani. Il popolo serbo ha decretato la fine del suo regime con le elezioni del settembre del 2000, vinte dal suo oppositore Koštunica.

Per i massacri commessi nel corso dei conflitti, il Tribunale internazionale dell'Aja lo ha accusato di crimini di guerra e contro l'umanità.

È morto, in carcere, nel marzo 2006.

› Come si compone e distribuisce la popolazione serba?

› Quali sono le lingue e le religioni più diffuse?

› Quali sono le città principali?

› Quali problemi economici deve affrontare il paese?

› Quali sono le risorse più importanti?

Popolazione, economia e società

- POPOLAZIONE: **9993000 ab.**
- DENSITÀ: **113 ab./km²**
- CAPITALE: **Belgrado (1280639 ab.)**
- FORMA DI GOVERNO: **repubblica**
- MONETA: **nuovo dinaro iugoslavo**
- LINGUA: **serbo-croato (ufficiale), albanese e ungherese**
- RELIGIONE: **ortodossa, musulmana, cattolica**
- POPOLAZIONE ATTIVA: **47,5%**
- OCCUPATI NEI DIVERSI SETTORI:
  - **PRIMARIO: 3%**
  - **SECONDARIO: 30%**
  - **TERZIARIO: 67%**
- IN CERCA DI OCCUPAZIONE: **20%**

Composizione e distribuzione demografica

La popolazione è costituita soprattutto da serbi. Nel Kosovo la maggioranza è albanese; nella Vojvodina è presente una consistente minoranza magiara. Esistono poi piccole minoranze romene, croate, slovene e macedoni.

Nel nord, più industrializzato, la popolazione si concentra nelle città; nel sud è distribuita in prevalenza nelle campagne o nei villaggi. Anche la densità varia: nella Serbia è di 104 ab./km^2, mentre nel Kosovo raggiunge i 183 abitanti.

La **lingua** ufficiale è il *serbo-croato*. Si parlano però anche l'*albanese* e l'*ungherese*.

La **religione** più diffusa è quella *ortodossa* (65%), praticata in maggioranza dai serbi. Forte è anche la presenza *musulmana* (19%), soprattutto in Kosovo. Ci sono poi minoranze *cattoliche* (4%), *protestanti* ed *ebraiche*.

Le città principali

L'unica città di grandi dimensioni è la capitale, **Belgrado** (1280639 ab.). Fondata dai romani, sorge alla confluenza della Sava col Danubio. Porto fluviale, per la sua posizione è da sempre un importante centro di scambi tra la Penisola balcanica e l'Europa centrale. (1)

Altre città importanti sono **Novi Sad** (191405 ab.), capoluogo della Vojvodina e porto sul Danubio, e **Priština** (165844 ab.), capoluogo del Kosovo e nel XII secolo capitale della Serbia, importante centro agricolo e artigianale.

I problemi economici

Dopo aver conosciuto una fase di sviluppo sotto il regime di Tito, l'economia iugoslava ha subito una grave crisi a partire dagli anni Ottanta. La situazione si è aggravata con la guerra, sia per i danni subiti, sia per il lungo **embargo** imposto dalla comunità internazionale. Oggi la Serbia deve affrontare il problema della disoccupazione e della mancanza di sbocchi commerciali, prima del conflitto garantiti dagli scambi con le altre repubbliche iugoslave.

dizionario

Embargo: blocco economico che consiste nel divieto imposto a uno stato di esportare merci all'esterno e importare merci straniere.

Resta poi il problema dello squilibrio fra il nord, più ricco e moderno, e il sud. A ciò si aggiunge un'instabilità politica, che rende difficile la ripresa economica.

L'**agricoltura** è praticata con tecniche moderne e redditizie nella Vojvodina e nel nord della Serbia, mentre resta di tipo tradizionale altrove. Le coltivazioni principali sono *cereali*, *patate*, *tabacco*, *barbabietole da zucchero*, *canapa* e *girasoli*. Tra i prodotti tipici ci sono le *prugne*, da cui si ricava l'acquavite (*slivoviza*). Nelle zone collinari si coltivano *alberi da frutto* e *vite*. Di rilievo è la produzione di *legname*.

L'**allevamento** è diffuso soprattutto nel sud, dove viene praticato con metodi tradizionali. Al primo posto si colloca l'allevamento del *pollame*, seguito da quello di *suini*, *ovini* e *bovini*.

Risorse e prospettive

Il **sottosuolo** offre abbondanti risorse: *carbone*, *bauxite*, *rame*, *piombo* e *zinco*. In Vojvodina si estraggono *petrolio* e *gas naturale*. Alle numerose centrali elettriche si affiancano centrali nucleari.

L'**industria** si è sviluppata soprattutto intorno a Belgrado. Oltre alle industrie *estrattive*, sono presenti industrie *siderurgiche*, *meccaniche* e *chimiche*. Collegate alla trasformazione dei prodotti agricoli, si trovano aziende *conserviere*, *tessili*, per la *lavorazione del tabacco*. Il legname è utilizzato nei *mobilifici* e nelle *cartiere*. Di rilievo è l'*artigianato* (tappeti e oggetti di oreficeria).

Ancora poco sviluppato è il **terziario**. Il *commercio* ha subito le conseguenze della guerra. La situazione sociale incerta impedisce lo sviluppo del *turismo*. Le **comunicazioni** sono insufficienti. Le reti *stradale* e *ferroviaria*, danneggiate durante la guerra, sono limitate. Più sfruttate sono le *vie fluviali*, che si estendono per oltre 1400 km.

1 Belgrado

Tra gli importanti monumenti conservati a Belgrado, c'è la fortezza di Kalemegdan (foto a destra), una costruzione turca che domina la città dall'alto di una collina. Ai suoi piedi si trovano anche le abitazioni più antiche, di origine orientale.
Poco rimane degli altri edifici storici, andati in gran parte distrutti durante la Seconda guerra mondiale. Belgrado resta però il più importante centro artistico e culturale del paese, grazie al suo Museo nazionale, al Museo di arte contemporanea, alla Biblioteca nazionale, all'università e all'Accademia di scienze e arti.
I nuovi quartieri, in gran parte costruiti sulla sponda sinistra della Sava, prendono il nome di *Novi Beograd* (Nuova Belgrado).

La Serbia a tavola

Tra i piatti più conosciuti della cucina serba c'è l'**alaska corba**, la zuppa di leucisco, un pesce di acqua dolce. Nella ex Iugoslavia si mangia anche molta verdura, soprattutto cavoli e peperoni, ripieni di riso, carne, pecorino o cipolle. I dolci più diffusi sono le *crèpes*, farcite di miele, noci, ricotta e uva passa.

Per saperne di più

- Il nome Belgrado significa "città bianca" e compare per la prima volta in un documento del IX secolo. I romani la chiamavano invece *Singidunum*, da *Singidun*, l'insediamento fondato da alcuni appartenenti a una tribù celtica, i singa.

> Quali principali avvenimenti hanno caratterizzato la storia del Montenegro?

> Come si presenta il territorio?

> Com'è composta la popolazione?

> Quali sono i problemi e le risorse dell'economia?

Montenegro

La **bandiera** del Montenegro rappresenta un'aquila dorata a due teste su campo rosso. È stata adottata nel 2007, con la nuova Costituzione dello stato indipendente del Montenegro. Le sue origini risalgono in parte ai vessilli militari del paese; è stata utilizzata come simbolo della coalizione autonomista durante la campagna per l'indipendenza del paese.

Una storia legata alla Serbia

Principato indipendente per diversi secoli, nel 1910 il paese assunse il titolo di Regno del Montenegro sotto il governo di Nicola Petroviç Njegoš. Dopo la prima guerra mondiale venne annesso alla Serbia, entrando a far parte del Regno di Iugoslavia. Dal 1945 fece parte della Repubblica Socialista Federativa di Iugoslavia, guidata da Tito. Nel 1992, durante la guerra dei Balcani, la popolazione montenegrina decise con un referendum di continuare a far parte, con la Serbia, della Federazione Iugoslava. Nel 2006, con un nuovo referendum, il paese ha votato la propria indipendenza.

Un paese montuoso

Il Montenegro è quasi interamente **montuoso**. La cima più alta è il *Monte Durmitor* (2522 m).

Confina a ovest con la Bosnia-Erzegovina, a est con la Serbia, a sud con l'Albania. Si affaccia per un tratto sul Mar Adriatico. La **costa**, che si apre a nord con la profonda insenatura delle Bocche di Cattaro, è in genere alta e rocciosa.

Fiumi di rilievo sono la *Moraca* e la *Drina*, al confine con la Bosnia-Erzegovina.

Il **lago** principale, al confine con l'Albania, è quello di *Scutari*, formato dal fiume Moraca. (1)

Il **clima** è di tipo *mediterraneo* sulla costa, *continentale* nell'interno.

Una popolazione composita

La popolazione del Montenegro è costituita per il 43% da *montenegrini* e per il 31% da *serbi*, entrambi di religione *ortodossa* (74%). Tra le minoranze *musulmane*, che formano circa il 17% del totale, vi sono bosniaci, nella regione del nord-est, e albanesi, nel sud-est. Sono inoltre presenti una minoranza croata cattolica, specialmente lungo la costa e nell'area delle Bocche di Cattaro, e comunità di zingari rom e sinti.

La **lingua** ufficiale è il *montenegrino*.

La città principale è la capitale, **Podgorica** (136 473 ab.), centro industriale, mercato agricolo e sede di università.

Un'economia povera

L'economia del Montenegro è ancora arretrata. L'**agricoltura** resta di tipo tradizionale. Inoltre la natura del terreno, in gran parte montuoso, e la sopravvivenza di piccole proprietà ostacolano ulteriormente lo sviluppo agricolo. Una buona risorsa è rappresentata dal *legname*. Tra i prodotti del **sottosuolo**, importante è la *bauxite*, estratta nelle regioni di Pogdorica e di Nikši. Nel **terziario**, il *turismo*, molto penalizzato dalla guerra, è in lenta ripresa, soprattutto lungo la costa (2) e sulle rive del Lago di Scutari. L'unico porto marittimo importante è quello di Bar.

- SUPERFICIE: **13 812 km²**
- POPOLAZIONE: **620 145 ab.**
- DENSITÀ: **45 ab./km²**
- CAPITALE: **Podgorica** (136 473 ab.)
- FORMA DI GOVERNO: **repubblica**
- MONETA: **euro (adottato unilateralmente)**
- LINGUA: **montenegrino**
- RELIGIONE: **ortodossa, musulmana**
- POPOLAZIONE ATTIVA: **55,9%**
- OCCUPATI NEI DIVERSI SETTORI:
  - **PRIMARIO: 6%**
  - **SECONDARIO: 35%**
  - **TERZIARIO: 59%**
- IN CERCA DI OCCUPAZIONE: **9,2%**

1 Il Lago di Scutari

Diviso tra Montenegro e Albania, il Lago di Scutari è il più ampio della Penisola balcanica: copre infatti una superficie di 370 km². Si trova su una cavità carsica, come dimostrano i pozzi a forma di imbuto che si possono vedere in alcuni punti del suo fondale.
Il Lago di Scutari è un vero e proprio paradiso naturale: lo popolano infatti quaranta specie di pesci e settanta specie di uccelli, tra cui il pellicano. Diffuse sono anche le ninfee e le castagne d'acqua.

2 Una piccola Venezia del Montenegro

Dal 1979 sotto la protezione dell'UNESCO, Cattaro è una cittadina del Montenegro posta al fondo delle Bocche che da essa prendono il nome. Fondata dai romani, che la chiamavano **Acruvium**, Cattaro passò sotto la dominazione bizantina e poi veneziana. Di questo periodo rimangono numerose tracce: palazzi rinascimentali, leoni di pietra, vicoli che ricordano le "calli" di Venezia. Tra i monumenti famosi ci sono la cattedrale del XII secolo, il Palazzo dei Principi, la Torre dell'orologio.
Meta dei turisti sono anche le Bocche di Cattaro, già base navale in epoca romana, una profondissima insenatura formata da tre bacini che ha l'aspetto di un fiordo, ricoperto però da una fitta vegetazione mediterranea.

Utilizzazione del suolo

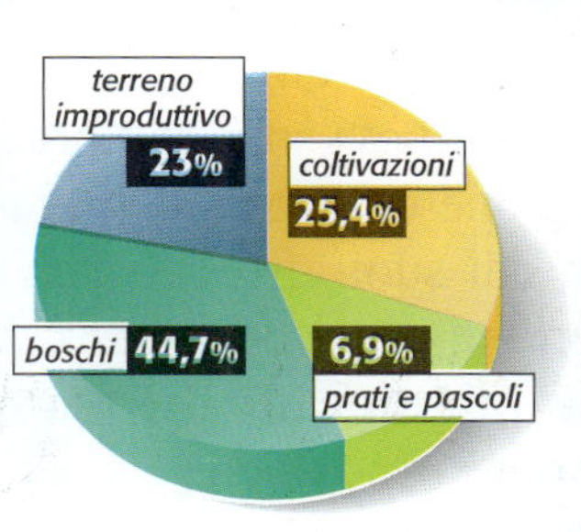

Per saperne di più

- Il Montenegro deve il suo nome ai navigatori veneziani. Navigando lungo la costa adriatica, verso sud, i veneziani scoprirono le montagne della regione, che finivano a picco sul mare. I loro fianchi, ricchi di vegetazione, contrastavano talmente con le acque azzurre del mare che i navigatori le definirono "negre", cioè nere. Così questo paese venne chiamato "Montenegro".

> Quali avvenimenti hanno caratterizzato la storia della Bosnia-Erzegovina?

> Come si presenta il territorio del paese?

> Com'è composta la popolazione?

> Quali sono le città principali?

> Quali sono le risorse economiche più significative?

Bosnia-Erzegovina

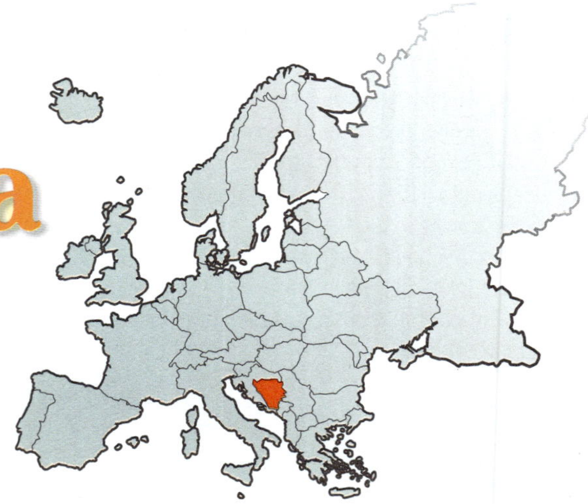

La nuova **bandiera**, adottata nel 1998, si ispira a quella dell'Unione Europea. Le due stelle che vanno oltre i margini stanno a indicare l'infinito.

Dalla conquista romana all'indipendenza

La regione, abitata dagli illiri, fu conquistata dai romani nel I secolo d.C. Dal VI secolo subì l'occupazione di croati e serbi. Dominata dai bizantini, nel XII secolo riuscì a conquistare l'autonomia. Sottomessa all'Ungheria, nel XIV secolo si costituì in Regno di Bosnia e di Serbia. Nel 1463 fu conquistata dai turchi, che diffusero la religione islamica. Nel 1878 fu annessa all'Impero austro-ungarico. I tentativi di ribellione culminarono, nel 1914, nell'assassinio dell'erede al trono austriaco, l'arciduca Francesco Ferdinando, a Sarajevo. Al termine della Prima guerra mondiale, Bosnia ed Erzegovina entrarono a far parte del Regno serbo-croato-sloveno. Nel 1992 i musulmani e i croati del paese proclamarono l'indipendenza dalla Federazione Iugoslava, suscitando la reazione della popolazione serba. Scoppiò un sanguinoso conflitto civile, che si concluse nel 1995.

Un territorio montuoso

La Bosnia-Erzegovina **confina** a nord e a ovest con la Croazia, a est con la Serbia, a sud col Montenegro. Per un brevissimo tratto si affaccia sul Mar Adriatico. Il territorio è in prevalenza **montuoso**. La parte occidentale e centrale è occupata dalle *Alpi Dinariche*, le cui cime superano spesso i 2000 metri. In Erzegovina i rilievi sono più brulli e carsici. A nord si trova una regione collinare, delimitata dal **fiume** *Sava* e attraversata dai suoi affluenti *Sana*, *Vrbas*, *Bosna*. Altri fiumi importanti sono la *Drina* e la *Narenta*, che nasce dal monte più elevato del paese (Maglić, 2386 m). Le uniche **pianure** sono quelle fluviali. Il **clima** è *continentale*, con abbondanti precipitazioni.

Un paese gravemente danneggiato dalla guerra

La popolazione, ridotta dal conflitto, è costituita da abitanti di etnie e religioni diverse: bosniaci (musulmani, 43%), serbi (ortodossi, 29,9%) e croati (cattolici, 18%). La guerra ha acuito i problemi della povertà e l'analfabetismo resta su livelli elevati.

Sarajevo (579 000 ab.), la capitale, mostra le recenti ferite della guerra. È centro di commerci, industrie e artigianato. (1) **Banja Luka** (223 457 ab.) è stazione termale e centro commerciale. **Mostar** (105 454 ab.), città turistica, è stata in gran parte distrutta nel conflitto.

- SUPERFICIE: **51 209 km²**
- POPOLAZIONE: **3 996 000 ab.**
- DENSITÀ: **78 ab./km²**
- CAPITALE: **Sarajevo** (579 000 ab.)
- FORMA DI GOVERNO: **repubblica federale**
- MONETA: **marco convertibile**
- LINGUA: **bosniaco, serbo-croato**
- RELIGIONE: **musulmana, ortodossa, cattolica**
- POPOLAZIONE ATTIVA: **48,8%**
- IN CERCA DI OCCUPAZIONE: **39,9%**

I problemi economici

L'economia della Bosnia-Erzegovina è arretrata, anche per le conseguenze della guerra. L'**agricoltura**, l'attività più praticata, è poco redditizia, per la natura del suolo e la frammentazione delle proprietà. I prodotti principali sono *frumento*, *mais*, *patate*, *tabacco*. Tipica è la coltivazione delle *prugne*. Le foreste forniscono abbondante *legname*. L'**allevamento** (*bovini*, *ovini*) è modesto. Le industrie sono legate alle risorse del **sottosuolo**: *carbone*, *bauxite*, *ferro*, *oro*, *rame*, *salgemma*, *piombo*. Si tratta di industrie *siderurgiche*, *metallurgiche*, *meccaniche* e *chimiche*. Le **comunicazioni** sono poco sviluppate.

Utilizzazione del suolo

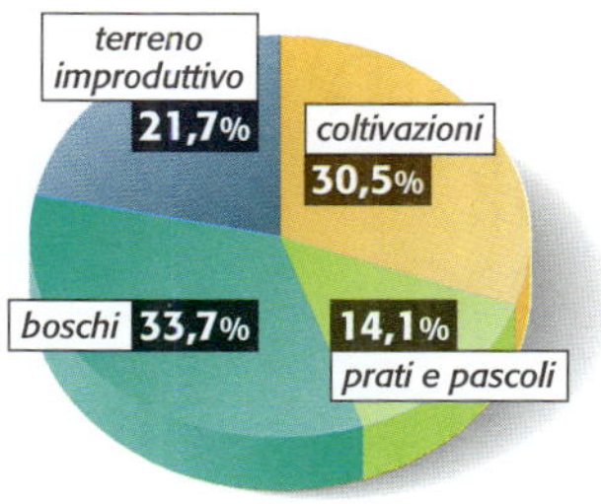

Per saperne di più

- La Bosnia-Erzegovina è una repubblica, divisa dal 1995 in due entità che godono di grande autonomia: la Federazione croato-musulmana (51% del territorio) e la Repubblica serba (49%). Il paese è membro dell'ONU.
- La Bosnia prende il nome dal fiume Bosna, che l'attraversa da sud a nord. Erzegovina invece è una parola serba che significa "ducato".

1 Sarajevo

Posta a circa 500 metri di altitudine, sulle rive del fiume Miljacka, affluente del Bosna, Sarajevo era nell'antichità un villaggio, abitato prima dagli illiri, poi dagli slavi. Dopo il 1460 prese l'attuale nome. La dominazione turca, durata per oltre quattro secoli, diede un'impronta decisiva alla città. Di questo periodo rimane testimonianza nei numerosi edifici islamici (il palazzo del pascià, le moschee) e nei bazar, tipici mercati orientali. Anche la successiva dominazione austriaca lasciò i suoi segni nell'architettura dei palazzi, di gusto europeo. Nella seconda metà del Novecento, Sarajevo conobbe uno sviluppo industriale e turistico, tanto che nel 1984 ospitò le Olimpiadi invernali.
Purtroppo oggi la città deve fare i conti con le ingenti distruzioni subite nella guerra civile.

Macedonia

> Quali importanti fatti caratterizzano la storia della Macedonia?

> Dove si colloca e come si presenta il suo territorio?

> Quali sono i principali problemi sociali?

> Com'è, in generale, l'economia del paese?

La **bandiera** macedone è stata adottata ufficialmente nel 1995. Rappresenta un sole giallo a otto raggi, simbolo di libertà e di progresso.

Dal Regno di Macedonia all'indipendenza

Nel II millennio a.C. la regione fu occupata dai macedoni, popolo di origine greca. Si sviluppò il Regno di Macedonia, che nel IV secolo a.C. conquistò la Grecia e con Alessandro Magno divenne un impero potentissimo. Nel II secolo a.C. la Macedonia fu dominata dai romani. Occupata poi dai bizantini, subì le invasioni delle popolazioni barbare. Annessa al Regno di Serbia, nel 1371 venne conquistata dai turchi, che la dominarono per cinque secoli. Nel 1913 fu divisa tra Serbia, Grecia e Bulgaria. Nel 1946 entrò a far parte della Federazione Iugoslava. Si proclamò indipendente nel 1991 e venne riconosciuta dalla comunità internazionale nel 1993. (1)

Un territorio senza sbocchi sul mare

La Macedonia **confina** a nord con la Serbia, a est con la Bulgaria, a sud con la Grecia, a ovest con l'Albania. Il suo territorio, grande quanto la Sicilia e senza sbocchi sul mare, è in gran parte **montuoso**. La cima più elevata è il *Monte Korab* (2764 m). Il **fiume** principale è il *Vardar*, che attraversa il paese. Al confine con l'Albania si trova il **lago** più esteso, quello di *Ocrida*. Con Albania e Grecia condivide anche l'ampio Lago di *Prespa*. Il **clima** è *continentale*.

I problemi sociali

La popolazione è costituita per il 64,2% da macedoni, ma rilevanti sono le minoranze albanesi (25,2%), turche (3,9%), rumene (2,7%) e serbe (1,8%). La **lingua** ufficiale è il *macedone*. La **religione** più praticata è quella *ortodossa* (54,4%), seguita da quella *musulmana* (29,9%). Restano gravi i problemi della povertà, della disoccupazione e dell'analfabetismo, che costringono ancora oggi molti macedoni a emigrare.

La città più importante è la capitale, **Skopje** (467 257 ab.). Distrutta da un terremoto nel 1963, Skopje è stata ricostruita con criteri moderni, ma conserva testimonianze della dominazione turca. Ospita numerose industrie, un aeroporto internazionale, ed è centro di scambi commerciali. **Bitola** (86 408 ab.), non distante dal confine greco, e **Prilep** (67 371 ab.), di origine romana, sono importanti soprattutto come mercati agricoli.

- SUPERFICIE: **25 713 km²**
- POPOLAZIONE: **2 040 000 ab.**
- DENSITÀ: **79 ab./km²**
- CAPITALE: **Skopje** (467 257 ab.)
- FORMA DI GOVERNO: **repubblica parlamentare**
- MONETA: **denar**
- LINGUA: **albanese, macedone**
- RELIGIONE: **ortodossa, musulmana**
- POPOLAZIONE ATTIVA: **42,2%**
- OCCUPATI NEI DIVERSI SETTORI:
  - **PRIMARIO: 22%**
  - **SECONDARIO: 30%**
  - **TERZIARIO: 48%**
- IN CERCA DI OCCUPAZIONE: **37,2%**

Un'economia povera

La Macedonia è un paese povero, con un'economia arretrata e un reddito pro capite tra i più bassi d'Europa. L'attività principale è quella agricola, praticata su un quarto del territorio. Si tratta di un'**agricoltura** tradizionale, anche se vi sono tentativi di modernizzazione. I prodotti principali sono *frumento*, *riso*, *patate*, *cotone*, *tabacco* e *frutta*. Le foreste forniscono abbondante *legname*. L'**allevamento** principale è quello *ovino*, seguito da *bovini* e *suini*. Le industrie sfruttano i prodotti del **sottosuolo**: *ferro*, *piombo*, *cromo*, *rame* e *zinco*. Sono presenti **industrie** *tessili* (tipica quella dei tappeti) e *alimentari*. Poco sviluppato è il **terziario**. Le **comunicazioni** sono scarse. La principale linea *stradale* e *ferroviaria* collega Skopje con Belgrado e Salonicco. Gli *aeroporti* si trovano a Skopje e a Ocrida.

Il personaggio

In Macedonia sono nati alcuni tra i personaggi storici più importanti dell'antichità. Tra questi, **Alessandro Magno**, figlio di Filippo II il Macedone. Nel 336 a.C., succeduto appena ventenne al padre assassinato, si trovò a dover difendere il Regno di Macedonia dalle rivolte dei popoli conquistati e dai nemici interni. Le sue imprese, diventate leggendarie, lo portarono fino in India e in Egitto, dove sconfisse con il suo esercito popoli e tribù, costruendo un vastissimo impero. Morì in Babilonia nel 323, dopo una breve malattia. La sua fama era già così diffusa nell'antichità che le sue conquiste sono menzionate anche nella Bibbia e nel Corano.

1 La regione macedone

Il nome Macedonia indica una regione geografica più ampia di quella compresa dalla Repubblica di Macedonia. Si chiamano così infatti anche la parte settentrionale della Grecia, che si estende per oltre 34 000 km², e la parte sud-occidentale della Bulgaria (9100 km²). Per questo motivo, la Grecia si è opposta al fatto che lo stato macedone assumesse tale nome. Temeva infatti che questo fosse il primo passo perché la nuova nazione richiedesse anche l'annessione della Macedonia greca. L'ONU ha perciò accolto lo stato macedone nel 1993 non con il nome di Macedonia ma con quello di "Repubblica ex iugoslava di Macedonia".

Utilizzazione del suolo

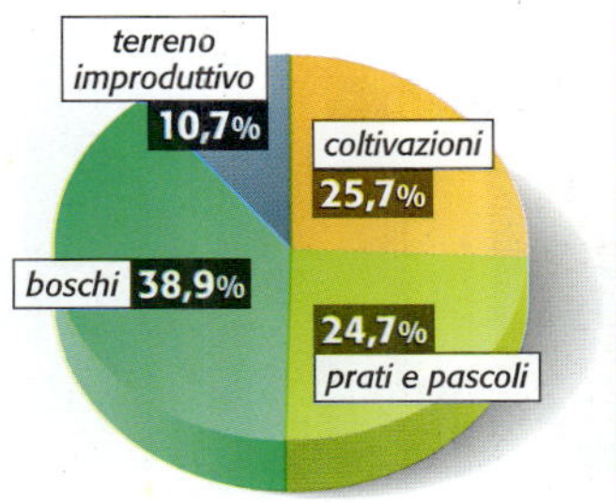

Per saperne di più

Tra le coltivazioni caratteristiche della Macedonia c'è quella del papavero medicinale. Da questa pianta si ricavano sostanze utilizzate nella cura dell'asma bronchiale, dell'ipertensione, di malattie del sangue.

DOSSIER

La guerra dei Balcani

Dopo anni di convivenza forzata, alla fine del Novecento i paesi della Penisola balcanica hanno raggiunto l'indipendenza attraverso un sanguinoso conflitto, che ha causato quasi 200 000 morti e gravi distruzioni.

Le origini del conflitto

L'origine della guerra dei Balcani è lontana nel tempo. Già con la formazione del Regno di Serbia, Croazia e Slovenia, nel 1918, nacquero le prime discordie. Il nuovo stato raggruppava infatti un mosaico di popoli (serbi, croati, montenegrini, albanesi, ungheresi, turchi, sloveni, bulgari, rumeni), di lingue e religioni diverse: cattolica, ortodossa e musulmana.
Sotto il governo autoritario di Tito, dopo la Seconda guerra mondiale, vi fu una certa stabilità. Ma alla morte del dittatore le tensioni si manifestarono con più forza, anche perché il paese attraversava una grave crisi economica. Le regioni del nord, Slovenia e Croazia, più ricche e sviluppate, cercarono perciò di staccarsi da quelle più povere del sud.

L'indipendenza di Slovenia, Croazia, Macedonia

Nel giugno del 1991, i parlamenti di Croazia e Slovenia proclamarono la loro indipendenza dalla Federazione. Questa decisione non fu accettata dal governo federale, dominato dalla presenza serba. Due giorni dopo i mezzi blindati dell'armata federale penetrarono in Slovenia. Per qualche settimana si combatté nella regione di Lubiana. Poi l'intervento dell'Unione Europea ottenne il "cessate il fuoco", cioè l'interruzione dei combattimenti.
Le truppe si ritirarono dalla Slovenia, ma si diressero in Croazia, dove viveva una forte minoranza serba. Con il pretesto di "liberare" i serbi di Croazia, cominciò la "pulizia etnica": i croati furono massacrati o raggruppati in campi di concentramento; le loro case requisite dai serbi. I porti della costa dalmata furono sottomessi al blocco della marina serba. Alla fine del 1991, si contavano già tra i 10 e i 20 000 morti.
Nel 1992 l'Unione Europea riconobbe l'indipendenza di Slovenia, Croazia, Macedonia e Bosnia-Erzegovina. Serbia e Montenegro fondarono la nuova Repubblica Federale di Iugoslavia.

La Bosnia-Erzegovina

Gli sloveni e i croati chiesero una forza di protezione internazionale per garantire la loro in-

Tito

Dopo aver giocato un ruolo di primo piano nelle armate partigiane iugoslave durante la Seconda guerra mondiale, Josip Broz, soprannominato Tito, divenne il Presidente della Repubblica Federale di Iugoslavia. Questo stato, creato nel 1946, comprendeva sei repubbliche: Serbia, Slovenia, Croazia, Bosnia-Erzegovina, Macedonia e Montenegro.
Per un breve periodo, Tito prese come modello il regime di Stalin, il dittatore russo. Nel 1948, però, la Iugoslavia troncò i rapporti con l'Unione Sovietica e a partire dal 1950 accettò l'aiuto economico e militare dell'Occidente. Tito condusse una politica comunista "non allineata", cioè non sottomessa alle grandi potenze.
Dopo la sua morte, avvenuta nel 1980, si aprì nel paese una profonda crisi.

Le città-martiri

Se la guerra dei Balcani ha lasciato ovunque morti e distruzioni, alcune città hanno subito più di altre le conseguenze degli assedi e dei bombardamenti.
In Croazia, martiri sono state le città di Ragusa (Dubrovnik) e Vukovar, conquistate e in gran parte distrutte dopo parecchie settimane di assedio.
In Bosnia-Erzegovina, simbolo della guerra è stata la capitale, Sarajevo, vittima per mesi di bombardamenti e dell'assedio dei cecchini, e colpita il 5 febbraio 1994 da un ordigno esploso in un mercato, che ha causato 68 morti e oltre 200 feriti.

dipendenza; i serbi allora attaccarono la Bosnia-Erzegovina. Qui viveva una forte minoranza serba (circa il 32% della popolazione), in contrasto con i croati e i musulmani, che costituivano la maggioranza della popolazione.
I serbi di Bosnia, per difendere i propri territori, cominciarono una "pulizia etnica", massacrando la popolazione croata e musulmana, con l'appoggio della nuova Repubblica Federale di Iugoslavia. I croati di Bosnia risposero a loro volta, attaccando e uccidendo i serbi.
Le potenze occidentali, per porre fine a questa carneficina, inviarono in Bosnia i Caschi blu dell'ONU. Ma la guerra non cessò: le forze dell'ONU furono solo in grado di fornire aiuti umanitari alle popolazioni colpite, attraverso l'aeroporto di Sarajevo. La città venne presa d'assedio dalle truppe serbe.
Per cercare di fermare la Repubblica di Iugoslavia, guidata dal presidente Milošević (vedi p. 215), nel maggio 1992 il Consiglio di Sicurezza dell'ONU votò l'embargo commerciale, senza ottenere risultati.
Nel 1994, la NATO inviò un ultimatum ai serbi, imponendo il ritiro delle truppe che assediavano Sarajevo. Fu questo il primo passo verso la pace.
Il 21 novembre 1995, nella base militare americana di Dayton, i rappresentanti bosniaci, croati e serbi siglarono un accordo di pace, che prevedeva uno stato unico di Bosnia-Erzegovina, diviso in una Federazione croato-musulmana e una Repubblica serba di Bosnia. Sarajevo restava la capitale unica. La guerra era finita, ma lasciava sul campo quasi 200 000 morti, oltre 2 milioni di deportati e danni materiali e morali grandissimi.

I Caschi blu

I Caschi blu sono una forza militare dell'ONU, costituita da truppe provenienti da tutti i paesi membri, che interviene nei conflitti con l'obiettivo di ristabilire la pace. Il nome deriva dal colore dell'elmetto in dotazione ai soldati.

Attività

1. Rispondi, a voce, alle seguenti domande.

- **a)** Quali sono state le cause della guerra dei Balcani?
- **b)** Quali paesi sono stati coinvolti?
- **c)** Ricordi i principali avvenimenti?
- **d)** Quando si è concluso il conflitto e per l'intervento di chi?
- **e)** Qual è la situazione attuale?

2. Rifletti.

Alla luce di quanto hai letto, che definizione potresti dare di "pulizia etnica"?

Slovenia

1. RISPONDI **alle seguenti domande.**

a) A quali grandi dominazioni o imperi è stata soggetta la Slovenia? ....

b) Da quando è uno stato indipendente? ....

2. COMPLETA **il testo, che descrive il territorio della Slovenia.**

La Slovenia confina a nord con ...., a est con ...., a sud con .... e a ovest con .... Si affaccia sul Mar .... per un tratto di 30 km, nell'.............. settentrionale. Il territorio è in gran parte .... Lungo il confine con l'Austria si estende la catena delle .... Nella parte centro-occidentale si estende il ...., una regione collinosa e calcarea.

3. RISPONDI **alle seguenti domande.**

a) Come si compone la popolazione slovena? ....

b) Qual è la lingua nazionale? ....

c) Qual è la religione più diffusa? ....

4. DESCRIVI **brevemente l'economia della Slovenia.**

....

Croazia

5. COMPLETA **lo schema, indicando accanto ai periodi o alle date i relativi principali avvenimenti della storia croata.**

I secolo a.C.: ....
XII secolo: ....
1603: ....
Fine della Seconda guerra mondiale: ....
1991: ....

6. COMPLETA **il testo, che descrive il territorio della Croazia.**

La Croazia è composta da tre regioni geografiche ben distinte: la regione ....; la fascia ....; la zona .... È bagnata a ovest dal .... Le principali catene montuose, parallele ...., sono i .... e le .... Le pianure più ampie si trovano nella regione .... e nella ....

7. SCEGLI **tra le alternative proposte quella che ritieni corretta.**

In Croazia la presenza serba, di religione *cattolica / ortodossa*, è stata ridotta al 4,5% dalla guerra. I croati, *cattolici / ortodossi*, sono il gruppo etnico più numeroso. La capitale, *Spalato / Zagabria*, è un importante centro commerciale e industriale sulla *Sava / Drava*. *Spalato / Zagabria*, sulla costa dalmata, è un importante porto commerciale e turistico.

8. RIFLETTI **e rispondi alle domande.**

a) Quali problemi economici ha dovuto affrontare la Croazia? ....

b) Come si presenta attualmente la situazione? ....

Serbia

9. INDICA **se le seguenti affermazioni sono vere o false.**

a) Prima della conquista romana la Serbia era abitata dagli illiri. V F
b) Tito era il capo del Partito comunista che guidò la Serbia per oltre 30 anni. V F
c) La Serbia si affaccia per un breve tratto sul Mar Adriatico. V F
d) I monti occupano la parte centrale e meridionale del paese. V F
e) La vetta più alta si trova nella Vojvodina, al confine con la Romania. V F
f) Il Danubio attraversa per quasi 600 chilometri il paese, segnando per un tratto il confine con la Romania. V F

10. COMPLETA **il testo, che descrive la popolazione e le città della Serbia.**

Nel nord, più industrializzato, la popolazione si concentra ....; nel sud è distribuita prevalentemente .... La lingua ufficiale è .... La religione più diffusa è quella .... L'unica città di grandi dimensioni è la capitale, ...

11. **RISPONDI** **alle seguenti domande.**

a) Quali avvenimenti storici e politici hanno influenzato l'economia della Serbia? ....
....
....
....

b) Quali sono i problemi attuali? ....
....
....

Montenegro

12. **COMPLETA** **il testo, che descrive storia, territorio, popolazione ed economia del Montenegro.**

Principato indipendente per diversi secoli, nel 1910 il paese assunse il titolo di .... Dopo la Prima guerra mondiale fu annesso alla ....
Dal 1945 fece parte della ....
È indipendente dal ....
Il territorio è quasi interamente .... Si affaccia per un tratto sul Mar .... Fiumi di rilievo sono la .... e la .... Il lago principale è quello di ....
La popolazione è costituita per il 43% da .... e per il 31% da ...., entrambi di religione .... Tra le minoranze musulmane vi sono .... e ....
La città principale è la capitale ....
L'economia è ancora .... Lo sviluppo agricolo è ostacolato dalla .... e da .... Una buona risorsa è rappresentata dal .... Tra i prodotti del sottosuolo, importante è la .... Nel terziario, il turismo è in lenta ripresa, soprattutto lungo .... e sulle rive ....

Bosnia-Erzegovina

13. **INDICA** **se le seguenti affermazioni sono vere o false.**

a) Nel VII secolo la Bosnia-Erzegovina fu occupata dagli arabi, che diffusero la religione islamica. V F

b) Al termine della Prima guerra mondiale, entrò a far parte dell'Impero austro-ungarico. V F

c) Il territorio è in prevalenza montuoso. V F

d) La parte occidentale e centrale è occupata dalle Alpi Dinariche. V F

e) Il clima è continentale, con abbondanti precipitazioni. V F

f) La popolazione è costituita da bosniaci (musulmani), serbi (ortodossi) e croati (cattolici). V F

g) La capitale, Mostar, è centro di commerci, di industrie e artigianato. V F

h) I principali prodotti agricoli sono frumento, mais, patate, tabacco. V F

i) Le industrie principali sono quelle siderurgiche, metallurgiche, meccaniche e chimiche. V F

l) Le comunicazioni sono poco sviluppate, anche per la natura montuosa del terreno. V F

Macedonia

14. **RISPONDI** **alle seguenti domande.**

a) Quale grande personaggio del passato fu protagonista della storia del paese? ....

b) Con quali paesi confina la Macedonia? ....
....
....

c) Come si presenta il suo territorio? ....
....
....
....

d) Come è costituita la popolazione? ....
....
....

e) Quali religioni sono maggiormente praticate? ....
....

f) Quali sono i principali problemi sociali? ....
....

g) Qual è la capitale del paese? ....

h) Come si presenta in genere l'economia macedone?
....
....
....

i) Quali sono le principali risorse? ....
....
....
....
....

Albania

> Quali fatti hanno caratterizzato la storia albanese nell'antichità?

> Quali sono gli avvenimenti più importanti del XX secolo?

> Dove si trova l'Albania?

> Com'è il suo territorio?

SUPERFICIE:
28 784 km²

La **bandiera** albanese rappresenta un'aquila nera a due teste. Le sue origini sono molto antiche: era infatti lo stemma di Skanderberg, un nobile che nel XV secolo guidò la rivolta degli albanesi contro i turchi. La bandiera è stata adottata ufficialmente nel 1912, quando l'Albania si è proclamata stato indipendente.

La storia

Dall'occupazione romana alla dominazione turca

Nel III secolo a.C. la regione, abitata dagli illiri, fu occupata dai romani.
Dopo la caduta dell'Impero romano divenne parte dell'Impero di Bisanzio, che non riuscì però a contrastare le frequenti invasioni barbare (slavi, avari e bulgari).
Dal 1431, per cinque secoli fu occupata dai turchi, che convertirono gran parte della popolazione all'islam. Numerosi profughi emigrarono nell'Italia meridionale, formando comunità albanesi ancora presenti. (1)

I fatti del XX secolo

Nel 1912 l'Albania ottenne l'indipendenza, ma dal 1917 fu sottoposta al protettorato dell'Italia e, dal 1939, venne annessa al nostro paese. Nel 1944 fu liberata e al termine del conflitto si costituì in Repubblica Popolare, con a capo Enver Hoxha, principale esponente del movimento partigiano comunista.
Rimase sotto l'influenza dell'URSS fino al 1961, quando si avvicinò alla Cina Popolare. Dal 1976, anno della morte del leader cinese Mao, i rapporti con la Cina si raffreddarono e l'Albania scelse una politica di isolamento, che le causò gravi difficoltà economiche.
Alla fine del 1990 la popolazione si ribellò, facendo crollare il governo; l'anno successivo l'Albania divenne una repubblica parlamentare.

Il territorio

Al di là del Canale di Otranto

Situata nella parte sud-occidentale della Penisola balcanica, l'Albania è separata dall'Italia da uno stretto braccio di mare: il Canale di Otranto, largo appena ottanta chilometri.
Confina a nord con il Montenegro, a nord-est con la Serbia, a est con la Macedonia, a sud-est con la Grecia. A ovest si affaccia sul Mar Adriatico.
Le **coste** sono in gran parte basse e sabbiose, con lagune e paludi tra le foci dei fiumi; solo a sud diventano alte e rocciose.

Un territorio aspro e montuoso

L'Albania è un paese in gran parte **montuoso**: il 70% del territorio supera i 300 metri di altitudine. La catena più elevata è quella delle *Alpi Albanesi*, che segnano il confine con Montenegro e Kosovo; la cima più alta è il *Monte Korab* (2764 m). (2) I rilievi del sud sono generalmente meno elevati.
Le scarse **pianure**, di origine alluvionale, si trovano presso la costa o lungo i fiumi.
I **fiumi** nascono in gran parte dai rilievi orientali, per gettarsi nel Mar Adriatico. Il loro corso è breve, a carattere prevalentemente torrentizio e soggetto a variazioni di portata stagionali. I principali sono il *Drin*, lo *Shkumbin*, il *Semani* e la *Voiussa*.
I **laghi** di una certa estensione si trovano al confine con il Montenegro (*Lago di Scutari*), con la Macedonia (*Lago di Ocrida*) e con Macedonia e Grecia (*Lago di Prespa*).
Il **clima** è *mediterraneo* lungo la fascia costiera, mentre procedendo verso l'interno diventa *continentale*.

Utilizzazione del suolo

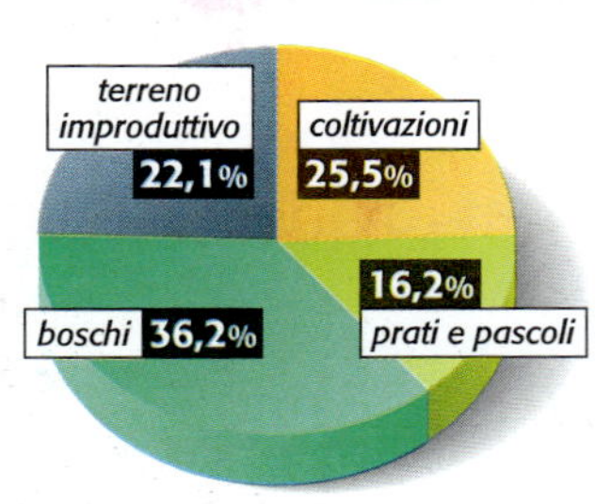

Il personaggio

Una delle piazze più importanti di Tirana, la capitale albanese, è intitolata a Giorgio Castriota, detto **Skanderberg**, l'eroe nazionale. Nato nel 1403, fu inviato, intorno ai 12 anni, alla corte turca come ostaggio. Qui si convertì all'islam e servì il sultano, combattendo contro i cristiani. Improvvisamente, giunto ai 40 anni, ritornò al cristianesimo e si mise a capo della rivolta dell'Albania contro il dominio turco. Con pochi uomini, ottenne diverse vittorie, riuscendo a sconfiggere gli eserciti turchi. Morì nel 1468.

Per saperne di più

- Gli albanesi si chiamano anche *schipetari*, da Shqiperia, il nome originario dell'Albania. Inoltre, prendendo spunto dall'aquila nera che campeggia sulla bandiera nazionale, chiamano la loro terra "paese delle aquile" e se stessi "i figli dell'aquila".

1 Gli albanesi in Italia

La presenza albanese in Italia risale al XV secolo, durante le invasioni turche, quando molti soldati albanesi si trasferirono con le famiglie sulle coste meridionali dell'Italia. Qui formarono comunità che hanno conservato nel tempo usi, costumi e culto religioso. Oggi si calcola che i membri delle comunità albanesi in Italia, gli *arbëresh* (presenti soprattutto in Sicilia e Calabria), raggiungano le 100 000 unità. Inoltre, numerosi profughi nel 1991 e nel 1997 hanno lasciato l'Albania a seguito di una grave crisi economica e politica e sono approdati sulle coste pugliesi.

2 Le Alpi Albanesi

Le Alpi Albanesi (foto a destra) sono un'aspra e compatta catena montuosa che protegge a nord l'intero confine albanese con un arco di circa 90 km. Le rocce sono in prevalenza di natura calcarea e non mancano fenomeni carsici. Si tratta di luoghi poco abitati, nei quali solo di rado si incontrano piccoli villaggi.

Popolazione, economia e società

> Com'è formata e dove risiede prevalentemente la popolazione albanese?
> Quali sono i centri urbani principali?
> Su che cosa si basa l'economia albanese?
> Quali risorse sono particolarmente significative?

- POPOLAZIONE: **3 138 000 ab.**
- DENSITÀ: **109 ab./km²**
- CAPITALE: **Tirana** (343 078 ab.)
- FORMA DI GOVERNO: **repubblica**
- MONETA: **lek**
- LINGUA: **albanese**
- RELIGIONE: **musulmana, ortodossa, cattolica**
- POPOLAZIONE ATTIVA: **51,7%**
- OCCUPATI NEI DIVERSI SETTORI:
  - **PRIMARIO: 58%**
  - **SECONDARIO: 14%**
  - **TERZIARIO: 28%**
- IN CERCA DI OCCUPAZIONE: **14,6%**

Popolazione, lingue e religioni

La popolazione è costituita per la quasi totalità da albanesi (91,7%), con minoranze slave, turche, greche e zingare. Da sempre è soggetta a forti emigrazioni per la povertà del territorio. Molti albanesi vivono nel Kosovo o in Grecia, oppure sono approdati, soprattutto negli anni Novanta, sulle coste italiane. (1)

La popolazione risiede prevalentemente nelle campagne o in piccole cittadine.

La **lingua** nazionale è l'*albanese*, derivato da un dialetto parlato nel sud del paese, il tosco, che si è affermato sul dialetto del nord, il ghego.

L'84,4% della popolazione è di **religione** *musulmana*. Ci sono minoranze *ortodosse* (8,7%) e *cattoliche* (6,2%).

I principali centri urbani

La capitale, **Tirana** (343 078 ab.), sorge al centro del paese. Fondata dai turchi nel XVII secolo, conserva tipici edifici orientali: moschee, bazar e abitazioni caratteristiche. Nel Novecento ha conosciuto una fase di modernizzazione: sono stati costruiti nuovi quartieri, sono nate industrie ed è stata fondata l'unica università albanese. (2)

Fra le altre città significative, ci sono **Durazzo** (99 546 ab.), (3) principale porto del paese; **Scutari** (82 455 ab.), sulle rive del lago omonimo, conquistata dai romani nel III secolo a.C. e importante centro commerciale; **Valona** (77 691 ab.), secondo porto albanese e sede di industrie.

Un'economia sostenuta dalle rimesse degli emigrati

L'Albania è uno dei paesi più poveri d'Europa. Nonostante i recenti tentativi di sviluppo economico, l'instabilità politica scoraggia gli investimenti e rende difficile un vero cambiamento. Ancora oggi, una delle più importanti risorse economiche restano le **rimesse** dei numerosi emigrati all'estero.

L'**agricoltura** è l'attività principale. Il frazionamento dei terreni (distribuiti gratuitamente ai contadini dopo il 1990) e l'uso di tecniche arretrate non permettono però una grande produttività. Le coltivazioni principali sono quelle di *cereali*, *barbabietole da zucchero*, *girasoli*, *tabacco*, *cotone* e *patate*. Nelle zone costiere crescono *ulivo* e *vite*.

Importante è la produzione di *legname*.

L'**allevamento** è diffuso, ma viene spesso praticato con metodi tradizionali e quindi è poco redditizio. Al primo posto è l'allevamento di *ovini* e *caprini*, seguito da quello *bovino*.

Importante è la **pesca**, praticata lungo le coste, ma anche nei laghi e nei fiumi. Caratteristica è la produzione di *caviale*, ricavato dalle uova di storione.

Risorse e prospettive

L'Albania dispone di buone risorse del **sottosuolo**. Le principali miniere sono quelle di *cromo*, *rame*, *nichel* e *cobalto*. Si estraggono inoltre *petrolio*, *lignite* e *gas naturale*. Numerose sono le centrali *idroelettriche*, realizzate soprattutto negli anni Sessanta, che forniscono quasi il 95% dell'energia elettrica totale.

L'**industria** non ha conosciuto grande sviluppo, anche per la difficile situazione politica. Settori tradizionali sono quelli *tessili* e *alimentari* (fabbriche di marmellata, di birra e per la conservazione del pesce). Sono presenti *raffinerie*, *cementifici*, *industrie chimiche*, *cartiere*, *cantieri navali*, *fabbriche di sigarette*.

Nel **terziario** il *commercio*, in passato rivolto soprattutto ai paesi dell'Est, cerca oggi sbocchi sui mercati occidentali. Il *turismo* è in crescita.

Le **comunicazioni** *stradali* e *ferroviarie* sono poco sviluppate. Il *traffico marittimo* ha il centro a Durazzo. L'*aeroporto* principale è a Tirana.

dizionario

Rimesse: si chiamano così il denaro o i beni che gli emigrati all'estero inviano ai parenti rimasti in patria.

1 La crisi del 1997

Nel 1997, l'Albania ha attraversato un difficile momento economico, che l'ha portata sull'orlo della guerra civile. Alcune società finanziarie, che avevano ottenuto grande seguito promettendo guadagni rapidi, dichiarano il fallimento, privando molti albanesi dei loro risparmi. Il paese crolla nel caos: migliaia di investitori si raccolgono nelle piazze per protestare contro il governo. La polizia cerca di disperdere la folla, causando i primi morti. A Valona, la gente prende d'assalto le caserme e si impossessa delle armi. Il paese cade in mano di bande di criminali, che saccheggiano e uccidono: in soli sei mesi i morti salgono a più di 1600.

Comincia l'esodo verso l'Italia: nel marzo del 1997 in una sola settimana sbarcano sulle coste pugliesi oltre 12 000 profughi.

Il governo albanese chiede l'aiuto della comunità internazionale. L'ONU interviene con una forza multinazionale di protezione guidata dall'Italia, riportando la pace.

La situazione dell'Albania rimane però incerta a causa della diffusa criminalità, dedita al traffico di droga, al contrabbando di sigarette e di armi, all'immigrazione clandestina di profughi dai paesi dei Balcani e dell'Est, allo sfruttamento della prostituzione. Preoccupanti sono inoltre i legami che la mafia albanese ha stabilito con la malavita italiana, greca e turca.

2 L'istruzione

Uno dei problemi che l'Albania ha dovuto affrontare negli ultimi decenni è stato l'analfabetismo. Alla fine della Seconda guerra mondiale, infatti, l'80% della popolazione non sapeva né leggere né scrivere. Per risolvere questa situazione, vennero organizzati corsi per adulti e nel 1947 fu fondato il primo centro di studi superiori.

Del 1957 è la prima università, fondata a Tirana, affiancata nel 1973 dall'Accademia albanese.

3 Durazzo

Durazzo è uno dei centri più antichi dell'Albania. Fu infatti fondata nel VII secolo a.C. da alcuni coloni greci di Corinto e Corfù, con il nome di *Epidamno*. Divenne in seguito il maggior porto dell'Illiria e, dal III secolo a.C., passò sotto la dominazione dei romani, che la ribattezzarono *Dyrrachium* e ne fecero una base militare e il punto di arrivo della via Egnazia, che proveniva da Costantinopoli e Tessalonica. Dal porto di Durazzo le merci raggiungevano Brindisi e, attraverso la via Appia, Roma. Al periodo romano risalgono le mura cittadine e l'anfiteatro.

Venne poi conquistata dai bizantini e subì diverse dominazioni, in particolare quella turca, che lasciarono numerosi segni nell'architettura urbana.

Bulgaria

> Quali occupazioni ha conosciuto la Bulgaria nel passato?

> Quali fatti hanno portato il paese dalla monarchia alla repubblica?

> Come si presenta il territorio bulgaro?

> Quali sono i principali monti, pianure e fiumi?

SUPERFICIE:
110 970 km²

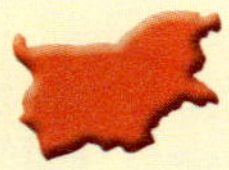

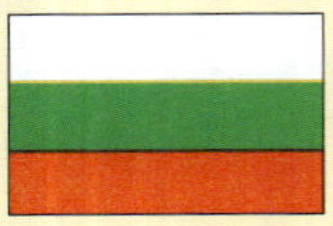

La **bandiera** bulgara è stata adottata nel 1878, quando si è costituito il principato autonomo. Il verde è simbolo di libertà, il rosso rappresenta il coraggio del popolo bulgaro, mentre il bianco è il colore della pace.

La storia

Dall'occupazione macedone al Regno di Bulgaria

La regione, abitata dai traci, nel IV secolo a.C. fu occupata dai macedoni e poi conquistata dai romani.
Nel Medioevo subì le invasioni dei bulgari, un popolo di origine mongolica, che nel 681, alleandosi con le popolazioni slave, diede origine al Regno di Bulgaria.
Nell'XI secolo passò sotto la dominazione bizantina.
Dal 1393, per cinque secoli, fu soggetta all'occupazione turca.
Il desiderio d'indipendenza portò, nell'Ottocento, a lotte sanguinose, appoggiate dalla Russia.
Dal 1878 la Bulgaria divenne principato autonomo e nel 1908 si proclamò regno indipendente.

Dalla monarchia alla repubblica

Il territorio della Bulgaria venne ridotto dopo la Prima guerra mondiale, da cui era uscita sconfitta. Alleata della Germania di Hitler, fu occupata nella Seconda guerra mondiale dalle truppe sovietiche.
Alla fine del conflitto, un referendum popolare abbatté la monarchia, scegliendo un governo repubblicano. Si affermò il Partito comunista, che guidò il paese in modo dittatoriale e filosovietico (cioè sostenendo l'Unione Sovietica).
Nel 1990, per la pressione popolare e le trasformazioni avvenute in tutti i paesi socialisti, il governo autorizzò la nascita di nuovi partiti politici. La Bulgaria divenne così una repubblica parlamentare.
Nel 2007 è diventata membro dell'Unione Europea.

Il territorio

Monti e colline

La Bulgaria ha una superficie pari a un terzo di quella italiana. **Confina** a nord con la Romania; a ovest con Serbia e Macedonia; a sud con Grecia e Turchia europea. A est è bagnata dal Mar Nero. (1) La **costa**, lunga circa 300 chilometri, è bassa e uniforme, con numerose lagune.
Il territorio è in gran parte **montuoso** e **collinare**. La catena principale, i *Balcani*, attraversa il paese dalla Serbia al Mar Nero, per circa 600 chilometri. Più elevati sono i *Monti Pirin*, verso la Macedonia, e i *Monti Rodopi*, in cui si trova la cima più alta della Penisola balcanica: *il Monte Musala* (2925 m).

Pianure, fiumi e clima

Due **fasce pianeggianti** si estendono parallele alle catene montuose. A nord si trova la pianura formata dal Danubio e dai suoi affluenti di destra. Tra i Balcani e i Monti Rodopi si estende la pianura formata dal fiume Marica.
A nord i **fiumi** principali sono il *Danubio*, che per un lungo tratto delimita il confine con la Romania, e i suoi affluenti *Iskăr* e *Osăm*. Nel Mar Egeo si gettano lo *Struma*, il *Mesta* e il *Marica*, che nasce dal Monte Musala.
Il **clima** è *continentale*. Solo lungo il Mar Nero diventa *mediterraneo*.

Utilizzazione del suolo

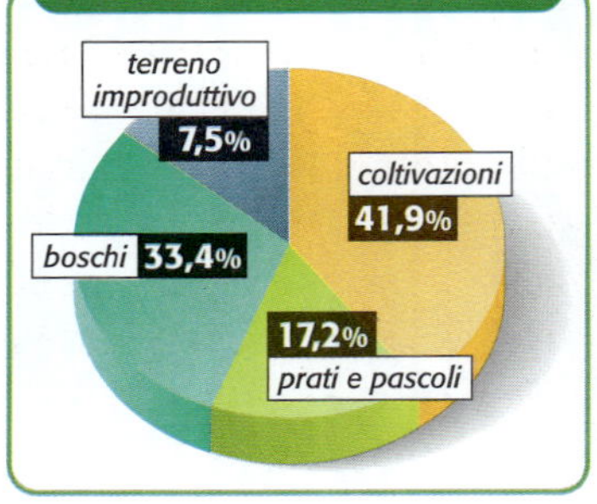

1 L'inquinamento del Mar Nero

Chiuso tra la Penisola balcanica, il Caucaso e la Turchia, il Mar Nero sembra un grosso lago. Comunica infatti con il Mar Mediterraneo solo attraverso gli stretti dei Dardanelli e del Bosforo, e con il Mar d'Azov per lo stretto di Kerč. Le sue acque, che raggiungono una superficie di 413 000 km² (pari quasi a quella della Svezia), sono alimentate da numerosi fiumi, tra cui il Danubio.

Il Mar Nero è un ambiente in pericolo: l'inquinamento causato dalle industrie, l'intenso traffico marittimo, gli scarichi e gli incidenti delle petroliere minacciano di distruggere la sua flora e la sua fauna, già notevolmente compromesse.

Per saperne di più

■ I Balcani (dal turco *balkan*, che vuol dire "montagna") si chiamano, in bulgaro, *Stara Planina*, che significa "montagna vecchia". In realtà, sono rilievi di formazione abbastanza recente. Hanno però forme arrotondate e cime che raramente superano i 2000 m.

Il personaggio

Apparteneva al popolo dei traci, gli antichi abitanti della Bulgaria, uno dei grandi eroi del passato: **Spartacus**. Nato nel I secolo a.C., Spartacus divenne soldato dell'esercito romano. Per aver disertato fu ridotto in schiavitù e inviato alla scuola dei gladiatori di Capua, dove venivano addestrati gli schiavi per i giochi nel circo.

Nel 73 a.C. Spartacus evase da Capua con una settantina di compagni e si rifugiò sul Vesuvio. Qui radunò un vero e proprio esercito e diede vita a una grande insurrezione, che si propagò rapidamente in tutta la penisola. Fu però raggiunto e ucciso dall'esercito di Crasso in Lucania, nel 71 a.C.

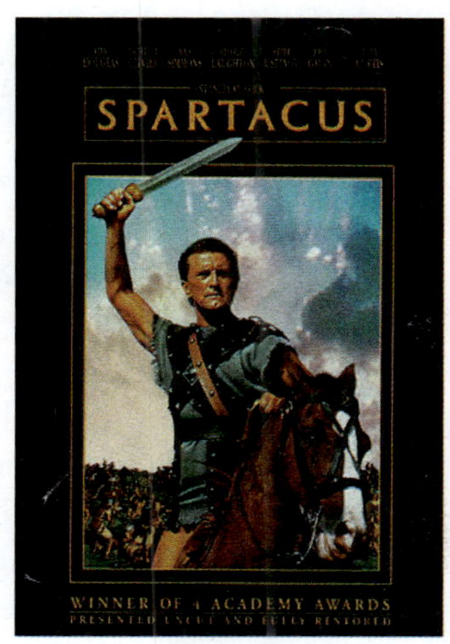

› Come si compone la popolazione della Bulgaria?

› Dove si distribuisce e quali sono le città più importanti?

› Quale evoluzione ha vissuto l'economia bulgara negli ultimi decenni?

› Quali sono le risorse principali?

Popolazione, economia e società

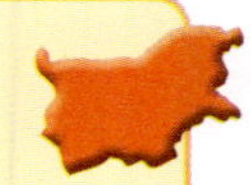

- POPOLAZIONE: **7 801 000 ab.**
- DENSITÀ: **70 ab./km²**
- CAPITALE: **Sofia** (1 208 930 ab.)
- FORMA DI GOVERNO: **repubblica parlamentare**
- MONETA: **nuovo lev**
- LINGUA: **bulgaro (ufficiale), armeno, greco, macedone, rumeno, turco**
- RELIGIONE: **ortodossa, musulmana**
- POPOLAZIONE ATTIVA: **51,8%**
- OCCUPATI NEI DIVERSI SETTORI:
  - **PRIMARIO: 9%**
  - **SECONDARIO: 32%**
  - **TERZIARIO: 59%**
- IN CERCA DI OCCUPAZIONE: **11,9%**

Una popolazione omogenea

La popolazione è costituita quasi totalmente da bulgari (83,9%). La minoranza turca (9,4%), che sotto il regime comunista non aveva la libertà di parlare la propria lingua, nel 1990 ha ottenuto il riconoscimento dei diritti civili.

La popolazione vive in prevalenza nelle cittadine della valle della Marica e nella regione danubiana.

La **lingua** nazionale è il *bulgaro*, una lingua del ceppo slavo, scritta con l'**alfabeto cirillico**. La minoranza turca parla la propria lingua.

Il 36,8% della popolazione è di **religione** *ortodossa*. La minoranza turca è di religione *musulmana* (12,2%).

Le città principali

Sofia (1 208 930 ab. con l'agglomerato urbano), sorge vicino al confine serbo. Dominata a lungo dai turchi, unisce alle caratteristiche orientali quelle occidentali, sviluppate soprattutto a partire dal 1878, quando divenne capitale. Per la sua posizione al centro di importanti vie di traffico, è sede di scambi. È inoltre il principale polo industriale, economico e culturale del paese. La seconda città per numero di abitanti è **Plovdiv** (340 638 ab.), centro commerciale e industriale nella valle della Marica. Fondata da Filippo II il Macedone, sotto i romani divenne capitale della Tracia. Lungo la costa del Mar Nero si trova **Varna** (314 539 ab.), città di origine greca, poi caduta sotto il dominio turco. Secondo porto del paese, è un importante centro turistico e balneare.

Un paese di tradizioni agricole

Grazie alle vallate fertili e all'abbondanza di acque, la Bulgaria ha sempre avuto forti tradizioni agricole. Durante il regime comunista sono nate grandi cooperative con l'aiuto economico dell'URSS, che mirava a un ulteriore sviluppo agricolo della nazione, destinata a fornire prodotti alimentari ai paesi socialisti. Negli anni Settanta ha incominciato a svilupparsi l'industria.

dizionario

Alfabeto cirillico: è l'alfabeto usato per scrivere in varie lingue slave e altre lingue non slave parlate in territori della ex URSS.

Il crollo dei regimi comunisti ha però causato una grave crisi economica. È infatti mancato il sistema di protezione che permetteva alla Bulgaria di esportare i propri prodotti e acquistare materie prime dai paesi alleati. Oggi il paese ha intensificato il commercio verso i paesi dell'Unione Europea.

L'**agricoltura** è molto praticata, anche grazie ai bacini e canali d'irrigazione, che hanno reso fertili aree improduttive: le coltivazioni principali sono quelle di *cereali* (granoturco, grano, riso). Importanti sono anche le produzioni di *girasoli*, *tabacco*, *lino*, *barbabietole da zucchero*, *ortaggi*, *cotone* e *vite*, da cui si ricavano vini di buona qualità. Coltivazioni tipiche sono quelle di *fragole* e *rose*. (1) Dalle foreste si ricavano grandi quantità di *legname*.

L'abbondanza di pascoli favorisce l'**allevamento** di *ovini* e *bovini*. Si allevano anche *suini* e *pollame*.

Industria, terziario e comunicazioni

Le risorse del **sottosuolo** non sono molto abbondanti. Oltre al *carbone*, al *petrolio* e al *gas naturale*, si estraggono *ferro*, *rame* e *piombo*. L'energia elettrica prodotta è per circa il 40% nucleare.

Nell'**industria** i settori *siderurgico*, *metallurgico* e *chimico* hanno affiancato i settori tradizionali: *tessile*, *alimentare* e della lavorazione del *tabacco*.

Il **terziario** è ancora poco sviluppato. Il *turismo* è concentrato sulle rive del Mar Nero, in alcune città d'arte e in antichi monasteri. Le **comunicazioni** *stradali* e *ferroviarie* sono ostacolate dai Balcani. Discreto è il traffico *fluviale*, principalmente lungo il Danubio. (2) La Bulgaria dispone anche di alcuni *porti* marittimi di rilievo, tra cui Varna e Burgas, e dell'*aeroporto* internazionale di Sofia.

1 Il paese delle rose

Tipica coltivazione bulgara è quella delle rose. Questa pianta, introdotta dai turchi tre secoli fa, cresce nelle zone meno fredde, e in particolare nella valle della Tundža (chiamata appunto "valle delle rose"), che si trova al centro del paese. Le rose, coltivate spesso in serre, vengono utilizzate nell'industria dei profumi, ma anche in quella farmaceutica e alimentare. Dai petali di rosa si ricavano infatti, oltre alle essenze, vitamina C, marmellate e liquori.

2 Il Ponte dell'Amicizia

A Ruse, principale porto fluviale della Bulgaria, si trova uno dei più lunghi ponti d'Europa. Si chiama Ponte dell'Amicizia e collega, attraverso il Danubio, la Bulgaria con la Romania, e precisamente con il porto fluviale rumeno di Giurgiu. Costruito nel 1854, il ponte è lungo 2,2 km.

Il personaggio

Di origini bulgare è uno dei più affermati artisti contemporanei: **Christo Javacheff**, noto più semplicemente come Christo. Nato nel 1935, si è fatto conoscere dal grande pubblico nella seconda metà del Novecento per aver "impacchettato" con grandi fogli di plastica alcuni tra i più grandi monumenti ed elementi naturali del mondo.

La Bulgaria a tavola

Yogurt è una parola di origine turca. Il merito di aver diffuso questo alimento in Occidente va però ai bulgari, che da tempo immemorabile ne fanno uso. Lo yogurt bulgaro è prodotto principalmente con latte di pecora e capra.

SCENARI

Le chiese rupestri di Ivanovo

Il complesso monastico di Ivanovo, costruito tra il XIII e il XIV secolo, è uno dei tesori artistici della Bulgaria e fa parte del Patrimonio culturale dell'umanità protetto dall'**unesco**. Sorge all'interno del Parco naturale Rusenski Lom, a una ventina di chilometri dalla città di **Ruse**.
La particolarità di questo antico monastero è che è interamente **scavato nella roccia** e, pertanto, quasi invisibile dall'esterno. I diversi locali che costituiscono il complesso, vale a dire piccole chiese o cappelle, stanze, scale e corridoi, si susseguono uno dopo l'altro per 5 chilometri e sono come sospesi, a 35 metri di altezza, sopra il corso del **fiume Rusenski Lom**. Fu questo fiume, nel corso del tempo e con l'aiuto di pioggia e vento, a erodere la roccia, di tipo calcareo, formando la valle scoscesa entro cui oggi scorre come in un canyon, creando grotte naturali di varie dimensioni.
Nelle grotte trovarono rifugio alcuni **monaci** desiderosi di allontanarsi il più possibile dalle cose terrene per dedicarsi alla preghiera nella solitudine e nel silenzio. 2 Li guidava il monaco Gioacchino, che in seguito fu il primo patriarca della Chiesa ortodossa bulgara.
I religiosi costruirono le loro celle e le chiese continuando a scavare nella roccia, quindi abbellirono il monastero ricoprendone le pareti e i soffitti di **affreschi**. Queste pitture, di cui vedi alcuni esempi nella foto a fianco, costituiscono un patrimonio culturale di grandissimo valore e testimoniano l'influenza dello stile bizantino sull'arte medievale in Bulgaria. Le scene raffigurate raccontano episodi del Vangelo, in particolare la passione di Cristo, oppure vite di santi e di monaci. In alcuni affreschi, inoltre, sono riconoscibili i ritratti dei sovrani benefattori del monastero.
Molto probabilmente la presenza dei religiosi nel complesso di Ivanovo ebbe fine intorno al 1393, quando in Bulgaria iniziò la **dominazione ottomana**, destinata a durare per ben cinque secoli.

3 Alcuni degli affreschi raffigurano la passione di Cristo, raccontata in riquadri che sembrano fotogrammi di un film!

2 In questa e nelle altre chiese sotterranee i monaci si riunivano per pregare, trovando pace e silenzio.

1 Il complesso delle chiese rupestri nella valle del fiume Rusenski Lom fu costruito all'interno di un massiccio di pietra calcarea, nei pressi del villaggio di Ivanovo.

4 Non tutte le opere del monastero si sono ben conservate attraverso i secoli, tuttavia esse rappresentano comunque un tesoro artistico di enorme valore.

Attività

Rispondi, a voce, alle seguenti domande.

- **a)** Dove si trova il monastero di Ivanovo?
- **b)** Qual è la particolarità di questa costruzione?
- **c)** Perché le chiese di Ivanovo sono importanti per la storia dell'arte?
- **d)** Da quale grande impero fu conquistata la Bulgaria alla fine del XIV secolo?

Grecia

› Quali dominazioni ha subito la Grecia nel passato?

› Quali avvenimenti e forme di governo diverse ha vissuto negli ultimi due secoli?

› Da che cosa è formato il territorio greco?

› Come si presenta?

SUPERFICIE:
131 957 km²

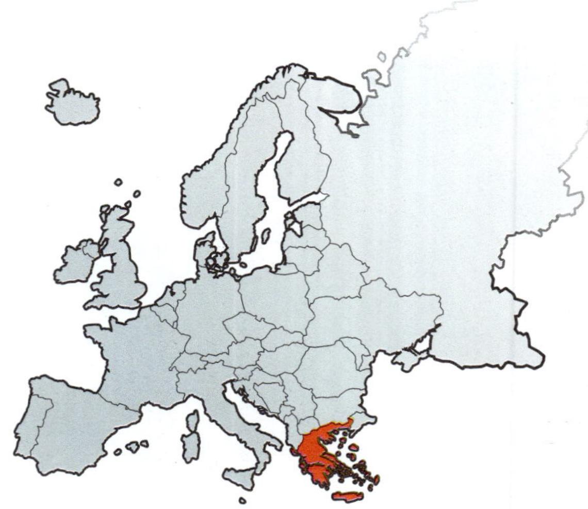

La **bandiera** greca riporta i colori bianco e azzurro, scelti dai patrioti che tra il 1821 e il 1830 lottarono per ottenere l'indipendenza del paese dal dominio turco. È stata adottata nel 1832 dal re di Grecia Ottone I. La croce è il simbolo cristiano. Le nove strisce orizzontali si riferiscono alle nove sillabe che, in greco, formavano il motto dei patrioti nella lotta contro i turchi: "Libertà o morte".

La storia

Dalla civiltà greca al dominio dei turchi

La raffinata civiltà fondata dai greci, intorno al IV secolo a.C. entrò in una fase di decadenza politica e finì sotto il dominio macedone, prima di essere conquistata dai romani.

Alla caduta dell'Impero romano d'Occidente subì la dominazione bizantina e, dal XV secolo, quella dei turchi, che la sottomisero per quattro secoli, tentando di convertire il paese all'islam e portandolo alla decadenza.

Monarchia, dittatura e repubblica

Nel 1830 la Grecia ottenne l'indipendenza e si costituì come monarchia. Partecipò vittoriosamente alla Prima guerra mondiale e conquistò parte della Tracia. Nonostante le simpatie manifestate dal 1936 per la politica nazista, durante il secondo conflitto venne occupata da Hitler e Mussolini. Liberata dai partigiani, visse la guerra civile (1949) tra comunisti e anticomunisti, sostenitori della monarchia. Prevalsero questi ultimi, ma la monarchia nel 1967 cadde sotto il colpo di stato guidato dai colonnelli. La dittatura militare governò fino al 1974, quando un altro colpo di stato instaurò la repubblica parlamentare e ristabilì la democrazia. Dal 1981 la Grecia fa parte dell'Unione Europea.

Utilizzazione del suolo

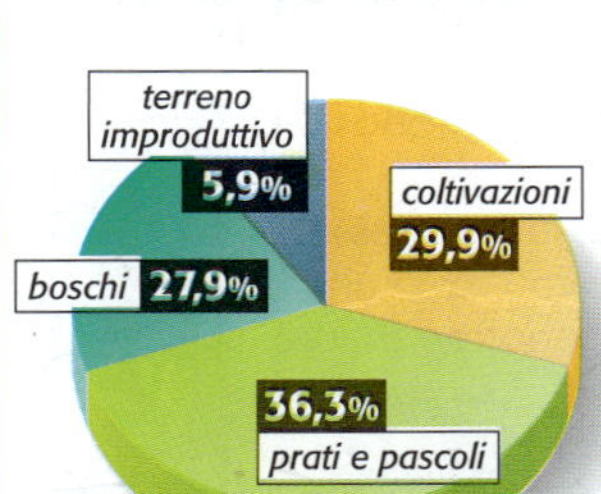

Il territorio

Un paese di isole

Situata all'estremità meridionale dei Balcani, la Grecia si estende nel Mediterraneo, che a est prende il nome di Mar Egeo e a ovest di Mar Ionio.

Confina a nord-ovest con l'Albania; a nord con Macedonia e Bulgaria; a est con la Turchia europea.

È formata da una parte continentale, due grandi penisole (Peloponneso e Penisola calcidica) e circa 480 **isole**, che costituiscono oltre il 17% del territorio. Le due più grandi sono *Creta* (1) ed *Eubea*; le altre sono frazionate in piccoli arcipelaghi: Ionie, Sporadi, Cicladi, Dodecaneso.

Le **coste**, che si estendono per oltre 15 000 chilometri, sono per lo più alte e frastagliate, con numerosi golfi: Patrasso e Corinto sullo Ionio; Eubea, Salonicco e Orfánion sull'Egeo.

Un territorio prevalentemente montuoso

Il territorio è in gran parte **montuoso**: oltre il 40% del paese è situato a un'altitudine superiore ai 500 m. La catena principale è quella del *Pindo*, dalla quale si diramano alcuni rilievi laterali, tra cui il *Monte Olimpo* e il *Monte Parnaso*. (2) I *Monti Rodopi* si innalzano al confine con la Bulgaria.

Le **pianure** sono scarse: le più importanti sono quelle di *Tessaglia* e *Macedonia*.

I **fiumi**, caratterizzati da forti pendenze, hanno percorso breve e portata d'acqua variabile. Fra i principali, l'*Achelóo* si getta nel Mar Ionio, l'*Aliákmon* e il *Penéios* sfociano nell'Egeo. Dalla Macedonia arriva l'*Axiós* e dalla Bulgaria giungono lo *Strimón* e il *Néstos*.

Il **clima** è quasi ovunque *mediterraneo*. Lontano dalla costa, o ad altitudini elevate, diventa *continentale*.

1 Creta

Oltre a essere l'isola più grande della Grecia, Creta è anche la culla della civiltà greca. Qui fiorì infatti la civiltà minoica, la più antica della regione. A Creta, nella città di Cnosso, sorgeva il grandioso palazzo del re Minosse. Qui – secondo un famoso mito – si trovava anche il labirinto, in cui si nascondeva il feroce Minotauro, una creatura con corpo di uomo e testa di toro, al quale venivano dati in pasto, ogni anno, 14 giovani ateniesi. Il Minotauro fu ucciso da Teseo, con l'aiuto della figlia di Minosse, Arianna.
La civiltà minoica scomparve misteriosamente all'incirca 2500 anni fa. Secondo alcuni, la causa fu un maremoto, provocato dall'esplosione del vulcano dell'isola di Santorini.

2 L'Olimpo e il Parnaso

La vetta più alta della Grecia, il Monte Olimpo (2917 m), si trova tra Tessaglia e Macedonia. Per gli antichi greci sulla sua vetta, spesso nascosta dalle nubi e perciò misteriosa, abitavano gli dèi. Un altro monte sacro agli antichi era il Parnaso (2457 m): secondo la mitologia, qui risiedevano le Muse, le nove divinità che ispiravano tutte le arti.

> Com'è composta la popolazione greca?
> Quali fenomeni migratori l'hanno riguardata negli ultimi due secoli?
> Quali sono le città principali?
> Come si presenta l'economia della Grecia?

Popolazione, economia e società

- POPOLAZIONE: **11 045 000 ab.**
- DENSITÀ: **84 ab./km²**
- CAPITALE: **Atene** (3 761 810 ab.)
- FORMA DI GOVERNO: **repubblica parlamentare**
- MONETA: **euro**
- LINGUA: **greco**
- RELIGIONE: **greco-ortodossa, musulmana**
- POPOLAZIONE ATTIVA: **43,7%**
- OCCUPATI NEI DIVERSI SETTORI:
  - **PRIMARIO: 14%**
  - **SECONDARIO: 23%**
  - **TERZIARIO: 63%**
- IN CERCA DI OCCUPAZIONE: **10,5%**

Una popolazione omogenea

La popolazione della Grecia è per il 90,4% greca, con piccole minoranze macedoni, turche, bulgare e albanesi.
All'inizio del Novecento le difficili condizioni economiche costrinsero molti a emigrare, in gran parte in America. Il fenomeno migratorio si è poi attenuato e si è rivolto soprattutto all'Europa occidentale. Negli anni Novanta si sono rifugiate nel paese popolazioni albanesi e bosniache sfuggite ai conflitti nei Balcani.
La popolazione si concentra nella capitale, nei centri urbani e lungo la costa.
La **lingua** ufficiale è il *greco* moderno. La **religione** più praticata è quella *greco-ortodossa* (91,8%), (1) con minoranze *musulmane* (1,3%), *cattoliche* ed *ebraiche*.

Città principali

La capitale, **Atene**, con il porto, il Pireo, e l'agglomerato urbano, raggiunge i 3 761 810 abitanti. Nel II millennio a.C. fu il cuore della civiltà greca e una delle più importanti città del Mediterraneo. Di questo passato conserva numerose testimonianze, fra cui l'Acropoli (vedi p. 242). Sotto la dominazione turca perse la sua importanza. Dall'Ottocento, quando divenne capitale, ha però conosciuto uno sviluppo incontrollato, che ha causato problemi come il traffico e l'inquinamento. Oltre che centro amministrativo e politico del paese, è importante per i commerci e il turismo.
Salonicco (800 764 ab. con l'agglomerato urbano) fu fondata nel IV secolo a.C. sul golfo omonimo con il nome di Tessalonica. Conserva monumenti dell'epoca ellenistica e delle dominazioni romana e bizantina, anche se è stata danneggiata da un grave incendio nel 1917 e da un recente terremoto. È uno dei porti più attivi del Mar Egeo.
Patrasso (170 452 ab.) è la città più importante del Peloponneso e il principale porto sullo Ionio. Colonia romana, era nota in epoca bizantina per la lavorazione della seta. Distrutta nel 1821 da un incendio, ha subìto gravi danni anche durante la Seconda guerra mondiale.

dizionario

Transumanza: trasferimento del bestiame in estate ai pascoli montani e in inverno in pianura.

Un'economia povera

La Grecia è tra i paesi più poveri dell'Unione Europea. Il territorio arido, le scarse risorse del sottosuolo, la mancanza di fonti energetiche ne hanno ostacolato lo sviluppo. L'ingresso nella UE ha favorito l'afflusso di aiuti economici e capitali.
L'**agricoltura** resta una risorsa importante, ma le tecniche tradizionali e i latifondi ostacolano la redditività. Il governo ha cercato di dare impulso al settore con opere d'irrigazione e favorendo la modernizzazione. Le coltivazioni principali sono quelle mediterranee: *olive*, *uva*, *agrumi*, *mandorle*, *fichi*.
Diffusi sono anche *cereali* e *ortaggi*, *tabacco*, *barbabietole da zucchero* e *cotone*. L'**allevamento** *ovino* e *caprino* viene praticato per lo più con il sistema della **transumanza**; di rilievo sono l'allevamento di *muli* e *asini* e l'*apicoltura*; di antica tradizione è l'allevamento di *bachi da seta*.
Risorsa importante è la **pesca**, destinata al fabbisogno interno; sempre meno praticata è la pesca delle *spugne*.

Industria, terziario e comunicazioni

Le risorse del **sottosuolo** sono modeste: *nichel*, *lignite*, *ferro* e *bauxite*. Materiale pregiato è il *marmo*. L'**industria** non è molto sviluppata, anche per la carenza di energia. Settori tradizionali sono quelli *tessile*, *alimentare* e della *lavorazione del tabacco*. Importanti sono poi i comparti *chimico*, del *cemento* e della *carta*. Le industrie più grandi, in parte realizzate con capitali stranieri, si concentrano nelle zone di Atene e Salonicco.
Sempre più rilevante è il **terziario**. Il paese è tra i primi al mondo per il *trasporto mercantile marittimo* e la presenza di *turisti*, in costante aumento, supera i 13 milioni l'anno. (2) Le **comunicazioni** *stradali* e *ferroviarie* sono insufficienti; molto sviluppate sono invece quelle *marittime*. Il principale *aeroporto* è quello di Atene.

1 Una repubblica di monaci

Nel maggiore dei tre promontori che si allungano, come tre dita, dalla Penisola calcidica, ha sede una strana repubblica. Si tratta della Repubblica monastica autonoma del Monte Athos, dal nome della cima più alta (2033 m). Qui vivono 20 comunità di monaci di rito ortodosso, per un totale di circa 1700 monaci, non solo greci, ma provenienti da diversi paesi europei (Bulgaria, Serbia, Russia). La repubblica ha come capoluogo Karvaì, dove ha sede il Santo Sinodo, cioè l'insieme delle autorità religiose. Secondo la tradizione, il primo monastero fu fondato nel 963 da sant'Atanasio. I monasteri, che sembrano fortezze, nacquero con lo scopo di offrire ai monaci silenzio e isolamento, ma anche di difenderli dagli attacchi nemici. La legge vieta l'accesso al Monte Athos alle donne e ai giovani.

2 Il folklore greco

Tra le ricche tradizioni folcloristiche della Grecia, c'è quella della danza. Il ballo più conosciuto è sicuramente il *sirtaki*, che è stato reso famoso anche dal film *Zorba il greco* (1964). Trae origini dal *sirtis*, una danza tradizionale ballata dalle guardie di stato, in un costume che comprende il *fez* (un copricapo conico, usato nell'impero ottomano), e il gonnellino. La danza nazionale è però il *kalamantianis*.

La Grecia a tavola

Un prodotto tipico della Grecia è l'**uva passa**, di cui il paese ha il primato mondiale (59 000 tonnellate). L'uva passa, ottenuta dall'essiccazione degli acini, è prodotta particolarmente a Corinto, nelle isole Ionie, a Creta e a Samo. Un tipo particolare di uva passa è quella sultanina, ottenuta da una varietà bianca e senza semi.
Dalle uve greche si ricavano anche vini, alcuni molto rinomati. I vini greci vengono di solito sottoposti alla resinatura, un antico procedimento che consiste nell'aromatizzare la bevanda con piccole quantità di resina e che dà al vino un gusto aspro.

Per saperne di più

- Un grande impulso alle comunicazioni marittime è stato dato dalla costruzione del canale che taglia l'istmo di Corinto, lo stretto braccio di terra che collega il Peloponneso alla Penisola balcanica. Edificato tra il 1883 e il 1893, il canale mette in comunicazione il Mar Ionio con l'Egeo.

Visitare Atene

Agorà

Abitata fin dal 3000 a.C., era il luogo di ritrovo dei cittadini dell'Atene classica e in cui si svolgeva la vita politica ed economica. Nei secoli danneggiata e abbandonata, fu negli anni Cinquanta oggetto di scavi archeologici che hanno restituito, tra gli altri monumenti, il Tempio di Efesto, edificio dorico conservato splendidamente.

Acropoli ("città alta")

È la collina fortificata che domina la città, sede di edifici di culto dall'epoca arcaica in poi. I resti che vi si trovano sono quelli della città sacra costruita a partire dal VI secolo a.C. La compongono il Partenone, tempio dedicato alla dea Atena, protettrice della città, insuperabile esempio dell'architettura ellenica; i Propilei, porticati antistanti l'area sacra; l'Eretteo, con le famose cariatidi che reggono il portico; il Tempio di Atena Nike, piccolo tempio votivo che commemora la vittoria sui persiani.

La gente

La gente di Atene è molto orgogliosa del proprio patrimonio culturale, e per questo è facile che un turista venga accolto e integrato rapidamente da questo generoso popolo, la cui ospitalità è vissuta da millenni come un piacevole dovere.

I primati

Ad Atene, nel 1896, si tennero i primi giochi olimpici dell'era moderna, in omaggio al paese in cui questa manifestazione sportiva aveva avuto inizio. Le Olimpiadi sono infatti nate in un'antica città della Grecia, Olimpia. Qui si trovava il più importante santuario dedicato a Zeus, il padre degli dèi. In suo onore, ogni quattro anni si tenevano dei giochi pubblici, con gare di vario tipo. Questi giochi erano così importanti, che per poterli celebrare si sospendevano addirittura le guerre.
I giochi olimpici furono celebrati per più di mille anni, dall'VIII secolo a.C. al 393 d.C., quando vennero vietati dall'imperatore Teodosio.
Atene vanta un altro primato di grande valore: fu la prima città con statuto democratico della storia.

La curiosità

Importanti parti del tesoro archeologico dell'Acropoli di Atene, tra cui il fregio del Partenone, una cariatide dell'Eretteo e altre sculture, furono cedute dai turchi, quando questi occupavano la Grecia, all'inglese Lord Elgin, che li consegnò al British Museum.
Da allora, il governo inglese rifiuta la restituzione dei reperti. La questione dei "marmi di Elgin", nonostante le proteste, non è ancora risolta e i marmi costituiscono una collezione di punta del British Museum.

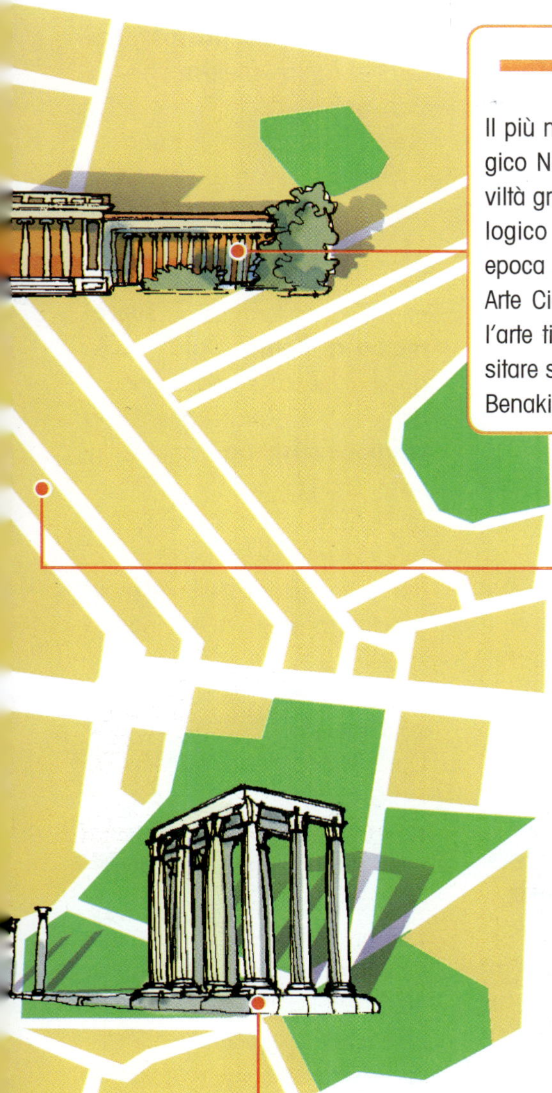

Musei

Il più noto è sicuramente il Museo Archeologico Nazionale, ricco di tesori d'arte della civiltà greca; importante è anche il Museo Archeologico del Pireo, porto di Atene, con reperti di epoca classica, ellenistica e romana; il Museo di Arte Cicladica e Greca Antica ospita oggetti dell'arte tipica dell'arcipelago delle Cicladi. Da visitare sono anche il Museo Nazionale, il Museo Benaki, e il Museo Bizantino.

Plaka

È il quartiere più antico della città, fatto di stradine pedonali e piazzette di grande atmosfera; nasconde piccoli tesori artistici, come alcune notevoli chiese bizantine.

Parte della Plaka è costituita da Anafiotika, un gruppo di case che prende il nome dai suoi primi abitanti, i muratori dell'isola di Anafi: si tratta di case basse e bianche, attraversate da scalette e viuzze e punteggiate da porte e finestre colorate.

Tempio di Zeus Olimpio

Si trova a poche centinaia di metri dall'Acropoli e fu progettato in epoca ellenistica per essere il più grande tempio della Grecia, ma venne completato solo in epoca romana da Adriano. Delle sue 104 colonne oggi ne sono rimaste in piedi solo 15, che tuttora sono molto rappresentative della grandiosità della costruzione.

Carta d'identità

- **Nome:** Athina
- **Data di nascita:** La fondazione di Atene si intreccia col mito; sarebbe nata per volontà di Teseo, che riunì i piccoli villaggi attici in un'unica città. Già 7000 anni fa Atene era abitata, ma il suo atto di nascita si fa risalire agli ordinamenti democratici di Solone nel 594 a.C. Dopo secoli di egemonia su tutta la Grecia, fu conquistata dai romani. Atene divenne, alla scissione dell'Impero romano, dominio di Bisanzio per molti secoli, per passare sotto la dominazione ottomana dal 1456 al 1833, quando diventò la capitale del Regno di Grecia.
- **Indirizzo:** Grecia
- **Altitudine:** 40-150 m s.l.m.
- **Superficie:** 411 km^2
- **Popolazione:** 745 514 ab. (3 761 810 ab. con l'aggl. urbano)

Da non perdere

Atene ha una vasta estensione, ma le zone di maggior interesse sono concentrate nei pressi dell'Acropoli e nei quartieri che la circondano. Sul declivio dell'Acropoli si trova il Teatro di Dioniso, il primo del mondo classico, nel quale operarono probabilmente Eschilo, Sofocle ed Euripide. Anche l'Atene "romana" merita una visita: nell'antica Agorà fu costruito un foro romano destinato a uso commerciale. Vi si trova la grandiosa Biblioteca voluta dall'imperatore Adriano, che fece inoltre erigere una porta monumentale per segnare il passaggio tra "la città di Adriano e la città di Teseo". Sempre a opera dei romani fu costruito l'Odeon di Erode Attico, ulteriore edificio teatrale sulle pendici dell'Acropoli. Non meno interessante è l'Atene bizantina, testimoniata da alcune piccole chiese che rappresentano veri gioielli; uno di essi dà il nome al quartiere Monastiraki, dove merita passare per ritrovare le tracce dell'impero ottomano e per visitare un imperdibile mercatino delle pulci. Infine, al Museo Archeologico Nazionale, non si trascuri la celeberrima Maschera di Agamennone.

DOSSIER

Il Mediterraneo

Posto all'incrocio fra tre continenti, il Mediterraneo svolge da sempre un ruolo di collegamento tra popoli e civiltà diverse. Anche oggi, i 23 stati che si affacciano sulle sue rive sono uniti da intensi rapporti commerciali e culturali.

Un mare fra le terre

Il Mediterraneo è un mare interno, chiuso dalla terraferma. Il nome stesso significa "**in mezzo alle terre**". Gli unici punti attraverso cui comunica con altri bacini d'acqua sono infatti lo Stretto di Gibilterra, che lo mette in comunicazione con l'Oceano Atlantico, gli stretti del Bosforo e dei Dardanelli, che lo collegano al Mar Nero, e il Canale artificiale di Suez, inaugurato nel 1869, con cui è collegato al Mar Rosso.

Sul Mediterraneo si affacciano 23 stati, appartenenti a tre continenti: europeo, africano e asiatico. 13 di questi stati si trovano in Europa, e due di essi sono interamente circondati dal mare: Cipro e Malta.

Il Mediterraneo nella storia europea

Gran parte della storia europea nasce dal Mediterraneo. Sulle sue coste hanno infatti avuto origine alcune delle più **grandi civiltà del passato**: egizia, ebraica, cretese, assiro-babilonese, micenea, fenicia, greca, cartaginese, romana.

Il Mediterraneo era luogo d'incontro e di commerci, di trasmissione di conoscenze e arti. Intorno al III secolo a.C. incominciò ad affermarsi la **supremazia di Roma**. Dal I secolo d.C. giunse a Roma – ancora attraverso il Mediterraneo – la **religione cristiana**, che si diffuse in tutta l'Europa.

Le invasioni dei barbari segnarono la fine della potenza romana, e quindi dell'unità del Mediterraneo. L'attenzione si spostò verso est, dove cresceva la potenza dell'Impero bizantino.

Dal VII secolo, il Mediterraneo tornò di nuovo al centro della storia europea. Cominciava infatti l'**espansione degli arabi**, che dal Medio Oriente si spinsero in tutta l'Africa settentrionale, in Spagna, nella Francia meridionale, in Sicilia. Portavano nuove conoscenze scientifiche e tecniche, e una religione diversa, l'islam. Il bacino del Mediterraneo si divise a metà: le regioni a nord, cristiane, e quelle a sud, musulmane.

Il contrasto si fece evidente con le **crociate**, che avevano non solo lo scopo di liberare la Terra santa dal dominio degli arabi, ma anche quello di riaprire

Cipro

Cipro è un'isola a sud della costa turca. Ex colonia britannica, è indipendente dal 1959. Abitata da una maggioranza di origine greca (78%) e religione ortodossa e una minoranza turca (18%), musulmana, vive da tempo gravi contrasti fra le due comunità. Nel 1974 un colpo di stato portò al governo la fazione politica favorevole all'annessione alla Grecia. La Turchia inviò truppe nel nord dell'isola, con la motivazione di proteggere la minoranza turca. Nel 1983 è stata proclamata la Repubblica Turca di Cipro del Nord, non riconosciuta dalla comunità internazionale. Dal 2004 Cipro fa parte dell'Unione Europea (solo per la parte non occupata dalla Turchia).

L'economia del paese è prevalentemente agricola, ma l'industria è in espansione, grazie alle buone risorse minerarie. Il turismo, che ha subìto un calo per la difficile situazione politica, è ora nuovamente in crescita.

Malta

Lo stato di Malta (membro del Commonwealth) è costituito dalle isole di Malta, Gozo, Comino e da altre minori, a circa 90 chilometri a sud della Sicilia. Importante centro della civiltà megalitica (4500-2000 a.C.), fu poi occupato da fenici, cartaginesi e arabi. Nell'Ottocento entrò a far parte dell'Impero britannico. Nel 1964 ottenne l'indipendenza e nel 1974 è stata proclamata la repubblica.
Dal 2004 è membro dell'Unione Europea.
La popolazione (composta da maltesi di religione cattolica) si concentra nell'isola di Malta. Capitale e porto principale è Valletta.
L'economia, un tempo basata sull'agricoltura, ha oggi la sua fonte di ricchezza principale nel turismo e nel commercio marittimo.

il Mediterraneo ai traffici mercantili.
Nel XVI secolo, dopo la scoperta dell'America, i traffici si spostarono sull'Oceano Atlantico, su cui si affacciavano le grandi potenze coloniali: Portogallo, Spagna, Inghilterra, Francia, Paesi Bassi.
Bisognava attendere l'Ottocento perché il Mediterraneo riacquistasse la sua importanza. In questo secolo le potenze europee conquistarono **colonie nel continente africano**. Ebbero così inizio nuovi scambi fra l'Europa e i paesi a sud del bacino mediterraneo, ma dalla seconda metà del Novecento incominciò la lotta delle colonie per conquistare l'indipendenza.

Il Mediterraneo oggi

La scoperta di **giacimenti di petrolio e di gas naturale** in molti paesi nordafricani ha dato, a partire dagli anni Cinquanta, nuovo impulso ai commerci attraverso il Mediterraneo. Oggi l'Europa esporta nel continente africano e nel Medio Oriente prodotti industriali e ad alta tecnologia e importa soprattutto risorse energetiche e prodotti agricoli.
Gli scambi fra i paesi del bacino del Mediterraneo non sono però solo di tipo commerciale. Numerose sono le **occasioni di incontro** fra i popoli delle due "rive": dal turismo ai flussi migratori che portano numerosi nordafricani ad approdare sulle coste europee, alla ricerca di occupazione.

La Turchia

Posta tra l'Asia e l'Europa, la Turchia è anche culturalmente un paese in cui si incontrano Oriente e Occidente. Da decenni, infatti, sta attraversando un processo di modernizzazione, che ha avvicinato la sua economia a quella degli stati europei.
Una parte del suo territorio (la cosiddetta "Turchia europea"), pari al 3% del totale, si trova inoltre nella Penisola balcanica, ai confini con Grecia e Bulgaria.
Fitti sono i suoi rapporti con la Germania, in cui vivono circa due milioni di immigrati turchi, e con i paesi del nord-est europeo.
Per questi motivi, la Turchia chiede da tempo di entrare a far parte dell'Unione Europea.

Attività

Rispondi, a voce, alle seguenti domande.

- **a)** In quali momenti storici il Mediterraneo è stato particolarmente importante?
- **b)** Quali scambi avvengono oggi tra i paesi del Mediterraneo?
- **c)** Qual è la situazione politica attuale di Cipro? Da che cosa è stata determinata?
- **d)** Su che cosa si basa l'economia dell'isola di Malta?
- **e)** Sulla base di quali motivazioni la Turchia chiede l'ingresso nell'Unione Europea?

Albania

1. SCEGLI **tra le alternative proposte quella che ritieni corretta.**

Nel III secolo a.C. l'Albania, abitata dagli illiri, fu occupata dai *greci* / *romani*. Dopo la caduta dell'Impero romano divenne parte dell'Impero *di Bisanzio* / *asburgico*, che non riuscì però a contrastare le frequenti invasioni *barbare* / *arabe*. Dal 1431, per *5* / *2* secoli fu occupata dai turchi, che diffusero *l'islam* / *l'induismo*. Numerosi profughi emigrarono *in Svizzera* / *nell'Italia meridionale*, formando comunità ancora presenti.
Nel *1912* / *1712* ottenne l'indipendenza, ma dal 1917 fu sottoposta al protettorato *dell'Italia* / *della Serbia*, a cui venne annessa dal 1939. Al termine della *prima* / *seconda* guerra mondiale si costituì in repubblica popolare, con a capo Enver Hoxha, principale esponente del movimento partigiano *fascista* / *comunista*. Rimase sotto l'influenza dell'URSS fino al 1961, quando si avvicinò *alla Cina Popolare* / *a Cuba*. Alla fine del *1990* / *1980* la popolazione si ribellò, facendo crollare il governo; l'anno successivo l'Albania divenne una *repubblica* / *monarchia* parlamentare.

2. COMPLETA **il testo, che descrive il territorio dell'Albania.**

L'Albania è separata dall'Italia da un braccio di mare: il ...., largo appena .... chilometri. Confina a nord con il ...., a nord-est con la ...., a est con la ...., a sud-est con la .... A ovest si affaccia sul Mar .... Il territorio è prevalentemente .... La catena più elevata è quella delle .... Le scarse pianure, di origine ...., si trovano .... I fiumi principali sono ....

3. RISPONDI **alle seguenti domande.**

a) Come è composta la popolazione albanese? ....

b) Dove risiede in prevalenza? ....

c) Qual è la religione praticata dalla maggior parte della popolazione? ....

4. COLLEGA **con una freccia queste brevi descrizioni alle città albanesi a cui si riferiscono.**

Principale porto del paese.	Valona
Secondo porto albanese e sede di industrie.	Scutari
Importante centro commerciale sulle rive del lago omonimo.	Tirana
Capitale dell'Albania, fondata dai turchi nel XVII secolo. È sede dell'unica università del paese.	Durazzo

5. DESCRIVI **brevemente l'economia albanese.**

....

Bulgaria

6. INDICA **la data o il periodo in cui si sono verificati i seguenti fatti della storia della Bulgaria, elencati in disordine.**

a) Diventa principato autonomo. ....
b) È occupata dalle truppe sovietiche. ....
c) Il governo autorizza la nascita di nuovi partiti politici. ....
d) Il territorio della Bulgaria viene ridotto. ....
e) Ha origine il Regno di Bulgaria. ....
f) Si proclama regno indipendente. ....
g) La monarchia è abbattuta e si afferma un governo repubblicano filosovietico. ....
h) Passa sotto la dominazione bizantina. ....
i) È soggetta all'occupazione turca. ....

7. INDICA **se le seguenti affermazioni sono vere o false.**

a) La Bulgaria ha una superficie pari a un sesto di quella italiana. V F
b) Confina con Romania, Serbia, Macedonia, Grecia e Turchia europea. V F
c) A ovest è bagnata dal Mar Nero. V F
d) Il territorio è in gran parte pianeggiante. V F
e) La catena principale, i Balcani, attraversa il paese dalla Serbia al Mar Nero, per circa 600 chilometri. V F

f) La cima più alta della Penisola balcanica si trova nei Monti Rodopi. V F

g) A sud si trova la pianura formata dal Danubio e dai suoi affluenti di sinistra. V F

h) Il Danubio per un lungo tratto delimita il confine con la Romania. V F

8. COMPLETA **il testo, che descrive la popolazione della Bulgaria.**

La popolazione è costituita quasi totalmente da .... La minoranza ...., che sotto il regime comunista non aveva la libertà di parlare la propria lingua, nel 1990 ha ottenuto il riconoscimento dei diritti civili. La popolazione vive in prevalenza ....

La lingua nazionale è il bulgaro, una lingua del ceppo .... Il 36,8% della popolazione è di religione ....

9. RISPONDI **alle seguenti domande.**

a) Quali sono i prodotti principali dell'agricoltura bulgara? ....

b) Quali sono i prodotti più caratteristici? ....

c) In quali settori l'industria è maggiormente sviluppata? ....

d) Su quali risorse può contare il turismo? ....

Grecia

10. INDICA **se le seguenti affermazioni sono vere o false.**

a) Il paese subì il dominio macedone, prima di essere conquistato dai romani. V F

b) Alla caduta dell'Impero romano d'Occidente subì la dominazione ostrogota. V F

c) A partire dal XV secolo, i turchi sottomisero la Grecia per 4 secoli, tentando di convertire il paese all'islam e portandolo alla decadenza. V F

d) Nel 1830 ottenne l'indipendenza e si costituì come monarchia. V F

e) Grazie alle simpatie manifestate per la politica nazista, durante il secondo conflitto fu alleata di Hitler e Mussolini. V F

f) Una dittatura militare governò fino al 1994, quando un altro colpo di stato instaurò la repubblica parlamentare. V F

11. SOTTOLINEA **il completamento corretto.**

a) La Grecia è in gran parte: montuosa - collinare - pianeggiante.

b) I fiumi greci sono: lunghi e ricchi d'acqua - brevi e con portata d'acqua molto variabile - brevi, ma con acque sempre abbondanti.

c) Le coste sono per lo più: basse e sabbiose - alte e uniformi - alte e frastagliate.

d) Il clima è quasi ovunque: continentale - mediterraneo - alpino.

12. SCEGLI **tra le alternative proposte quella che ritieni corretta.**

La popolazione della Grecia è per il *90,4%* / *60,4%* greca, con piccole minoranze macedoni, turche, bulgare e albanesi. All'inizio del *Novecento* / *Settecento* le difficili condizioni economiche costrinsero molti a emigrare, in gran parte in *America* / *Nordeuropa*. Il fenomeno migratorio si è poi attenuato e si è rivolto soprattutto all'Europa *orientale* / *occidentale*. La popolazione si concentra nella capitale, nei centri urbani e *nelle pianure dell'interno* / *lungo la costa*. La religione più praticata è quella *cattolica* / *greco-ortodossa*, con minoranze musulmane, cattoliche ed ebraiche.

13. RIFLETTI **e rispondi.**

a) Quali fattori hanno ostacolato lo sviluppo economico della Grecia? ....

b) Quali sono attualmente le risorse e le prospettive economiche? ....

c) Quali fattori ostacolano la redditività dell'agricoltura? ....

d) Quali, invece, hanno limitato lo sviluppo dell'industria? ....

Pregare nella Penisola balcanica

La complessa storia della Penisola balcanica, "ponte" fin dall'antichità tra i continenti asiatico e africano e quello europeo, ha fatto sì che in questa regione, più che in altre parti dell'Europa, si siano diffuse culture e religioni diverse. Purtroppo non sempre i popoli dei Balcani hanno saputo convivere pacificamente; in particolare, le differenze religiose hanno alimentato i recenti conflitti che hanno insanguinato la regione. Oggi, la popolazione dei Balcani è alla ricerca di un nuovo equilibrio, in cui possano coesistere, nel reciproco rispetto, culture e credenze religiose diverse.

La **religione cristiana ortodossa** è la più diffusa nella regione balcanica: è professata dalla maggior parte della popolazione in Grecia, in Bulgaria, in Serbia e in Macedonia, ma è presente anche negli altri paesi. La chiesa ortodossa è organizzata in varie chiese locali autonome, ciascuna delle quali elegge i propri vescovi. La ricorrenza più importante per gli ortodossi è la Pasqua, che viene celebrata con la massima solennità. Nella fotografia puoi vedere un momento della messa celebrata nella notte tra il sabato e la domenica di Pasqua nella chiesa di un monastero greco: ciascuno dei fedeli tiene in mano una candela accesa, simbolo della risurrezione di Cristo.

L'autonomia della **Chiesa ortodossa bulgara** è stata riconosciuta soltanto nel 1945. A Sofia sorge la Cattedrale Aleksandăr Nevski, che, oltre a essere uno dei più noti simboli della città, è anche il più grande tempio ortodosso della Penisola balcanica. Può accogliere infatti fino a 5000 persone! Come in tutte le chiese ortodosse, la zona dell'altare è separata dallo spazio riservato ai fedeli da una parete chiamata *iconostasi*, sulla quale sono esposte le icone, cioè le immagini sacre, profondamente venerate dagli ortodossi.

Alla **religione cristiana cattolica** aderisce la maggior parte degli abitanti della Slovenia e della Croazia. Oltre alle chiese, nelle quali i fedeli si riuniscono per la messa domenicale, nei due paesi sorgono numerosi monasteri, che ospitano comunità di religiosi dediti alla vita contemplativa. Vi sono anche parecchi santuari intitolati alla Madonna, verso i quali si dirigono frequenti pellegrinaggi, dal momento che il culto mariano è molto sentito. Sono cattolici anche i croati che vivono nella Bosnia-Erzegovina e alcune minoranze presenti negli altri paesi della regione.

La presenza, nei Balcani, di numerose moschee testimonia la diffusione della **religione islamica**, oggi professata soprattutto in Albania, in Bosnia e nel Montenegro. La moschea è il luogo in cui i fedeli si riuniscono per la preghiera collettiva del venerdì, e di frequente è anche sede della scuola coranica, in cui vengono insegnati i fondamenti della religione musulmana. Caratteristica è la costruzione del minareto, la torre, generalmente molto alta e affiancata all'edificio della moschea, dalla quale il *muezzin* lancia il richiamo alla preghiera.

E tu?

- **a)** Conosci alcuni luoghi di culto della città o del paese in cui vivi? Sai di quale religione sono espressione?
- **b)** Se ti è capitato di visitare un edificio destinato al culto (una chiesa, una cattedrale, una sinagoga, una moschea...), che non sia quello che eventualmente frequenti di solito, che cosa ti ha colpito di più?
- **c)** Hai partecipato a qualche rito religioso? Sai descriverlo e spiegarlo?

VIAGGIO 8

La regione russa

Nel 1991 si dissolveva l'Unione delle Repubbliche Socialiste Sovietiche (URSS), nata nel 1922, qualche anno dopo la Rivoluzione russa del 1917. L'URSS era formata da stati che appartenevano sia all'Europa sia all'Asia: era quindi abitata da popoli di diverse nazionalità.

Con il crollo dei regimi comunisti in tutta l'Europa, ha avuto origine la trasformazione dell'URSS: dal suo scioglimento è nata la Comunità degli Stati Indipendenti (CSI), formata da 12 delle 15 repubbliche che costituivano l'URSS. Gli stati che ne fanno parte, pur essendo indipendenti, hanno stretto un'alleanza di tipo politico ed economico. All'interno di questo coordinamento, la Russia ha molta importanza, perché è la nazione più estesa e ricca.

Anche il territorio della CSI è diviso tra il continente asiatico e quello europeo: la parte europea rappresenta circa un terzo del territorio complessivo.

Per quanto riguarda l'Europa, fanno parte della CSI la **Bielorussia**, la **Moldavia** e l'**Ucraina**, oltre, naturalmente, alla parte europea della **Russia**, detta anche Federazione Russa, perché formata da repubbliche più piccole, tra cui la Cecenia. Lettonia, Estonia e Lituania hanno invece scelto di non aderire alla CSI. Tutte le altre repubbliche della Comunità sono asiatiche.

Il termine "Russia" è comunemente riferito all'intera Federazione Russa, di cui la Russia è solo la più grande delle repubbliche. Talvolta viene anche erroneamente usato per indicare tutte le repubbliche che facevano parte dell'URSS.

Russia

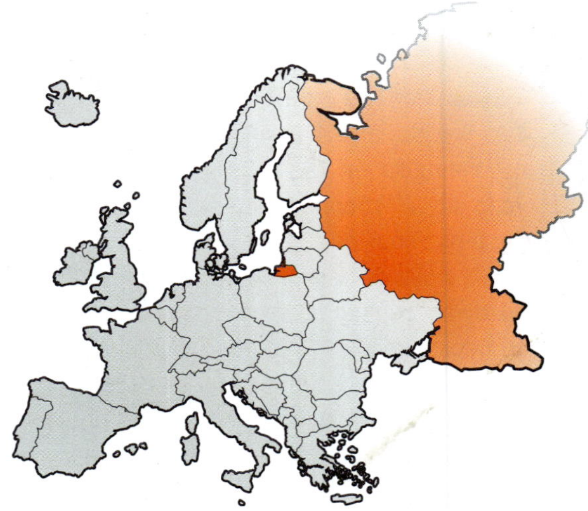

> Quali avvenimenti hanno caratterizzato la storia russa nel I millennio d.C.?

> Quando si è costituito l'impero russo, e a seguito di quali fatti?

> Quale sistema sociale era diffuso in Russia fino all'Ottocento?

> Quali eventi sono accaduti nel XX secolo?

> Chi sono i principali protagonisti della storia del paese?

La **bandiera** dell'URSS era rossa, con falce e martello. La nuova bandiera russa è il tricolore bianco, blu e rosso, adottato per la prima volta nel 1699 dallo zar Pietro I che lo usò per la flotta mercantile. È simile alla bandiera olandese, perché il sovrano la imitò dopo avere soggiornato ad Amsterdam.

Dai primi stanziamenti all'influenza bizantina

Durante il Medioevo nella regione, abitata fin dal Paleolitico, si stabilirono popolazioni nomadi, provenienti da zone sia europee sia asiatiche. Nell'862 un principe si mise a capo di tutti questi popoli e li unificò sotto la sua guida.
Nel 988 il popolo russo abbandonò il paganesimo e si convertì al cristianesimo ortodosso, che, con la cultura bizantina, influenzò la civiltà russa.

I tartari e l'inizio dell'impero

Nel secolo XIII la Russia fu invasa da una popolazione proveniente dalla Mongolia, i tartari, guidati da Gengis Khan. (1)
Sotto il dominio dei tartari nacquero molti piccoli stati autonomi, di fatto governati dai mongoli.
Uno di questi stati, la Moscovia, alla ricerca di maggior indipendenza, venne liberata da Ivan III detto il Grande, che prese il titolo di "signore di tutte le Russie". Ivan IV detto il Terribile fu il primo zar. (2) Dopo di lui altri zar si succedettero sul trono di Russia: Pietro I il Grande e Caterina II sono due tra i maggiori.

La Rivoluzione d'ottobre e la nascita dell'URSS

Fino all'Ottocento, la Russia era caratterizzata da un sistema di vita feudale; contadini e operai vivevano in condizioni di estrema povertà. Alcuni zar tentarono qualche riforma, ma questo non servì a fermare la nascita di movimenti rivoluzionari.
L'intervento della Russia nella Prima guerra mondiale peggiorò ulteriormente la situazione economica. Ciò condusse allo scoppio della rivoluzione, capeggiata da Lenin; (3) nell'ottobre del 1917 nacque la Repubblica Sovietica Russa. Nel 1922 la Russia divenne parte dell'Unione delle Repubbliche Socialiste Sovietiche (URSS), il primo paese comunista.

Dal secondo dopoguerra al crollo dell'URSS

Durante la Seconda guerra mondiale la Russia fu invasa dall'esercito tedesco, che ne uscì sconfitto. Nel dopoguerra esercitò la sua influenza sugli stati dell'Europa orientale a regime comunista, su cui aveva una supremazia politica ed economica.
Nella seconda metà del Novecento, il "modello comunista" incominciò a mostrare i suoi limiti e l'economia sovietica attraversò un momento di difficoltà. Nel 1985 il presidente Michail Gorbaciov (4) diede inizio a un programma di riforme. Il paese era però ormai sull'orlo della crisi, anche per il desiderio d'indipendenza di alcune regioni. Nel 1991, dopo il crollo del regime comunista, l'URSS si disgregò.
Oggi la Russia è una repubblica federale formata da 21 repubbliche. Nel maggio del 2002 sono stati siglati alcuni accordi per un avvicinamento del paese alla NATO.

La curiosità

Si racconta che il leader comunista Stalin fosse così affascinato dall'intelligenza del suo predecessore, Lenin, che dopo la morte di quest'ultimo avesse ordinato di rimuovere il cervello dal suo cranio e di farlo analizzare. Intendeva scoprire che cosa caratterizzasse la perfetta mente comunista. Come si può immaginare, l'esperimento non portò a nessun risultato, ma in ogni caso la testa di Lenin venne ricucita e ancora oggi è visibile. Infatti il corpo imbalsamato di Lenin è esposto nel mausoleo a lui dedicato: una costruzione a forma di piramide che si trova nella Piazza Rossa, a Mosca.

1 Gengis Khan

Gengis Khan significa "signore universale". Questo famoso condottiero riuscì a imporre il suo dominio su tutte le tribù tartare. I tartari erano fortissimi in battaglia, vivevano di razzia e costituirono un grandissimo impero. Gengis Khan cercò di creare una struttura statale per collegare le diverse regioni, ma alla sua morte l'impero si dissolse.

2 Ivan il Terribile

La parola "zar" in russo significa "Cesare", titolo assunto dagli imperatori romani. Ivan IV fu il primo zar di Russia e regnò dal 1547 al 1584; volle riformare l'organizzazione dello stato e dell'esercito per frenare il potere della nobiltà. Ebbe mire espansionistiche e conquistò molti territori, ingrandendo l'impero russo.
Fu chiamato "il Terribile", perché mise in atto violente repressioni contro la nobiltà, di cui temeva le congiure. Il suo carattere crudele e impetuoso lo portò addirittura a uccidere, in un accesso d'ira, il proprio figlio.

3 Lenin

Vladimir Il'ic Ul'janov, detto Lenin, era il capo dei bolscevichi. La parola russa *bòlsce* significa "maggioranza", infatti i bolscevichi rappresentavano la maggioranza e anche la parte più rivoluzionaria del Partito operaio socialdemocratico.
I bolscevichi fondarono il Partito bolscevico, diventato poi Partito comunista dell'Unione Sovietica, che governò come partito unico fino al crollo del comunismo.

Lenin sosteneva che la rivoluzione contro lo zar sarebbe stata possibile solo con la partecipazione dei contadini sotto la guida del proletariato delle città.
Diede inizio al governo socialista, abolendo la proprietà privata e collettivizzando i mezzi di produzione. Fondò la *Pravda*, quotidiano ufficiale del Partito bolscevico. Fu a capo del partito fino al 1923, quando venne colpito da un attacco di emiplegia, che gli paralizzò parte del corpo. Morì nel 1924 e al suo posto salì al potere Stalin.

4 Michail Gorbaciov

Il principale protagonista della recente trasformazione politica ed economica della Russia è stato Michail Gorbaciov. Eletto presidente nel 1985, diede inizio a un programma di riforme detto *perestrojka*, che significa "ricostruzione", il quale mirava ad aprire l'Unione Sovietica alla democrazia.
Su questo esempio, in tutta l'Europa dell'Est si è avviato un processo di trasformazione che ha portato al crollo dei regimi comunisti.

> Dove si trova la Russia?

> Quali pianure e catene montuose si estendono sul suo territorio?

> Quali sono i fiumi e i laghi più importanti?

> Come si presenta il clima?

Il territorio

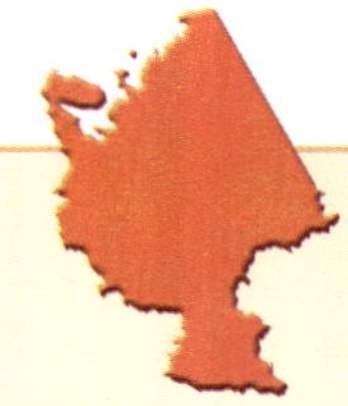

SUPERFICIE:
17 075 400 km²
(complessiva, europea e asiatica)

Uno stato vastissimo

La Russia è lo stato europeo più orientale ed è anche la repubblica più estesa e ricca di una federazione di repubbliche indipendenti, che in parte si trovano in Asia. Approfondiremo in particolare la Russia europea.

La Russia europea **confina** a nord, per un breve tratto, con la Norvegia e si affaccia sul Mar Bianco e sul Mare di Barents; a ovest confina con Finlandia, Estonia, Lettonia, Bielorussia e Ucraina ed è lambita dal Mar Baltico; a sud con Georgia e Azerbaigian; a est con il Kazakistan. Fa parte della Russia anche la regione di Kaliningrad, compresa tra Lituania e Polonia. Il territorio della Russia europea è limitato a sud dal Mar Nero, dal Caucaso e dal Mar Caspio; a est dal corso del fiume Ural e dai Monti Urali.

Si estende nel *Bassopiano Sarmatico*, la più grande **pianura** d'Europa, che non supera i 400 metri s.l.m. ed è solcato da numerosi fiumi.

Tra Urali e Caucaso

Gli *Urali* sono una **catena montuosa** lunga più di 2000 chilometri. A ovest i versanti scendono dolcemente verso il Bassopiano Sarmatico, a est sono ripidi verso la Siberia. La parte settentrionale presenta vette appuntite; nel resto della catena le cime hanno forma arrotondata e raggiungono i 1400-1800 metri di altitudine. La cima più elevata è il *Monte Narodnaja* (1894 m).

Il *Caucaso* è un'imponente catena montuosa, che collega il Mar Nero al Mar Caspio. Raggiunge la massima altezza con il *Monte Elbrus* (5642 m), un vulcano spento coperto di ghiaccio.

Grandi fiumi e laghi

In Russia scorrono grandi **fiumi**, perché il suo territorio è molto vasto e pianeggiante; si sono quindi potuti formare enormi **bacini idrografici**. I fiumi che sfociano nei mari del nord sono navigabili, ma ghiacciati per buona parte dell'anno e attraversano zone scarsamente popolate.

I due fiumi principali sono il *Volga* e il *Don*. Il Volga è il più lungo fiume europeo. È collegato al Don, ai laghi Làdoga e Onega e alla città di Mosca attraverso una rete di canali artificiali. (1)

Il Mar Caspio si trova in una **depressione**, a 28 metri sotto il livello del mare: è un mare chiuso. Tende a diminuire gradualmente la sua estensione, perché le acque dei fiumi che vi sfociano vengono utilizzate per l'irrigazione dei campi e sono quindi sempre meno abbondanti.

I **laghi** veri e propri sono il *Làdoga*, il più esteso d'Europa, situato quasi al confine con la Finlandia, vicino alla città di San Pietroburgo, e l'*Onega*, il secondo lago europeo.

Un clima molto vario

Data la grande estensione del territorio, il **clima** russo è molto vario. Passiamo dal clima *artico* delle zone vicine al Mar Bianco, al clima *continentale*, nella parte centrale del Bassopiano Sarmatico; dal clima *mediterraneo* delle regioni sul Mar Nero a quello *desertico* nella depressione del Mar Caspio.

dizionario

Bacino idrografico: si chiama così tutto il territorio in cui scorre un fiume, compresi gli affluenti che vi versano le loro acque.

Depressione: è un territorio che si trova sotto il livello delle terre circostanti (depressione relativa) o sotto il livello del mare (depressione assoluta). Il Mar Caspio si trova sotto il livello del mare.

Utilizzazione del suolo

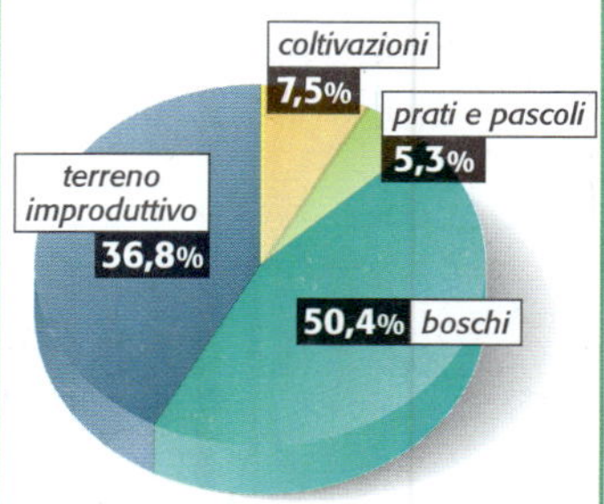

1 La "Madre Volga"

Il Volga (foto a sinistra) nasce dal rialto del Valdaj, nel Bassopiano Sarmatico, e sbocca nel Mar Caspio con una foce a delta che avanza di 90 metri l'anno. Riceve le acque di moltissimi affluenti, dato che il suo bacino idrografico ha una superficie di ben 1 360 000 km². Per la sua importanza, i russi lo chiamano "Madre Volga".

Bagna molte grandi città: Tver, Jaroslavl, Niznij Novgorod, Kazan, Samara, Saratov, Volgograd, Astrahan. È navigabile da Tver fino alla foce, ed è da sempre utilizzato come via di comunicazione, nonostante sia gelato per cinque mesi all'anno. Le sue acque sono utilizzate per irrigare i campi, ma soprattutto per alimentare le numerose centrali elettriche che sono sorte lungo il suo percorso.

Popolazione e città

> Come si distribuisce la popolazione russa?

> Quali sono le lingue e le religioni più diffuse?

> Che cosa si intende per "città fungo"?

> Quali sono le città principali?

- POPOLAZIONE: **144 000 000 ab.**
- DENSITÀ: **8 ab./km²**
- CAPITALE: **Mosca** (10 126 424 ab.)
- FORMA DI GOVERNO: **repubblica federale**
- MONETA: **rublo**
- LINGUA: **russo**
- RELIGIONE: **ortodossa**

Zone spopolate e aree ad alta densità

La popolazione russa non è distribuita in modo omogeneo.
La regione settentrionale, con clima rigido, e la regione caspica, con clima desertico, sono scarsamente popolate. Zone ad alta densità abitativa sono le città di Mosca e di San Pietroburgo con il circondario, la zona sul Mar Nero, perché ha un favorevole clima di tipo mediterraneo, e il Bassopiano Sarmatico.

Composizione della popolazione, lingue e religioni

La Russia è abitata soprattutto da russi (79,8%), ma sono presenti moltissime minoranze etniche. La città di Mosca, in particolare, è capitale anche della regione asiatica e vi confluiscono perciò persone provenienti da ogni angolo dello stato.
Molte sono le etnie presenti e le lingue parlate in Russia, anche se, nella parte europea, prevalgono i russi. La **lingua** ufficiale è il *russo*. (1)
La **religione** più professata è quella *cristiano-ortodossa*. (2) La libertà religiosa è, per la Russia, una conquista recente, garantita alla popolazione soltanto dopo la caduta del regime comunista.

L'urbanizzazione

Moltissime città sono sorte lungo il corso dei fiumi che attraversano il Bassopiano Sarmatico, in particolare lungo il Volga. L'industrializzazione, iniziata in Russia subito dopo la Rivoluzione d'ottobre, ha inoltre provocato il rapido sorgere di nuove città: proprio a causa di questa crescita improvvisa sono denominate "città fungo".
Oggi i tre quarti della popolazione russa vivono in centri urbani. Le città più grandi sono Mosca e San Pietroburgo.

Le città principali

Mosca (10 126 424 ab.) è la capitale ed è una tra le città più popolate del mondo. Sorge al centro di una zona pianeggiante, su una serie di colline, attraversate dal fiume Moscova. È collegata a San Pietroburgo e a numerose capitali estere: Riga in Lettonia, Minsk in Bielorussia e Kiev in Ucraina. Inoltre un sistema di corsi d'acqua la collega ai mari Bianco, Nero, Caspio e Baltico.
È il centro delle attività politiche e finanziarie del paese ed è anche la sede di numerose industrie, la cui nascita è stata favorita dalla vicinanza di bacini carboniferi e del Volga, in gran parte navigabile e perciò adatto ai trasporti.
Le industrie operano nei settori più diversi: siderurgico, meccanico, elettromeccanico, chimico e tessile. Intorno a Mosca sono sorte inoltre molte città-satellite. I suoi monumenti più importanti sono: il Cremlino, la Cattedrale di San Basilio sulla Piazza Rossa, numerosi antichi conventi, il Mausoleo di Lenin e il Teatro Bol'šoj. La città possiede inoltre numerosi parchi: il più celebre è il Parco Gor'kij.
San Pietroburgo (4 669 400 ab.) fu capitale dal 1703 al 1918. Prende il nome dallo zar Pietro il Grande. Seconda città russa per numero di abitanti, è ricca di storia e testimonianze artistiche. Si trova sulla foce a delta del fiume Neva, che si divide in tre rami principali e molti rami secondari: la città sorge, quindi, su un gran numero di isole. Il suo monumento più famoso è il Palazzo dell'Ermitage, sede di uno dei più importanti musei del mondo. È un porto molto attivo e centro di industrie tessili. (3)
Altre città importanti sono **Nižni Novgorod** (1 311 252 ab.), porto fluviale sul Volga, **Samara** (1 157 880 ab.), città industriale, e **Volvograd** (1 011 417 ab.), anch'esse sul Volga. Volgograd, che sorge nei pressi di una grande centrale idroelettrica, segna il confine tra il paesaggio della Russia europea e quello della Russia asiatica, dominata dalla steppa, in cui si possono anche vedere cammelli. Ultima importante città attraversata dal Volga è **Astrahan** (504 501 ab.), da cui ha inizio la foce a delta del fiume.

1 L'alfabeto cirillico

L'alfabeto cirillico, composto oggi da 31 caratteri, è in uso presso popolazioni slave come russi, ucraini, bielorussi, bulgari e serbi. Quando esse aderirono alla neonata Chiesa ortodossa, questo alfabeto sostituì quello derivato dal greco medievale che era allora in uso. Il suo nome deriva da san Cirillo di Tessalonica, che secondo la tradizione ne fu l'ideatore nel secolo IX; in realtà nacque però in epoca successiva. Fu modificato da Pietro il Grande e semplificato nel 1918.

В домонгольский период уже ярко обозначилось художественное своеобразие новгородской культуры. Во всех ее сферах проявились устойчивые, только Новгороду свойственные черты, — лаконизм форм, суровая одухотворенность образов и та покоряющая мощь исполнения, которая позволила историку искусства И.Э. Грабарю назвать эстетическим идеалом Новгорода "красоту силы".

Образное и стилистическое своеобразие проявилось раньше всего в архитектуре Софийского собора (1045 — 1050, ил.6). Это первая каменная постройка не только Новгорода, но всей Северо-Западной и Северной Руси. Пятиглавый храм Новгорода выглядит проще, но не менее внушительно, чем тринадцатиглавая София Киевская.

В XI веке храм был еще более величественным, фасады представляли собой гигантскую мозаику из грубо отесанных, неправильной формы камней, ибо здание в основном было сложено из мощных квадров плитняка и ракушечника. В некоторых местах (апсиды) стена покрывалась слоем известкового раствора, гладко шлифовалась, расчерчивалась под полосатую кладку южнорусского типа или под белокаменную квадровую кладку и слегка подкрашивалась.

Древнейшие из сохранившихся фресок находятся в южной галерее. Это изображение византийского императора Константина и его матери Елены, датируемое серединой XI века. Мастер, создавший это произведение, был поэтом линии и силуэта. Полностью храм был расписан в 1109 году.

Софийский собор и сосредоточенные в нем произведения замечательного мастерства столетиями вла-

2 La religione ortodossa

La religione professata dalla maggior parte della popolazione russa è quella cristiano-ortodossa. "Ortodossa" è il nome dato alla chiesa cristiana d'Oriente in contrapposizione alla Chiesa cattolica romana, da cui si è separata, con uno scisma, nel 1054. La Chiesa ortodossa russa è quella numericamente più importante.

Gli ortodossi non hanno un'autorità centrale e anche l'autorità religiosa, il metropolita, è definito "primo fra pari". Elementi che caratterizzano il culto ortodosso sono l'uso frequente del canto corale nella liturgia e la venerazione delle icone, cioè delle immagini sacre. Le icone russe sono molto belle e conosciute in tutto il mondo.

Il personaggio

Uno dei più celebri scrittori russi è **Lev Tolstoj** (1828-1910). Di famiglia nobile, visse un'adolescenza infelice e irrequieta. Dopo l'esperienza della guerra di Crimea, ritornò nella tenuta paterna, a Jasnaia Poljana, e si dedicò all'insegnamento, fondando una scuola per i figli dei contadini.

Scrisse molti romanzi, tra cui *Guerra e pace*, *Anna Karenina* e *Resurrezione*. Dall'esperienza dell'insegnamento nacquero anche molti racconti per bambini, raccolti nei *Quattro libri di lettura*.

Si tratta di racconti che manifestano un atteggiamento fiducioso e positivo verso la vita. Lo scrittore impiegò quattordici anni per portare a conclusione l'opera.

3 La piazza dei Decabristi a San Pietroburgo

Una delle piazze più note di San Pietroburgo è quella dedicata ai Decabristi. Furono chiamati così i partecipanti alla congiura contro lo zar Nicola I nel 1825. Erano soprattutto nobili, ufficiali della guardia imperiale o dell'esercito: furono scoperti, deportati in Siberia o giustiziati.

Nella piazza dei Decabristi si erge la statua che rappresenta Pietro I.

L'izba

L'izba è l'antica abitazione tradizionale della campagna russa. In origine era costruita completamente in legno, senza muri né fondamenta di cemento e senza l'impiego di chiodi. 1 Sui due spioventi del tetto, anch'esso di legno, si stendevano paglia intrecciata e terriccio e si lasciava crescere l'erba.

Le **costruzioni più semplici**, nelle quali la parte abitata si sviluppa su un solo piano, 4 si trovano soprattutto al nord, nelle regioni più fredde. Per isolare la casa dal terreno, ghiacciato per gran parte dell'anno, si costruiva una **base di tronchi**, leggermente sollevata rispetto al suolo. Su questa piattaforma si innalzavano le pareti.

L'**interno** è suddiviso in tre ambienti: l'ingresso, dove bisogna lasciare le scarpe quando si entra in casa; l'**izba bianca**, che è la stanza in cui si vive abitualmente; l'**izba nera**, che è un locale usato come magazzino. In un angolo dell'izba bianca trova posto una grande stufa, fatta di pietre e argilla, che serve a riscaldare la stanza, a cuocere i cibi e a fare asciugare il bucato. 2 Sopra la stufa c'è una specie di terrazzino, dove si può dormire al caldo.

Nelle regioni in cui il freddo è meno intenso, si trovano **abitazioni disposte su più piani**. Naturalmente, le dimensioni di un'izba non dipendono solo dal clima: più una casa è grande e meno è povera la famiglia che vi abita! 3 Le izbe con più piani hanno, in genere, un seminterrato usato come dispensa, un primo piano adibito a ripostiglio, a magazzino oppure a laboratorio artigianale e un secondo piano riscaldato.

Di fronte all'izba può esserci un pozzo, con un lungo braccio di legno per abbassare e sollevare il secchio. Le stalle e i pollai sono costruiti a parte. Talvolta uno steccato, sempre di legno, racchiude il cortile.

Negli antichi villaggi russi è molto frequente vedere le case disposte su due allineamenti paralleli, ai due lati della strada, e praticamente addossate l'una all'altra, nonostante il pericolo di incendi.

Attività

Rispondi, a voce, alle seguenti domande.

- **a)** Che cos'è un'izba?
- **b)** Quante stanze si trovano nell'izba tradizionale, disposta su un piano solo?
- **c)** Come viene usata la grande stufa dell'izba?
- **d)** Come si presentano, spesso, gli antichi villaggi russi?

1 Questa casa è diversa dall'izba tradizionale, che non ha parti in muratura.

2 In un passato ancora recente, i comignoli si trovavano solo sui tetti delle izbe più ricche. Nelle casette delle famiglie più povere, il fumo della stufa usciva da fori praticati nelle pareti.
3 Anche il vetro era un lusso che non tutti potevano permettersi. Nelle izbe più povere le finestre erano fatte con lastre di mica trasparente o con vesciche di animali ben tese.
4 Un fatto piuttosto singolare è che quello che in Italia chiamiamo pianterreno per i russi è il primo piano; di conseguenza il nostro primo piano per i russi è già il secondo!

Visitare Mosca

Teatro Bol'šoi

Costruito nel 1821-24 è uno dei più famosi teatri al mondo, in particolar modo per il balletto. L'aspetto che vediamo oggi non è quello originale, ma quello che fu dato all'edificio nel 1856, quando il teatro fu ricostruito in seguito a un incendio che tre anni prima lo aveva distrutto.

Cremlino

È una cittadella fortificata, chiusa da mura merlate e dotata di 20 torri, costruita su una scarpata rocciosa situata a quaranta metri di altezza sopra il fiume Moscova. È stato, nei secoli, il luogo del potere; vi sono sepolti 47 zar. Il complesso comprende chiese, palazzi, musei e teatri. Il nome Cremino deriva da *kreml*, che significa "fortezza".

La gente

A Mosca vivono quasi tre milioni di persone provenienti da ogni angolo della Russia e non ufficialmente registrate; non è semplice perciò fare un ritratto della popolazione di Mosca, anche se si può affermare che, a differenza delle altre grandi capitali europee, la città è quasi interamente abitata da russi. Vi risiedono però anche gruppi, ormai ben radicati, di persone provenienti dal Caucaso, dall'Asia centrale e dall'Ucraina.
I moscoviti sono gente austera, sarcastica, pungente: questa è l'impressione che facilmente può avere chi passa a Mosca pochi giorni. Se però si riesce a "rompere il ghiaccio", i moscoviti rivelano il loro lato di persone allegre, ospitali e cordiali.

I primati

Mosca è la città più popolosa d'Europa. La sua metropolitana è, secondo alcuni, la migliore esistente: più di 150 stazioni utilizzate ogni giorno da 9 milioni di persone, e un'efficienza straordinaria (il tempo massimo di attesa di un treno è di due minuti). È senz'altro la più lussuosa del mondo: è decorata con elaborati lampadari a bracci, le banchine sono in marmo, e al suo interno si possono ammirare esempi dell'arte e della scultura del periodo comunista.
A Mosca è esposta la campana più grande del mondo. Ci vollero due anni solo per prepararne la colata e a questa impresa lavorarono i più abili fabbri dell'epoca. Questa campana, oggi molto danneggiata, viene chiamata "la Zarina".

La curiosità

A Mosca vi è una famosa università, ospitata in un complesso di edifici tra cui

Piazza Rossa

È una delle piazze più famose e più vaste del mondo: è lunga quasi mezzo chilometro e larga 130 metri. Fu creata nel XV secolo per volere dello zar Ivan III, che fece demolire il fitto agglomerato di case sorte attorno al Cremino. Lo zar intendeva in questo modo creare un vasto spazio libero che lo proteggesse dagli incendi. Qui si svolgevano una volta le grandi parate.

Cattedrale di San Basilio

È il simbolo dell'arte russa. È in realtà composta da nove chiese aggregate tra loro: nel 1552, infatti, lo zar Ivan IV il Terribile decise di far costruire una chiesa dedicata al santo protettore del giorno di ognuna delle battaglie che avevano portato alla definitiva vittoria sui tartari. Le chiese furono dapprima costruite in legno, poi vennero trasformate e assunsero l'attuale aspetto.

Kitaj-gorod

È – dopo il Cremlino – la parte più antica della città. *Kitaj-gorod*, curiosamente, in russo moderno significa "città cinese", ma in realtà il nome deriva dalla lingua tartara: *kita* significa "terreno recintato". Si trattava infatti del luogo in cui anticamente si concentravano le attività commerciali, che erano vietate nelle altre strade. Nel 1534-38 venne recintato con delle mura che oggi non sono più visibili se non per qualche frammento. La zona divenne sempre più importante: ospitò banche, assicurazioni, grandi società e, quando la capitale venne trasferita a Mosca, divenne la sede di molti ministeri.

risalta un altissimo grattacielo: si racconta che la stella sulla guglia di questo grattacielo sia il punto più alto di tutto il Bassopiano Sarmatico. Gli edifici universitari sono immensi e per percorrerli completamente bisognerebbe camminare per più di 150 km!

Da non perdere

Alcuni momenti e luoghi della vita di Mosca la rendono unica: la Piazza Rossa coperta di neve, con le raffiche gelide attorno alle caratteristiche cupole a cipolla della Cattedrale di San Basilio, che un viaggiatore del passato definì una "scatola di canditi"; il Cremlino, simbolo di Mosca, e luogo di grande importanza storica; i soldati che, muovendosi con il passo dell'oca, fanno la guardia al mausoleo di Lenin nella Piazza Rossa; i bar delle vie laterali in cui ci si può rifugiare al caldo per assaporare un fumante *borsch* (la tipica zuppa russa a base di barbabietole).

Carta d'identità

- **Nome:** Mosca
- **Data di nascita:** La prima notizia ufficialmente registrata dalla storia circa l'esistenza di Mosca risale al 1147, quando l'area passò nelle mani del principe Jurij Dolgorukij di Vladimir
- **Indirizzo:** Russia
- **Altitudine:** 150 m s.l.m.
- **Superficie:** 878 km^2
- **Popolazione:** 10 126 424 ab.

DOSSIER

La vita nelle grandi città russe

Dopo il crollo del comunismo, in Russia la qualità della vita è cresciuta; nonostante ciò, è aumentato il divario tra ricchi e poveri e la criminalità è uno dei grandi problemi che affliggono soprattutto le metropoli russe.

Le trasformazioni degli ultimi anni

La fine del regime comunista in Russia ha determinato miglioramenti economici e sociali, e la qualità della vita è certamente cresciuta: ad esempio, oggi è possibile trovare beni di consumo che un tempo non esistevano. Per contro, è aumentato il divario tra un ristretto numero di persone che possono godere di questi cambiamenti e un'ampia fascia della popolazione, che vive in condizioni di miseria. Se ciò accade sia nelle campagne, sia nelle città, le **differenze sociali** sono però più evidenti nelle grandi metropoli, dove spesso confluiscono persone alla ricerca di lavoro, o nell'illusione di prospettive migliori.

Mosca: grandezza e problemi di una capitale

Come la maggior parte delle metropoli, Mosca ha due volti: la periferia, immensa e con grandi caseggiati moderni, e il centro, il cuore della città, con imponenti palazzi, monumenti di interesse storico e la celeberrima Piazza Rossa. A tutti gli effetti Mosca si presenta come una metropoli, con vasti parchi, una delle metropolitane più grandi del mondo, una famosa e rinomata università, addirittura quattro aeroporti. Ma anche con tutti i problemi che accompagnano le grandi capitali. Anzi, con qualche problema in più.

Infatti dopo il crollo dell'Unione Sovietica, della quale Mosca era la capitale, la città si è trovata ad affrontare in tempi brevissimi cambiamenti enormi, che hanno inciso profondamente sullo stile di vita dei suoi abitanti. L'**apertura all'Occidente** ha portato al fiorire di alberghi prestigiosi destinati ai turisti, alla nascita di grandi negozi; oggi a Mosca si possono trovare generi di lusso e firme prestigiose, che tuttavia rimangono al di fuori delle possibilità economiche della maggior parte dei

Essere poveri a trentacinque gradi sottozero

Una larga parte della popolazione russa vive ai limiti della sopravvivenza e negli ultimi dieci anni il tasso di povertà è passato dal 2 al 50% .

La soglia di povertà si colloca al di sotto dei 1234 rubli al mese, poco più di 50 euro, e secondo le statistiche il 35% della popolazione vive con un reddito individuale inferiore a questa cifra. Si tratta principalmente delle categorie più emarginate e dei pensionati che, con un assegno mensile spesso non superiore ai 500 rubli, si trovano a doverne spendere anche 100 per un chilo di carne, 15 per uno di pane, 4 per un biglietto della metropolitana.

Le difficoltà si fanno più grandi in inverno, a causa delle temperature rigidissime, che scendono anche a 35° sotto zero: l'impossibilità di scaldarsi fa sì che ogni anno molte persone muoiano di freddo.

La mafia russa

Droga, prostituzione, compravendite commerciali, riciclo di denaro sporco, traffico clandestino di persone, commercio d'armi e materiale radioattivo: queste sono alcune delle attività per le quali la mafia russa si è guadagnata nel mondo della criminalità organizzata un posto "d'onore" in ambito internazionale, in competizione con altre mafie più conosciute come quella cinese e quella italiana. Ma non sempre si tratta di una lotta. Spesso, anzi, nascono veri e propri rapporti di collaborazione tra mafie, gestite da uomini d'affari senza scrupoli pronti a "scambiarsi" favori per arricchirsi con questi traffici illegali.

Non si può parlare, però, di "una", ma di "molte" mafie russe: a seconda della provenienza o dei settori di competenza gli esperti individuano la mafia georgiana, quella uzbeca, ucraina, del Kazan, del petrolio, degli ex agenti del KGB (i servizi segreti russi) e molte altre. Tutte organizzazioni che oggi, di fronte ai cambiamenti economici e politici della Russia, hanno un peso sempre maggiore anche nella vita dei cittadini comuni.

moscoviti, che si trovano a vivere in una delle città più "care" del mondo. Non a caso il numero dei poveri, molti dei quali emigrati dalle ex Repubbliche sovietiche, è in aumento e ogni anno cresce il problema della loro sopravvivenza.

Nobiltà e miserie di San Pietroburgo

Costruita a partire dal 1703 per volere dello zar Pietro il Grande, San Pietroburgo è legata tanto alla storia degli zar quanto alla nascita dell'Unione Sovietica. Proprio qui, infatti, la Rivoluzione d'ottobre del 1917 abbatté il potere degli zar e portò al governo con un colpo di stato Lenin, che instaurò il regime comunista. Dopo la morte di Lenin, nel 1924, in suo onore la città prese il nome di Leningrado, per poi tornare nel 1991, a seguito di un referendum popolare, all'antico nome di San Pietroburgo.

La città è considerata una delle più belle di tutta la Russia, e la sua eleganza ne fa una delle mete principali del **turismo internazionale**. Inoltre San Pietroburgo è un rinomato centro culturale e la forte presenza di giovani la rende vivissima, nonostante le temperature invernali molto fredde.

Ma San Pietroburgo ha anche un altro primato, molto meno positivo. La città ha infatti una triste reputazione per quanto riguarda il numero di omicidi per mafia, e si ritiene che abbia una delle polizie più corrotte di tutta la Russia.

Attività

Rispondi, a voce, alle seguenti domande.

- **a)** Quali sono i problemi che affliggono le grandi città russe?
- **b)** Quali categorie sono maggiormente colpite?
- **c)** Quali attività sono controllate dalla mafia russa?
- **d)** Perché non si può parlare di "una" ma di "molte" mafie?

> Quali sono i principali problemi economici della Russia?

> Quali risorse caratterizzano il settore primario?

> Quali trasformazioni ha conosciuto l'industria russa?

> Come si presenta il settore terziario?

Economia e società

POPOLAZIONE ATTIVA: **50,1%**

OCCUPATI NEI DIVERSI SETTORI:
- **PRIMARIO: 10%**
- **SECONDARIO: 31%**
- **TERZIARIO: 59%**

IN CERCA DI OCCUPAZIONE: **8,3%**

Una trasformazione difficile

La Russia sta passando da un'economia di tipo socialista e a un'economia di mercato. Molti sono i problemi che deve ancora risolvere: una forte crisi produttiva; la rilevante disoccupazione; i bassi redditi della popolazione; la scarsità di merci; il costo della vita molto alto.

Le risorse del settore primario

Durante il regime socialista, l'attività agricola utilizzava macchinari moderni e tecniche avanzate, ma la produzione non bastava per soddisfare il fabbisogno interno e spesso mancavano alimenti di prima necessità. Con il ritorno della proprietà privata, tutta l'**agricoltura** deve trasformarsi, con un processo lento e difficile. I prodotti principali sono *cereali* (frumento, segale, orzo e avena), *barbabietole*, *patate*, *ortaggi* e *tabacco*. Importante è la produzione di *legname*.
È molto praticato l'**allevamento** di *bovini*, *ovini* e *suini*, anche allo stato brado. Tipico, nelle regioni del nord, è l'allevamento delle *renne* e degli *animali da pelliccia*.
La **pesca** è largamente diffusa: rinomata, nel Mar Caspio, è quella dello *storione*, dalle cui uova si ricava il caviale.

Dall'industria pesante ai beni di consumo

La Russia ha un **sottosuolo** ricchissimo di *ferro*, *rame*, *amianto*, *cromo*, *uranio*, e possiede anche numerose fonti energetiche: *carbone*, *metano* e *petrolio*. (1)
Le prime **industrie** russe sono nate a San Pietroburgo, per iniziativa dello zar, favorite, oltre che dal porto, dalla vicinanza di risorse minerarie ed energetiche. Oggi l'industria, come l'agricoltura, è in trasformazione. Nonostante la ricchezza del sottosuolo, non ha infatti raggiunto livelli produttivi elevati. Questo perché le scelte del governo comunista hanno privilegiato l'*industria pesante*, trascurando gli altri settori, che producono beni di prima necessità. Nel periodo precedente la caduta del comunismo, la Russia era in effetti una grande potenza industriale, anche nei settori più moderni e avanzati (come l'esplorazione spaziale), ma sempre legati all'industria di base. Produceva inoltre armi, impianti nucleari, mezzi di trasporto, macchine agricole, attrezzature industriali e cemento.
Oggi molte industrie pesanti devono essere **riconvertite** e avviate alla produzione di beni di prima necessità e **beni di consumo**, in passato introvabili e attualmente importati in gran parte dall'Occidente. Settori in espansione sono quelli legati alla trasformazione dei prodotti *alimentari*, l'industria *chimica* e *tessile* e quella degli *elettrodomestici*. (2)

dizionario

Riconvertire: nel settore industriale, "riconvertire" significa trasformare uno stabilimento in modo che produca qualcosa di diverso rispetto a quello che ha prodotto fino a quel momento.

Beni di consumo: beni non destinati alla produzione di altri beni; per esempio, automobili, radio, televisioni, elettrodomestici, abiti, oggetti d'arredamento.

Un terziario ancora arretrato

Il **terziario** è ancora arretrato. Il *commercio* è ostacolato dalla natura e vastità del territorio. In passato le difficoltà di scambi commerciali sono state superate cercando di costruire le industrie vicino ai luoghi di estrazione delle materie prime. Inoltre erano stati creati i *kombinat*, grandi centri industriali specializzati nella fabbricazione di un solo prodotto.
In crescita sono le *attività finanziarie* e *assicurative*.
Il *turismo*, nonostante le numerose attrattive, è ancora poco sviluppato.
La vastità degli spazi non facilita le **comunicazioni**: la *rete ferroviaria*, anche se copre circa 85 000 chilometri, risulta insufficiente. Sviluppato è il *trasporto aereo*, il più agevole per gli spostamenti su lunghi tratti. Importanti sono anche le *comunicazioni fluviali*. (3)

1 Le centrali nucleari

In passato la Russia ha investito molto sull'industria pesante e ha sempre sfruttato il nucleare come fonte energetica. Russa è infatti la prima centrale nucleare del mondo, aperta nel 1954 nei pressi di Mosca.
Attualmente le industrie pesanti e le centrali nucleari comportano il serio problema dello smaltimento delle scorie radioattive e della manutenzione.
Il terribile incidente che si è verificato nel 1986 nella centrale nucleare di Černobyl, in Ucraina, minacciando gran parte del territorio europeo, ha portato inoltre all'attenzione di tutti i rischi che nascono dall'utilizzo di impianti ormai vecchi.

2 La FIAT in Russia

Negli ultimi anni, le repubbliche che facevano parte dell'URSS sono diventate zone di investimento da parte di industrie occidentali e giapponesi. Questo succede perché la manodopera in quei paesi è più conveniente e, inoltre, c'è la possibilità di vendere più facilmente quei beni che nei paesi sovietici sono sempre stati scarsi.

L'industria automobilistica FIAT aveva aperto degli stabilimenti in URSS già prima del crollo del comunismo. Nel 1966 infatti fu firmato un accordo per la costruzione di uno stabilimento a Togliatti, città situata sul Volga che porta, dal 1964, il nome del leader del Partito comunista italiano, morto proprio quell'anno in Crimea.

3 Il trasporto fluviale

In Russia il trasporto fluviale ha una grande importanza soprattutto per lo spostamento delle merci. Attualmente fiumi e canali formano una rete che copre complessivamente 84 600 km. Il suo asse principale è il Volga e il sistema di canali cosiddetto "dei cinque mari", che mette in collegamento i mari Baltico, Bianco, Caspio, d'Azov e Nero.
La presenza di grandi fiumi è utile all'industria non solo per i trasporti, ma anche per l'approvvigionamento energetico: sui fiumi sono state costruite grandi centrali elettriche, che sfruttano le rapide o utilizzano le acque raccolte nei bacini artificiali.

DOSSIER

Russia: dalla Rivoluzione ai problemi d'oggi

Nel secolo scorso la Russia ha attraversato grandi trasformazioni, che l'hanno portata dall'affermazione del comunismo al suo tramonto. Molti restano i problemi irrisolti: tra questi la sanguinosa lotta per l'indipendenza della Cecenia.

La Rivoluzione d'ottobre

La Rivoluzione russa, scoppiata nel 1917, ha profondamente segnato la storia e la vita del paese. Si basava sui princìpi del marxismo, una teoria elaborata dal filosofo tedesco **Karl Marx** (1818-1883), il quale pensava che la società fosse divisa in due gruppi, o classi sociali: il proletariato e la borghesia. Il proletariato era costituito dalle persone più povere, che svolgevano un lavoro dipendente e percepivano un salario molto basso: nell'Ottocento, i proletari erano soprattutto operai e contadini. Della borghesia facevano parte i proprietari dei mezzi di produzione, i commercianti, gli artigiani e i liberi professionisti.

Secondo Marx, il proletariato doveva sostituire la borghesia al potere e organizzare una nuova società basata sull'uguaglianza di tutti i cittadini e sulla comunione dei beni: quindi non dovevano esistere né classi né proprietà privata.

La Rivoluzione russa, che cercava di mettere in pratica questa teoria, scoppiò in uno stato dove grandi erano le ingiustizie sociali e la povertà.

La guerra fredda

Dopo la Rivoluzione lo stato limitò molto la libertà individuale e represse con violenza chi non condivideva le scelte del governo. Si arrivò all'instaurazione di un regime dittatoriale: alle elezioni i cittadini potevano scegliere i candidati all'interno di una sola lista, quella del Partito comunista, già al governo.

L'URSS riuscì a diventare una **grande potenza economica e politica**, contrapposta agli Stati Uniti d'America. Nel secondo dopoguerra questa contrapposizione sembrava una vera guerra, anche se combattuta senza armi: fu chiamata perciò *guerra fredda*. Entrambe le potenze aumentarono la produzione di armi, anche nucleari. Per diversi anni si temette lo scoppio di una terza guerra mondiale fra le due grandi potenze e i loro alleati.

Il crollo del regime

Negli anni Ottanta del secolo scorso, nei paesi dell'Europa dell'Est crebbe il desiderio di maggiore libertà e di miglioramento delle condizioni di vita. Iniziò così un processo di democratizzazione della vita politica e un conseguente cambiamento nell'economia. Gli studiosi riconoscono tre grandi fattori che favorirono questi cambiamenti:

a) la ***perestrojka*** di Gorbaciov, che ha iniziato il processo di democratizzazione;
b) la **nascita di partiti politici e sindacati** che si sono opposti ai regimi;
c) l'elezione al pontificato, nel 1978, del polacco **Karol Wojtyla**, che ha portato l'attenzione del mondo sui problemi dell'Est europeo.

I gulag

Un triste capitolo della storia della Russia è quello dei *gulag*, campi di lavoro forzato in cui venivano rinchiuse le persone che erano contrarie alla rivoluzione.

I *gulag* si trovavano in Siberia, una regione fredda situata nella parte asiatica della Russia.

In Siberia vennero deportati in massa anche i ceceni dopo la fine della Seconda guerra mondiale.

I problemi d'oggi: la Cecenia

Dalla caduta dell'URSS alcune repubbliche, all'interno della Federazione Russa, chiedono l'indipendenza. Una di queste, in cui più forti sono le aspirazioni all'autonomia, è la Cecenia.

La Cecenia si trova vicino alla catena montuosa del Caucaso. Vive in gran parte di pastorizia, ma il suo territorio possiede grandi riserve di petrolio e gas naturale ed è attraversato da un oleodotto che è di importanza strategica per la Russia.

Da secoli qui si combatte per l'indipendenza. Per tradizioni e religione (la Cecenia è a maggioranza musulmana), la popolazione è infatti molto diversa dalle altre popolazioni russe.

Nel 1991, alla caduta del regime comunista, la Repubblica cecena proclamò la sua **indipendenza**, non riconosciuta dalla Russia, la quale nel 1994 invase il territorio ceceno, scatenando una guerra che provocò moltissimi morti, ma non stroncò la rivolta. Nel 1996 le truppe russe si ritirarono, ma nel 1993 i guerriglieri hanno ripreso la lotta per l'indipendenza e la guerra è nuovamente scoppiata.

Tra il 1999 e il 2000 le incursioni aeree russe causarono centinaia di vittime e di sfollati. Lo stato di guerra è continuato, nonostante l'ONU abbia condannato la Russia, nell'aprile del 2000, per le violazioni dei diritti umani commesse in Cecenia.

Nel giugno 2000 il presidente russo Putin ha annullato l'autonomia locale e assunto il **controllo della repubblica**.

A tutt'oggi, la situazione rimane critica: numerose sono le vittime, sia dei sanguinosi attentati terroristici compiuti dai ribelli ceceni, sia delle dure reazioni del governo russo.

Una capitale distrutta

Una città che porta evidenti segni della drammatica situazione della Cecenia è la capitale, Grozny, bombardata durante la guerra russo-cecena del 1994.

La prima fase del conflitto, durata fino al 1996, si è conclusa con la perdita di 80 000 vite umane.

La strage di Beslan

La mattina del 1° settembre 2004 un commando di terroristi (composto, secondo le indagini, da ceceni e ingusceti) si diresse verso una scuola di Beslan, una cittadina di circa 35 000 abitanti nell'Ossezia del nord, prendendo in ostaggio tutti i partecipanti (insegnanti, allievi, genitori e parenti) alla cerimonia di inaugurazione dell'anno scolastico. Il sequestro si concluse due giorni più tardi, il 3 settembre, dopo alcuni tentativi di mediazione senza risultati, con un maldestro intervento delle forze speciali russe. Il bilancio fu di circa quattrocento vittime, tra cui moltissimi bambini.

I fatti di Beslan hanno provocato un profondo sconvolgimento in tutta l'opinione pubblica mondiale. Anche la popolazione cecena – che fino ad allora aveva sostanzialmente appoggiato le azioni dei terroristi – li ha condannati senza appello.

Attività

Rispondi, a voce, alle seguenti domande.

- **a)** Quali sono le idee alla base del marxismo?
- **b)** Che cosa si intende con l'espressione "guerra fredda"?
- **c)** Quali fattori hanno favorito il crollo del regime comunista in Russia?
- **d)** Come descriveresti la situazione attuale della Cecenia?

1. COMPLETA **la carta della regione russa, collocando correttamente:**

a) i nomi degli stati che ne fanno parte;

b) i nomi dei mari da cui è bagnata;

c) i seguenti elementi geografici: Volga, Don, Dvina Settentrionale, Ladoga, Onega, Urali, Caucaso, Bassopiano Sarmatico.

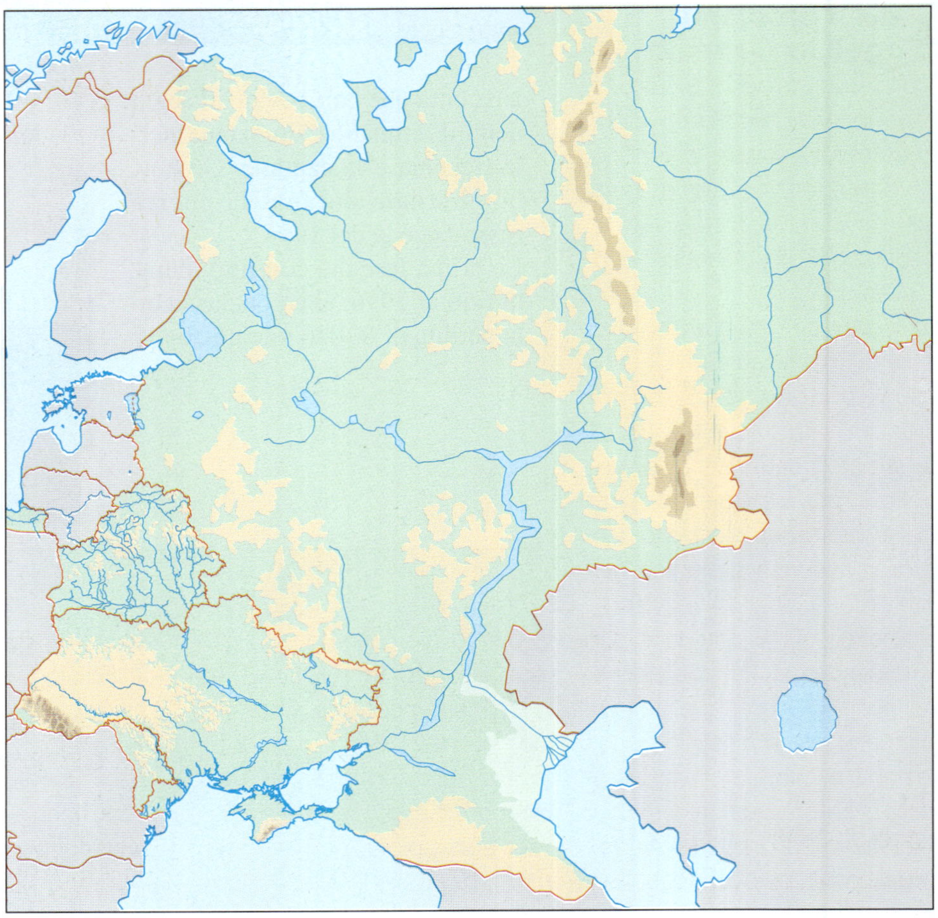

2. RISPONDI **alla seguente domanda.**

Che cosa si intende con il termine "Russia"? ....

....

....

....

....

Russia

3. INDICA **per ciascun personaggio della storia russa il secolo in cui è vissuto e i principali fatti di cui è stato protagonista.**

Gengis Khan: (..................) ....

....

....

Ivan IV detto il Terribile: (..................) ....

....

....

Lenin: (..................) ....

....

....

Michail Gorbaciov: (..................) ....

....

....

4. RISPONDI **alle seguenti domande.**

a) Che cos'è il Bassopiano Sarmatico? ....

....

....

b) Quali sono le grandi catene montuose russe? Quali caratteristiche hanno? ....

....

....

....

....

....

c) Quali sono i più grandi fiumi russi? ....

....

d) Dove si trova il Monte Elbrus? ....

....

e) Quali caratteristiche ha il Mar Caspio? ....

....

....

....

....

f) Com'è il clima della Russia? ....

....

....

....

....

....

5. **CANCELLA** **con un tratto di penna l'elemento "estraneo" nei seguenti elenchi.**

a) La Russia europea confina con i seguenti stati: Norvegia, Finlandia, Estonia, Lettonia, Bielorussia, Ucraina, Moldavia, Georgia, Azerbaigian, Kazakistan.

b) Il suo territorio è bagnato da: Mar Bianco, Mar Baltico, Mare del Nord, Mare di Barents, Mar Nero, Mar Caspio.

c) I più estesi laghi russi sono: Làdoga, Balaton, Onega.

6. **COMPLETA** **il testo, che descrive la popolazione russa.**

La popolazione russa non è distribuita in modo omogeneo. La regione settentrionale, con clima ...., e la regione caspica, con clima ...., sono scarsamente popolate. Zone ad alta densità abitativa sono le città di ...., la zona ...., per il favorevole clima di tipo mediterraneo, e il ....
La religione più professata è quella ....
Moltissime città sono sorte lungo ...., in particolare lungo .... I .... della popolazione vivono in centri urbani.

7. **SCRIVI** **accanto a ogni affermazione se si riferisce a Mosca (M) o a San Pietroburgo (SP).**

a) Fu capitale dal 1703 al 1918. ....

b) È attraversata dal fiume Moscova. ....

c) È la seconda città russa per numero di abitanti. ....

d) Si trova sulla foce a delta del fiume Neva. ....

e) Un sistema di corsi d'acqua la collega ai mari Bianco, Nero, Caspio e Baltico. ....

f) I suoi monumenti più importanti sono: il Cremlino, la Cattedrale di San Basilio e il Teatro Bol'šoj. ....

g) Prende il nome dallo zar Pietro il Grande. ....

h) È la capitale della Russia. ....

i) Vi si trova il Palazzo dell'Ermitage, sede di uno dei più importanti musei del mondo. ....

l) È un porto molto attivo ed è un importante centro di industrie tessili. ....

m) Possiede numerosi parchi: il più celebre è il Parco Gor'kij. ....

8. **RIFLETTI** **e rispondi.**

a) Come si presentava l'attività agricola durante il regime comunista e quali processi sono in atto oggi?

....
....
....
....

b) Perché, nonostante la ricchezza del sottosuolo, l'industria non ha raggiunto livelli produttivi elevati?

....
....
....
....

9. **INDICA** **se le seguenti affermazioni sono vere o false.**

a) I prodotti principali dell'agricoltura russa sono cereali, barbabietole, patate, ortaggi, e tabacco. V F

b) La produzione di legname, importante in passato, è oggi irrilevante. V F

c) È molto praticato l'allevamento di bovini, ovini e suini, anche allo stato brado. V F

d) Tipico, nelle regioni del nord, è l'allevamento delle renne e degli animali da pelliccia. V F

e) La pesca è praticata solo nel Mar Nero. V F

f) La Russia ha un sottosuolo ricchissimo di ferro, rame, amianto, cromo, uranio. V F

g) Scarse sono invece le fonti energetiche, in gran parte di origine idroelettrica. V F

h) Settori industriali in espansione sono quelli legati alla trasformazione dei prodotti alimentari, l'industria chimica e tessile e quella degli elettrodomestici. V F

i) Il terziario è ancora arretrato. V F

l) Il commercio è ostacolato dalla natura e vastità del terreno. V F

m) Il turismo è poco sviluppato a causa delle scarse attrattive. V F

n) Il trasporto aereo può contare solo sugli aeroporti di Mosca e San Pietroburgo. V F

o) Importanti sono anche le comunicazioni fluviali. V F

> Quali antichi insediamenti ha conosciuto l'Ucraina?

> Quando è entrata a far parte della Russia e quando ha conquistato l'indipendenza?

> Dove si trova l'Ucraina?

> Quali principali elementi geografici caratterizzano il suo territorio?

Ucraina

SUPERFICIE:
603 700 km²

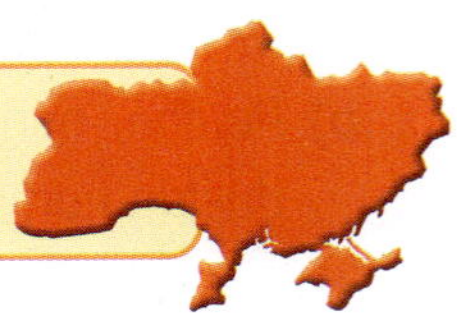

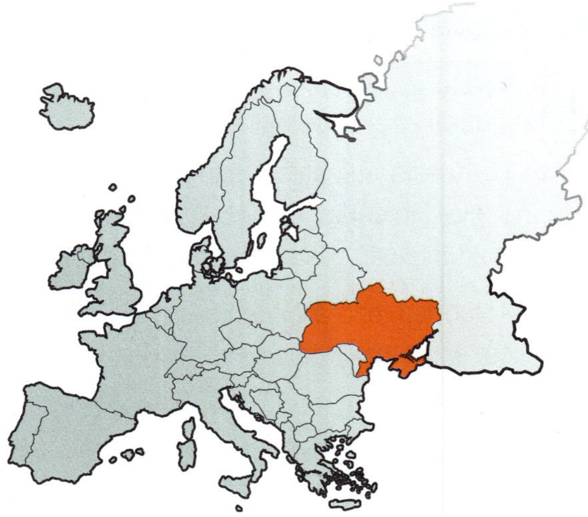

La **bandiera** ucraina è stata introdotta nel 1991, a seguito della proclamazione d'indipendenza.
I colori azzurro e giallo risalgono allo stemma dell'eroe cosacco Bogdan Chmel'nickij, che nel XVII secolo liberò l'Ucraina dal dominio polacco e lituano.

La storia

Dalla civiltà degli sciti all'invasione dei tartari

In Ucraina sono stati ritrovati insediamenti di antiche popolazioni, che vivevano di agricoltura e allevamento già dal IV millennio a.C. Nel I millennio vi fiorì la civiltà degli sciti. (1)

Dal II secolo a.C. si stabilirono nella regione i sarmati e in seguito goti, unni e avari.

Nell'VIII secolo si insediarono definitivamente popoli slavi e nacque una fiorente civiltà intorno alla città di Kiev. La regione fu poi invasa dai tartari e spartita con la Lituania.

L'impero russo, la guerra civile e l'indipendenza

La parte orientale rimase stabilmente russa, quella occidentale fu contesa dai cosacchi e dalla Polonia. Alla fine del secolo XVIII anche questa regione entrò a far parte dell'Impero russo.

Dopo la rivoluzione vennero formate due repubbliche e si scatenò una guerra civile. L'Ucraina passò a far parte dell'URSS senza le province occidentali, che riconquistò dopo la Seconda guerra mondiale. Nel 1991 fu proclamata l'indipendenza, con una larga autonomia della Repubblica di Crimea, abitata quasi esclusivamente da russi.

dizionario

Humus: è lo strato superficiale del terriccio boschivo ed è molto fertile, perché composto da sostanze organiche, specialmente vegetali, in decomposizione.

Il territorio

Il paese delle "terre nere"

L'Ucraina **confina** a ovest con Moldavia, Romania, Ungheria, Slovacchia e Polonia; a nord con Bielorussia e Federazione Russa, con la quale confina anche a est.

È bagnata a sud dal Mar d'Azov (2) e dal Mar Nero; le **coste** sono basse e sabbiose; al centro si protende nel Mar Nero la penisola di Crimea.

Il territorio, **pianeggiante**, è costituito da parte del *Bassopiano Sarmatico* ed è delimitato, nella zona occidentale, da un tratto dei *Monti Carpazi*, da cui nascono molti dei fiumi di questa regione. La vetta più alta è il *Monte Hoverla* (2061 m).

Al confine tra Ucraina e Bielorussia si estende una vastissima zona paludosa, la *Pianura del Pinsk*, situata in una conca e attraversata da un affluente del Dnepr.

A occidente si estende una **zona collinare**, il *Ripiano Podolico*: qui si trovano le famose "terre nere" d'Ucraina: fertilissime, perché ricche di **humus**.

Fiumi, laghi e clima

I **fiumi** più importanti sono *Dnepr*, *Dnestr* e *Bug*, che si gettano nel Mar Nero. Sono importanti sia per la navigazione interna sia per l'irrigazione dei campi e infine perché, attraverso una serie di sbarramenti, forniscono energia elettrica.

Il fiume Dnepr forma, lungo il suo corso, alcuni grandi **laghi** artificiali, come il *Bacino di Kiev*, quello di *Kremenčug* e quello di *Kahovka*.

Il **clima** è di tipo *continentale* all'interno e *mediterraneo* sulle coste del Mar Nero.

Utilizzazione del suolo

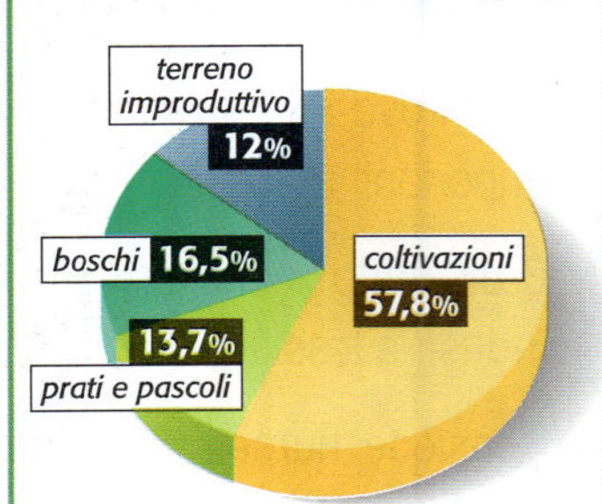

1 L'arte scita

Gli sciti abitarono l'Ucraina nel I millennio a.C. Erano artisti molto abili, soprattutto nella lavorazione dei metalli: diedero origine a una speciale lavorazione, che oggi gli esperti chiamano "arte delle steppe". Gli insediamenti sul Mar Nero furono artisticamente molto produttivi, anche perché influenzati dall'arte greca.

2 Il Mar d'Azov

Il Mar d'Azov è un mare interno (comunicante con il Mar Nero attraverso lo stretto di Kerč) e la sua profondità non supera i 14 metri. Ha una superficie di 38 000 chilometri quadrati, pari quasi a quella della Svizzera. È gelato per molti mesi l'anno, da novembre ad aprile, e lungo le sue coste si trovano molte paludi. Vi sfociano il Don, il Kuban e diversi altri fiumi. Le sue acque, perciò, sono poco salate; lungo le sue rive la flora è molto ricca ed è popolato da numerosi pesci.

- Com'è composta la popolazione ucraina?
- Quali sono le città principali?
- Quali risorse e processi caratterizzano il settore agricolo?
- Quali sono i prodotti più significativi degli altri settori economici?

Popolazione, economia e società

Una popolazione urbana

La popolazione è formata soprattutto da ucraini (78,1%), ma ci sono consistenti minoranze russe (17,3%), specialmente in Crimea. Prima dello sterminio nazista in questo paese vivevano molti ebrei: attualmente rappresentano solo lo 0,2% degli abitanti.
La maggioranza della popolazione vive nelle grandi città; la densità è particolarmente alta nella zona industriale vicina alle miniere di carbone (bacino del fiume Donec).
La **lingua** ufficiale è l'*ucraino*.
La **religione** maggiormente professata è quella *ortodossa* (29,9%); vi sono poi fedeli della religione *cattolica* (8,2%) e *protestante* (3,5%).

Le città principali

La capitale dell'Ucraina, **Kiev** (2 666 400 ab.), è un importante centro commerciale, anche grazie all'attivo porto sul fiume Dnepr. La città fu la prima capitale della Russia; tra i suoi monumenti più famosi si ricorda la cattedrale di Santa Sofia, esempio di architettura bizantina. (1)
Le altre due città più importanti del paese sono Kharkiv e Odessa.
Kharkiv (1 470 902 ab.) è città industriale e seconda per grandezza. Il suo sviluppo è dovuto alla presenza dei giacimenti di carbone. La circondano circa venti città-satellite.
Odessa (1 029 049 ab.) è il principale porto commerciale sul Mar Nero. (2) È una città ricca di industrie metallurgiche, meccaniche, chimiche, alimentari e petrolifere ed è sede di cantieri navali.

Una regione molto fertile

Il suolo dell'Ucraina è formato da terreni molto fertili. In ucraino vengono detti *podzol*, cioè "terre scure, nere". Queste terre si trovano nella regione occidentale e occupano circa il 60% del territorio. Per questo motivo l'Ucraina è uno dei paesi più fertili d'Europa.
Nel 1991 è stato avviato un programma di privatizzazione dei terreni, ma la maggior parte è ancora gestita da grandi aziende collettive, in cui l'**agricoltura** è praticata in modo **intensivo**. Si coltivano *cereali*, *barbabietole da zucchero*, *patate*, *girasoli*, *tabacco*, *cotone* e *frutta*.
Le foreste forniscono *legname*, che viene spedito al porto di Odessa, per essere esportato.
Diffuso è l'**allevamento**, soprattutto di *bovini*, *suini* e *pollame*.
La **pesca**, invece, non è un'attività importante, perché le acque del Mar Nero sono inquinate dalle petroliere.

- POPOLAZIONE: **47 623 000 ab.**
- DENSITÀ: **79 ab./km²**
- CAPITALE: **Kiev** (2 666 400 ab.)
- FORMA DI GOVERNO: **repubblica presidenziale**
- MONETA: **hrivna**
- LINGUA: **ucraino**
- RELIGIONE: **ortodossa, cattolica, protestante**
- POPOLAZIONE ATTIVA: **47,8%**
- OCCUPATI NEI DIVERSI SETTORI:
  - PRIMARIO: 19%
  - SECONDARIO: 29%
  - TERZIARIO: 52%
- IN CERCA DI OCCUPAZIONE: **9,1%**

Ricchi giacimenti di carbone

Il **sottosuolo** è ricchissimo di *carbone*, di cui l'Ucraina è uno dei maggiori produttori al mondo. Sono presenti inoltre giacimenti di *gas*, *uranio*, *ferro*, *petrolio*, *mercurio* e *manganese*.
Il carbone rappresenta una fonte di energia, ma l'Ucraina produce *energia elettrica* anche nelle centrali che si trovano lungo il corso dei fiumi e sui laghi, e nelle centrali nucleari. (3)
Alle attività estrattive sono legate le **industrie** *siderurgiche* e *metallurgiche*. Anche i settori *chimico*, del *cemento*, *alimentare* e *tessile* sono rilevanti.
Il **terziario** non è ancora molto sviluppato. Il *turismo* può contare su numerose località balneari, lungo le coste della Crimea, e sulle bellezze naturali e artistiche del paese.
Le **reti** *stradali* e *ferroviarie* sono abbastanza estese. Numerosi sono i *fiumi* e *canali navigabili*, mentre il traffico marittimo si concentra nei *porti* attrezzati di Odessa, Yalta, Mariupol' e Sebastopoli.

dizionario

Agricoltura intensiva: agricoltura praticata con macchinari e tecniche particolari che hanno lo scopo di aumentarne la produzione.

1 La cattedrale di Santa Sofia

Nel centro di Kiev sorge la cattedrale di Santa Sofia, una chiesa in stile bizantino che risale all'XI secolo e che presenta tredici caratteristiche cupole "a cipolla" dalla punta dorata.
A Kiev sorgevano le più ricche e antiche chiese ortodosse, annoverate tra i più preziosi monumenti di tutta la regione russa: purtroppo sono state distrutte durante la Seconda guerra mondiale.

2 Il porto di Odessa

Situata tra le foci di due importanti fiumi, il Dnepr e il Dnestr, Odessa è un grande porto commerciale e base navale militare. Vi transitano cereali, carbone, lana e legname, cioè tutti prodotti di cui l'Ucraina è esportatrice.
Prima del crollo dell'URSS, il porto di Odessa era la principale base sul Mar Nero della flotta sovietica.

3 Černobyl

La centrale nucleare di Černobyl si trova nelle vicinanze di Kiev; è stata chiusa definitivamente il 15 dicembre 2000. Nel 1986 fu teatro di un gravissimo incidente nucleare: a causa dell'esplosione di un reattore, fuoriuscirono dalla centrale sostanze radioattive pericolosissime (la foto a lato mostra un addetto alle operazioni di rilevazione di queste sostanze).
Molte persone morirono in conseguenza dello scoppio, e anche oggi è impossibile vivere in quella zona. L'incidente ha provocato effetti negativi sulle persone e sull'ambiente in quasi tutta l'Europa.
Il problema dello smantellamento delle centrali nucleari è molto grave in tutti i paesi dell'ex Unione Sovietica, ma particolarmente in Ucraina, poiché nel suo territorio sono installate moltissime centrali.
I paesi occidentali hanno stanziato due miliardi di dollari per smantellare l'impianto di Černobyl.

SCENARI

La Crimea

La Crimea è una **penisola** che si protende fra il Mar Nero e il Mar d'Azov. È collegata alla terraferma da un istmo largo solo 4 chilometri. Il suo territorio, in gran parte pianeggiante, si innalza a sud-est nella catena costiera dei Monti della Crimea. 1 3 L'interno, arido e stepposo, è adatto all'allevamento degli ovini. 4 Lungo la costa meridionale, invece, un clima particolarmente mite consente la crescita di una vegetazione di tipo mediterraneo; 2 in questa zona sono sorte molte località balneari. 5

La penisola della Crimea era chiamata **Tauride** dai greci, che vi avevano eretto numerose colonie. Fu poi occupata dai romani e in seguito dai goti. Nel XIII secolo divenne di dominio tartaro e nel XVIII secolo fu annessa alla Russia.

Tra il 1853 e il 1856 in Crimea fu combattuta una **guerra tra Russia e Turchia**, nel corso della quale 15 000 bersaglieri piemontesi, inviati in appoggio agli eserciti turco, inglese e francese, sotto il comando del generale La Marmora, parteciparono all'assedio della città di Sebastopoli.

Nella **Seconda guerra mondiale**, la penisola fu teatro di due grandi scontri, nel 1941 e nel 1945. Nel 1945, inoltre, la città di **Yalta** ospitò una storica "conferenza", cioè un incontro, fra tre capi di stato: il presidente degli Stati Uniti Roosevelt, il leader sovietico Stalin e il primo ministro inglese Churchill, che concordarono l'attacco decisivo alla Germania.

Dopo la caduta dell'URSS, sono sorti problemi per il controllo del territorio della Crimea e delle **risorse** che esso racchiude, prime tra tutte le riserve di petrolio e di gas naturale. In base a un trattato del 1997, l'Ucraina ha concesso alla Federazione Russa l'affitto per 20 anni del porto di Sebastopoli, permettendo così alla Russia di mantenere la propria **flotta** nel Mar Nero. In cambio, la Russia ha rinunciato a ogni pretesa territoriale nei confronti dell'Ucraina. Poiché la Crimea è abitata soprattutto da russi, tuttavia, l'Ucraina ha dovuto riconoscerle lo statuto di **Repubblica autonoma**.

2 La costa meridionale della Crimea ha una vegetazione simile a quella delle coste mediterranee: vi compaiono, infatti, vigneti e uliveti, oltre a gelsomino, corbezzolo, alloro e cipresso.

4 I paesaggi di alcune aree interne sono aridi e stepposi.

1 Le montagne fanno da barriera ai venti freddi provenienti da nord, contribuendo, insieme all'azione mitigatrice del mare, a mantenere sulla costa un clima favorevole.

3 I monti della Crimea, di natura calcarea, sono molto frastagliati, a causa dell'erosione prodotta dagli agenti atmosferici. Sono numerosi i fenomeni carsici, come grotte, canyon e doline.

5 Alcuni tratti della costa della Crimea, un tempo definita la "riviera russa", ospitano luoghi di villeggiatura estiva.

Attività

Rispondi, a voce, alle seguenti domande.

- **a)** Dove si trova la Crimea?
- **b)** Quali sono le principali caratteristiche del suo territorio?
- **c)** Per quale avvenimento storico è conosciuta la città di Yalta?
- **d)** Da chi è abitata, in prevalenza, la Crimea?

Bielorussia

› Quali sono i più significativi avvenimenti della storia della Bielorussia?

› Dove si trova e come si presenta il suo territorio?

› Come si compone la popolazione e quali sono le città più importanti?

› Che tipo di economia caratterizza il paese?

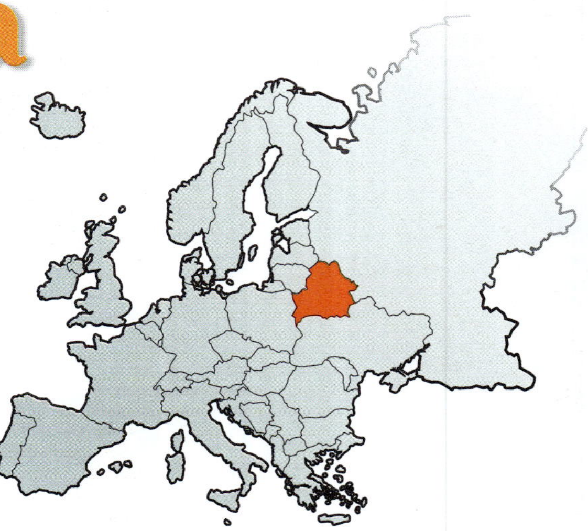

La **bandiera** adottata nel 1991, alla proclamazione dell'indipendenza, era bianca con una striscia orizzontale rossa. Si trattava dell'antica bandiera della Repubblica Bielorussa, nata nel 1918.
Nel 1995, con un referendum, la popolazione ha scelto una bandiera a bande orizzontali rossa e verde. Vicino all'asta c'è un ornamento artigianale tipico del paese.

Dagli insediamenti slavi all'indipendenza

La Bielorussia era abitata già dal V secolo da slavi. Nel X secolo entrò nel Principato di Kiev e in seguito fu invasa dalla Lituania ed entrò a far parte della Polonia. Passò poi sotto il dominio della Russia, contro la quale scoppiarono moti indipendentisti fra la seconda metà dell'Ottocento e i primi del Novecento. Occupata dai tedeschi durante la Prima guerra mondiale, rimase sotto il loro governo fino al 1917. Dichiarò la sua indipendenza nel 1918, ma nel 1922 divenne parte dell'Unione Sovietica. Nel 1991 si proclamò indipendente ed entrò nella CSI. Rimangono stretti i suoi rapporti con la Russia, anche attraverso l'accordo del 1999, definito un vero e proprio trattato di unione.

Un territorio pianeggiante

La Bielorussia **confina** a nord con Lituania e Lettonia, a est con la Federazione Russa, a sud con l'Ucraina e a ovest con la Polonia.
Il suo territorio, situato al centro del Bassopiano Sarmatico, è prevalentemente **pianeggiante**. È una regione ricchissima di **laghi** (1) e di **fiumi**, tra cui la *Dvina Occidentale* e il *Dnepr*. Il **clima** è *continentale* e umido.

Popolazione e centri principali

I bielorussi costituiscono la maggioranza della popolazione (81,2%), ma ci sono minoranze di russi (11,4%) e di polacchi (3,9%), che testimoniano le dominazioni passate. Le **lingue** ufficiali sono il *bielorusso* e il *russo*. La **religione** maggiormente praticata è quella *ortodossa*, con una forte minoranza di *cattolici*.
Minsk (1 741 372 ab.), la capitale, è sede di attività commerciali, finanziarie e industriali e di un'importante università. Le sue industrie principali operano nei settori metalmeccanico, tessile, chimico, alimentare, del legno, della carta, elettronico e della **concia**.
Altre città importanti sono: **Homel'** (48 197 ab.), dotata di un porto fluviale e nodo ferroviario, e **Vicebsk** (342 381 ab.), sulla Dvina.

Un'economia di tipo agricolo

Il territorio pianeggiante favorisce l'**agricoltura**, un tempo molto più sviluppata: le campagne, infatti, sono ora meno abitate e la popolazione si concentra nelle città. I prodotti agricoli più diffusi sono quelli tipici della zona continentale: *patate*, *barbabietole*, *cereali*. Molto praticato è l'**allevamento** di *bovini*, *suini* e *ovini*.
Le miniere di *torba* e di *carbone* alimentano una importante centrale termoelettrica.
Le **industrie** sono principalmente *siderurgiche*, *meccaniche*, *chimiche*, *estrattive* (legate ai giacimenti di *potassio*), *alimentari*, *editoriali*. L'industria del *legno* è fiorente, perché questa è la zona della taiga. (2)

- SUPERFICIE: **207 600 km²**
- POPOLAZIONE: **9 824 000 ab.**
- DENSITÀ: **48 ab./km²**
- CAPITALE: **Minsk** (1 741 372 ab.)
- FORMA DI GOVERNO: **repubblica presidenziale**
- MONETA: **nuovo rublo bielorusso**
- LINGUA: **bielorusso, russo**
- RELIGIONE: **ortodossa, cattolica**
- OCCUPATI NEI DIVERSI SETTORI:
  - **PRIMARIO: 11%**
  - **SECONDARIO: 34%**
  - **TERZIARIO: 55%**
- IN CERCA DI OCCUPAZIONE: **1,9%**

dizionario

Concia: trattamento che permette di trasformare le pelli in cuoio o in materiali utilizzabili per realizzare capi di abbigliamento.

1 Laghi e paludi

Le regioni del nord della Bielorussia presentano un paesaggio di tipo morenico, caratterizzato da migliaia di laghi e da moltissime paludi. Molte di queste zone oggi sono state bonificate.

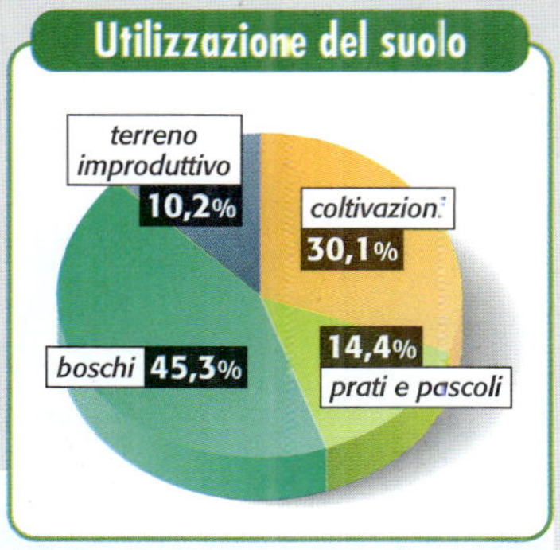

2 La taiga

La taiga è il paesaggio tipico delle zone continentali dell'emisfero boreale. Il clima di queste regioni è freddo e umido, il territorio è pianeggiante e ci sono numerosi stagni.

Durante i mesi invernali vi cadono nevi abbondanti, che vanno ad alimentare le acque dei fiumi e dei laghi.

La vegetazione caratteristica della taiga sono le conifere (pini, abeti, larici e betulle); gli animali sono l'alce, il cervo e la marmotta.

Per saperne di più

- Il nome Bielorussia ha origini medievali e significa Russia Bianca.
- Molte delle terre nella zona meridionale del paese sono incolte, perché contaminate dalle emissioni nucleari fuoriuscite dalla centrale di Černobyl, in Ucraina.

?
› Quali occupazioni e dominazioni hanno caratterizzato la storia della Moldavia?
› Con quale altro paese vi è un forte legame storico?
› Come si presenta il territorio moldavo?
› Quali gruppi etnici sono presenti?
› Quali sono le città principali?
› Di quali risorse economiche dispone il paese?

Moldavia

Dopo avere abbandonato la **bandiera** del periodo comunista, è stato scelto un tricolore blu, giallo e rosso. Nella banda gialla c'è uno stemma che rappresenta un bue (simbolo del paese), sorretto da un'aquila con una croce nel becco, uno scettro e una fronda tra gli artigli.
La bandiera è molto simile a quella rumena, per sottolineare la vicinanza etnica, linguistica e storica tra i due paesi.

Una regione contesa

La regione fu abitata fin dal Paleolitico. Attraversata dai popoli barbari, nel Medioevo fu a lungo contesa da paesi stranieri. Occupata in parte dai russi nel 1812, appartenne poi al Principato rumeno di Moldavia. Nel 1917 fu annessa alla Russia con il nome di Bessarabia. Nel dicembre dello stesso anno venne proclamata la Repubblica Democratica di Moldavia, che qualche mese più tardi si unì alla Romania. La Russia non riconobbe quest'unione e riprese il controllo della regione. Nel 1940 fu riannessa alla Romania e passò quindi sotto l'influenza dell'Unione Sovietica. Nel 1991, con il crollo dei regimi comunisti, proclamò l'indipendenza e riprese i rapporti con la Romania, a cui è storicamente legata. Una minoranza russa formò una nuova repubblica indipendente nella regione della Transdnestria, creando tensioni tra le due comunità, ma nel 1997 la repubblica si riunì nuovamente.

Un territorio tra i fiumi Prut e Dnestr

La Moldavia **confina** a nord, est, sud con l'Ucraina, a ovest con la Romania. Il territorio è **pianeggiante**, compreso tra i **fiumi** *Prut* e *Dnestr*; di tanto in tanto si alzano rilievi modesti. Il **clima** è *continentale*, con abbondanti piogge.

Un paese densamente popolato

La repubblica è densamente popolata. La popolazione è formata prevalentemente da *moldavi* (76,1%), ma sono presenti minoranze *ucraine* (8,4%) e *russe* (5,8%). La crisi economica che il paese sta attraversando porta molti moldavi a emigrare.
La **lingua** ufficiale è il *moldavo*, ma si parlano anche il *russo* e l'*ucraino*. La **religione** più professata è quella *ortodossa*.
Chişinău (716 530 ab.), la capitale, è un mercato agricolo e **zootecnico**, e sede di industrie meccaniche, tessili e alimentari.
Tiraspol' (185 000 ab.) è capitale di una regione che gode di una particolare autonomia; la popolazione è in maggioranza russa.

Un'economia agricola

L'attività economica prevalente è l'**agricoltura**: si coltivano *cereali*, *patate*, *tabacco*, *barbabietole da zucchero*. È sviluppata la coltivazione della *vite* e si producono vini di qualità. (1)
È praticato l'**allevamento** di *bovini*, *suini* e *ovini*. L'**industria** è fiorente nella Transdnestria, dove prevale la popolazione russa. (2) Le industrie principali sono quelle *alimentari*. Sono presenti poi industrie *meccaniche*, *chimiche*, *siderurgiche*, per la lavorazione dei *metalli* e del *legno*. Il paese incontra particolari difficoltà nel processo di trasformazione dall'economia socialista a quella di mercato. Il **terziario** è carente e la Moldavia dipende da Russia e Ucraina per il *commercio* con i paesi esteri e i servizi.

- SUPERFICIE: **33 843 km²**
- POPOLAZIONE: **3 998 071 ab.**
- DENSITÀ: **118 ab./km²**
- FORMA DI GOVERNO: **repubblica parlamentare**
- MONETA: **leu moldavo**
- CAPITALE: **Chişinău** (716 530 ab.)
- LINGUA: **moldavo (ufficiale), russo, ucraino**
- RELIGIONE: **ortodossa, islamica, cattolica, protestante**
- OCCUPATI NEI DIVERSI SETTORI:
  - PRIMARIO: 22%
  - SECONDARIO: 21%
  - TERZIARIO: 57%
- IN CERCA DI OCCUPAZIONE: **7,9%**

dizionario
Zootecnico: che si riferisce all'allevamento degli animali.

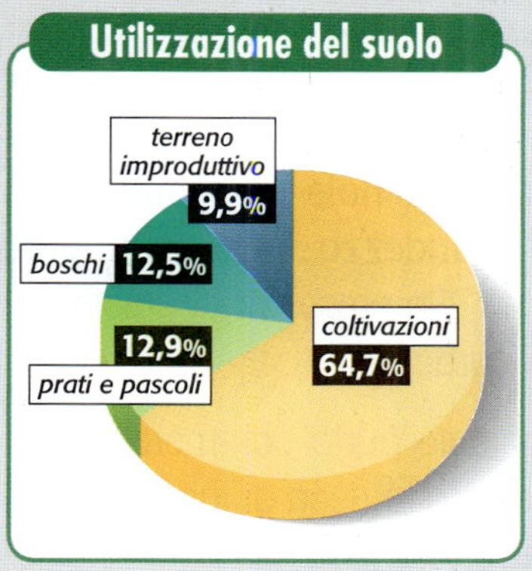

1 I vigneti moldavi

Nel centro e nel sud del paese, dove la vicinanza con il Mar Nero rende il clima più mite, è diffusa la coltivazione della vite, che alimenta una buona produzione vinicola. Oltre a vini di qualità, in Moldavia si producono anche liquori e champagne.
Per favorire lo sviluppo dell'agricoltura, il governo ha emanato una legge secondo la quale, progressivamente, lo stato potrà possedere soltanto il 6% delle terre coltivate: il resto passerà in mano ai privati.

2 Le industrie della Transdnestria

La maggior parte delle industrie moldave è sorta nella regione della Transdnestria, così chiamata perché si estende sulla riva del fiume Dnestr. La popolazione che vive in questa zona è prevalentemente di origine russa e, nel 1992, aveva proclamato la sua indipendenza. Accordi firmati negli anni seguenti hanno evitato che la zona diventasse focolaio di nuovi conflitti. L'accordo prevede che, se la Moldavia dovesse riunirsi alla Romania, la minoranza russa avrebbe diritto alla secessione.

Guida allo studio

Ucraina

1. SCRIVI **accanto ai periodi elencati la lettera corrispondente ai relativi avvenimenti della storia dell'Ucraina, riportati sotto in disordine.**

IV millennio a.C.: ...... I millennio: ...... II secolo a.C.: ...... VIII sec.: ...... Fine del sec. XVIII: ...... Inizio del Novecento: ...... Fine della Seconda guerra mondiale: ...... 1991: ......

a) La regione occidentale dell'Ucraina entra a far parte dell'impero russo, come già era successo per quella orientale. **b)** Fiorisce la civiltà degli sciti. **c)** L'Ucraina riconquista le province occidentali. **d)** In Ucraina sono insediate antiche popolazioni, che vivono di agricoltura e allevamento. **e)** Vengono formate due repubbliche e si scatena una guerra civile. L'Ucraina passa a far parte dell'URSS senza le province occidentali. **f)** Si stabiliscono nella regione i sarmati e in seguito goti, unni e avari. **g)** Si insediano definitivamente popoli slavi e nasce una fiorente civiltà intorno alla città di Kiev. **h)** Viene proclamata l'indipendenza.

2. COMPLETA **il testo, che descrive il territorio ucraino.**

L'Ucraina confina a ovest con ....; a nord con la ....; a nord e a est con la .... È bagnata a sud dal ....e dal .... Il territorio, pianeggiante, è costituito da parte del .... ed è delimitato, nella zona occidentale, da un tratto dei ...., da cui nascono molti dei fiumi di questa regione. A occidente si estende una zona collinare, il ....: qui si trovano le famose "terre nere". I fiumi più importanti sono ...., che si gettano nel .... Il clima è .... all'interno e .... sulle coste del Mar Nero.

3. SCEGLI **tra le alternative proposte quella che ritieni corretta.**

La popolazione del paese è formata soprattutto da ucraini, ma ci sono consistenti minoranze *moldave* / *russe*, specialmente in Crimea. Prima dello sterminio nazista in Ucraina vivevano molti ebrei: attualmente rappresentano solo *lo 0,2%* / *il 4%* degli abitanti. La maggioranza della popolazione vive nelle *campagne* / *grandi città*; la densità è particolarmente alta nella zona industriale vicina *ai Carpazi* / *al bacino del fiume Donec*.
La religione maggiormente professata è quella *cattolica* / *ortodossa*..

4. COLLEGA **il nome delle principali città ucraine con il testo che le descrive brevemente.**

a) Kiev	città industriale e seconda città per grandezza, si è sviluppata grazie alla presenza di giacimenti di carbone.
b) Kharkiv	principale porto commerciale sul Mar Nero, è ricca di industrie metallurgiche, meccaniche, chimiche, alimentari, petrolifere e di cantieri navali.
c) Odessa	capitale del paese, è dotata di un attivo porto sul fiume Dnepr. Tra i suoi monumenti più conosciuti è la bizantina cattedrale di Santa Sofia.

5. RISPONDI **alle seguenti domande.**

a) Perché il suolo ucraino è molto fertile? ....

b) Quali sono i prodotti agricoli principali? ....

c) Quali animali sono maggiormente allevati? ....

d) Perché la pesca in Ucraina non è sviluppata? ....

e) Come si presenta il sottosuolo ucraino? ....

f) Quali industrie sono legate alle attività estrattive? ....

g) Il terziario è una voce importante dell'economia ucraina? Perché? ....

h) Su quali risorse può contare il turismo? ....

Bielorussia

6. INDICA **se le seguenti affermazioni sono vere o false.**

a) La Bielorussia era abitata già dal V secolo da slavi. V F

b) Nel X secolo entrò a far parte del Principato di Kiev. V F

c) In seguito fu invasa dalla Lettonia ed entrò a far parte della Cecoslovacchia. V F

d) Passò poi sotto il dominio della Russia, contro la quale scoppiarono moti indipendentisti fra la seconda metà dell'Ottocento e i primi del Novecento. V F

e) Durante la Prima guerra mondiale rimase neutrale, non partecipando al conflitto. V F

f) Nel 1918 dichiarò la sua indipendenza. V F

g) Nel 1922 divenne parte della Federazione Iugoslava. V F

h) Nel 1991 si proclamò indipendente ed entrò nella CSI. V F

7. COMPLETA **questo breve testo, che descrive il territorio della Bielorussia.**

La Bielorussia confina a nord con ...., a est con ...., a sud con .... e a ovest con .... Il suo territorio si trova al centro del ...., perciò è in prevalenza .... Numerosi sono i laghi e i fiumi. I più importanti sono ....
Il clima è ....

8. RISPONDI **alle seguenti domande.**

a) Com'è formata la popolazione della Bielorussia?
....
....

b) Quali sono le lingue ufficiali? ....
....

c) Quale religione è maggiormente praticata? ....
....

d) Qual è la capitale e come si presenta? ....
....
....

e) Ricordi altre città importanti? ....

9. DESCRIVI **brevemente l'economia della Bielorussia.**

....
....
....
....
....
....
....

Moldavia

10. COMPLETA **il testo, che descrive i fatti principali della storia della Moldavia.**

La regione fu abitata fin dal .... Attraversata dai popoli barbari, nel Medioevo fu contesa da paesi stranieri. Occupata in parte dai russi nel 1812, appartenne poi al .... Nel 1917 la regione fu annessa alla Russia con il nome di .... Nel dicembre dello stesso anno venne proclamata la Repubblica Democratica di Moldavia, che qualche mese più tardi si unì alla .... La Russia non riconobbe quest'unione e riprese il controllo sulla regione. Nel 1940 fu riannessa alla .... e passò sotto l'influenza dell'Unione Sovietica. Nel 1991, in seguito al crollo dei regimi comunisti, proclamò .... Una minoranza russa formò una nuova repubblica indipendente nella regione della ...., creando tensioni tra le due comunità, ma nel 1997 la repubblica si riunì nuovamente.

11. SOTTOLINEA **il completamento corretto.**

a) La Moldavia confina con: Ucraina e Romania - Russia e Lettonia - Polonia e Bielorussia

b) Il territorio è prevalentemente: montuoso - collinare - pianeggiante

c) La Moldavia è compresa: tra il Mar Nero e il Mar d'Azov - tra i Carpazi e i Balcani - tra i fiumi Prut e Dnestr

d) Il clima è: continentale, con piogge abbondanti - mediterraneo - continentale secco

12. DESCRIVI **brevemente la popolazione e le città principali della Moldavia.**

....
....
....
....
....

13. RISPONDI **alle seguenti domande.**

a) Qual è l'attività economica prevalente in Moldavia?
....

b) In quale regione moldava è maggiormente sviluppata l'industria? ....

c) Da chi dipende la Moldavia, per quanto riguarda il settore terziario? ....

Andar per musei

Nell'immenso territorio della regione russa, oltre ai tesori di inestimabile valore che sono sotto gli occhi di tutti, come i sontuosi palazzi fatti costruire dagli zar o le chiese e gli antichi monasteri, ve ne sono moltissimi altri racchiusi nelle sale di musei grandi e piccoli. Ecco alcuni dei musei più famosi.

L'**Ermitage** di **San Pietroburgo** è uno dei musei più famosi del mondo ed è anche il più grande: il percorso espositivo, suddiviso in circa 400 sale, misura oltre 25 chilometri! Ha sede nel Palazzo d'Inverno di San Pietroburgo, un'imponente residenza che tra il 1712 e il 1917 ospitò le famiglie degli zar. Il museo nacque nel 1764 per iniziativa della zarina Caterina II, instancabile collezionista d'arte, che fece acquistare in tutte le più importanti città europee opere e collezioni risalenti a ogni periodo storico. Le raccolte, nel tempo, continuarono a crescere e oggi l'Ermitage è un museo "universale", come il Louvre di Parigi, poiché spazia dalle antichità greche e orientali fino alla pittura del Novecento, per un totale di circa tre milioni di pezzi.

Le icone, oltre a rappresentare un'importante espressione della religiosità dei cristiani ortodossi, hanno un grande valore dal punto di vista archeologico e storico. Spesso, inoltre, sono pregiate opere d'arte. È dunque normale trovarle nei musei, oltre che nelle chiese. Una delle collezioni di icone più rinomate è quella della **Galleria Nazionale Tretjakov** di **Mosca**, aperta al pubblico dal 1881, che espone più di 100 000 capolavori dell'arte russa, dall'XI secolo fino ai nostri giorni.

Agli usi e alle tradizioni popolari, che costituiscono oggetto di studio per chi si occupa di antropologia culturale, sono dedicati musei in ogni parte del mondo, nei piccoli centri o nelle grandi città. Il **Museo etnografico russo** di **San Pietroburgo** rientra in questo tipo di esposizioni, essendo dedicato alla realtà contadina dell'ex URSS, dall'epoca zarista fino ai nostri giorni. A **Kiev** si può invece visitare un singolare museo all'aperto dedicato all'**architettura popolare**: sette piccoli villaggi, completi di abitazioni, giardini, chiese, fattorie e mulini a vento, sono ricostruiti nei dettagli, per illustrare le consuetudini di diverse regioni dell'Ucraina.

Nei musei della regione russa si possono trovare tracce di ogni epoca storica. Il periodo zarista è ben rappresentato nel **Palazzo dell'Armeria del Cremlino**, a **Mosca**, che conserva la maggior parte dei tesori più preziosi degli zar, tra i quali abiti, gioielli, trofei di guerra e una formidabile raccolta di carrozze e slitte. Il periodo sovietico è ricordato in esposizioni accurate, come quella del **Museo della storia politica russa** di **San Pietroburgo**, situato in un palazzo che fu il quartier generale di Lenin. A **Kiev** un museo molto impressionante è dedicato al **disastro nucleare di Černobyl**, una delle pagine più spaventose della storia contemporanea.

E tu?

- **a)** Conosci, per averlo visitato o anche solo per averne sentito parlare, qualche importante museo della regione in cui vivi?
- **b)** Quali musei prediligi: quelli dedicati all'arte, alla storia, all'archeologia, alle tradizioni popolari, alla scienza?
- **c)** C'è un museo, tra quelli della regione russa descritti sopra, che ti interesserebbe particolarmente vedere? Perché?

INDICE

Viaggio 1

La Penisola iberica

Viaggio 2

La regione francese e il Benelux

Viaggio **3**

La regione germanica e alpina

pagina 68

WEB BOOK **ESTENSIONI ONLINE**

Report Chiudere fuori i poveri

Animazione La selva nera

Esercizi autocorrettivi

Filmati

Viaggio **4**

La regione britannica

pagina 100

WEB BOOK **ESTENSIONI ONLINE**

Report La City al verde

Animazione L'Irlanda delle torbiere

Esercizi autocorrettivi

Filmati

Viaggio 5

L'area nordica

pagina 126

WEB BOOK **ESTENSIONI ONLINE**

Report L'irrangiungibile modello scandinavo
Animazione L'Islanda vulcanica
Esercizi autocorrettivi
Filmati

Viaggio 6

La regione centro-orientale

pagina 170

WEB BOOK **ESTENSIONI ONLINE**

Animazione Il delta del Danubio
Esercizi autocorrettivi
Filmati

Viaggio 7

La Penisola balcanica 202

Viaggio 8

La regione russa

Direzione editoriale:
DAVIDE CASTELLANO

Progetto grafico e impaginazione:
EDISTUDIO - MILANO

Redazione:
EDISTUDIO - MILANO

Hanno collaborato a questo volume:
LUISA GALLO (SCENARI, CONFRONTI)
PATRIZIA MOTTA (SCENARI)
ANGELITA PEYRETTI (VISITARE...)

Acquerelli di Mister Fogg:
GIUSY GARINO

Illustrazioni:
FABRIZIO BIANCARDI
STUDIO BALBO & GOZZELINO

Copertina:
LUCA SIVIERO

Realizzazione lastre CTP:
LITOHELIO - TORINO

Stampa:
EDIZIONI IL CAPITELLO - TORINO

1ª edizione: marzo 2008

Ristampa:
9
2015

Via Sansovino, 243/22/R
10151 Torino
tel. 0114513611 - fax 0114513612
www.capitello.it
e-mail: info@capitello.it

European Geographic Institute, London
www.egipublishing.co.uk - email: mail@egipublishing.co.uk

PCQ – È UN PRODOTTO DI QUALITÀ CERTIFICATA

Il presente testo è stato redatto secondo le norme e avvertenze tecniche adottate dal M.P.I. con D.M. n. 547/99 del 7/12/1999. I controlli di qualità ai quali è stata sottoposta questa prima edizione sono stati effettuati da: S.T.A.N.I.M.U.C. – Torino (certificato n. 208L141)

Per realizzare un libro non bastano competenza, passione e creatività: occorre un lungo e paziente lavoro fatto di numerosi controlli sui testi, sulle illustrazioni e sulla relazione che lega gli uni alle altre. Per questo motivo è spesso impossibile pubblicare un libro del tutto privo di errori. Chiediamo pertanto a insegnanti e allievi di segnalarceli: questo ci aiuterà a migliorare la nostra produzione, nell'interesse dei giovani utenti.